21 世 纪 本 科 金 融 学 名 家 经 典 教 科 书 系

国家级精品课程配套教材

“十二五”普通高等教育本科国家级规划教材

人身保险

（第三版）

Personal Insurance

主 编 刘冬姣

副主编 袁 辉 李 琼 韦生琼

中国金融出版社

责任编辑：张翠华
责任校对：潘　洁
责任印制：陈晓川

图书在版编目（CIP）数据

人身保险/刘冬姣主编．—3 版．—北京：中国金融出版社，2020. 3
21 世纪本科金融学名家经典教科书系
ISBN 978－7－5220－0484－6

Ⅰ．①人…　Ⅱ．①刘…　Ⅲ．①人身保险—高等学校—教材
Ⅳ．①F840. 62

中国版本图书馆 CIP 数据核字（2020）第 026389 号

人身保险（第三版）
RENSHEN BAOXIAN（DI-SAN BAN）
出版发行　中国金融出版社
社址　北京市丰台区益泽路 2 号
市场开发部　(010)66024766，63805472，63439533（传真）
网 上 书 店　www. cfph. cn
(010)66024766，63372837（传真）
读者服务部　(010)66070833，62568380
邮编　100071
经销　新华书店
印刷　河北松源印刷有限公司
尺寸　185 毫米×260 毫米
印张　25. 5
字数　530 千
版次　2022 年 1 月第 3 版
印次　2022 年 1 月第 1 次印刷
定价　70. 00 元
ISBN 978－7－5220－0484－6

21 世纪高等学校金融学系列教材
编审委员会

宋清华　中南财经政法大学　教授　博士生导师
张礼卿　中央财经大学　教授　博士生导师
张成思　中国人民大学　教授　博士生导师
张　杰　中国人民大学　教授　博士生导师
张桥云　西南财经大学　教授　博士生导师
张志元　山东财经大学　教授
陆　磊　国家外汇管理局　副局长
陈伟忠　同济大学　教授　博士生导师
郑振龙　厦门大学　教授　博士生导师
赵锡军　中国人民大学　教授　博士生导师
郝演苏　中央财经大学　教授　博士生导师
胡炳志　武汉大学　教授　博士生导师
胡金焱　山东大学　教授　博士生导师
查子安　金融时报社　总编辑
贺力平　北京师范大学　教授　博士生导师
殷孟波　西南财经大学　教授　博士生导师
彭建刚　湖南大学　教授　博士生导师
谢太峰　首都经济贸易大学　教授　博士生导师
赫国胜　辽宁大学　教授　博士生导师
裴　平　南京大学　教授　博士生导师
潘英丽（女）　上海交通大学　教授　博士生导师
潘淑娟（女）　安徽财经大学　教授
戴国强　上海财经大学　教授　博士生导师

主编简介

刘冬姣，经济学博士，教授，博士研究生导师。历任中南财经政法大学金融学院保险系主任、副院长，全国保险专业学位研究生教育指导委员会委员，政协湖北省第十届、第十一届委员会常委，政协武汉市第九届委员、第十届委员会常委，武汉市政府参事。现任中南财经政法大学保险研究所所长，中国经济社会理事会理事，中国保险学会监事，湖北省保险学会副会长，政协湖北省第十二届委员会经济委员会副主任、常委。自 1984 年从事保险教学和科研工作，出版《保险中介制度研究》《人身保险》等多部著作和教材，先后主持国家社会科学基金课题、中国保险监督管理委员会以及中国保险学会等国家级和省部级课题多项，在《财贸经济》《管理世界》《保险研究》等发表论文数十篇。主持设计的《武汉东湖科技保险创新示范区总体方案》获中国银保监会和湖北省政府批准，主持制定《武汉东湖科技保险创新示范区实施方案》获武汉市政府批准，多项成果获湖北省社科优秀成果奖、湖北省发展改革奖和武汉市社科优秀成果奖。

前　言

本教材作为21世纪高等院校保险类教材出版后，获得读者的一致好评，先后入选普通高等教育“十一五”国家级规划教材和“十二五”普通高等教育本科国家级规划教材。在本次教材修订中，我们以更好地帮助读者全面系统掌握人身保险的理论体系与市场发展情况为目标，根据国内外人身保险理论的最新成果和市场发展的最新动态和趋势，结合教材使用情况的调研结果，对教材内容进行了全面修订、丰富和完善，进一步彰显第二版深受广大读者认同的特色，保持由人身保险理论、人身保险业务、人身保险的经营、人身保险市场与监管和附章等五部分内容构成的体系框架及其章节体系。

本教材的修订得到了使用本教材的高校师生和保险业界使用者的支持，在此深表感谢！本书在撰写和历次修订过程中参阅了大量国内外相关著作、教材和文献资料，得到了相关保险公司及许多朋友们的支持，得到了中国金融出版社刘小平副总编辑、责任编辑张翠华女士的支持，在此一并感谢！

本书由中南财经政法大学、武汉大学和西南财经大学的教师联合编写，本次修订的具体分工如下：刘冬姣修订第一章、第二章、第六章、第十一章、第十二章、第十四章和第十五章，孔月红、杨敏、吴双、胡亚兰、李梅华参与修订工作；袁辉修订第八章、第九章、第十三章，吴兵强、谭迪、孙红敏、潘炜迪、桂因甜、刘添玉等参与修订；李琮修订第四章、第五章，朱红霞参与修订工作；兰虹修订第十章；余洋修订第三章，沈治中、余洋修订第七章。刘冬姣负责第一章至第七章的统稿，袁辉负责第八章至第十五章的统稿，刘珏岑、李欣瑞、陈烁琦、韩居伯参与文字校正。刘冬姣负责全书统纂和定稿。

尽管我们力求全面完善教材，但教材中难免存在不足之处，在此我们恳请读者提出宝贵意见和建议，我们将在后续修订中完善。

刘冬姣

2021年12月25日

本书知识框架

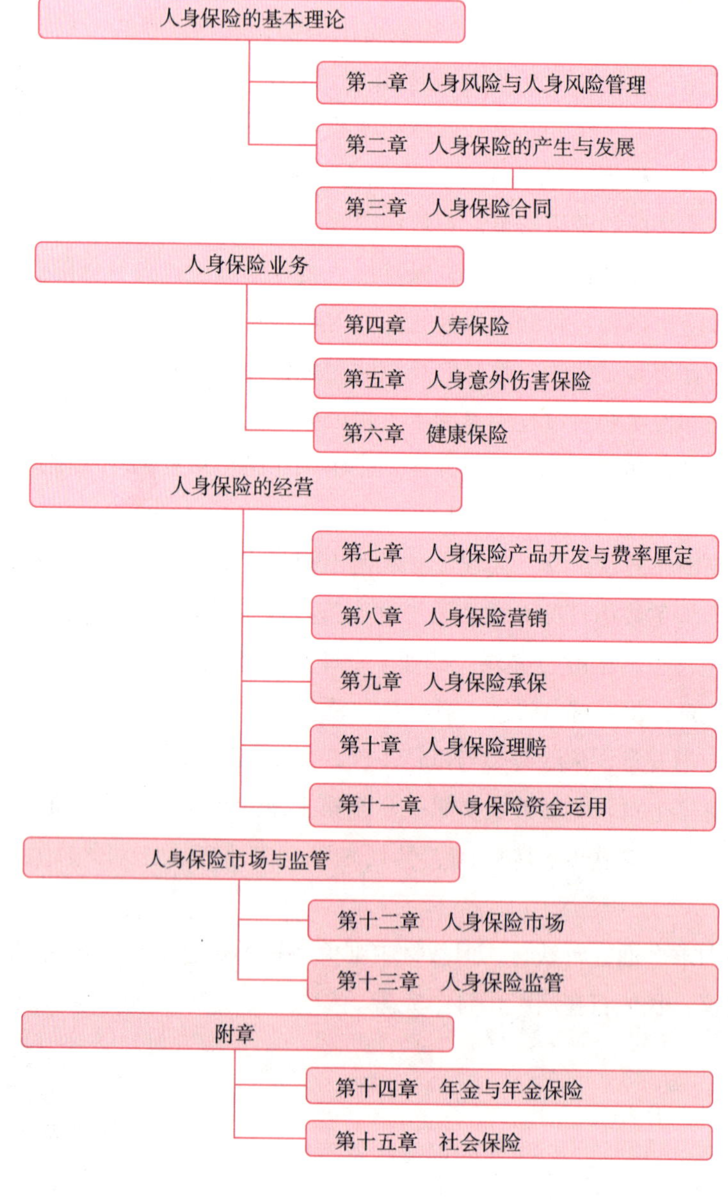

人身保险的基本理论
第一章 人身风险与人身风险管理
第二章 人身保险的产生与发展
第三章 人身保险合同
人身保险业务
第四章 人寿保险
第五章 人身意外伤害保险
第六章 健康保险
人身保险的经营
第七章 人身保险产品开发与费率厘定
第八章 人身保险营销
第九章 人身保险承保
第十章 人身保险理赔
第十一章 人身保险资金运用
人身保险市场与监管
第十二章 人身保险市场
第十三章 人身保险监管
附章
第十四章 年金与年金保险
第十五章 社会保险

目　录 Contents

第一章
人身风险与人身风险管理

章首语：“月有阴晴圆缺，人有旦夕祸福”，古往今来，人身风险无时不在，无处不在，因此，正确认识并管理人身风险尤为必要。本章主要介绍人身风险及其管理的一般理论，学习重点是理解人身风险的概念及其构成要素，明确人身风险管理的意义，掌握人身风险管理的基本理论及其方法。难点是正确理解和运用人身风险管理的方法。

第一节　人身风险及其特征

一、人身风险的含义

风险是某一事件发生的不确定性。人身风险是指在日常生活以及经济活动过程中，个人的生命、身体所遭受到的风险。人身风险一旦发生，会导致人的死亡、伤残、丧失劳动能力以及其他费用支出增加，对个人、家庭，甚至其所归属的社会组织，带来一定的损失，不仅包括人的身体、生命、健康等直接损失，还包括失业、疾病、退休等带来的支出增加、收入下降甚至完全丧失正常收入，以及更进一步的精神创伤、痛苦、悲伤和压抑等间接损失和不可准确测量的损失。因此，可将人身风险所导致的损失分为收入损失和额外费用损失两种。

在人类社会发展的历史长河中，人身风险如影相随。即使在社会不断发展、科技不断进步的今天，天灾人祸也从未间断。瑞士再保险公司研究院 *Sigma* 报告显示，新冠肺炎疫情引发的全球健康和经济危机令 2020 年成为难忘的一年，与此同时，数百万人还经历了严重天气灾害。扣除通货膨胀因素，2020 年全球自然灾害和人为灾难造成的经济损失总额达 2 020 亿美元，占全球 GDP 的 0. 24%，其中，1 900 亿美元的经济损失由自然灾害所致，120 亿美元的损失由人为灾难所致。全球范围约有 8 000 人在各类灾害事件中丧生或失踪，其中，自然灾害造成约 6 000 人遇难，人为灾难的遇难人数超过 2 000 人；保险业全年共承担了 890 亿美元灾害造成的绝对经济损失，其中有 810 亿美元用于自然灾害造成的损害①。伴随现代社

---

① 瑞士再保险研究院. 2020 年度自然灾害——聚焦次生灾害，但也要切记原生灾害风险［J］. *Sigma*，2020（1）.

会经济的发展，生活节奏的加快，高压力，高污染使许多人健康状况下降，亚健康人群数量剧增，特别是长期过度紧张、压抑、疲劳引起的心理病症，引发人体内分泌失调、免疫功能下降，进而引发生理上的病变，甚至“过劳死”。而一旦人体因种种原因患病，特别是重大疾病，将面临巨额的医疗费用开支，还可能因为本人收入的中断而使家庭收支失衡，一些中低收入人群甚至放弃应有的医疗计划，导致疾病早逝风险呈现上升的趋势。

中国已经进入老龄化社会，“未富先老”，养老风险尤为突出。《第七次全国人口普查公报》数据显示，截至 2020 年 11 月 1 日零时全国总人口①为 14.12 亿人。其中，60 岁及以上人口为 2.64 亿人，占 18.70%；65 岁及以上人口为 1.91 亿人，占 13.50%，已经分别远超国际公认的 10% 和 7% 的老龄化社会标准。与 2010 年第六次全国人口普查相比，60 岁及以上人口的比重上升 5.44 个百分点，65 岁及以上人口的比重上升 4.63 个百分点，老龄化的速度不断加快。近年来，中国的养老保障体系不断健全，制度覆盖面不断拓宽。《2020 年度人力资源和社会保障事业发展统计公报》数据显示，截至 2020 年末，全国参加基本养老保险的人数为 99 865 万人，比上年末增加 3 111 万人，全年基本养老保险基金收入 49 229 亿元，年末基本养老保险基金累计结存 58 075 亿元，但基本养老保障的水平还有待进一步提高。

二、人身风险的要素

一般来说，风险由三要素构成：风险因素、风险事故和损失。人身风险的要素包括人身风险因素、人身风险事故和人身风险损失。

（一） 人身风险因素

风险因素是指引发风险事故或在风险事故发生时导致损失增加的原因和条件。人身风险因素主要包括健康状况、年龄、职业、居住环境等，具体可分为三类：

1. 实质风险因素

实质风险因素也称有形风险因素，是指能导致或增加人身风险事故发生的机会或扩大损失程度的物质性因素。如恶劣的居住环境、受污染的食物、有瑕疵的汽车和其他交通工具等。

2. 道德风险因素

道德风险因素是指与人的品德修养有关的无形因素，即人们在最大化自身效用的同时，恶意或故意做出不利于他人的事情或行为。

3. 心理风险因素

心理风险因素是指与人的心理状态有关的无形因素。相对于道德风险因素，心理风险因素强调的是人的非故意过失、疏忽行为等，可能造成受害人的身体受伤或危及生命安全的危险。

（二） 人身风险事故

风险事故也称风险事件，是指损失的直接原因或外在原因，即风险有可能变为现实，可能导致损失的结果。如火灾、爆炸、地震、车祸、疾病、犯罪行为等导致人身伤亡的事件。

---

① 此处的“全国总人口”是指大陆 31 个省、自治区、直辖市和现役军人的人口，不包括居住在 31 个省、自治区、直辖市的港澳台居民和外籍人员。——原文注。

（三） 人身风险损失

损失是非故意的、非计划的和非预期的经济价值的减少。损失可以分为直接损失与间接损失，还可以分为实质损失、费用损失、收入损失与责任损失。在人身风险中，损失是指非意愿的、非计划的和非预期的人身健康恶化、生命的丧失以及由此引起的财务支出的增加。

人身风险的损失，也可以分为直接损失和间接损失两类。直接损失是指风险事故直接造成的有形损失，即实质性损失，如身体健康恶化、生命丧失等。间接损失是由直接损失进一步引发的或导致的支出增加、收入减少甚至完全丧失的结果。

（四） 风险要素之间的关系

人身风险的几个要素之间的关系表现为：风险因素导致风险事故发生，引起风险损失，具体见图1－1。

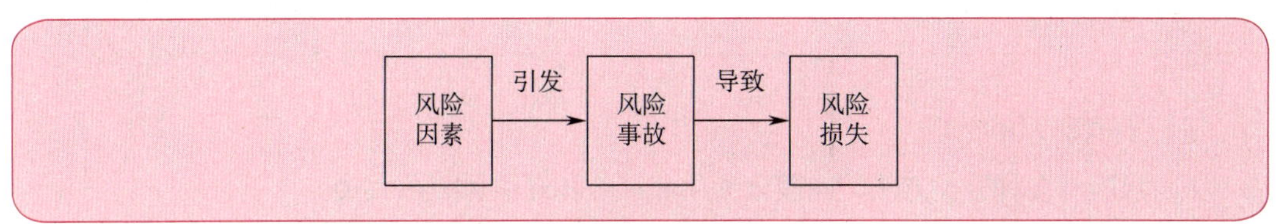

图1－1 风险要素之间的关系

人身风险一旦发生，就会导致相应的损失。而人身风险损失的衡量与人的生命价值理论高度相关。生命价值理论明确了人身风险损失的基本衡量方法，解决了长期以来困扰人们的人身保障对象的模糊认识问题。这一理论在世界范围产生了深远影响，成为人身保险的经济学基础。

专栏1－1
生命价值理论

生命价值理论是探讨个人未来净收入的资本化价值的学说。生命价值理论是一般人力资本理论的组成部分。关于人力资本的研究和讨论已经持续了四个多世纪，首先使用人的经济价值概念的经济学家是威廉·配第；半个世纪后，经济学家理查德·凯狄龙对人力资本做出了新的定义；自亚当·斯密以后的经济学家都将人作为国民财富的重要因素；1853年经济学家兼统计学家威廉·法尔提出了描述生命价值的一系列估算公式；19世纪80年代，在美国康涅狄格相互人寿保险公司董事长杰克布·格林的努力下，首次将生命价值概念应用到人寿保险中；直到1924年，美国保险学教授侯百纳提出了人的生命价值理论，标志着这一学说的确立。

生命价值理论认为，人的生命价值是指个人未来收入或个人服务价值扣除个人衣、食、住、行等生活费用后的资本化价值，包括：（1）人的生命价值应该谨慎评估和资本化；（2）人的生命价值在本质上应视为财产价值的创造者或源泉；（3）家庭是围绕其成员生命价值组织起来的基本经济单位；（4）生命价值及其保障应视为代际之间经济联系的纽带；（5）鉴于生命价值相对于财产价值的重要性，用于企业管理的科学原则也应当适用于人的生命价值。

生命价值理论把一个人一生中拥有的财产分为两类，一是已经获得的财产，即个人已经获得并拥有的财产；二是潜在财产，即个人作为一个经济劳动力的货币价值，是个人赚取收入的能力，包括人的性格、健康状况、教育程度、经验、技能、判断力和创造力以及实现理想的驱动力等。在此基础上，生命价值理论进一步提出了生命价值的评估与衡量方法，把生命价值看作是一个人预期净收入的资本化价值或现值，其中，资本化价值是指维持自身消费以外的余额。

评估和衡量一个人的资本化生命价值的基本步骤是：第一，要确定个人的工作或服务年限；第二，估计未来工作期间的年收入；第三，从预期年收入中扣除税收、保险费及自我消费，得到净收入；第四，选择适当的贴现率计算预期净收入现值，得到个人的经济价值。个人预期收入将随着职业、愿望、年龄、性别、种族、住所、教育、迁移、婚姻状况、亲属数量等因素而变化。人的生命价值可能因早逝、残疾、疾病、退休或失业而丧失，任何影响个人收入能力的事件都会影响人的生命价值。

三、人身风险的分类

人身风险有多种分类方法，一般分为生命风险和健康风险两大类。

（一） 生命风险

生命风险是与人的生存相关的风险，即生存或者死亡给本人、家庭和社会带来的损失不确定性。虽然人的死亡是必然事件，但具体死亡时间、原因、地点等则是不确定事件。

生命风险包括早逝风险和养老风险。

1. 早逝风险

所谓早逝风险，是早逝者给其家庭和所属社会组织带来的死亡费用、抚养或赡养关系中断、利益中断等的损失不确定性。

人的早逝，于其本人而言，生命已不存在，但其家庭、债权人或所属的社会组织，可能因为早逝者的离去而承担直接和间接经济利益损失，承担精神上的痛苦。首先是早逝者的丧葬费用、负债，以及如果有遗嘱的，该遗嘱的查验核实费等费用，需要由其家属承担。对于征收遗产税的国家和地区，家属要承担缴纳遗产税款的义务，才能顺利继承遗产。这些都是引发的直接支出。其次是间接利益损失，主要是早逝者生前收入突然中断的损失，这对完全依赖早逝者收入来生活的配偶、子女、父母以及其他被抚养、被赡养者来说，都会带来致命的打击，导致精神和心理上的创伤。

因此，传统的寿险产品强调以被保险人死亡为给付条件，其根本目的和作用，就在于防范被保险人的突然离去给家属或有关方带来损失，降低被保险人的突然离去造成的家庭关系、经济组织关系变动所带来的损失。

2. 养老风险

所谓养老风险，是指人到年老后，缺乏基本的生活保障而可能遭受的生存危险，或者退休后由于收入的下降，导致生活水平和生活品质下降，带来的心理和精神上的冲击以及其他相关损失和意外发生的不确定性。

老有所养，这是人类社会每一个人的共同要求。对于老年人退休后的生活水平和品质，不同的人有不同的追求。由于人生当中不同阶段难免遭遇种种风险而造成不同程度的损失，消耗所积蓄财富，因此，有的人可能在退休前已经所剩无几，无法满足退休生活的需要，构成养老风险的主要表现之一。值得注意的是，在社会养老保险制度尚不完善的国家或地区，可能出现年老后没有任何收入来源，依赖子女赡养的情况，一旦发生意外事故，更无法实现有尊严的老年生活，养老风险成为人生重要的风险之一。除此之外，伴随人们生活水平和医疗技术的提高，人的预期寿命延长，老有所养问题更为突出，长寿风险相应诞生。

专栏 1－2

长寿风险及应对

20 世纪初以来（除第二次世界大战期间外），所有国家的预期寿命均持续上升。过去半个世纪以来，死亡率（特定期间内死亡人数占总人口的比例）整体持续下降，发达经济体至少在 1850 年后预期寿命开始持续上升，这在很大程度得益于生活条件、医学和健康科技等方面的全面进步。第二次世界大战后发达国家的死亡率每年平均下降 1 ~2 个百分点，发达经济体的预期寿命仍高于发展中国家，但差距缩小。

但近年来，有迹象表明若干发达国家死亡率改善趋势放缓。2011 年以来，虽然美国、英国、德国的年龄标准化死亡率仍在下降，但降速低于此前数十年。在大多数国家，老年和女性人群的放缓趋势更为明显。

虽然很难准确确定近期的死亡率改善放缓只是短期波动或是较长期趋势性变化，但过去一个多世纪，死亡率持续改善是不争的事实。因此，准确把握未来死亡率改善假设至关重要。

首先，公共和私人给付养老金以及保险年金有助于避免个人退休后入不敷出。即使死亡率改善放缓，预期寿命仍将继续增长，至少人们的健康寿命将更长。

其次，寿命增加趋势的不确定性是难以分散的总体风险。对于代替个人承担长寿风险的政府、公司或私人金融机构能否区分死亡率基础趋势的转变是否为暂时变动至关重要。

再次，保险公司必须管理上述总体风险，如通过人寿保障保险进行对冲。

如果保单持有人的寿命超过预期，保险公司必须持有更多储备金和资本。养老金机构和保险公司必须拨付储备金，以满足对保单持有人的未来义务，并最终持有金融资本以备死亡率改善导致的意外延长给付。这不仅仅需要良好的精算实务，在许多国家监管机构要求年金机构和养老金计划规定最低死亡率水平，并对未来死亡率改善作出明确假设。在非强制使用生命表的市场中，行业机构往往会制定行业标准。

⬆ 资料来源：本专题内容节选自瑞士再保险公司．死亡率改善：了解过去，塑造未来，*Sigma*，2018（6）．

（二） 健康风险

健康风险是由于人的身体机能、器官组织等遭受到疾病和意外伤害导致的医疗费用开支增加、收入下降或完全丧失等的损失不确定性。健康风险一般包括疾病风险和意外伤残风险。

1. 疾病风险

疾病风险可以分为狭义的疾病风险和广义的疾病风险。狭义的疾病风险，指个人由于身体机能病变，器官或部分组织感染疾病而导致的人身风险。广义的疾病风险，除狭义的疾病风险外，还包括由于生育或意外伤害而引起器官或部分组织感染疾病而引起的人身风险。

疾病风险具有严重性、高发性、复杂性以及社会性，直接影响到个人、家庭和社会的经济是否稳定，亟待加强管理。疾病风险的严重性，主要表现在风险发生会导致病患者身体健康伤害，造成暂时性或者永久性劳动能力的丧失，甚至导致死亡，给病患者带来极大的生理、心理创伤和沉重的经济负担。疾病风险的高发性，是由疾病发生的客观性、广泛性决定的，就社会整体而言，每天都有新增病患。疾病风险的复杂性，源于疾病的多样性、变异性、个体差异性等，人们往往因为所处环境污染程度差异、社会环境差异、生活方式差异、精神和心理承受能力差异等原因，即使患上同样的疾病，表现也会各异，治疗方案也因此有所差异。更严重的是在人类社会医学科学能力尚难认知、掌握其规律的情况下，无法确定有效的医治方案、预防方案。疾病风险的社会性，主要是指传染性疾病的发生，特别是目前还没有掌握有效治疗方法的高危传染疾病的暴发，不但危及患者个人及其家庭，还可能危及社会的安定，因而表现出较强的社会危害性。

2. 意外残疾风险

残疾风险是由于疾病、意外伤害事故导致人体组织或器官的损伤、缺损、功能障碍，甚至永久性丧失功能等给个人和家庭带来损失的不确定性。残疾风险给个人及其家庭带来的长久性伤害，可能会高于早逝风险以及疾病风险。因为个人的终身永久性残疾意味着个人劳动收入的急剧下降或永久性丧失，但个人的终身医疗和养护的费用支出则是刚性存在，这将造成家庭收支困难。如果残疾者为家庭主要收入来源者，对家庭财务收支的影响将更大。

四、人身风险的特征

（一） 客观性

人身风险的客观性是指其存在是不以人的意志为转移的，即人身风险是客观存在的，人们可以认识风险发生的规律，进行风险管理和控制，但不可能完全消除各种人身风险。

（二） 普遍性

与人身风险客观性相伴而来的是普遍性。人类社会发展中人身风险无时无处不在，每天都有人因疾病、意外事故、生理衰老而离世、残疾，并花费大量医疗费用，影响人们的生活。

（三） 损失性

人身风险的发生意味着当事人个人及其家庭、社会面临着经济利益的损害，面临着心理和精神上的巨大打击。因此，人身风险造成人的寿命、健康、经济利益的损害和损失是必然事件。但损失的大小则是不确定性事件，也正是基于这一特征，人们才有必要通过购买人身保险等方式转移部分损失。

（四） 不确定性

人身风险的不确定性可以从以下几个方面理解：一是引起人身风险发生的原因不确定；二

是损失发生的时间不确定，人们无法预知自己何时会染病、遭遇意外，是否会早逝等；三是损失的大小不确定，疾病的严重程度以及相应的医疗费用开支大小、意外伤害造成人的伤害严重程度等是不确定的；四是损失结果的不确定，意外伤害事故可能仅造成当事人的短暂伤害，也可能造成永久性的身体部分功能缺失，甚至造成当事人的死亡等，都说明损失结果的不确定性。

（五）社会性

在现代社会，人要与社会发生各种直接或间接经济关系。个人遭受早逝、疾病、残疾等风险事故，必然会对个人及其家庭财产收支造成损失，也必将会对该人所归属的社会组织利益造成损失。如果通过社会保障制度获得风险补偿，则又消耗了社会保障基金。因此，人身风险具有明显的社会性特征。

（六）可测性

人身风险的发生就个人或者社会局部而言具有随机不确定性，但就社会整体而言，风险的发生又是可以通过大量风险事实的总结，依据概率论和数理统计方法，计算出风险发生的概率和损失分布。基于此，人们编制了生命表，编制了疾病发生率表，用于指导相关保险产品的开发和设计。

（七）可变性和发展性

人身风险的可变性是指风险的性质、风险发生的大小、风险发生与否等在一定条件下是变化的。医学进步使过去不可能医治的疾病得到有效治疗，交通规则的完善以及风险防范设备的使用也可以有效降低意外伤害事故的发生概率，人类社会保障制度的完善也可能有效降低养老风险，等等，这都表明人身风险具有可变性。

与此同时，伴随人类社会的发展，人类社会活动空间的扩大，新型交通工具或者更高速交通工具的产生等，使人们遭受意外伤害事故的可能性发生变化，可能超越当前对意外伤害风险的识别和预测能力。医疗科学技术的发展可以有效地帮助人类延长寿命，基因技术特别是克隆技术的发展和应用，还可能帮助人类攻克当前的疾病医学难关，降低疾病的死亡率。重大疾病医疗水平的提高，在帮助病患恢复健康的同时，也意味着医疗费用开支的剧增，病患者个人及其家庭需要克服的收支平衡问题也可能更沉重，使得疾病风险损失的不确定性发生变化。人类寿命的延长还意味着养老金需求的增加，即意味着养老保障能力的不确定性增加，养老风险增加。此外，通货膨胀还可能使居民个人年轻时为养老所做的储蓄积累贬值；特别地，经济发展还将逐步提高个人对退休生活品质的更高要求，这就意味着个人养老甚至社会养老保障体系负担的加重，这些都意味着人身风险的变化。

第二节　人身风险的管理

一、人身风险管理的含义

风险管理是人们对风险的认识、控制和处理的主动行为。风险管理是人们有意识地认识风险和管理风险从而形成的一门新兴学科，在政府、企业和个人的风险管理实践中发挥了重要的作用。

伴随人类社会的发展，人类在管理人身风险方面开展了大量的实践活动。但现代意义的人身风险管理，是在风险管理理论指导下的管理活动。人身风险管理是指对个人人身风险的识别与衡量，并采取必要的、可行的经济手段和技术措施对各种风险进行处理，以最小的成本实现最大的安全保障的管理活动。

人身风险的管理与风险载体的个性特质有密切关系。每个人都面临着人身风险，但不同特质的人对于风险的态度有着较大的差异。按照风险态度的不同，可以分为风险厌恶者、风险中立者以及风险偏好者。风险厌恶者表现比较保守，不愿意承担风险；风险偏好者则比较激进，喜欢或者愿意承受风险；风险中立者则居于二者之间。相关调查研究表明，多数人属于风险厌恶者，这与马斯洛需求层次中人的安全需求居于基础地位的结论是互相吻合的。因此，多数人面临风险可能造成的损失会表现出厌恶因而将寻求可能的解决之道，即进行风险管理。

人身风险的管理与个人或其家庭，甚至所归属的社会组织的风险承受能力有密切关系。风险承受能力可以区分为绝对风险承受能力和相对风险承受能力。绝对风险承受能力由个人、家庭或社会组织投入到风险资产的财富来衡量，而相对风险承受能力则是由投入到风险资产的财富比例衡量。现有研究表明，风险承受能力受个人和家庭的财富水平、教育程度、年龄、性别、个人出生顺序、婚姻状况、职业、风险态度、财务目标、个性特征等因素的影响。

二、人身风险管理的意义

一旦发生人身风险，在造成收入的终止或者减少的同时，还可能造成费用的增加，导致财务状况或者说现金流的恶化，可能进一步加重相关当事人的精神创伤，影响个人对家庭和社会责任与义务的履行。

生命周期理论可以很好地帮助人们理解科学地进行人身风险管理对于人生价值的意义，即保障生命价值可能遭受的损失，调节人生现金流，对意外事故、疾病等造成的非正常损失在整个生命期间进行有效分摊，从而平滑个人人生和家庭现金流，获得更高的生命价值。

生命周期理论认为，对个人来说，人的出生、就业、退休和死亡是生命周期的四个关键时间点。如图 1－2 所示，理论假设在就业之前，个人只有消费支出而没有收入能力，这一

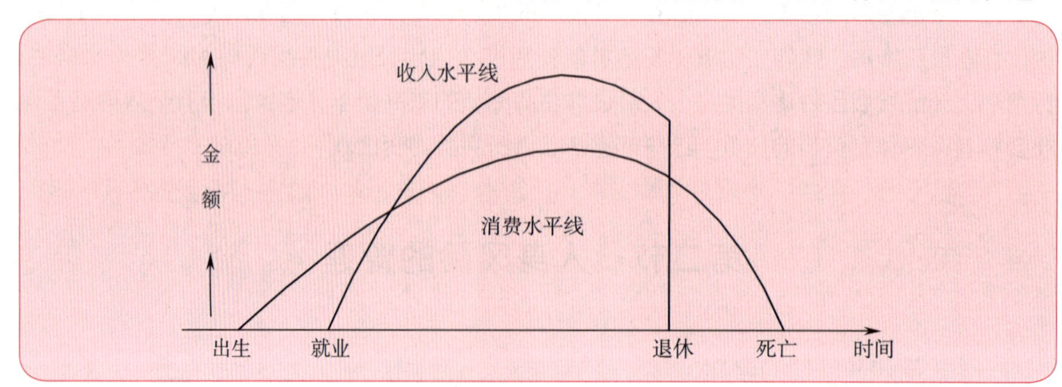

图 1－2　典型生命周期收入消费示意图

阶段人生负储蓄，或说现金流为负。在职业生涯期间，即就业与退休两个时间点之间收入能力是逐渐增长的，超过了一定年龄之后增长幅度和速度将逐渐下降，但总体上仍保持上升趋势，在这一阶段，有正的储蓄，或者现金流为正。在收入能力下降到一定水平，特别是退休后，个人的收入大多会低于支出，往往会只有消费支出甚至丧失收入能力（社会养老保险金收入除外），表现为负储蓄，即现金流下降为负。

图1－3对有无风险以及有无风险管理的人生现金流进行了比较，人一生在平安无风险的理想状态下，从就业到退休前这一主要阶段，人生现金净流入相对高于风险状态，甚至也高于进行风险管理的状态，但退休后现金流状态则会劣于有风险管理下的现金流状态。但是，如果在就业以后到退休之前阶段，个人由于结婚、购买房产、生育以及后代教育等，可能会导致个人和家庭形成负债，现金流虽仍为正，但低于理想情况，这时候的偶然性风险损失就有可能造成现金流的非预期波动，带来个人和家庭的效用水平下降。发生早逝等极端风险情况下的现金流入断裂，就会造成更严重的影响。个人退休后由于收入低于支出形成了负的现金流，差额可能还会较大。因此，无风险管理的人生现金流，将极可能是波动较剧烈的一条无序曲线，个人和家庭效用较低。如果实施了科学的风险管理计划，通过保险与非保险手段把年轻且收入稳定时候的部分财富进行了合理规划，部分转移到退休养老时使用，可以降低现金流的过大波动，提高退休生活品质，人生面对的将是一条相对平滑的现金流曲线。

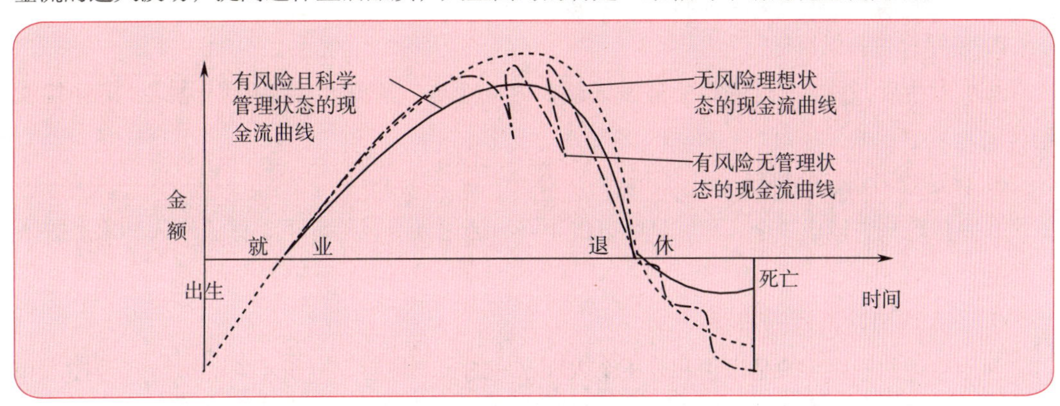

图1－3 不同状态下人生现金流比较示意图

三、人身风险管理的目标

众多人身风险引发的悲剧事件表明，没有风险管理或财务规划的个人、家庭和社会组织遭受意外及其他事件造成的人身风险损失常常是不可估量的，不但可能耗尽财富，还可能负债累累。进行人身风险管理的目标就是要实现个人、家庭和社会组织的保障效用最大化，即以最小的成本获得尽可能大的安全保障。人身风险管理的目标包括风险发生前的目标和风险发生后的目标。

（一）风险发生前的目标

1. 经济合理目标

在人身风险损失发生前，比较各种风险管理工具、安全计划以及防损技术，并进行全面的财务分析，严格核算成本和费用开支，谋求最经济、最合理的处置方式，达到以最小成本获得最佳风险处理效果，实现最大安全保障目标。

2. 安全目标

人身风险可能导致个人的人身伤亡，带来忧虑、不安和恐惧，影响个人生命和健康。进行人身风险管理，就必须尽可能地降低风险发生的概率，减少风险发生时对个人、家庭和社会组织造成的影响，实现安全目标。

3. 责任目标

一旦个人遭受风险损失，将不可避免地影响到与其密切相关联的家庭、所属社会组织。因此，个人必须认真实施人身风险管理，尽可能地减少甚至避免风险损失。当个人在家庭或社会组织中承担着重要责任时，更应该通过人身风险管理，更好地履行职责，实现人身风险管理的责任目标。

（二） 风险发生后的目标

风险发生后，人身风险管理的目标主要包括：

1. 减少风险损失目标

损失一旦发生，应及时采取有效措施进行抢救和救助，防止损失的扩大和蔓延，将已经出现的损失降低到最小程度或降到可承受范围。

2. 获得损失补偿目标

损失发生后，风险管理的目标是保证能及时向个人、家庭和社会组织提供经济补偿或给付。

3. 保证收入稳定的目标

人身风险损失造成了个人和家庭收入的下降，通过人身风险管理，保证个人和家庭收入的稳定性。

四、人身风险管理的流程

风险管理的一般步骤是识别和分析个人和家庭的人身风险、分析不同的风险管理技术和要求、选择最合适的风险管理技术、实施风险管理计划、监控与调整风险管理计划，这五个步骤依次进行，构成了风险管理流程，并且将伴随个人和家庭的身体状况、工作状况、收入状况、人口增减状况等因素的变化动态调整（见图 1 – 4）。

五、人身风险管理的实施

（一） 识别和分析个人和家庭人身风险

1. 识别人身风险的信息

进行人身风险管理，需要全面考虑个人和家庭的资产、负债、责任等相关信息，主要包括以下几个方面：

- 配偶、受抚养人、其他家庭义务；
- 年龄、健康状况及相关因素；

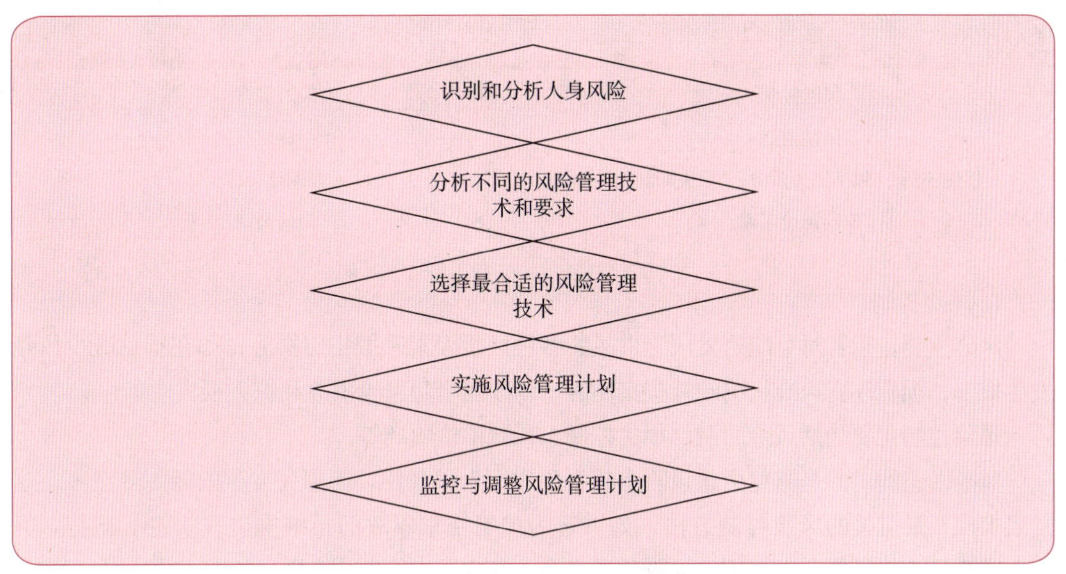

图1-4　人身风险管理流程图

- 收入来源、金额及取得方式；
- 所拥有或使用的资产；
- 其他有形或无形资产；
- 负债状况；
- 可能导致他人受伤害或财产损毁的活动或行为；
- 目前已有的商业保险保障；
- 社会保险状况；
- 目前已享有的员工福利计划；
- 已建立的退休计划；
- 目前有效的遗嘱及其他遗产计划。

在进行人身风险管理时，必须对上述相关信息进行系统、全面的收集，以更准确地评估个人和家庭的人身风险源。

2. 分析人身风险

人身风险分析主要是基于上述信息分析可能引起损失的风险事故以及发生损失的情况。根据损失后果的严重性，把风险分为严重、一般、轻微等类别，进而区分轻重缓急，合理进行财务支出的配置，争取效用最大化。例如，对于一个刚刚贷款购买了商品住房的人来说，早逝从而导致银行贷款无法偿付，后果往往较严重，需要防范风险。可通过购买保费相对低廉的定期寿险、意外伤害保险以转移这一风险。

（二）分析不同的风险管理技术及其适用性

人身风险管理的技术主要包括风险控制和风险融资两大类。相关风险管理技术方法和措施如表1-1列示。

表1-1 人身风险管理方法分类	
风险控制	风险融资
风险回避	保险
损失控制（包括损失预防、损失抑制）	非保险转移
风险单位隔离	风险自留

1. 风险控制

风险控制是指针对可能诱发风险事故的各种风险因素采取相应措施，如在损前减少风险发生概率，损后改变风险状况的减损措施等，以改变引起风险事故和扩大损失的条件。

风险控制主要包括风险回避、损失控制、风险单位隔离等。

风险回避的目的是避免引起风险事故发生的行为和条件，使损失发生的概率降至零，这是最彻底、最直接的风险控制方法，如乘客为控制空难事故而拒绝乘坐飞机进行旅行。但是，回避风险也可能会失去相应的收益或机会，在实践中的应用有限。

损失控制包括损失预防和损失抑制两类。损失预防的目的是要降低损失发生的概率，而损失抑制的目的在于减少损失发生的严重程度。许多时候，损失控制措施会同时涉及这两种方法。如为预防和控制疾病的产生，保证身体健康，减少看病次数，可以采取积极参加体育锻炼、定期进行常规体检、平时多注意饮食卫生、远离吸烟和酗酒等不良嗜好等措施。

风险单位隔离方法在人身风险的管理中应用较多，如把已经染上疾病的人或者容易感染的人在必要时候与人群分离，隔断传染链。

2. 风险融资

风险融资是通过事先的财务计划筹集资金，以便对风险事故造成的经济损失进行及时而充分的补偿，核心是将消除和减少风险的成本分摊在一段时期内，以减少突然降临的巨额损失的冲击。

对于一些难以避免的人身风险损失，需要采取风险融资方式，以缓解财务压力，具体的融资方法包括保险、非保险转移和风险自留三类。

保险方法包括社会保险计划、团体员工福利计划和个人商业保险计划三个层次。社会保险计划是国家强制实施的、为居民个人提供基本的风险保障，包括早逝、疾病、伤残、退休、失业等特殊事件发生导致的经济损失风险。团体员工福利计划是由企事业单位等社会组织因劳动关系，以团体形式为员工提供不同程度的福利保障，通常是向商业保险公司购买团体人寿保险、团体意外伤害保险、团体健康保险、团体养老保险计划（如企业年金计划），为员工提供的必要的补充风险管理方法。个人购买的商业保险是在社会保险、团体保险计划的基础上，测算个人可能面临的风险损失额，计算出风险暴露缺口，根据财务能力，通过购买相应额度的商业保险，以转移相关风险。

非保险转移方法强调的是个人在参与社会经济活动的交往过程中，为减少以意外伤害为主的人身风险损失频率和损失程度，通过与经济活动交易伙伴签订特约合约，把风险转移给经济活动交易伙伴，由对方承担风险。至于对方采取什么样的方法来管理风险，则由对方确定。

人身风险的风险自留是指自我承担风险，风险自留可能是部分的，也可能是全部的风险。部分自留是指一部分损失风险由自己承担，其余的可能通过保险或非保险方式转移出去。部分自留可能是由于个人财务能力或其他原因没有完全通过保险手段管理已知的风险缺口，也可能是由于与保险人签订保险合同时设置了免赔条款。风险全部自留是个人承担所有可能的损失。自留也可以分为自愿与非自愿两种情形。自愿自留是个人或家庭已经正确意识并评估了损失的可能性仍然决定自己承担风险，有主动性，往往伴随购买部分保险、开设专门储蓄账户等手段，是常见的人身风险管理措施。非自愿自留则是因未能正确识别风险导致损失的被动自留，往往可能引起个人或家庭的财务问题。

（三） 选择最适合的风险管理技术

在进行人身风险管理时，众多风险管理技术对于不同个体、家庭或团体来说，只有适合与不适合之分，没有最好与不好之说。选择适合自己的风险管理技术，取决于个人及其家庭财务状况、风险态度、风险承受能力、风险状况和管理目标等因素，一般是建立包括保险在内的风险管理技术组合，确保在保障程度一定时，风险管理费用最小，或在风险管理费用一定时保障程度最高。

1. 损失频率、损失程度矩阵分析法

在明确个人风险目标需求之后，正确估计各种人身风险预期发生损失的频率和损失程度，是合理选择最适合的风险管理技术组合的前提。表 1 －2 所列的损失频率和损失程度矩阵对选择风险管理技术可提供有益的指导。

表 1 －2　损失频率、损失程度矩阵分析表

损失程度 / 风险管理方法 / 损失频率	高	低
高	回避 预防和抑制 转移 自留	预防 自留
低	预防和抑制 转移	自留 预防

表 1 －2 是进行人身风险管理的基本指导原则，即在面对高损失频率、高损失程度情况时，首选风险回避，如回避到政治、社会治安环境不好的地区投资、旅游等，以回避伤亡损失。在从事一些高危运动前，或者一旦已经身处恶劣环境，则更应该积极准备风险预防和抑制措施和设备，以避免灾难性损失后果。

一般地，除非采取风险回避，任何可能的人身风险都必须认真对待，应采取必要的风险控制方法和风险融资技术。在正常情况下，适当的风险管理通常至少应该包括一种风险控制技术和一种风险融资技术。损失控制、保险和风险自留往往是进行人身风险管理的重点选择，非保险转移技术在人身风险管理中的应用因具有较大的局限性而较少采用。

人们在社会活动中常见的人身风险更多的是属于发生频率低的风险。如果损失程度也相对较低，则可以采取表 1－2 中所示的风险自留和预防措施即可。对于损失程度较高的风险，如车祸及其他意外伤害、疾病、早逝风险等，就可以采取预防和抑制办法、保险转移办法进行风险管理。如驾驶前要先学习驾驶技术、学习并严格遵守交通规则、自觉系安全带、定期检修重要零部件、避免疲劳甚至酒后驾驶等，都是预防风险事故发生、抑制损失程度的有效手段。在健康方面，养成良好的饮食习惯、生活方式，加强体育锻炼等，都可以有效预防疾病的发生，定期体检、及时就医则是抑制疾病危害的有效措施。

2. 选择合适的人身风险融资技术

在选择人身风险的融资技术时，通常可以参照以下步骤进行：

第一，考虑个人或家庭能够自留或承受的风险损失。面对可能的风险，可以通过比较分析最大可能损失和最大可信损失，科学确定风险自留额。其中，最大可能损失是指在最不利的情况下可能遭受的最大人身风险损失，通常以早逝风险、严重残疾带来的风险损失为最大损失金额。最大可信损失则是估计在通常情况下可能遭受的最大损失额，如根据自身的职业特征、生活环境等因素，确定的身患重大疾病带来的高额医疗费用，遭受意外伤害导致的收入损失，下一代接受教育所需要的费用等。一般地，最大可信损失小于最大可能损失。在实践中，估计最大可信损失相对困难，而估计最大可能损失就相对容易，因而被较多采用。当给定风险的最大可能损失超过了个人或家庭的承受能力时，就必须考虑采取保险转移风险管理技术。

第二，比较损失程度与风险管理成本。在进行风险管理技术的选择过程中，必须将可能的损失程度与风险控制或风险融资成本进行比较。当可能的损失额度小于可供选择的风险控制或风险融资技术的成本时，采用风险管理技术成为不必要的选择。反之，当风险管理成本远小于损失程度时，就必须认真考虑选择合适的风险管理技术，优化财务资源配置效率，获得高保障效用。

第三，考虑损失频率的影响。人身风险的多样性，决定了人们在进行风险管理时，除考虑损失程度的影响外，还必须考虑损失发生的频率。特别是在风险自留与购买保险转移风险之间进行选择时，具有一定的指导意义。这是因为某些风险事故发生一次所造成的损失可能不大，但一定期限内多次发生，就可能造成难以承受的损失。因此，损失频率将可能改变风险自留决策，应采用合适的风险管理技术来降低或规避风险。

总之，选择合适的风险管理技术是风险管理程序中的一个重要环节，对实现人身风险管理目标和财务平衡目标起关键作用。

（四）　实施风险管理计划

在综合分析已经识别的人身风险，确定相应的风险管理技术，并选择合适的技术组合后，就必须制订并实施风险管理计划。如果需要购买保险，就必须着手选择相关保险公司、保险代理人或保险经纪人，并正确选择合适的保险险种组合，保险金额、保险年限等。对于可以自留的风险，也必须制订明确的储蓄计划作为损失融资的来源。

（五）　监控与调整风险管理计划

随着个人工作、生活环境、家庭资产负债情况以及承担的责任和义务等条件的变化，个人和家庭人身风险的暴露缺口也将动态地变化，这就要求定期、动态地重视考察风险变化情况，调整风险管理计划和实施方案。以购买人身保险为例，由于个人职位升迁、收入增加，特别是通过银行贷款分期付款方式新购买住房以后，往往会导致个人和家庭人身风险缺口增大，就必须在原有保险计划基础上，再新增加保险组合，以更好地转移人身风险。

专栏 1 – 3

人身风险管理的文化差异

随着社会发展，人们对风险及其性质的理论认识也在不断发展，20 世纪 80 年代以来，以英国道格拉斯为代表主张的风险文化理论就是其中一个有影响力的理论学说。该理论认为风险是由人们特定的文化社会等因素形成的，在不同的伦理道德文化传统与背景下，不同文化背景的不同主体，甚至是相同文化背景下的不同主体，基于不同的立场和角度，对风险的认识都会存在差异，产生不同的偏好，因而将导致对风险管理的不同态度。

风险文化理论提出了阶层团体分析模式，用来划分社会个人所处的不同文化类型的团体归属，即依据团体内聚合度的强弱以及团体内阶层鲜明度的综合性，把文化分为四种类型：一是聚合度弱、阶层不鲜明的市场竞争型文化团体；二是聚合度强但阶层不鲜明的平等型文化团体；三是聚合度强、阶层极鲜明的官僚型文化团体；四是聚合度弱、阶层鲜明的宿命型文化团体。不同的文化类型，具有不同的文化规范，进而形成不同的风险认识和态度。风险文化理论的相关结论，与当前不同文化传统和社会背景下人们对人身风险管理的偏好和态度具有较高的吻合度。

在中国传统文化中，所谓“生死由命、富贵在天”的宿命论思想仍然存在，一些人迷信心理严重，不愿将保险作为人身风险管理的手段。此外，中国的传统文化中的“养儿防老”“节俭”“互助”“求稳”“求安”观念，“伦理本位”等观念，也容易导致人们习惯于采取以家庭、朋友、社会关系网络为主的自助、互助性风险管理方式，很多人认为在购买了保险而又未发生风险事故时，保费支出是一种浪费。

相对而言，西方发达国家人们事前防范风险、转移风险的意识较强，表现为更积极地通过购买商业人身保险来转移人身风险。目前，西方发达国家的人身保险发展大大领先于全球平均水平，这除了与居民具有较强的保费支付能力有关，更与社会文化背景影响下个人的风险意识、保险意识相关。

风险文化理论除了有助于正确理解不同文化背景下的人身风险管理方法的选择偏好，还将有利于抓住问题关键，引导人们培养正确的风险管理意识，改变人们应对人身风险“被动”“求助”“依赖”心理，通过完善社会保障制度建设，引导人们购买人身保险等方式管理人身保险。

本章小结

1. 人身风险无时不在，无处不在。正确理解人身风险的概念、构成要素、分类及特征，是正确进行人身风险管理的前提。

2. 正确运用风险管理的基础理论，对于科学管理个人和家庭的人身风险具有重要意义。

3. 进行人身风险管理需要运用人生生命价值理论，评估个人当前和未来面临的责任和义务，预测人身风险发生的概率及其导致损失的来源程度。

4. 人身风险管理计划和技术没有最好，只有最合适之说，关键在于正确评估进行风险管理的可支付财务能力，选择合适的风险管理技术，实现风险管理效用的最大化。

本章关键词

人身风险　人身风险因素　健康风险　养老风险　人身风险管理　生命价值　风险文化　风险控制　风险融资　损失频率　损失程度

本章思考题

1. 什么是人身风险？如何正确理解人身风险各要素之间的关系？
2. 简述人身风险的特征和类型。
3. 什么是人身风险管理？如何正确理解其目标？
4. 人身风险管理的一般流程是什么？
5. 简述人身风险管理的风险控制方法。
6. 简述人身风险管理的风险融资方法。
7. 怎样理解人身风险管理的文化差异？
8. 结合实际生活，谈谈人身风险管理的意义。

第二章
人身保险的产生与发展

章首语： 伴随着经济社会的发展，人身保险作为人身风险管理的一种有效方法得以产生并逐步完善。本章在界定人身保险基础上，梳理其发展历史，分析其发展现状，探索其发展规律。本章学习重点是理解人身保险及其产生与发展的规律，正确认识人身保险发展的现状。难点是运用人身保险发展的规律来分析和研究人身保险的发展趋势。

第一节　人身保险的界定

一、人身保险的概念与特征

（一）人身保险的概念

人身保险是以人的身体或寿命为保险标的，以被保险人发生死亡、伤残、疾病等保险事件或生存到保险期满为给付保险金条件的保险。

人身保险一般与财产保险相对，是保险业务的重要类别。与财产保险相同，人身保险也是由许多面临相同风险的人，通过缴付保险费的方式，把风险转嫁给保险人，保险人利用集中起来的保险基金分摊损失。但由于人身保险的保险标的是人的身体或寿命，保险给付条件是不幸事故造成的死亡、伤残以及疾病、衰老，或是保险期满被保险人生存，因此，两类保险又存在着许多差异，并由此形成人身保险的特征。

（二）人身保险的特征

1. 大多数人身保险是给付性保险

在人身保险中，除健康保险中的一部分险种是属于补偿性质的以外，绝大多数人身保险都是定额给付保险，即事前保险人与投保人或被保险人约定，并在保险合同中载明保险给付金额。人身保险不仅能提供经济保障，而且大多数人身保险还兼有储蓄性质。由于被保险人死亡必然会发生，死亡保险金给付具有必然性，因此，纯保险费中的大部分直接构成准备金，是保险人的负债。除健康保险等部分人身保险外，人身保险合同都属于给付性合同，补偿原则及其派生的代位原则和分摊原则不适用于人身保险。

2. 保险人承担的风险具有特殊性

人身保险的保险人承担的风险主要与人的身体和寿命相关，特别是人寿保险所承保的损失事件（死亡）在某一时期内发生与否是不确定的，但死亡概率会随年龄的增加而增加，直至死亡，最后会变成一个确定事件。而财产保险的保险人所承保的损失事件可能会发生，也可能不会发生。

3. 保险期限较长

在人身保险中，除意外险等险种是短期的以外，一般都是长期性险种，有的长达几十年。而财产保险的期限都比较短，一般为一年，也可以是一个航程或一项工程的工期，短至以小时计算。

4. 保险金额有特殊的确定方法

在人身保险中，人的寿命和身体无法用货币来衡量，因此，人身保险的保险金额有特殊的确定方法，如生命价值法、收入置换法和需要法等，这与财产保险以保险财产的价值确定保险金额有较大的区别。

（1）生命价值法。人的生命价值的估计可作为保险金额确定的基础。生命价值法参见专栏1－1生命价值理论。该方法是按照生命价值理论确定一个人的生命价值，并以此确定人寿保险的保险金额。然而，生命价值法也有很多缺陷。首先，生命价值法忽视了社会保险等收入来源；其次，生命价值法中的将来收入的变化是难以准确预计的；最后，生命价值法忽视了通货膨胀因素。这些影响了生命价值法的应用。

（2）收入置换法。收入置换法类似于生命价值法，是根据家庭需求、收入确定保险金额，同时考虑已有的社会保险和通货膨胀等因素，保险金额通常按家庭年收入的倍数确定。

（3）需要法。需要法是根据假如被保险人死亡后家庭的各种需要来确定保险金额。家庭需要包括子女的生活费用和教育费用、偿还债务、医疗费和丧葬费等。按照需要法确定的人寿保险金额一般是用来满足家庭因为被保险人死亡或伤残而引起的需要。

现实生活中，人身保险金额主要是根据被保险人的实际需要和投保人缴纳保险费的能力确定的。

二、人身保险的分类

按照不同的分类标准，人身保险可以分为不同的类别。

（一） 按保障范围分类

按保障范围分类，人身保险可以分为人寿保险、人身意外伤害保险、年金保险和健康保险四大类。

1. 人寿保险

人寿保险是以人的寿命为保险标的的人身保险。传统人寿保险有三种基本形式：定期寿险、终身寿险和两全保险。

2. 人身意外伤害保险

人身意外伤害保险是以被保险人的身体为保险标的，保险人对被保险人因遭受意外伤害事故造成的死亡或伤残给付保险金。投保人身意外伤害保险不必进行体检，保险期限也较短，一般为一年，更短的可以是几小时，如航空旅客意外伤害保险等。

3. 年金保险

年金保险是用年金方法给付保险金，在被保险人（年金受领者）生存期或特定时期按约定金额定期给付。典型的年金保险是一种生存保险，在被保险人生存期给付年金，死亡后停止给付。但是，现在许多年金保险不是纯粹的生存保险，而是偿还式年金。年金保险可以按缴费方式、给付日期、被保险人的人数、给付方式、给付金额是否变动等来分类。

4. 健康保险

健康保险也有广义和狭义之分。狭义的健康保险一般是指疾病或医疗保险，广义的健康保险还包括人身意外伤害保险。如美国的健康保险主要包括三大类：丧失工作能力收入保险、人身意外伤害保险和医疗保险。

（二） 按投保方式分类

按投保方式分类，人身保险可分为个人保险和团体人身保险两大类。人寿保险、年金保险和健康保险都可以是个人保险，也可以是团体保险。

个人保险是以个人或家庭为保险对象的保险，只为个人或家庭成员提供保险保障的保险。团体人身保险是以一张总的保险单为某一团体单位的所有成员或其中的大多数成员（一般要求至少为总人数的75%）提供保障的保险。团体人身保险的业务对象是一个团体，可细分为团体人寿保险、团体人身意外伤害保险、团体年金保险等。由于团体保险的管理费用相对较少，其费率通常低于个人保险。

（三） 按有无分红分类

在人身保险中，一般只有人寿保险才可能有分红。按有无分红分类，人寿保险可分为分红保险和不分红保险两大类。

分红保险最早是相互人寿保险公司提供的保险产品，购买分红保险后，投保人不仅可以获得保险保障，而且还可以获得保险公司的经营利润。分红保险单的费率通常高于不分红的保险的保险单费率。早期的商业性人寿保险公司一般不出售分红保险单，但为了与相互人寿保险公司竞争，有些股份制人寿保险公司也出售分红保险单。20世纪中后期以来，分红保险得到快速发展。

不分红保险是指不能给投保方带来红利的人寿保险，购买不分红保险，投保人只能获得保险保障。

（四） 按实施方式分类

按照实施方式分类，人身保险可以分为强制保险和自愿保险两大类。

强制保险也称法定保险，是根据法律规定开办的保险业务。在实施强制保险时，不管被保险人是否愿意投保，或保险人是否愿意承保，都应该依法建立保险关系。

自愿保险是保险双方当事人在公平自愿的基础上，通过订立保险合同自愿缔结保险关系的一种保险，保险人可以选择被保险人和保险标的，投保人也可以自由选择保险人。目前，绝大部分人身保险都是自愿保险。

（五）按照保险期限分类

按照保险期限分类，人身保险可以分为长期人身保险、1 年期人身保险和短期人身保险三大类。

长期人身保险是保险期限超过 1 年的人身保险，如人寿保险、年金保险等。健康保险也可以是长期业务。

1 年期人身保险是保险期限为 1 年的人身保险，主要是人身意外伤害保险。健康保险也可以是 1 年期业务。

短期人身保险是保险期限不足 1 年的人身保险。如旅游人身意外伤害保险、旅客人身意外伤害保险、公共场所游客人身意外伤害保险等。

此外，还有其他分类方法，如按被保险人是否参加体检分类，人身保险可分为验体保险和免验体保险；按被保险人的危险程度分类，人身保险分为健体保险和次健体保险（或弱体保险）等。

三、人身保险与相关范畴

（一）人身保险与储蓄

在保险理论中，许多学者都将人身保险看作储蓄或将其纳入储蓄范畴，例如“确保经济生活说”和“经济准备说”都将保险置于储蓄范畴内，也有学者把人身保险称为“特殊的储蓄”或广义的储蓄。这是因为人身保险和储蓄都能消除人们生活中的不安定因素，具体来说，都是用现在暂时不用的资金保障将来经济上的需要。

但是，人身保险与储蓄也有显著的不同，表现为：

首先，储蓄是自救，保险是互救。储蓄行为是单独、个别进行的自救行为，而保险是社会互救，对将来经济需要的保障程度高。

其次，聚集起来的资金的使用权和所有权转移不同。储蓄存款的所有权归储蓄者所有，储蓄者可以任意提取使用，随着积存时间的推移，获取本金和利息。保险则不同。保险是依靠多数单位或个人的互助共济来实现的。投保人（被保险人）交付的保险费都是通过科学定价确定的。聚集的保险基金由保险人统一管理使用，被保险人或受益人只有在保险事故发生并造成经济损失或人身伤亡后，才能获取保险赔款或领取保险金。

最后，储蓄与保险的结付均等原则不同。储蓄的给付与反给付是建立在个别的均等关系上，每一个储蓄者到期获得的是自己的本金和利息；保险的给付与反给付不是建立在个别均等基础上，而是建立在综合的均等基础上，每一个投保人交纳保费之后，不一定能获得赔款，但所有投保人交纳的保费和所有人获得赔款保持均等即可。

在现实生活中，人身保险与储蓄有着密切的联系，表现为带有储蓄性的保险业务的存在。人寿保险具有储蓄的功能，就保单持有人而言，具有现金价值的人寿保险保单是一种金融资产，当保单解约时，保单持有人可获得保单的现金价值；风险发生或保单期满，保单持有人可获得经济给付，因此，具有储蓄的功能。

值得注意的是：具有现金价值的人寿保险保单作为一种特殊的金融资产，并不表示与银行储蓄完全相同，人寿保险的储蓄功能并不是单独存在，而是与人寿保险的保障功能结合在一起。

（二） 人身保险与投资

随着人身保险险种的创新，一些寿险保单不仅具有保障和储蓄的功能，而且还具有投资价值，寿险保单成为特殊形式的证券，如万能人寿保单、变额人寿保单等。然而，并不是所有的寿险保单都具有投资价值。"投资是为获取预期收益而投入资金（资本）或资源的经济活动。"① 尽管投资方式有多种多样，但是对投资主体而言都是以盈利为目的。从传统寿险来看，给付条件（除附加险外）一般包括三种情况：第一，被保险人在保险期内死亡；第二，被保险人在保险期内伤残；第三，被保险人生存到保险期满。在上述情况发生时，被保险人或指定的受益人可领取保险金，这种"利益"与投资利益性质并不相同，就第一种和第二种情况看，投资目的的实现是以被保险人死亡或伤残为条件，不符合投资理论，也不符合保险原理；从第三种保险给付条件看，投保人得到比投保时交纳的保险费高的保险金，正是保险储蓄功能的体现。这些传统的寿险并不具备投资功能。

20 世纪中后期开始，许多国家开发了具有投资功能的新型人寿保险产品，如投资连结保险、万能人寿保险，分红保险等，保险公司在经营这一类新型人寿保险产品时，会将所积累的保险基金进行投资的收益返还投保人，因此，这些保险除具有传统人身保险的功能之外，还具有投资的功能。20 世纪末，我国人寿保险公司也开发了具有投资功能的寿险保单。1999 年 10 月，中国平安保险公司在上海推出投资连结保险，随后各家寿险公司相继开发了具有投资功能的寿险产品，包括分红保险、万能寿险等。我国寿险市场上具有投资功能的寿险产品一度成为寿险市场的主要产品。近年来，伴随保险回归保障功能的监管引领，寿险产品保障功能与投资功能的配置趋于合理。

（三） 人身保险与社会保险

社会保险与人身保险有许多相似之处，从举办目的看，都是为了保障人们生活安定、社会稳定和促进社会的发展。但两者的性质有较大的区别。正确认识社会保险与一般人身保险的关系对于充分发挥其安定社会经济生活的作用尤为必要。人身保险与社会保险的关系参见第十五章。

四、人身保险的作用

（一） 解除个人和家庭对人身风险的忧虑

人类对安全保障有共同的追求。在现实生活中，人身风险的存在影响着个人和家庭正常

① 何盛明等．财经大辞典［M］．北京：中国财政经济出版社，1990：668.

的生活秩序，使人们产生不同程度的忧虑和恐惧。如未成年子女的父母会担心自己早年身故，子女生活、教育将失去经济来源；家庭的主要劳动者一旦发生意外，或伤残或死亡，不仅会减少家庭的经济收入，增加支出，还会使家庭生活陷入困境；家庭成员对疾病引起的医疗费的担心以及年老后的生活保障问题等。如果投保了人身保险，便可以将这些风险转嫁给保险人，消除忧虑，保持家庭经济生活稳定。

（二）促进社会稳定

在市场经济条件下，人身保险与社会保险的相互补充成为社会稳定的基础。在西方经济发达国家，特别是一些福利大国，尽管有着较高程度的社会保险和社会救济，商业性人身保险仍然高度发达。我国社会保障体系还在不断完善之中，人身保险是社会保障体系的重要补充，可以解决年老、疾病、伤残等所引起的特殊经济需要。

（三）提供多元化家庭理财方式

人身保险大多带有储蓄性，且一些新型人寿保险具有投资功能。在我国经济社会不断发展、家庭财富增加的背景下，人身保险不仅提供了家庭和个人的风险管理方式，还丰富了家庭理财和财富管理方式。

第二节　决定和影响人身保险发展的因素

一、人身保险产生与发展的条件

（一）自然条件

人身保险产生的自然条件就是人身风险。自人类产生以来，人们对自然界进行着不懈的认识与改造活动。面对生、老、病、死等人身风险，人们发现求助于神灵或英雄人物并不能得以消除，于是产生了“积谷防饥”“居安思危”的思想，开始通过采取各种社会成员之间的互助共济方式，减轻人身风险对人们正常生活的影响。科学技术的发展虽然可以消除一部分人身风险，但也可能带来新的风险，可以预见人身风险将一直伴随着人类社会的发展进程。

（二）经济条件

人身风险的客观存在促成了后备思想、保险思想的产生，但商业保险制度的建立还需要相应的经济条件。剩余产品的增加和商品经济的发展是现代人身保险发展的经济条件。只有在扩大再生产的条件下，存在满足人类生活必需以外的剩余产品才具有补偿损失的物质基础，使保险经济补偿方式成为可能。随着商品经济的发展，社会分工高度发达，生产规模和市场范围日益扩大，人们支付能力相应增强，出于风险管理的需要，人们对人身风险的防范提出制度化要求。

（三）技术条件

自然条件和经济条件是人身保险产生的基本条件，但要保证人身保险的健康稳定发展还要求有相应的技术条件。人身保险发展的技术条件是保险精算。保险业，无论是寿险还是非寿险，在其经营和管理过程中都需要制定科学合理的保险费率、提取适当的准备金、确定自留风险和安排再保险、保证充足的偿付能力等。这些核心经营问题的解决依赖于保险经营的技术基础——保险精算。保险精算就是以数学、统计学、金融学、保险学及人口学等学科的知识和原理，去解决商业保险中需要精确计算的问题。

近年来，互联网、大数据和人工智能等技术开始在保险行业应用，这将对人身保险的产品开发、费率厘定、产品营销、承保核保和理赔管理产生深远影响。

二、影响人身保险发展的相关因素

（一） 人身保险发展与人口状况

人口状况包括人口总量、人口结构、人口素质以及人的生命周期等因素，这些因素都影响着人身保险的发展。

1. 人口总量

人身保险的保险标的是人的身体和寿命，人口总量直接决定人身保险的标的数量。一般情况下，其他条件不变，人口总量越大，购买保险的总量也就越大。但是，这种关系不是绝对的，因为人口的数量越多，会在一定程度上阻碍经济的发展，最终会使社会公众的人均收入减少，削弱公众的保险购买力。因此，关于人口总量与保险发展之间的关系，需要根据实际情况做相应的分析。

2. 人口结构

人口结构对人身保险的被保险人结构有直接的影响，包括年龄结构，职业结构等。

人口年龄结构与保险发展之间有着密切的联系，人口年龄结构中老年人所占的比重直接影响着保险的发展。按照国际通用标准，一个国家60岁以上的老年人口占总人口的比重大于10%或65岁以上的老年人口占总人口的比重大于7%就称其为老龄化国家。许多西方经济发达国家早已开始人口老龄化，我国也步入人口老龄化的进程。2000年第五次全国人口普查主要数据显示，65岁以上人口为8 811万人，占总人口的6.96%，已经非常临近7%，标志着我国进入“老年型”国家的行列，近年来，老龄化进程不断加快。表2－1中的数据表明我国人口老龄化呈现如下特征：其一，无论按照60岁标准还是按照65岁标准，我国现有的老年人口总量都已经十分巨大；其二，我国进入老龄化社会的速度快，并且将长时期保持较高的递增速度。

人口老龄化不仅给个人储蓄性寿险带来更大的需求，也会产生相应的影响。首先，人口老龄化及人均寿命的延长将使寿险业面临更多的年金支付，有可能亏损。其次，人口老龄化带来经济增长减速也会间接影响保险业的发展。同时，人口老龄化加重了中年人的负担，中年人作为家庭收入主要来源者的地位越来越重要。为了避免因中年人早逝而出现的家庭经济危机，中年人对人寿保险的需求也在增长。

表2-1　2010—2020年中国老龄人口数量比例表

年份	60岁以上人口数量（万人）	60岁以上人口比例（%）	65岁以上人口数量（万人）	65岁以上人口比例（%）
2010	17 765	13.26	11 883	8.9
2011	18 499	13.7	12 288	9.1
2012	19 390	14.3	12 714	9.4
2013	20 243	14.9	13 161	9.7
2014	21 242	15.5	13 755	10.1
2015	22 200	16.1	14 386	10.5
2016	23 086	16.7	15 003	10.8
2017	24 090	17.3	15 831	11.4
2018	24 949	17.9	16 658	11.9
2019	25 388	18.1	17 603	12.6
2020	26 402	18.7	19 064	13.5

资料来源：根据《2010年第六次全国人口普查主要数据公报》、2011年以来的《国家国民经济和社会发展统计公报》《第七次全国人口普查公报（第五号）》等资料整理。

就人口的职业结构来看，不同职业者面临着不同的风险。保险是风险管理的一种方法，一般来说，在职者比非在职者的收入水平相对较高，生活社会化程度也相对较高，因此更容易接受保险。从事现代职业的人与从事传统农业的人相比较，前者更容易接受保险这一风险的防范方式。各国保险业发展的历史表明，人寿保险通常是由在业人口扩展到非在业人口，由工商业者扩展到农业劳动者。因此，根据人口的职业结构分别设计不同的保险险种，满足不同的保险需求者的实际需要，成为人寿保险发展的重要险种开发战略。

3. 人口素质

人口素质对人身风险的认识与风险管理方式的选择有直接关系，且与保险经济发展也存在一定的关系。一个国家人口的素质越高，对人身风险的认识与管理越全面和科学，经济发展越快；反之则相反。这里所说的人口素质不仅包括人口的文化素质，还包括人的身体素质、思想素质等方面。人口的素质与教育密切关联着，随着社会经济文化的进步与发展，受教育程度的提高，人口素质会不断提升，有利于人身保险的发展。

4. 人的生命周期

人的生命周期指人从生到死的全过程，在这个过程中要经过几个阶段。从生理上看，有幼儿阶段、少年阶段、青年阶段、中年阶段、老年阶段。从社会特点看，有生活依赖阶段、独立生活阶段、赡养和抚育阶段，之后进入依赖阶段。在生命过程的各个阶段上，由于不同的生理和社会角色特点，存在各种不同的风险，形成了对不同保障功能的寿险产品的需求。

（二） 人身保险的发展与文化环境

1. 家庭和家族观念

家庭是社会生活中的基本经济单位。家庭和家族内部的保障机制，即互济行为，对保险服务有一定的替代作用。在传统的家庭结构中，有血缘关系的几代人共同生活、协同劳动，当一个家庭成员发生伤残、疾病、年老时，可以依靠其他家庭成员的供养。以我国为例，我国传统文化中有着强烈的家庭观念，信奉“养儿防老”，“修身、养性、齐家、治国平天下”的儒家思想，使人们更加看重家庭和家族的利益，家庭和家族的保障作用备受重视。但我国实施了长达30多年的计划生育政策，尽管目前已经实施放开“二胎”政策，但存在年轻人晚育、不育现象，家庭规模小，家庭抗风险能力相对较弱，必然强化对人身保险的需求。

2. 价值观念

不同的价值观念影响人身保险的需求。中国文化倡导尊老爱幼，在生活上精打细算，“量入为出，崇尚节俭”，表现出较高的储蓄倾向，这些对寿险业发展有利。但中国文化中也有不利于人寿保险发展的因素，如重个人情感而轻法律契约，“生死由命，富贵在天”等文化观念也使一些人习惯于被动地接受风险，而不是主动防范风险，在一定程度上都制约了人寿保险的需求。

3. 宗教信仰

宗教信仰会对个人认识风险以及化解风险的有关活动产生深远的影响。基督教、佛教、伊斯兰教以及印度教派的保守主义者和原教旨主义者都认为，人的命运早已注定，灾难性事件的发生正是“神的旨意”（the Will of God）。另外还有些伊斯兰学者认为，保险试图藐视已经由神预先确定好的命运。持这种观点的人不会采取风险防范措施。在非洲，伏突教（Voodoo）声称，它们可以防止损失发生，甚至帮助找回丢失的物品。再如，《古兰经》是伊斯兰教徒进行各种社会和经济决策的基本依据，也是社会经济制度产生的本源。《古兰经》禁止人们收取利息，禁止人们参与赌博。虔诚的伊斯兰教徒将现代保险视为某种形式的高利贷而严加排斥。当人们信仰这类宗教，他们必然认为宗教保障能力大大超过保险的保障功能，不会产生保险需求。

专栏2－1
人类遗传基因信息与人寿保险业的发展

人类基因组计划是美国科学家、诺贝尔奖获得者杜尔于1985年提出并于1990年正式启动。基因是有遗传效应的DNA片段。人类遗传物质就是DNA，其总和就是人类基因组。人类基因组计划旨在测定人类基因组30亿个碱基对的序列，发现所有人类基因并确定其在染色体上的位置，测定DNA序列，破译人类全部遗传信息，让人类在分子水平上认识自我。基因技术的突破，对世界各国的政治家、科学家、法律学家和伦理道德学家都提出了严峻的挑战，也对保险企业家和理论工作者提出了挑战。

人类遗传基因信息的破译将破坏人寿保险的经营基础。保险是在信息不完全下的一种风险管理方式。对人寿保险而言，被保险人对将来自己的疾病和寿命长短的不确定，寻求保险保障，而保险人基于对风险总量的科学预测（概率论和大数法则）和对具体投保人个别风险的不确定性进行匀合，设计保险产品，使自己的经营状态保持稳定。

人类基因密码的破译，将揭示人类基因密码中蕴含的信息，每个人的寿命、疾病形成与基因有直接对应关系，基因技术还会改变人体生物钟，使人类寿命延长。在基因时代，人们将会看到一份描绘人类自身秘密的“说明书”，危害人类健健康的 5 000 多种遗传病以及与遗传相关的癌症、心血管、高血压、关节炎、糖尿病、精神病都可以得到早期诊断和治疗。因此，基因制药将以其“治本”优势，为人类的健康和长寿发挥其神奇的功能。近年来，基因工程在医药行业的应用与发展备受重视，如运用微生物基因工程技术研制基因重组人胰岛素、采用植物基因工程技术提取药用重组蛋白，应用动物基因工程技术研制抗凝血酶（ATryn），在提高这些药品产量的同时，还可以大幅提高生产效率，降低生产成本，从而有利于降低医疗费用[1]；大力发展和推广基因检测技术，将有利于降低新生儿出生缺陷并提高对遗传性疾病、肿瘤、心脑血管疾病、感染性疾病等重大疾病的防控水平，对于加快我国生物产业和健康产业发展、全面提高人口质量具有重要意义[2]。

若保险公司利用基因信息，实现不确定性向确定性转化后，保险经营的稳定格局就会被打破。就其对业务发展而言，既影响现有的存量业务，也影响将来的新业务。对现有存量业务的影响表现为现在各家公司制定费率时使用的经验生命表，并未考虑未来基因工程可能对未来人们生存死亡率的巨大影响，这必然使养老保险等以生存为给付条件的人寿保险因人类寿命的延长，准备金将严重不足。与此同时，以死亡为给付条件的人寿保险因为死亡率的下降而对保险公司有利。疾病保险也会因基因药品的出现而降低其死亡率，医疗、意外伤害保险将免受其害。

对新增业务的影响表现更为突出，保险公司要求投保人提供个人基因信息，并利用其进行承保选择，具有基因缺陷的人将被排斥投保人之外，而没有基因缺陷的人绝对不会投保其不具有风险的疾病保险、死亡保险；保险公司不要求投保人提供个人基因信息，面临巨大的逆选择，具有基因缺陷的人将蜂拥而至，而没有基因缺陷的人仍然不会投保其不具有风险的疾病保险、死亡保险。

事实上，保险公司能否利用遗传基因信息，将不是保险公司可以自由选择的，会直接受制于法律规定。目前，有的国家明文规定禁止保险公司利用基因信息。如法国、奥地利开始着手制定生命伦理特别法，比利时和丹麦已经修改保险法，禁止人寿保险公司在进行“危险选择”时利用遗传基因信息。从法律的角度单方面地保护个人的“尚未出现事实的知情权”，或者称为“隐私权”。有的国家有条件地允许保险公司利用基因信息，如英国保险业界自主规定，在进行严格的审查以后允许保险公司利用该遗传基因信息，但是，对购买住房而作为担保的人寿保险则不能采用上述信息；荷兰制定了关于医学审查的特别法，对保险金额在一定范围之内的人寿保险，禁止向投保人要求提供遗传基因信息；美国有的州在加入医疗保险时，禁止遗传基因信息的不同持有者采取不平等的措施。

无论法律允许还是限制或者是禁止人寿保险公司利用遗传基因信息，都将对现有的人寿保险的存量业务和新业务的发展发产生重大影响。

❶ [1] 赵煜. 基因工程在医药方面的应用与发展 [J]. 临床医药文献电子杂志，2017，46(4)：9103-9105.

[2] 程京. 人均寿命提高一岁 基因检测技术要发力 [N]. 光明日报，2016-06-04 (10).

第三节 人身保险的发展简史

一、人身保险的起源

在人类社会发展的早期，由于生产力水平低下，人们为了生存而进行互助：以群居的方式共同生活、劳作、抵御灾难。伴随剩余产品的出现，私有制、家庭的产生，由于单个家庭建立人身风险后备的经济承受能力有限，不可靠且不经济。逐步产生了在全社会范围内集合大多数人，以互助合作形式集中提取和建立人身风险后备的人身保险思想。

关于人身保险起源有两种不同的观点：

一种观点认为，在封建社会出现的小手工业者、商人、工匠、宗教职业者，他们具有人身自由，经济上独立，遭遇风险时主要靠自己或互助组织救助，保险产生的社会经济条件在这些阶层中已初步具备，因此，人身保险的起源应从封建社会各种互助合作形式的行会制度中探寻。据史料记载，早在公元前4500年的古埃及，在大规模修建金字塔的过程中，石匠们曾经自发地组织互助团体，该团体成员对该团体成员中的死者、伤者及其家属进行适当补偿。与此类似，在古罗马的历史上，出现过士兵丧葬互助团体，从对会员死亡支付丧葬费用发展到后来进一步扩展到对死亡会员的遗属给付救济金。在古希腊也曾盛行过一种团体，具有相同政治、哲学观点或宗教信仰的人或同一行业的工匠人组织起来，每月交付一定的会费形成公共基金，当会员遭遇意外事故或自然灾害造成经济损失时，由该组织给予救济。

另一种观点认为，人身保险的产生与海上保险的发展是分不开的。人身保险的萌芽应从14世纪的地中海沿岸海上贸易开始。15世纪，欧洲殖民主义者大规模贩卖非洲黑奴，在海上运输过程中，为了防止奴隶中途死亡而蒙受损失，奴隶贩子将奴隶作为货物投保海上保险。后来又发展到为航海旅客投保被海盗绑架而须支付赎金的人身保险，为船长、船员投保人身安全保险，这便是最初的人身意外伤害保险。

二、现代人身保险的形成

近代人身保险是在基尔特（Guild）、公典（Mount of Piety）、年金（Annuity）等各种制度基础之上产生的。

早期的人寿保险起源于中世纪欧洲的基尔特制度。基尔特制度是相同职业者基于相互扶助的精神所组成的团体。13世纪、14世纪，乃至16世纪，是欧洲基尔特的全盛时期。当时的基尔特分商人基尔特与工人（手工）基尔特两种，其目的除保护职业利益外，对其会员的死亡、火灾、疾病、窃盗等，也通过共同出资进行救济。其后，基尔特的相互救济职能发生变化，专门以保护救济为目的，产生所谓保护基尔特（Protective guild），并形成接近保险的运作模式。如英国的友爱社（Friendly society）、德国的扶助金库（Hilfskasse）及火灾互助会（Brandgilde）等。其中友爱社与火灾互助会，对于人寿保险与火灾保险的发展起到了较大的作用。

15 世纪后半期，意大利北部及中部城市出现一种慈善性质的金融机构。该机构为对抗当时犹太人的高利贷，对一般平民提供低利率贷款。其资金来源是接受捐赠，后来因经营陷入困难，也开始吸收资金，存款者在最初一定期间内不计利息，经过一定时期后，可获得数倍于存入资金的本利。例如在女儿出生之际，以一定金额缴存公典，到女儿结婚时（18 年以后）即可收取 10 倍于当初缴存的金额。若该女未达 18 岁而死亡，或没有配偶，缴存的金额归公典所有。这种制度对于人寿保险的发展有较大的影响，16 世纪时，纽伦堡（Nuremberg）及斯特拉斯堡（Strassburg）等地也曾实施这种公典制度。

年金在中世纪开始实行。16 世纪、17 世纪在英国、荷兰最为盛行。1689 年法国实行一种特殊的年金制度，即所谓联合养老制（Tontine annuity）。意大利那不勒斯（NaPles）的汤吉（LorenzoTonti）氏在路易十四（LouisXIV）时代，针对当时法国财政面临的困难，提出实行一种募集公债的方法。为使公债募集容易计算，规定公债本金每年的利息，分配给该年的生存者。按照这种方法，政府支付每年等额的公债利息，而公债持有人中，生存者收取的利息每年增加，到最后一人死亡时，利息停止支付，公债本金并不偿还，归政府所有。在 18 世纪中期，许多国家为增加财政收入纷纷采用这种制度。该制度虽与人寿保险不同，但资本与人寿可结合的观念以及利息计算与寿命等问题，对人寿保险思想的发展和人寿保险技术的提高有较深的影响。

由于现代人寿保险的发展对计算技术要求较高，1671 年，荷兰政治家维德（Jan de Witt）倡导终身年金现值的计算，为国家的年金公债作出了贡献，但其计算方法并不完善。到 17 世纪末，英国著名天文学家赫利（Edmund Halley）研究人的死亡率，制成了生命表（Mortality table），使年金价值的计算更加精确。直到 18 世纪四五十年代，辛普森（Thomas Simpson）根据赫利的生命表，制定了按照死亡率增加而递增的费率表。此后，陶德森（James Dodson）又按照年龄差等因素计算保险费，并于 1756 年发表其计划，1762 年成立的伦敦公平保险社（The Society for the Equitable Assurance of Lives and Survivorship）应用了该计划，成为真正以保险技术为基础而设立的人寿保险组织。其后，采用公平保险社计算办法的现代人寿保险公司数量不断增加。

三、主要发达国家人身保险的形成与发展

英国是最早完成工业革命的国家，也是近代人身保险制度的发源地，曾是人身保险最发达的国家。英国形成的人身保险制度首先传入德国和法国，并在美国得到迅速发展。长期以来，美国是寿险业务量最大的国家。第二次世界大战后，寿险业务在日本迅速发展，自 1987 年以后，日本寿险在全球居重要地位。

（一）英国人寿保险的形成与发展

英国是现代人身保险的发源地，也是欧洲第一大寿险市场。英国早期经营人身保险业务的保险公司包括相互保险公司和股份制的保险公司。第一家相互保险公司是于 1699 年 10 月 4 日于伦敦设立[①]的 The Life Assurance and Annuity Association。但运行 46 年后，由于负债累累而倒闭。1706 年，Amicable Society 成立，它限制会员身份，规定会员人数为 2 000 名，并以独特的方法来经营，其死亡给付并不明确规定，而是依该年度死亡人数确定。1765 年 The Society for Equitable Assurance on Lives and Survivorships 获准成立。从 18 世纪末开始，英国人寿保险有了较大发展，出现了许多保险公司，如 1792 年成立的威斯敏斯特保险社、1797 年成立的鹈鹕人寿保险公司、1806 年成立的节俭人寿保险公司、1810 年成立的太阳人寿保险公司等。这些公司的寿险业务的投保人主要是贵族、地主、军官及自由职业者。根据相互人寿保险协会会长在 1845 年的估计，在当时英国 2 500 万人口中，只有不到 10 万人与人寿保险公司打交道，普通公众对人寿保险仍然很陌生。从 19 世纪中期开始，英国人寿保险公司通过保险代理处（通常是商人、店主、银行家、遗产管理人）和设置分支公司扩大普通寿险业务人，保险公司之间的竞争异常激烈，1844—1867 年，有 230 家人寿保险公司破产或被合并。[②]

1774 年颁布实施的《英国人寿保险法》对英国人寿保险发展起到了巨大的作用。针对为同自己无利益关系的人投保人寿保险并导致谋杀被保险人事件发生的事实，《英国人寿保险法》明确规定："这是管理有关人寿保险的法令，除了投保人对被保险人的生存或死亡有利益关系者外，其他人都不得办理这种保险。"1854 年，英国下议院经过社会调查，建议为低薪阶层解决保险问题。伦敦谨慎保险公司首先创办了简易人寿保险。在 1864 年又开办了邮政简易保险。到 19 世纪后期，简易人寿保险吸引了数以百万计的低薪阶层的人投保，并且流传到其他国家。与此同时，还出现承保雇员的团体人身保险，采取从工资单上扣交保险费的办法，该保险得到了迅速的发展，在 19 世纪 80 年代占所有签发保险单的 19%，1900 年这个比例又上升到 47%。19 世纪中期人身意外伤害保险也出现了，1848 年铁路旅客保险公司开始办理旅客人身意外伤害保险。1885 年设在爱丁堡的疾病和意外保险公会办理疾病保险，保险期限为 1 年。后来又出现了一种"永久健康保险"，对被保险人进行体检，体检合格后才签发保险单，保险期限较长（一般是到退休年龄为止）。至此，英国的人寿保险得到了全面的发展。

20 世纪 30 年代，英国实行了团体养老金保险计划，进一步推动了英国人寿保险的发展。20 世纪 60 年代到 80 年代，英国关税体系的瓦解给市场竞争带来更大的压力，加快了保险公司跨国合并的进程。20 世纪 80 年代末，英国法规制度的变化带来了英国寿险销售渠道的变化。英国的银行保险企业在英国保险市场上具有重要作用，银行（有时也通过与人寿保险公

① ［美］肯尼斯·布莱尔，哈罗德·斯基柏．人寿保险［M］．洪志忠，等译．北京：北京大学出版社，1999：35.

② H. A. L. 科克雷尔，埃德温·格林．英国保险史［M］．武汉：武汉大学出版社，1988：72－78.

司的联盟）借助自有业务渠道开发并推销许多简单的寿险险种，银行保险企业使用的则是非银行分支机构的销售人员进行销售。《1986 年金融服务法》明确区分了独立金融顾问（1ndependent Financial Advisors，IFAs）与指定的和公司的代表（Appointed and Company Representatives）。独立金融顾问包括保险经纪人、银行、储贷协会、律师以及会计师；指定的和公司的代表包括专属代理人、内勤雇员以及其他类型的代理人，他们仅为所属公司推销险种。在英国，独立经纪人有较强的实力，但他们的市场份额面临考验，大多数保险公司已经转而使用独立金融顾问。

1980—1998 年，金融创新激活了英国的金融市场，混业经营促进了金融机构创新产品和改善服务，保险业活跃程度显著提高。1999 年英国保费总收入达 2 048. 93 亿美元，占全世界保险市场总份额的 8. 82%，居世界第三位，投资额超过了 13 000 亿美元。其中寿险业务收入占全世界寿险市场的份额达到 10. 51%，仅居于美国和日本之后；非寿险业务收入占世界非寿险市场份额的 6. 19%，居世界第四位。1999 年英国保险深度为 13. 35%，保险密度达到 3 244. 3美元/人，保险业成为除了银行业外对国家收支平衡贡献最大的行业。①

2000—2001 年保险市场出现并购浪潮，英国作为世界第三大保险市场同样并购浪潮迭起，如商联保险（CGU）与 Norwich Union 保险公司合并成如今的商联保险集团（CGNU）。部分保险公司纷纷宣布倒闭，导致这一期间英国占世界的保险份额骤减。国内并购事件和尚未加入欧元区的不确定性使英国 2000—2005 年的保费收入总体增加，但是增长率呈现递减的趋势。2007 年英国保险市场保费收入为近十年来的最高水平，达到 4 636. 86 亿美元。但是在 2008 年金融危机发生过后，保费收入迅速回落。2014 年英国保险市场保费收入达到3 512亿美元，保险市场规模在全球排名第三，仅次于美国和日本，在欧洲排名第一。尽管 2014 年英国保费仍然没有超过 2007 年，但是英国的保费规模在全球保险市场的份额自 2012 年开始逐步扩大。保险行业仅在 2014 年即向英国政府纳税 118 亿英镑，投资规模高达 1. 9 万亿英镑。从从业人员构成来看，2014 年英国保险市场上有 33. 4 万人从事保险行业，其中 11. 43 万人直接被保险公司雇佣，21. 97 万人作为保险经纪人或者第三方组织参与保险市场。② 此外，英国海外保险业发达，保险业是金融业出口创汇的主体，其中以寿险业务为主，非寿险业务为辅。

近年来，受英国“脱欧”不确定性的影响，英国经济也出现众多不确定因素，从而导致英国保险市场持续低迷。2015 年、2016 年英国寿险保费收入连续两年负增长，2017 年寿险保费收入重回正的增长趋势，尤其是投资和储蓄业务的增长极大地促进了寿险保费收入的增长。2018 年英国利率维持在较低水平，同时监管机构继续下调保证利率，从而进一步降低了传统寿险产品的吸引力，投保人转向购买投资连结合约的产品，使得寿险保费持续增长。

（二）美国人寿保险的形成与发展

美国人身保险虽然起步较晚，但发展迅速，现在已经成为世界保险头号大国。相互保险

① 陆爱勤. 国际保险新论［M］. 上海：华东理工大学出版社，2004：160 - 168.

② 资料来源：英国保险人协会，https：//www. abi. org. uk/。

公司的快速发展，以及后来团体人寿保险和年金保险的出现推动了寿险业务的拓展。

美国第一家相互寿险公司（Presbyterian Ministers' Fund），于1759年成立于费城，是世界上现存的最古老的人寿保险公司。此外，在19世纪早期设立的相互保险公司还包括：1835年成立于波士顿的新英格兰相互人寿保险公司，1842年成立的纽约相互寿险公司，1849年成立的新泽西互益寿险公司。在此期间相互公司十分流行，直到纽约州法令规定所有的保险公司应存放10万美元的保证金在该州时（在当时金额非常大），才有效地阻止了相互保险公司数量急速增加的势头。后来一些股份人寿保险公司也通过退股变为相互保险公司，如美国公平人寿保险公司于1925年变为相互保险公司；创建于1873年的美国谨慎保险公司于1943年变为相互保险公司；创建于1868年的大都会人寿保险公司于1915年变为相互保险公司。其中的一些公司在目前美国寿险市场仍然是排名靠前的公司。

19世纪初期，美国人寿保险业才开始科学地计算保险费，比英国晚半个世纪。在1809年之前，马萨诸塞州的法院还在讨论人寿保险合同是否合法以及是否违反道德等问题。这种偏见也是当时美国人寿保险发展迟缓的重要原因。从1840年开始，股份制人寿保险公司的发展极大地推进了寿险业务的开拓，消除了人们对人寿保险的偏见。在精算方面，哈佛大学教授爱德华·威格尔斯沃思于1789年根据马萨诸塞州的统计资料编制和出版了一张修正的生命表，使美国首次在科学的基础上计算人寿保险的保险费和准备金。伊莱泽·赖特在1853年出版了人寿保险单的估价表，标志着美国人寿保险精算工作的又一大进步。1868年，根据1843—1858年的生命统计资料编制而成的美国经验生命表，在20世纪40年代之前得到广泛使用。

19世纪后半期，由于对人寿保险限制性条款有所放松，加上推行人寿保险代理制度，美国的人寿保险逐渐普及。美国谨慎保险公司于1875年开始推出简易人寿保险业务，1879年，约翰·汉考克相互人寿保险公司和大都会人寿保险公司也推销简易人寿保险，提升了人们的人寿保险意识。公平人寿保险公司在1911年承保了第一笔雇员团体人寿保险业务。1925年，大都会人寿保险公司签发了第一份团体养老金保险单。1928年，美国谨慎保险公司首创了信用人寿保险业务，此后，团体人身保险在美国得到了相应的发展。

20世纪30年代是美国人寿保险业的困难时期。由于经济大危机，人寿保险公司的房地产和债券投资的收益率降到最低水平，出现了倒闭事件。到50年代和60年代，美国人寿保险业发展进入黄金时期，成为美国资本市场上的一个主要资金供应者。

20世纪70年代，整个西方世界发生了严重的通货膨胀，利率曾高达两位数，美国人寿保险业也面临严峻的挑战。随后，美国人寿保险公司采用了创新方法，不断推出了新型寿险险种，包括综合性寿险、变额寿险、变额综合寿险和保费趸缴型寿险等新的业务，使人寿保险业继续保持高的增长率。

自20世纪80年代以来，对美国健康护理体制进行改革的呼声不断高涨，美国健康保险获得了空前发展，保险公司已开始从传统的补偿制度转向统筹医疗的方式。

20世纪80年代末和90年代初，美国许多知名寿险公司，如Executive Life和Fidelity Life，都出现了偿付危机，人寿保险公司的财务稳定性备受关注，一些媒体大量刊登有关保险公司财务状况的信息，对寿险公司进行评估定级的资信评估机构得到很大的发展，政府管理机构也开始考虑对有关风险性资本的规范管理。

1999 年美国出台了《金融服务现代化法》，打破了银行、证券和保险业之间的业务界限，金融混业经营成为国际金融业发展的趋势，2000 年美国寿险业增长率达到 7.6%，非寿险业增长率为 1.9%。美国拥有全球最大的非寿险市场，其保费收入占世界总额的 43.44%。[①] 同时美国也成为世界最大的寿险市场。但“9·11”事件使得美国保险业遭受重大损失，严重影响了 2001 年的业绩，保费收入增长为 1980 年以来的最低水平。“9·11”事件也使美国保险公司从根本上重新审视保险的内涵以及当代美国保险制度的缺陷。随着保险公司增加准备金后，2002 年美国保险市场有所改善，保费收入高达 10 081 亿美元，约占世界总保费规模的三分之一。[②] 随后，美国保费收入一直雄踞世界之首。2005—2008 年，美国保险市场保费收入一直呈现逐年递增的趋势，但是 2008 年的金融危机严重地影响到美国保险市场的业绩。次年，保费收入降为 1.13 万亿美元，保险深度下降到 8%，保险密度也下降到 3 710 美元。随着经济的复苏，美国保险市场也开始逐渐从危机中走出来。2012 年，全美国共有 6 115 家保险公司，其中包括 2 660 家财险公司，913 家寿险公司和 806 家健康险公司。

2014 年以来，受年金业务及其相关监管规则变化等因素的影响，美国寿险业务的发展并不稳定。2014 年由于具有保证利率的团体年金业务受保证利率下降影响而导致销售下滑，美国寿险保费下跌 2.5%。由于工资实际增长乏力，定期寿险销售也有所下降。2015 年，由于就业和收入的增长，团体寿险和年金业务的保费大幅上升，此外由于产品保证收益具有吸引力，促使万能寿险和终身寿险销售额上升，寿险保费增长 3.9%。继 2016 年、2017 年美国的寿险保费小幅增长之后，由于受取消了 2017 年年金销售的劳工部信托规则等因素的影响，2018 年美国寿险保费摆脱低迷状态，实现 2.3% 的增长率。

（三） 日本人身保险的产生与发展

日本的人身保险制度是在明治维新后从欧美引进的。日本第一家人寿保险公司是于 1881 年成立的明治人寿保险公司。到 19 世纪初，又先后设立了帝国生命保险公司（1888 年）、日本生命保险公司（1889 年）等 20 家人寿保险公司。1900 年，日本颁布并实施保险业法，使日本的人身保险走上法制化轨道。1902 年，日本成立了第一家相互保险公司——第一生命保险公司。1916 年，日本开始实施简易保险法，通过邮政局办理无体检、每月缴付保险费的简易人寿保险业务。第一次世界大战以后，日本的人身保险迅速发展。1935 年，日本人寿保险合同金额超过 100 亿日元，占国民收入的 8% 以上，成为世界上人寿保险业最发达的国家之一。

日本生命表的编制对其人身保险的发展起到了较大的作用，对亚洲其他国家包括中国人寿保险的发展也有较大的影响。日本最早的生命表是“藤泽表”。藤泽利喜太郎博士于明治

① 陆爱勤. 国际保险新论［M］. 上海：华东理工大学出版社，2004：216－217.

② 王曙光. 美国保险业的发展及其对我国的启示［D］. 吉林大学硕士论文，2004－04.

22 年（1889 年）7 月出版《人寿保险论》一书，其中公布了根据明治 14 年（1881 年）至明治 20 年（1887 年）7 年内的人口统计材料而编制的“藤泽第一表”。接着，受日本人寿保险株式会社的委托，又编制出了“藤泽第二表”。日本第一份完善的经验表是明治 43 年（1910 年）公布的日本三会社经验生命表，这是收集了“明治”“帝国”“日本”三家人寿保险公司 48 万件死亡经验材料编制而成的，并于第二年 8 月正式发表。昭和 6 年（1931 年），日本工商省经验生命表完成，其中的男子件数综合表（JP—M）直到 20 世纪 80 年代仍然是日本各保险公司的基础用表。昭和 27 年（1952 年）3 月，由于第二次世界大战后国民死亡状况的急剧变化，各公司都把第八回生命表中的男子表作为基础表使用。从昭和 31 年（1956 年）4 月开始，各公司均开始采用第九回生命表，自昭和 39 年（1964 年）4 月，各公司又都采用了第十回生命表。与这些国民表相对应，昭和 44 年（1969 年）5 月又公布了根据各公司经验所编制的日本全会社表（1960—1963 年）。接着，在昭和 49 年（1974 年）4 月又发表了 1965—1969 年的日本全会社表①。我国在 20 世纪 90 年代人寿保险发展的初期，仍然使用 1965—1969 年的日本全会社表。

在第二次世界大战期间，日本对人身保险实行强制保险，战争伤亡造成保险金给付大量增加，加上通货膨胀的影响，人寿保险业损失惨重。在这种情况下，根据金融机构紧急措施法，从 1946 年 8 月 11 日起对人寿保险公司进行清理，实现新旧账户分离，旧账户的赤字由政府给予补偿，以新账户重建公司。1947—1948 年，有 14 家人寿保险公司恢复了业务，其中只有一家是股份公司，其余 13 家均是相互人寿保险公司。日本的相互人寿保险公司成为推动日本的人寿保险业发展的重要力量。到 1958 年，日本人身险合同金额超过了第二次世界大战前的水平。随后，日本进一步加强了对人寿保险的管理。1959 年 4 月，在大藏省内设保险咨询机构——保险审议会，该会的成员由学者、消费者代表、保险界代表组成，审议有关保险制度和保险行政方面的重要事项，对提高保险公司的经营水平起到了较大的作用，使日本成为第二次世界大战后人寿保险发展速度最快的国家。

20 世纪末以来，日本对保险业的监管进行了调整。一方面对 1939 年开始实施的旧保险业法进行了全面的修改，1996 年 4 月开始实施新的日本保险业法，其目的在于放松管制，推进自由化，维护公平的运行环境，促进保险业的健康发展。新的保险业法增加了建立保险经纪人制度、人寿保险公司与财产保险公司通过子公司的方式经营对方领域的业务等内容。另一方面，调整了保险监管机构。大藏省保险部是传统的政府监管机构。1997 年 6 月，日本通过了《金融监督厅设立法》，1998 年 6 月，根据该法成立了负责对经营金融业的民间企业实行检查、监管的金融监督厅，大藏省保险部的部分监管、检查职能转移到金融监督厅监管部保险监管科及检查部，共同实施对保险业的监管。在金融自由化浪潮中，为应对恶化的经营环境和激烈的竞争，行业内加大合作与重组力度。2001 年，明治生命和安田生命保险公司开始融合，于 2004 年 4 月结成一个新的保险集团，名为明治安田生命保险公司。日本的保险业改

① ［日］国崎裕著．人寿保险［M］．张述，译．北京：中国金融出版社，1986：42.

革发展近十年后逐渐走出了泡沫经济崩溃产生的金融困境，呈现新的发展态势。2005 年，日本保费收入达到 4 764.81 亿美元，占世界保费总收入的 13.91%。拥有 38 家寿险公司，其中 34 家本土公司、4 家外国公司；拥有 48 家财产保险公司，其中 26 家本土公司、22 家外国公司。

2014 年以来日本寿险业务发展波动较大。2014 年结束了降低预定利率导致当年个人寿险业务明显萎缩的态势，寿险总保费增长 3.3%。但随后日本央行于 2016 年执行负利率政策，使得寿险公司难以吸引新的储蓄型业务，从而导致保费下降 6.2%，2017 年保费进一步下降约 4.6%。2018 年 4 月后日本的主要保险公司已下调寿险费率，2018 年日本寿险保费转为正增长。

专栏 2-2

2008 年国际金融危机中的寿险业

2008 年美国华尔街爆发的金融危机迅速席卷全球。与银行业不同，此次金融危机对发达保险市场的影响呈现出不同的结果：一些公司受金融危机影响面临经营困难，或积极寻求政府救助，以避免崩溃之厄运，或已回天无力，宣布破产。美国最大保险集团——美国国际集团（AIG）公司因住宅抵押贷款支持债券的市场价格下跌、信用违约上升以及资本市场疲弱导致业绩亏损，濒临破产险境。日本大和生命保险公司因深陷经营困境于 2008 年 10 月宣布破产。欧洲寿险公司股票投资比例为 20%~30%，且其中许多是美国股票，受金融危机影响，利润大幅下降。从表 2-2 中看出，法国保险公司尽管利润大幅下滑，但并没有出现亏损。从反映保险公司经营风险的偿付能力充足率指标来看，三大保险企业也尚在正常区间。金融危机对德国保险商的融资影响有限，国内保险业稳定，清偿能力短期并无风险。这主要取决于德国监管部门自金融危机爆发以来已对德国保险业采取严格监管。美国最大人寿保险公司——大都会保险在 AIG、雷曼兄弟、华盛顿互惠银行以及“两房”等机构的投资累计为 10 亿美元，受金融危机影响，2008 年 10 月公司利润下降 48%，但公司的业务经营还处于稳健状态。还有一些公司在此次金融危机中逆流而上。英国标准人寿始终坚持稳健经营，2008 年公司股价逆市上涨 6%；纽约人寿（New York Life）由于保险业务经营非常审慎，受危机冲击很小，其信用等级因此反而提高。

表 2-2　法国三大保险企业 2008 年度业绩

公司名称	利润（亿欧元）	同比增减率（%）	2008 年偿付能力充足率（%）
安盛	9.23	-84	127
安盟	2.73	-66	122
国家人寿	7.31	-40	115

资料来源：保险公司 2009 年年报。

综上所述，发达地区保险公司所面临的困境主要是受投资收益下降所致，保险公司的承保业务没有受到很大的影响。本次金融危机对全球寿险业的冲击主要体现为以下几个方面：

1. 保费收入呈历史上首次负增长

受次贷危机冲击，2008 年全球寿险保费收入首次出现负增长，同比下降 1. 9%。与 2006 年全球寿险保费收入增长 5. 8%、2007 年增长 8. 8% 形成鲜明反差。负增长的主要原因是欧美发达市场寿险保费收入显著下降，特别是受资本市场大幅下跌影响，投连险、变额年金等投资性较强的险种保费收入大幅萎缩。

2. 资产减值，股东资本盈余下降

次贷危机对寿险公司的主要冲击在于部分资产减值，集中在资产抵押债券、公司债和商业地产上。尽管在现行会计准则下，该部分资产损失不会完全体现到损益表中，但仍会直接导致寿险公司的股东资本盈余和偿付能力下降。日本大和生命人寿保险破产即是例证。

3. 股价大幅缩水，融资能力下降

受金融危机、业绩下滑、市场恐慌等多方面因素影响，2008 年全球寿险公司股票大幅下挫，年跌幅普遍在 40% 以上，美国国际集团（AIG）跌幅达 −97. 3%。表明资本市场对寿险公司的财务稳定性与盈利性相当担忧，寿险公司的融资能力大大降低。

4. 信用评级被调低，资本金需求增加

2008 年 9 月 17 日，美国国际集团（AIG）被标普、穆迪、惠誉三大评级机构下调了至少 2 个信用等级，而每调低 1 个等级，AIG 需要追加至少价值 133 亿美元的抵押品。10 月，三大评级机构又调低了部分寿险公司的信用等级，并将美国寿险业的行业前景从“稳定”调降至“不乐观”。评级下调造成保险股价的新一轮大跌和额外资本金的需求。2009 年 2 月，三大评级机构再次下调了 10 家保险公司的信用评级。当保险公司需要募集资金以应对本次金融危机，评级下调又使寿险公司的筹资成本上升，难以募集到资本金，从而成为资本市场的一个突出矛盾。

资料来源：陈文辉．金融危机对全球寿险业的影响［J］．金融研究，2019（10）；张冀．金融海啸对世界寿险业的风险警示［J］．湖北经济学院学报，2010（1）．

四、全球寿险市场的发展现状及展望①

近年来，在全球寿险市场发展中，发达市场和新兴市场呈现出不同的发展态势，未来总体来看呈现以下特点。

（一）发达市场寿险保费的增长缓慢，全球寿险业前景看好

近年来，发达市场一直低于新兴市场寿险业务的发展速度。2018 年全球寿险保费为 2. 82 万亿美元，实际增长率为 0. 2%，低于 2008—2017 年的平均增速（0. 6%）。全球寿险保费增速放缓的主要原因是发达市场保费减少。

在新兴市场，尤其是中国，将带动全球寿险行业的增长。除中国外，在其他地区税收优惠（如阿根廷）以及部分亚洲市场推行的普惠金融计划、经济增长势头、有利的人口环境

① 资料来源：瑞士再保险研究院．2017 年世界保险业：总体稳健，但成熟寿险市场拖累增长［J］．*Sigma*，2018（3）；瑞士再保险研究院．世界保险业：重心继续东移［J］．*Sigma*，2019（3）；瑞士再保险研究院．在增长放缓时期保持韧性：2020—2021 年全球经济和保险市场展望［J］．*Sigma*，2019（6）．

等，都有利于未来寿险需求的增长。

（二）新兴市场寿险发展潜力大，中国是带动新兴市场寿险业快速发展的重要力量

在寿险与健康险领域，新冠肺炎疫情冲击提升了人们的风险意识，以及利用保险作为防范意外风险工具的认识。更多居民在新冠肺炎疫情暴发后购买了新的保险，消费者与保险公司的联系也更为密切。2020 年和 2021 年，瑞士再保险在主要亚太市场开展了调查，以更好了解疫情对改变消费者行为的影响。最新调查发现，尽管大多数受访者拥有医疗险和寿险，但许多受访者仍感到保障不足。约有 30% ~40% 的受访者在疫情期间购买了新的寿险和健康险保单；25% ~ 50% 的受访者仍有意愿加购保障。亚洲新兴市场的消费者购买意愿很高（56%），尤其是印度、越南和中国（约 70%）。目前，中国是仅次于美国的全球第二大保险市场，其保费收入占新兴市场保费收入的一半以上，2020 年为全球保费总收入的 10.4%。中国是第一个抗击疫情并从健康危机中复苏的国家，当居民生活恢复正常后，中国消费者加保的意愿比一年前更为强烈。这也是在 2020 年全球保险业遭受重创时，中国人身保险业务仍能保持 7.53% 增速的重要原因。随着中国保险市场进一步开放和中国政府积极应对人口老龄化战略、促进共同富裕等利好政策的实施，中国寿险市场的保费增长率仍将保持较高的增长。

（三）低利率环境将对寿险公司总体盈利率构成压力

近年来，受低利率、市场竞争和监管变化的影响，寿险公司无法提供具有吸引力的回报，储蓄型业务严重承压。与此同时，寿险公司以固定收益产品为主的投资项目，其低回报率削弱了保险公司为收益保障提供资金，支付未来赔付及提供有吸引力价格的能力；此外，由于许多险种的负债久期长于可用资产，保险公司被迫再投资于收益更低的资产及（或）承担更多资产风险，使其资产负债表面临更多高金融风险。如果低利率环境持续存在，未来寿险公司的投资收益率将持续保持较低水平，影响寿险业的总体盈利水平。

（四）新技术在保险领域的应用将对传统人寿保险产生深刻影响

大数据、人工智能及认知计算、新医疗技术、可穿戴设备、数字化健康及物联网等新技术的发展和应用将重塑寿险业的未来，一方面新科技将带来寿险行业价值链各个环节的重大变革。以大数据和人工智能技术为基础的智能保险顾问的运用，将为客户提供全天候服务，开展与客户的互动，增进对客户的了解，降低服务成本。数字化时代，客户市场细分将更加精准，产品开发更为个性化，产品定价体系优化，承保过程将变得更加简便高效，核保自动化的趋势越来越显著，保险理赔的准确性与及时性将大幅提高。另一方面，新技术的应用也使寿险行业面临新挑战。一是各国消费者数据和隐私保护的法律不完善和不统一，将使得在跨境销售中运用数字化技术面临监管难题；二是新技术的运用将降低寿险行业准入的技术门槛，非传统保险业者（如各种互联网互助平台）将不断涌入寿险市场，为传统寿险公司带来合作机会的同时，也可能最终成为竞争对手；三是新技术的应用可能带来的新风险也不容忽视。

第四节 我国人身保险的产生与发展

一、我国古代人身保险的萌芽

我国很早就产生了人身保险的思想。公元前2000多年，在《礼记・礼运・大同》中就有："使老有所终……鳏寡孤独废疾者，皆有所养。"又在《礼记・王制》中记载有："凡养老，……五十养于乡，六十养于国，七十养于学"。这些可以说是我国社会养老保险思想的起源。

在我国漫长的封建社会里，民间有众多类似人身保险的互助组织，如长寿会、福利会等。这些互助组织都是事先集资以解决参加者本人或者亲属死亡后的丧葬费用。如清末明初，在福州盛行一种互助组织叫"父母轩"，它是由商家团体集合主办，招人投保，每人每月交纳小洋3角，以100个月为满期，期内死亡，领取小洋300角，百月期满，仍然健在，也可领取小洋300角。这些原始的互助组织可以说就是我国人身保险的萌芽形式。

二、我国近代人身保险的形成

旧中国的人身保险是从国外传入的。1846年，英国人在上海设立了永福和大东方两家人寿保险公司，其后又有美国的联邦、友邦人寿保险公司以及加拿大的永明、永康、宏利等人寿保险公司相继成立。这些外国人寿保险公司起初仅承保在华的外国人，在永福人寿保险公司编制了《华人死亡率经验表》后，也开始接受中国人投保。这些外资保险公司中，由美国人斯塔尔（C. V. Starr）于1921年和1931年分别设立的亚洲人寿保险公司和友邦保险公司，现已发展成为实力雄厚的国际保险组织——美国国际集团（AIG）。

从19世纪末开始，华商人寿保险公司也相继成立。如1894年成立的福安水火人寿保险公司（该公司兼营仓库按揭，总公司在香港注册），1905年成立的华洋永庆人寿保险公司（总公司在上海，香港注册），1907年在上海成立的华安人寿保险公司，1909年成立的上海允康人寿保险公司、上海永宁人寿保险公司（香港注册，中外合资）、上海延年人寿保险公司等①。1912—1925年，又有17家人寿保险公司成立，占当时新成立保险公司的近50%。其中，1912年成立的华安合群保险公司是实力最强的华商人寿保险公司，一直到1949年解放前夕才停业，而其他不少华商人寿保险公司因经营不善开办数年后就停业②。1933年7月和1934年4月，中国保险公司和太平保险公司分别设立了寿险部，经营人身保险业务。后来，由于当时国民党政府法令不允许一家保险公司兼营损害保险和人身保险，这两家保险公司的寿险部相继改组成为中国人寿保险公司和太平人寿保险公司。

---

① 《中国保险史》编审委员会．中国保险史［M］．北京：中国金融出版社，1998：53.

② 许谨良，魏巧琴．人身保险原理与实务［M］．上海：上海财经大学出版社，1996.

日本占领东北后，设立了满洲生命保险株式会社，经营人寿保险业务。国民党政府迁都重庆以后制定了一些单行法规，如《国民寿险章程》《公务人员团体寿险简章》《健康保险草案》和修正的《简易人寿保险法》等。国民党政府的中央信托局曾设立保险部，除经营政府机关、国营公用事业的财产保险外，还经营公务员和军人的人身保险。在解放战争时期的国民党统治区，由于人民生活贫困，物价飞涨，人身保险业务处于惨淡经营状态。

由此可见，从鸦片战争到新中国成立之前的100多年里，虽然近代人身保险制度传入我国，但由于经济落后，战乱不断，民不聊生，人身保险业务发展艰难。

三、新中国成立后人身保险的发展

（一）新中国成立初期人身保险的创建与停办

中华人民共和国成立之后，迅速成立了国有保险公司——中国人民保险公司，并对原有的保险市场进行清理和整顿，接管官僚资本的保险公司，整顿私营保险公司，开办财产保险和人身保险业务。新中国成立后，由于当时国家财力有限，社会福利制度还不完善，人身保险被当作职工福利的一部分，主要开办了以下险种：

1. 职工团体人身保险

职工团体人身保险于1949年底首先在上海试办，1950年以后陆续在全国开办。该险种以企业职工为承保对象，采用团体投保方式，保险期限为1年，保险费按月缴纳，费率不分年龄，每月1‰。保险人对被保险人因疾病死亡和因意外伤害事故造成的死亡、残废给付保险金。同时，被保险人或其配偶生育时，被保险人因遭受意外伤害或疾病需治疗时，被保险的配偶或直系亲属死亡时，均可获得由保险公司提供的贷款。此外，投保职工团体人身保险的被保险人还可以附加兵险（负责因战争造成的伤害）和医疗保险。到1958年，承保人数达300万人左右。

2. 渔工团体人身保险

我国沿海水产丰富，渔民人数众多，海上作业危险较大。为给渔民的生活提供保障，中国人民保险公司于1951年开始在沿海渔区开办渔工团体人身保险。渔工团体人身保险以在渔帆船上工作的渔工及其家属为承保对象，保险期限根据渔汛期为1个月至1年。保险公司对渔民因疾病死亡、意外伤害造成死亡或残废、因遭受意外伤害支出的医疗费，给付保险金。这一险种受到渔民的欢迎，直到渔民参加人民公社时才停办。

3. 个人人寿保险

中国人民保险公司从1951年开始办理个人人寿保险，该保险分为终身保险和两全保险两种。终身保险的保险责任为死亡，两全保险的保险责任为死亡和满期生存。投保个人人寿保险的被保险人，均须经保险公司指定的医师进行体检，保险金额和保险费均可按折实单位和人民币两种方式计算。个人人寿保险是采用个人投保方式的自愿保险。由于当时大多数群众的收入水平很低，而且对人寿保险缺乏认识，所以个人人寿保险只在少数大城市收入较高的职工中开展，业务量极其有限。

4. 简易人身保险

简易人身保险是一种带有储蓄性的人身保险，于1951年开始办理。当时主要对象是城市中的手工业者、小商、小贩、搬运工人和其他个体劳动者以及他们的家属，保险期限比较长，为10年、15年、20年三种；保险金额和保险费都按份数计算，每一份的保险费相同，而保险金额因被保险人的年龄大小及保险期的长短而不同；简易人身保险属于小额的两全保险，被保险人不必进行体检，按照个人方式投保，被保险人死亡、丧失劳动能力或者生存到保险期满都可以领取保险金。此外，被保险人在交满两年的保险费后，可以向保险公司申请借款，也可以申请退保，领取规定数额的退保金。由于简易人身保险的保险期限长，保险金额低，缴费手续烦琐，因此业务发展也相对缓慢，到1952年底，全国仅承保10万人左右。1958年，中国人民保险公司修订了简易人身保险的条款，根据解放后一部分城市的人口死亡率编制生命表以代替解放前的生命表，从而降低了费率，提高了保险金额。由于采取了这些措施，简易人身保险发展较快，1958年的承保人数达到180万人。

5. 铁路、轮船、飞机旅客意外伤害保险

1951年4月24日，原政务院财政经济委员会颁布了关于铁路、轮船、飞机旅客意外伤害强制保险条例，规定凡持票搭乘火车、轮船、飞机的旅客都必须向中国人民保险公司投保意外伤害保险，每名旅客的保险金额不分席位、舱位等级，也不分全票、半票和免票，统一为1 500元，保险费分别按基本票价的2%（火车）、3%（轮船）、5%（飞机）计收，包括在票价之内，由旅客于购票时缴纳，旅客无须另外办理投保手续，交通运输部门按收取的保险费与保险公司结付。车票、船票、机票即为保险凭证，保险公司对旅客在旅途遭受意外伤害支付的医疗费以及由于遭受意外伤害造成死亡或残废，在保险金额的限度内给付保险金。同时，一些地方政府还办理地方性公路旅客意外伤害强制保险，其办法与铁路、轮船、飞机旅客意外伤害保险基本相同。

上述险种中，除铁路、轮船、飞机旅客意外伤害保险是强制保险外，其他都是自愿保险。由于我国当时经济不发达，人们的保险意识不高，人身保险险种较少，业务量不大，未能在群众中广泛开展。据统计，1949—1958年10年间中国人民保险公司共收取保险费16亿多元，其中人身保险费1.41亿元，仅占全部业务的8.81%。但对投保人来说，通过保险金和医疗津贴的给付，对缓解被保险人及其家庭由于不幸事故所引起的经济困难，安定群众生活发挥了积极作用。

在1958年人民公社运动化运动中，人们错误地认为：人民公社是政社合一的组织，既是基层政权机构，又是经济组织，既从事生产经营活动，也负责社员的生活，可以取代保险。1959年10月国务院在西安召开的财贸工作会议决定停办国内保险业务。从1959年开始，铁路、轮船、飞机旅客意外伤害强制保险分别移交给铁路、交通、民航部门办理，其他人身保险业务则清理停办。在20世纪60年代初期，随着国民经济的调整，曾经一度在一些地区恢复了国内保险业，但在“文革”极左思潮影响下再次停办。

（二） 1979—1999 年我国人身保险的恢复与发展

党的十一届三中全会决定，将我党和我国人民的注意力转移到社会主义现代化建设上来，我国的人身保险也相应获得了新生。1979 年，国务院批转了中国人民银行关于恢复办理国内保险业务的报告，中国人民保险公司于 1980 年开始恢复办理财产保险业务。1982 年 3 月的全国保险工作会议决定：在有条件的地区开办 1 年期职工团体人身保险和人身意外伤害保险，并在上海试办简易人身保险、集体企业职工和个体户的养老年金保险。据中国人民保险公司总公司《全国保险业务统计资料》的记载，1982 年全国人身保险的投保人数共计 302 474 人，保险金额为 16 148 万元，保险费 159 万元。

1984 年 11 月，国务院批转了中国人民保险公司《关于加快发展我国保险事业的报告》，要求保险公司逐步实施城镇集体企业职工的法定养老金保险，使城镇集体企业职工的退休养老金工作社会化，让 2 000 多万集体企业职工老有所养，病有所医。1984 年 4 月 26 日，劳动人事部和中国人民保险公司联合发出《关于城镇集体企业建立养老保险制度的原则和管理问题的函》（劳人险〔1984〕11 号，保发〔1984〕175 号），指出应考虑建立法定的城镇集体企业职工养老保险制度，保险费实行企业、个人分担的原则，企业应负担保险费的主要部分，税前提取，计入成本。这项业务由中国人民保险公司经营。依据上述规定，中国人民保险公司自 1984 年开始陆续在全国各地开办统筹养老金保险业务。从性质上看，统筹养老金保险属于社会保险，资金的筹集采用以支定收、现收现付制，每期收入的保险费绝大部分用于当期的支出，基本上没有积累，中国人民保险公司经办这项业务只收取少量的管理费用，既不盈利也不负亏损责任。

到 1985 年，国内人身险的保费收入 4. 41 亿元，占国内业务保费总收入的比重由 1982 年的 0. 2% 上升到 16. 9% 。在此期间，中国人民保险公司办理的险种主要有：（1）团体人身保险，保险期限为 1 年，保险责任为被保险人因疾病或意外伤害造成的死亡、残废。（2）团体人身意外伤害保险，保险期限为 1 年，保险责任为被保险人因意外伤害造成的死亡或残废。（3）简易人身保险，保险期限分为 5 年、10 年、15 年、20 年、30 年，保险责任为被保险人因疾病或意外伤害死亡；因意外伤害造成残废；被保险人生存到保险期满。依照人民银行的规定，兼有储蓄性质的长期人身保险的保险费收入及责任准备金存入银行时，按同期居民储蓄利率计息。（4）公路旅客意外伤害保险，以搭乘长途汽车的旅客为承保对象，保险责任为旅客在乘车途中因意外伤害造成的死亡或残废以及由此支出的医疗费用。（5）城镇集体经济组织职工养老金保险，以城镇集体职工为承保对象，由企业为在职职工投保并每月缴纳保险费，职工退休后每月从保险公司领取养老金，直到死亡。职工死亡时，保险公司给付丧葬费。

1988 年后，我国人身保险市场格局发生了深刻的变化，由中国人民保险公司一家独占市场发展成多家保险公司竞争的市场格局。特别是 1992 年友邦保险公司上海分公司的设立，标志着我国保险市场的对外开放。友邦保险公司上海分公司将代理人营销方式引入中国寿险市场，保险代理人在全国迅速发展。1996 年，我国举办了首次全国保险代理人资格考试，目前，全国通过国家统一的资格考试已经取得保险代理人资格证书的人员达 120 万人，已经通过核准的兼业代理机构58 000余家，保险代理人所招揽的保险费收入占保险费总收入的50%。其中，人身保险业务中通过保险代理人招揽的业务达70%。长期以来，在我国保险中介市场中，个人兼业代理快速超常发展，而专业保险代理人、保险经纪人、保险公证人的发展相对滞后，与市场发展的客观要求极不匹配。因此，我国保险中介资源的配置，处于结构失衡的状态，鉴于此种状况，我国从1999年开始加快保险中介制度的建设与完善，于1999年5月15日举办了首次全国保险经纪资格考试，并且在当年底新批3家保险经纪公司，9家专业保险代理公司。

人身保险险种结构也发生了巨大的变化。在恢复人身保险业务之初，短期的意外伤害保险占有最大比重，1986年以后，简易人身保险和养老金保险的保费收入均超过短期意外伤害保险。简易人身保险曾一度是业务量最大的险种，但1989年以后发展放慢，1990年以后养老金保险的保费收入超过简易人身保险，成为人身保险中业务量最大的险种。子女教育婚嫁保险和意外伤害满期还本保险是1986年开办的，虽然保费收入的绝对量不算大，但增长速度最快。1991年，人身保险费收入83.06亿元，其中简易人身保险占22.27%，养老金保险占39.90%，子女教育婚嫁保险占7.89%，意外伤害保险占14.33%。

1995年10月1日《中华人民共和国保险法》的实施，为我国人身保险的发展提供了良好的法律环境，寿险创新动力不断增强，多种责任组合的险种不断出现，寿险的储蓄功能和投资功能得到了充分发挥。中国人民银行在1996年5月至1999年6月期间，连续7次下调利息率，1年期存款利率由1996年5月1日前的10.98%下调到2.25%，中国平安保险公司于1998年率先推出了六款利差返还型险种，之后中保寿险、泰康、新华、太平洋等各家保险公司也相继推出这类险种，使当时利差返还型险种成为寿险新业务的主体部分。1999年10月，中国平安保险公司又推出了平安世纪理财投资连结型保险，1999年1月1日，全国开始使用由保监会统一监制的1999版航空人身意外伤害险保单。寿险市场不断推陈出新成为20世纪90年代保险市场的一大特色。从1997年开始，人身保险的保费收入占国内业务保费总收入的比重超过55%，直到2000年，这一比重一直稳定在50%以上。

（三）新世纪中国人身保险的快速发展[①]

1. 市场主体不断增加，市场集中度逐年下降

2000年底，国内人身保险市场仅有14家人寿保险公司，其中，中资公司4家，外资、合资公司10家。而截至2020年底，全国共有人身保险公司91家，其中寿险公司84家，健康险公司7家，外资、合资公司28家。随着新公司不断加入，寿险市场竞争不断加剧，市场集中度呈逐年下降的趋势。如表2-3所示，2018年保费收入排名前5位的公司市场份额共计55.77%，而2004年这一数据为85.34%，其中市份额排名第一的中国人寿保险股份有限公司的市场份额由2004年的46.37%下降到了2020年的19.4%。寿险市场集中度的下降原因是中小寿险公司和外资保险公司的快速发展。

---

① 本部分所引用数据均根据中国保险年鉴及中国银行保险监督管理委员会（包括原中国保险监督管理委员会）官网上公布数据归纳整理。

表2－3　2018年中国寿险公司保费收入排名前5位			
排名	名称	保费收入（亿元）	市场份额（%）
1	中国人寿保险股份有限公司	5 358.19	20.40
2	中国平安人寿保险股份有限公司	4 468.85	17.02
3	中国太平洋人寿保险股份有限公司	2 013.43	7.67
4	华夏人寿保险股份有限公司	1 582.75	6.03
5	新华人寿保险股份有限公司	1 222.86	4.66
合计		14 646.08	55.77

2. 市场规模不断扩大，保险渗透率有所提高

进入21世纪以来，人身保险生产规模不断扩大。从保费收入来看：2000年人身险原保费收入为997.47亿元，到2020年达到3.33万亿元，年均增长率为18.19%，高于总保费收入18.88%的年均增长率。在人身保险保费高速增长的过程中，人身保险占总保费收入的比例也不断提高，2000年为62.50%，2020年达到73.64%。

从保险深度和保险密度来看：保险深度是保费收入占国内生产总值（GDP）的比例，它是反映一个国家的保险业在其国民经济中的地位的一个重要指标。保险密度是指按照一个国家的全国人口计算的人均保费收入，它反映了一个国家保险的普及程度和保险业的发展水平。表2－4中的数据表明，人身保险在国民经济中的地位和对民众生活的影响也在不断提升。

表2－4　2009—2020年中国人身保险的保险深度与保险密度				
年份	保险深度（%）	保险密度（元/人）	人身保险保险深度（%）	人身保险保险密度（元/人）
2009	3.20	834.54	2.34	610.27
2010	3.53	1 083.44	2.55	783.12
2011	2.94	1 064.24	1.96	709.54
2012	2.88	1 143.84	1.85	735.43
2013	2.90	1 265.65	1.81	789.36
2014	3.16	1 479.36	1.98	927.75
2015	3.54	1 766.52	2.31	1 153.70
2016	4.18	2 239.01	2.93	1 568.88
2017	4.46	2 631.58	3.17	1 873.27
2018	4.12	2 725.21	2.86	1 882.50
2019	4.30	3 046.07	3.13	2 213.93
2020	4.45	3 205.17	3.28	2 361.7

3. 市场发展动能转换，行业转型持续推进

在持续多年快速增长之后，2018 年人身险业务增长出现拐点，如表 2－5 所示，2018 年人身险业务保费收入为 2.7 万亿元，同比仅增长 1.87%；2019 年开始复苏，同比增长 13.76%，但受新冠肺炎疫情影响，2020 年降至 7.53%。在近些年人身保险市场的发展过程中，寿险行业的转型升级得到持续推进，一是以健康险为代表的保障业务较快增长：2018—2020 年健康险业务增速分别达到 24.12%、29.70% 和 15.67%，均高于人身险保费增速；二是保险回归保障功能：在寿险公司三大险种之中，普通险和分红险均保持了较快增长，而投连险、万能险明显收缩。

表 2－5　2015—2020 年人身险保费收入及增长情况

项目	2015 年		2016 年		2017 年		2018 年		2019 年		2020 年	
	保费（亿元）	增长率（%）	保费（亿元）	增长率（%）	保费（亿元）	增长率（%）	保费（亿元）	增长率（%）	保费（亿元）	增长率（%）	保费（亿元）	增长率（%）
人身险	16 288	24.99	22 234	36.51	26 746	20.23	27 247	1.87	30 995	13.76	33 329	7.53
寿险	13 242	21.46	17 442	31.72	21 456	23.01	20 723	−3.41	22 754	9.8	23 982	5.40
健康险	2 410	51.87	4 042	67.72	4 389	8.58	5 448	24.12	7 066	29.7	8 173	15.67
意外伤害险	636	17.14	750	17.92	901	20.13	1 076	19.33	1 175	9.2	1 174	0.00
原保费合计	24 283	20	30 959	27.49	36 581	18.16	38 017	3.92	42 645	12.17	45 257	6.12

4. 相关法律法规不断完善，监管体系逐步健全

2002 年，为履行我国加入世贸组织的承诺，对《保险法》进行了第一次修正，并于 2003 年 1 月 1 日起施行。《保险法》的公布施行对规范保险活动、保护保险活动当事人的合法权益、促进保险业的健康发展等方面发挥了重要作用。随着我国经济社会的发展，我国保险业在快速发展，保险业的内部结构和外部环境都发生了很大变化，为此，2009 年 2 月我国对《保险法》又进行了修订，并于当年 10 月 1 日开始施行。修订后的《保险法》主要围绕完善保险经营规则、保护被保险人的利益、强化保险监管力量、防范化解行业风险、坚持规范市场秩序等方面对旧法作了较大的改动。通过这一系列制度调整和修改，修订后的《保险法》的实施将切实促进保险公司加强和改进保险服务，提高保险监管机构对保险业监管的科学性和有效性，更好地发挥保险功能，保护好被保险人的利益。此后，全国人大常委会于 2014 年、2015 年陆续又对《保险法》的部分条文做出两次了修订。在不断完善《保险法》的同时，还制定了与《保险法》配套的一系列司法解释和行政法规及规章制度，如 2015 年 9 月 21 日最高人民法院审判委员会第 1661 次会议通过《最高人民法院关于适用〈中华人民共和国保险法〉若干问题的解释（三）》就保险法中关于保险合同人身保险部分有关法律适用问题进行了解释。

1998 年，中国保险监督管理委员会（以下简称中国保监会）成立后，随后在全国设立了 35 家派出机构。中国保监会根据国务院授权履行行政管理职能，依照法律、法规统一监

督管理全国保险市场，维护保险业的合法、稳健运行。各派出机构根据中国保监会的授权履行辖区内保险业的行政管理职能，依照国家有关法律、法规和方针、政策，统一监督管理保险市场，维护保险业的合法、稳健运行，引导和促进保险业全面、协调、可持续发展。初步形成了政府监管、企业内控、行业自律和社会监督“四位一体”的风险防范体系。

为深化金融监管体制改革，解决现行体制存在的监管职责不清晰、交叉监管和监管空白等问题，强化综合监管，优化监管资源配置，更好地统筹系统重要性金融机构的监管，逐步建立符合现代金融特点、统筹协调监管、有力有效的现代金融监管框架，守住不发生系统性金融风险的底线。2018 年 3 月，第十三届全国人民代表大会第一次会议表决通过了关于国务院机构改革方案的决定，将中国银行业监督管理委员会和中国保险监督管理委员会的职责整合，组建中国银行保险监督管理委员会。2018 年 4 月 8 日中国银行保险监督管理委员会正式挂牌，人身保险在新的监管环境下发展。

本章小结

人身保险是以人的身体或寿命为保险标的，以被保险人发生死亡、伤残、疾病等保险事件或生存到保险期满为给付保险金条件的保险。人身保险的产生与发展与人类社会经济发展高度相关，受多种因素的影响。在现代社会，人身保险已经成为维护社会经济生活安定的重要力量，受到各国政府的普遍重视。随着中国经济社会的快速发展和人均可支配收入的不断提高，在人口老龄化和城镇化步伐加快的背景下，人身保险发展前景广阔，在我国经济生活中发挥越来越重要的作用，并对全球寿险的发展发挥重要的影响作用。互联网、大数据和人工智能等技术在保险行业的应用，将进一步促进我国人身保险市场的发展。

本章关键词

人身保险　基尔特制度　公典制度　保险深度　保险密度　银行保险

本章思考题

1. 简述人身保险的特征和主要类型。
2. 简述决定和影响人寿保险发展的因素。
3. 简述现代人身保险形成和发展的历程。
4. 简述全球寿险发展现状及趋势。
5. 怎样看待我国人身保险发展的现状？

6. 我国人身保险的发展趋势如何？
7. 怎样看待人口老龄化与人寿保险发展的关系？
8. 基因技术的发展对人寿保险将产生怎样的影响？
9. 怎样看待互联网、大数据和人工智能对人寿保险的影响？

第三章
人身保险合同

章首语：人身保险合同是投保人与保险人约定人身保险权利义务关系的协议。人身保险合同除了具有一般保险合同的特征外，还具有自身的特征。本章系统阐述人身保险合同的概念、特征、分类以及人身保险合同的要素，分析人身保险合同的常见条款和人身保险合同的订立、变更与终止的程序以及合同的履行与争议处理。本章学习重点是人身保险合同的要素、常见条款以及人身保险合同关系的建立与履行。

第一节　人身保险合同概述

一、人身保险合同的概念

人身保险合同是保险合同的一种，我国《保险法》第十条规定："保险合同是投保人与保险人约定保险权利义务关系的协议。投保人是指与保险人订立保险合同，并按照合同约定负有支付保险费义务的人。保险人是指与投保人订立保险合同，并按照合同约定承担赔偿或者给付保险金责任的保险公司。"

人身保险合同是以人的身体或生命为保险标的的保险合同。投保人按照保险合同的约定向保险人缴纳保险费，当被保险人在合同期限内发生死亡、伤残、疾病等保险事故或达到保险合同约定的年龄、期限时，保险人依照合同约定向被保险人或者受益人赔付保险金。

二、人身保险合同的特征

（一）人身保险合同的一般特征

1. 人身保险合同是最大诚信合同

一般而言，合同双方当事人都必须遵守"重合同、守信用"的原则。由于保险信息的分布具有典型的不对称性，对双方当事人的诚信要求远远高于其他合同。因此，最大诚信原则是订立人身保险合同必须遵守的基本原则，我国的《保险法》对此也有明确规定。

2. 人身保险合同是要式合同

根据合同的成立是否需要特定的形式，可将合同分为要式合同与非要式合同。要式合同是指法律要求必须具备一定形式和手续的合同。非要式合同是指法律不要求必须具备一定形式和手续的合同。人身保险合同属于要式合同，它的成立不仅需要经过要约（投保人提出投保要求）和承诺（保险人同意承保）这两个环节，还需要以出具保险单或其他保险凭证作为有效证明。

3. 人身保险合同是双务合同

双方当事人都享有权利并承担义务的合同为双务合同。人身保险合同的双方当事人都应承担与其享有权利相对应的义务：人身保险合同的保险人享有收取保险费的权利，承担保险事故发生时赔付保险金的义务；人身保险合同的投保人承担支付保险费的义务，在保险事件发生时享有请求赔付保险金的权利。

4. 人身保险是有偿合同

享有合同权利而必须付出对价的合同为有偿合同。在人身保险合同中，投保人的对价是支付保费，保险人的对价是承担给付保险金的责任，但这种对价并不意味着保险人对投保人付出对等的代价，即一定要给付保险金。只是当被保险人死亡、伤残、疾病或达到合同约定的年龄、期限时，保险人才承担给付保险金的责任。

5. 人身保险合同是附和性合同

附和合同是由一方当事人拟订合同，另一方当事人只能对合同做出取舍的选择，而无权修改合同的内容或条款。人身保险合同的条款事先由保险人拟订，投保人一般只有接受或不接受该条款的选择。但是，随着保险市场竞争的激烈化，投保人也部分地获得了与保险人平等协商保险条款的权力，格式保险合同的有关内容在某种条件下也存在着修改的可能，个别保险业务甚至可通过临时协商，订立无既定格式的保险合同。

6. 人身保险合同是射幸性合同

射幸合同是指当事人在签订合同时不能确定各自的利益或结果的协议。人身保险合同在订立时，投保方支付保险费是确定的，而保险人是否履行给付保险金的义务，取决于保险合同约定的条件是否成立。人身保险合同的射幸性特点源于保险风险的偶然性，在意外伤害保险、健康保险中表现较为突出。在人寿保险中，由于保险人给付保险金的义务在许多情况下是确定的，只存在给付时间不确定性的问题，因此，射幸性特点相对较弱。

（二）人身保险合同特有的特征

由于人身保险标的具有特殊性，与财产保险合同相比具有自身的特点，主要表现为：

1. 大多数人身保险合同具有定额给付性

定额给付性合同是相对补偿性合同而言的。首先，人身保险合同的保险金额不依据保险标的的价值来确定。人身保险以人的生命或身体为保险标的，其价值难以衡量。因此，保险金额不以保险标的的价值来确定，而是依据被保险人对保险的需求程度、投保人的缴费能力和保险人的审核结果来确定的。其次，人身保险合同的保险金给付属约定给付。作为定额保险的人身保险，当发生保险事故时，保险人按照合同约定的保险金额承担保险给付责任。人身保险的给付不适用重复保险比例分摊、代位追偿等损失补偿原则。

2. 人身保险合同的保险利益以投保人与被保险人之间的关系来确定

人身保险的保险利益以人与人之间的关系来确定，而不是以人与物或责任的关系来确定。具体而言，投保人对自己的生命或身体具有保险利益，投保人对有亲属血缘关系的人一般具有保险利益，投保人对与其有经济利益关系且同意作为被保险人的人具有保险利益。

3. 人身保险合同的保险期限较长

人身保险合同，特别是人寿保险合同往往是长期合同，保险期限为数年、数十年甚至终身，具体期限与险种和被保险人的年龄及投保人的选择有关。保险期限的长期性使人身保险的经营受到利率、通货膨胀、预测因素偏差等外界因素的影响。近年来，开发了许多新型人身保险产品，这些产品具有较强的储蓄性和投资性，可减小长期性人身保险合同受到不利因素的影响。

三、人身保险合同的分类

按照不同的分类标准，人身保险合同可以划分为不同的种类，主要的分类方式有以下几种。

（一）按照保障范围分类

按照保障范围的不同，人身保险合同可以分为人寿保险合同、人身意外伤害保险合同和健康保险合同三大类。

1. 人寿保险合同

人寿保险合同是以人的生命为保险标的，以被保险人生存或死亡为给付保险金条件的人身保险合同。年金保险合同是人寿保险合同的特殊形式。

2. 人身意外伤害保险合同

人身意外伤害保险合同是以人的身体为保险标的，以被保险人遭受意外伤害事故造成死亡或残疾为给付保险金条件的人身保险合同。

3. 健康保险合同

健康保险合同是以人的身体为保险标的，以被保险人因健康原因或者医疗行为的发生为给付保险金条件的人身保险合同。

（二）按照保险期限分类

按照保险期限分类，人身保险合同可以分为长期保险合同和短期保险合同。

1. 长期保险合同

长期保险合同是指保险期限超过一年的人身保险合同。人寿保险合同大多数属于长期保险合同。

2. 短期保险合同

短期保险合同是保险期限为一年或一年以下的人身保险合同。人身意外伤害险多为短期保险合同，如航空旅客人身意外伤害保险合同等。保险期限为一年以及一年以下且不含有保证续保条款的健康保险也属于短期保险合同。

（三） 按照投保人数分类

按照投保人数的不同，人身保险合同可以分为个人保险合同、联合保险合同和团体保险合同。

个人保险合同是以一个人为被保险人的人身保险合同；联合保险合同是将存在特定关系的2个或2个以上的人（例如父母、夫妻、子女、兄弟姐妹或合作者等）作为联合被保险人同时投保的人身保险合同；团体保险合同是指在一份保险合同中承保某一单位的全体或大多数成员的人身保险合同。

（四） 按照保险合同的性质分类

按照保险合同的性质划分，人身保险合同可以分为给付性合同和补偿性合同。

1. 给付性合同

给付性合同给付性合同又称为定额给付合同，是事先由保险合同双方当事人约定保险金额，当被保险人发生保险事故时，由保险人按约定的保险金额给付保险金的合同。由于人的生命和身体本身不能用经济价值来衡量，因此，许多人身保险合同均属给付性合同，如人寿保险、意外伤害保险等合同。

2. 补偿性合同

补偿性合同是保险人根据被保险人遭受的实际损失进行经济补偿的合同。在人身保险合同中，健康保险大多属于此类合同。

四、人身保险合同的形式

为明确双方的权利和义务，人身保险合同通常采用书面形式。人身保险合同的书面形式主要有以下几种。

（一） 投保单

投保单又称要保申请书或投保书，是投保人向保险人申请订立保险合同的书面要约。投保单一般由保险人事先根据险种需要设计内容格式，投保人依据投保单所列的内容逐一填写，保险人再据此核实情况，决定是否承保。投保单本身并非正式合同的文本，但投保人在投保单中所填写的内容会影响到合同的效力。

（二） 暂保单

暂保单又称临时保单，它是正式保险单或保险凭证签发之前，保险人发出的临时单证。暂保单具有和正式保险单同等的法律效力，但暂保单的有效期不长，通常不超过30天。当正式保险单签发后，暂保单即自动失效。

（三） 保险单

保险单简称保单，是投保人与保险人之间订立人身保险合同的正式书面文件。保险单完整地体现了保险合同的内容，因此保单往往又被作为保险合同的同义语。保险单的法律作用在于：它明确记载了保险合同当事人之间的权利与义务，因而它是当事人之间明确权利、义务的法律文件，是被保险人或受益人索赔的法律依据和确定合同当事人是否违约、过错大小、违约责任的主要证据材料。在具有现金价值的人身保险合同中，保险单还是质押贷款的重要凭证。

（四）保险凭证

保险凭证又称小保单，是简化了的保险单，是保险人向投保人签发证明保险合同已经成立的书面凭证。其法律效力与保险单相同，只是内容较为简单。在人身保险实践中，有两种保险凭证最具代表性：一是人身意外伤害保险凭证。在一般公众服务行业，如旅客运输、旅游观光等服务行业中，消费者来往频繁，保险人不可能以订立保险单的形式与消费者订立保险合同，一般是将保险的简要内容印在飞机票、车船票及门票上，在消费者购票时一并交纳保险费。此时的飞机票、车船票或门票即具有保险凭证的作用。另一种是团体人身险凭证。团体人身保险合同中，保险单（主单）一般由该团体的代表保管，而团体的成员则可由保险人另行出具保险凭证作为保险证明文件。

专栏3－1

电子保单

随着互联网、电子商务信息技术的发展，虚拟化、数字化已成为主流。购物不用去商场、外出不用带现金，保险合同也开始慢慢脱离纸质媒体，走向电子化。

电子保单是保险企业借助遵循 PKI 体系的电子签名软件和第三方权威认证中心发放的企业数字证书为客户签发的、具有保险企业数字签名的电子化保单。其中，PKI 是一种利用公钥加密技术为电子商务的开展提供一套安全基础平台的技术和规范。由于电子保单使用了专有的电子签名软件和第三方权威认证中心发放的企业数字证书，保证了电子保单的不可篡改性和不可否认性，这是电子保单具有法律效力的关键。

与传统保单相比，电子保单的合同方式发生了很大的变化。首先，订立保单的双方或多方是互不见面的，所有的买方和卖方都是在虚拟市场上运作，其信用依赖于密码辨认、电子签字和有关认证机构提供的网上认证；其次，表示保单生效的传统签字盖章方式被数字电子签字所代替；最后，传统保单的生效地点一般为保单签订的地点，而采用数据电文形式订立的保单，被保险人主营业地为保单成立的地点，没有主营业地的，其经常居住地为合同成立的地点。

电子保单的本质仍然是保单，它的功能和纸质保单完全一样。按照我国《保险法》《电子签名法》《民法典》的规定，电子保单和纸质保单具有同等法律效力。

2005 年 4 月 1 日《电子签名法》正式实施的当天，人保财险签下了国内第一张电子保单。目前电子保单在我国已经非常普遍，车险电子保单已在我国全面推行。

第二节　人身保险合同的要素

人身保险合同由合同主体、客体和内容三大要素构成。

一、人身保险合同的主体

人身保险合同的主体是指与保险合同发生直接、间接关系的自然人或法人，可分为当事人、关系人和辅助人三类。

（一）人身保险合同的当事人

人身保险合同的当事人是保险合同的缔结者，是直接参与建立保险合同关系、确定保险合同权利与义务的行为人，包括保险人和投保人。

1. 保险人

保险人又称承保人，是指与投保人订立保险合同，并承担赔偿或给付保险金责任的人。作为人身保险合同的当事人，保险人要求具备下列条件：

（1）保险人要具备法定资格。大多数国家规定只有符合国家规定的条件，并经政府批准的法人方可成为保险人。但也有少数特例，如英国的劳合社允许经国家批准、具有完全民事行为能力、符合一定的资产、信誉要求的自然人作为保险人，经营保险业务。我国《保险法》第六条规定："保险业务由依照本法设立的保险公司以及法律、行政法规规定的其他保险组织经营，其他单位和个人不得经营保险业务。"

（2）保险人必须在规定的范围经营人身保险业务。由于人身保险和财产保险的风险性质、保险对象、保险期限、技术要求、经营管理等方面都存在着显著差别，许多国家法律规定财产保险的保险人不得兼营人身保险业务。在我国，保险人不得兼营人身保险业务和财产保险业务。但是，经营财产保险业务的保险公司经国务院保险监督管理机构批准，可以经营短期健康保险业务和意外伤害保险业务。

2. 投保人

投保人又称要保人，是与保险人订立保险合同，并按照保险合同承担缴纳保险费义务的人。作为人身保险合同的当事人，投保人必须具备以下条件：

（1）具有完全民事权利能力和民事行为能力。订立保险合同是法律行为，投保人具有民事权利能力和民事行为能力是保险合同发生法律效力的前提。对于自然人而言，为了保证投保人对保险合同有充分的理解能力，一般规定无民事行为能力和限制民事行为能力的人不能作为投保人与保险人签订保险合同。对于法人而言，其民事行为能力与民事权利能力都始于设立，终于消失。凡依法取得法人资格的组织，都可以法人名义订立保险合同，成为投保人。

（2）具有保险利益。保险利益是指投保人对保险标的具有的法律上承认的利益。各国保险法律普遍规定：投保人对保险标的应当具有保险利益。投保人对保险标的不具有保险利益的，保险合同无效。我国《保险法》第十二条规定：“人身保险的投保人在保险合同订立时，对被保险人应当具有保险利益。”

（3）具有缴纳保险费的能力。投保人为自己投保时，承担缴纳保险费的义务，享有保险金的请求权；投保人为他人利益投保时，投保人只负有交付保费的义务，而保险金的请求权则属被保险人或保险受益人。可见，投保人无论为自己投保还是为他人的利益投保，都有义务交付保费。投保人如不按期交付保险费，保险人有权终止保险合同。

（二）人身保险合同的关系人

人身保险合同的关系人是指与人身保险合同有经济利益关系，但不一定直接参与人身保险合同订立的人，包括被保险人和受益人。

1. 被保险人

被保险人是其财产、利益或者生命、身体、健康等受保险合同保障的人。在人身保险中，被保险人是其生命、身体和健康受保险合同保障的人。

人身保险合同中的被保险人只能是自然人，不能是法人。被保险人与投保人可以是同一人，也可以不是同一人。人身保险合同中的被保险人必须符合特定的年龄、健康、职业等要求。

当他人为被保险人投保时，为保护被保险人的利益，各国都赋予被保险人特殊的权利：（1）同意投保并认可保险金额的权利。他人为被保险人订立死亡保险合同须经被保险人同意。（2）保险合同的转让或质押须经被保险人同意。在保险合同存续期间，投保人要转让或质押保险单，也应得到被保险人同意方可生效。我国《保险法》第三十四条规定：“以死亡为给付保险金条件的合同，未经被保险人同意并认可保险金额的，合同无效。按照以死亡为给付保险金条件的合同所签发的保险单，未经被保险人书面同意，不得转让或者质押。父母为其未成年子女投保的人身保险，不受本条第一款规定限制。”

2. 受益人

受益人又叫保险金受领人，是人身保险合同中约定的、在保险事故发生后享有保险金请求权的人。受益人可以是一人，也可以是多个人。投保人、被保险人也可以成为受益人。人身保险合同中的受益人应当具备以下两个条件：

（1）受益人必须由被保险人或投保人指定。由投保人指定受益人的，须经过被保险人同意才有效。法律对受益人资格并无限制，因此，受益人可以是自然人，也可以是法人，出生时存活的婴儿也可以为受益人。通常情况下，受益人如果不是被保险人、投保人，则多为与其有特定关系的自然人。若投保人变更受益人，须经被保险人同意。我国《保险法》第三十九条规定：“人身保险的受益人由被保险人或者投保人指定。投保人指定受益人时须经被保险人同意。投保人为与其有劳动关系的劳动者投保人身保险，不得指定被保险人及其近亲属以外的人为受益人。被保险人为无民事行为能力人或者限制民事行为能力人的，可以由其监护人指定受益人。”

（2）受益人必须是享有保险金请求权的人。保险金请求权是受益人依照保险合同享有的一项基本权利。在人身保险合同中，当保险事故发生或保险期限届满时，被保险人仍健在的，保险金请求权由被保险人自己行使；被保险人死亡的，保险金请求权由受益人行使。

人身保险合同中被指定的受益人是一人的，保险金请求权由该受益人行使，并获得全部保险金。当受益人为数人时，其受益顺序和受益份额由被保险人或投保人在合同中事先确定；未确定顺序或份额的，受益人按照相等份额享受受益权。我国《保险法》第四十条规定："被保险人或者投保人可以指定一人或者数人为受益人。受益人为数人的，被保险人或者投保人可以确定受益顺序和受益份额；未确定受益份额的，受益人按照相等份额享有受益权。"

受益人的保险金请求权直接来自人身保险合同的规定，当被保险人死亡后，受益人获得的保险金是根据合同取得的，不属于被保险人的遗产，不得纳入遗产分配，也不用于清偿被保险人生前债务。但在一些特殊情形下，保险金也可作为被保险人的遗产，由保险人向被保险人的继承人履行给付保险金的义务：（1）没有指定受益人，或者受益人指定不明无法确定的；（2）受益人先于被保险人死亡，没有其他受益人的；（3）受益人依法丧失受益权或者放弃受益权，没有其他受益人的。受益人与被保险人在同一事件中死亡，且不能确定死亡先后顺序的，推定受益人死亡在先。

（三） 人身保险合同的辅助人

人身保险合同的辅助人是指协助人身保险合同的当事人签订或履行保险合同，并办理有关保险事项的人，包括保险代理人、保险经纪人和保险公估人。

1. 保险代理人

保险代理人是根据保险人的委托，向保险人收取佣金，并在保险人授权的范围内代为办理保险业务的机构或者个人。我国保险代理机构包括专门从事保险代理业务的保险专业代理机构和兼营保险代理业务的保险兼业代理机构。

保险代理人所从事的代理活动，是民事法律行为中的一种，具有民事代理的一般特征，即保险代理人在保险人的授权范围内，以保险人的名义进行代理活动。保险人的授权范围一般包括代销保单、代收保费、代为查勘、理赔等。法律上，保险代理人的活动被视为保险人的活动，保险代理人以保险人的名义从事授权范围内活动的后果，即所产生的权利义务关系，由保险人承担。在授权范围内，保险代理人有权进行独立的意思表示。

2. 保险经纪人

保险经纪人是基于投保人的利益，为投保人与保险人订立保险合同提供中介服务，并依法收取佣金的机构或者个人。

保险经纪人与保险代理人都是保险合同的辅助人，主要区别在于：第一，保险经纪人代表的是投保人的利益，保险代理人代表的是保险人的利益；第二，保险经纪人是以自己的名义进行保险经纪活动，但保险代理人则是以保险人的名义与投保人和被保险人发生关系；第三，保险经纪人的保险经纪业务所产生的法律责任由保险经纪人自己承担，而保险代理人在授权范围内进行活动所产生的法律责任由保险人承担。

3. 保险公估人

保险公估人是指接受保险当事人的委托，专门从事保险标的的勘验、鉴定、估损、理算等业务，并且据此向委托方收取费用的人。我国《保险法》第一百二十九条规定："保险活动当事人可以委托保险公估机构等依法设立的独立评估机构或者具有相关专业知识的人员，对保险事故进行评估和鉴定。接受委托对保险事故进行评估和鉴定的机构和人员，应当依法、独立、客观、公正地进行评估和鉴定，任何单位和个人不得干涉。前款规定的机构和人员，因故意或者过失给保险人或者被保险人造成损失的，依法承担赔偿责任。"

保险公估人与保险代理人、保险经纪人相比，有明显的不同：首先，保险公估人不代表保险关系中任何一方的利益，具有独立、公正、中立的地位；其次，保险公估人可接受保险合同中任何一方的委托从事公估活动，并向委托方收取费用。保险公估人因为职业疏忽造成委托人损失，公估人要承担法律赔偿责任。

二、人身保险合同的客体

人身保险的保险标的是人的生命和身体，但人身保险合同的客体不是保险标的本身，而是投保人或被保险人对保险标的所具有的保险利益。

保险利益的确定各国有不同的规定。英美法系国家基本上采取利益主义原则，即以投保人与被保险人之间是否存在经济上的利益关系为判断依据。大陆法系的国家通常采用同意主义原则，即无论投保人与被保险人之间是否存在利益关系，只要被保险人同意，则认为具有保险利益。此外，还有一些国家采取利益主义与同意主义相结合的原则，即投保人与被保险人之间具有利益关系，或投保人与被保险人之间虽没有利益关系，但只要被保险人同意，都可视为具有保险利益。一般来说，人身保险的保险利益如下：

（1）投保人对自己的生命或身体具有保险利益。

（2）投保人对与其有亲属血缘关系的人具有保险利益。亲属血缘关系主要是指配偶、子女、父母、兄弟姐妹等家庭成员。有些国家规定，具有保险利益的仅为直系近亲，有些国家的规定范围则较大。

（3）投保人对承担赡养、抚养等法定义务的人具有保险利益，而不论是否存在血缘关系。

（4）投保人对与其具有经济利益关系的人具有保险利益。投保人与被保险人之间的经济利益关系是指雇佣关系、债权债务关系等。雇佣关系体现出来的企业或雇主对其雇员具有的保险利益，使其可以投保人的身份为雇员订立人身保险合同。债务人的生死对债权人的经济利益有直接影响，因此，债权人对债务人具有保险利益，但以其所具有的债权为限。债务人对债权人却不具有保险利益。另外，合伙人对其他合伙人、财产所有人对财产管理人等也都因其存在经济利益关系而具有保险利益。

我国《保险法》采用的是利益主义与同意主义相结合的原则，第三十一条规定："投保人对下列人员具有保险利益：（一）本人；（二）配偶、子女、父母；（三）前项以外与投保人有抚养、赡养或者扶养关系的家庭其他成员、近亲属；（四）与投保人有劳动关系的劳动者。除前款规定外，被保险人同意投保人为其订立合同的，视为投保人对被保险人具有保险利益。订立合同时，投保人对被保险人不具有保险利益的，合同无效。”

三、人身保险合同的内容

人身保险合同的内容是人身保险合同的全部记载事项，包括人身保险合同的主体、客体、权利、义务和其他声明事项。各国法律都会明确规定保险合同应包括的内容。人身保险合同的具体内容依险种的不同而不尽相同，但通常应包括以下基本事项。

（一） 保险人的名称和住所

保险人是保险合同当事人之一，保险合同对其名称和住所应当加以记载，以便于投保人、被保险人、受益人行使权利、履行义务。由于我国规定保险人是保险公司，而保险公司又是法人，所以保险人的名称须与保险监督管理机构和工商行政机关批准和登记的名称一致，其住所为保险公司或分支机构的主营业场所。

（二） 投保人、被保险人和受益人的姓名或者名称、 住所

投保人、被保险人、受益人作为保险活动的主体，对其名称和住所加以记载是履行保险合同的需要。投保人、被保险人、受益人为自然人的，应当使用身份证或者户口簿所记载的姓名，并以其户籍所在地为住所，经常居住地与住所不一致的，经常居住地为住所。

（三） 保险标的

人身保险合同的保险标的是被保险人的生命和身体，它既是确定危险程度和保险利益的重要依据，也是决定保险种类、确定保险金额和选定保险费率的依据。因此，在人身保险合同中应详细记载被保险人的健康状况、性别、年龄、职业、居住地及其与投保人之间的亲属或利益关系等。

（四） 保险责任和责任免除

在人身保险合同中，保险责任是指保险人按照合同的约定，当被保险人死亡、伤残、疾病或者达到合同约定的年龄、期限时承担的赔偿或者给付保险金的责任。为了使保险人所承担的风险范围更加明确，保险合同还要确定责任免除范围。责任免除是指依法或者依据保险合同的约定，保险人不负赔偿或者给付保险金责任的情形。

我国《保险法》对人身保险合同的法定责任免除共有以下三项：(1) 规定投保人故意造成被保险人死亡、伤残或者疾病的，保险人不承担给付保险金的责任（《保险法》第四十三条）；(2) 规定以死亡为给付保险金条件的合同，被保险人在合同成立或者合同效力恢复之日起两年内自杀，保险人不承担给付保险金的责任（《保险法》第四十四条）；(3) 规定被保险人故意犯罪或者抗拒依法采取的刑事强制措施导致其伤残或死亡的，保险人不承担给付保险金的责任（《保险法》第四十五条）。

（五） 保险期间和保险责任开始时间

保险期间是指保险合同的有效期限，即保险合同从生效到终止的期间。保险期间是保险合同不可缺少的条款，在保险期间，投保人按照约定交付保险费，保险人则按照约定承担保险责任。人身保险合同中，保险期间因险种不同而不同：人寿保险和年金保险的保险期间都

比较长，一般为数年，甚至终身；而人身意外伤害险、医疗保险及团体人身保险的保险期间一般较短。

保险责任开始时间是指保险人开始承担保险责任的时间，由保险双方在保险合同中约定，通常以年、月、日表示。我国人身保险实务中采用“零时起保责任”，即以约定起保日的零点为保险责任开始时间，以合同期满日的24时为保险责任终止时间。

（六） 保险金额

人身保险合同的保险金额是指保险当事人双方约定的，达到给付条件时，保险人给付的最高限额。从理论上讲，人身保险合同的保险金额可以采用生命价值法、收入置换法和家庭需求法等来确定。在保险实务中，保险金额则由投保人根据自身的保险需求和保费交付能力来确定。

（七） 保险费以及支付办法

保险费是投保人向保险人支付的费用，是作为保险人按照合同约定承担赔偿或者给付保险金责任的对价。保险费根据保险金额与保险费率计算而来，是保险基金的主要来源。缴纳保险费是投保人应尽的义务，保险合同对此有明确规定。

人身保险保费的缴付通常采用趸缴或分期缴付的方式，具体的金额及交付方式必须在保险合同中明确记载，否则可能影响当事人双方权利的享受和义务的履行。我国《保险法》第三十五条规定：“投保人可以按照合同约定向保险人一次支付全部保险费或者分期支付保险费。”第三十六条规定：“合同约定分期支付保险费，投保人支付首期保险费后，除合同另有约定外，投保人自保险人催告之日起超过三十日未支付当期保险费，或者超过约定的期限六十日未支付当期保险费的，合同效力中止，或者由保险人按照合同约定的条件减少保险金额。被保险人在前款规定期限内发生保险事故的，保险人应当按照合同约定给付保险金，但可以扣减欠交的保险费。”第三十八条规定：“保险人对人寿保险的保险费，不得用诉讼方式要求投保人支付。”

（八） 保险金给付办法

保险金给付办法是指保险人在保险事故发生时，向被保险人或受益人给付保险金的方式和时间等，应由投保人和保险人依法约定，并在保险合同中载明。人寿保险合同是定额给付合同，只要保险合同中规定的保险金给付条件出现，保险人就应按约定保额给付保险金；意外伤害保险合同按照被保险人的伤害程度给付保险金；医疗保险合同带有补偿性，保险人在保险金额限度内，根据实际支出的医疗费及保险人负担比例计算赔偿金额。

（九） 违约责任和争议处理

违约责任是指人身保险合同当事人因其过错致使合同不履行或者不完全履行时，基于法律规定或者合同约定应当承担的法律后果。在保险合同中规定违约责任条款，可以保证合同的顺利履行。争议处理是指保险合同当事人在合同履行过程中发生争议时的处理办法，通常为协商、调解、仲裁或诉讼。投保人和保险人应当在保险合同中加以约定争议处理方式，以利于争议的解决。

（十）订立合同时间

人身保险合同应当记载订立合同的时间，这对于确定投保人是否具有保险利益、保险合同是否有效、保险责任的开始时间以及计算保险期间等都具有重要作用。

（十一）其他声明事项

在人身保险合同中，除上述内容外，还有一些需要声明的事项，如保险合同的中止复效、解除，合同内容的变更，红利领取方式等，这些事项也是人身保险合同履行过程中避免和处理纠纷的重要依据。

专栏3－2

人身保险合同中的“法定受益人”

在订立人身保险合同时，投保人或被保险人在受益人一栏中只写“法定”或“法定受益人”的情况比较常见，保险公司对此一般也予以认可。但结合有关法律规定分析，这种写法是不明确的，容易产生赔付纠纷。

“法定”顾名思义就是法律的规定。那么法律又如何规定的呢？我国《保险法》对受益人的规定共有四条，内容分别是：受益人的指定、指定的受益人的人数、受益人的变更、未指定受益人时保险金的处理。但是，《保险法》并没有直接规定哪些人是受益人，只是规定了“谁有权指定”以及“如何指定”等事项。由于相关法律对受益人无明确的强制性规定，因此受益人“法定”或“法定受益人”应视为未指定受益人。按照《保险法》第四十二条第二款的规定，被保险人死亡后，没有指定受益人，或者受益人指定不明无法确定的，保险金作为被保险人的遗产，由保险人依照《中华人民共和国继承法》的规定履行给付保险金的义务。《最高人民法院关于适用〈中华人民共和国保险法〉若干问题的解释（三）》第九条第二款第一项规定，受益人约定为“法定”或者“法定继承人”的，以继承法规定的法定继承人为受益人。

在人身保险实务中，“法定受益人”会使保险金赔付面临很多问题，处理不当极有可能会陷入被保险人财产继承纠纷之中。这主要是因为许多人身保险合同都具有长期性，随着时间的变迁，投保人、被保险人的家庭结构很可能会发生变化，如婚姻、生育、死亡等因素都可使其家庭结构产生变化。从而导致保险事故发生时的受益人可能与合同订立时的受益人不同。如果不明确指定受益人，仅约定受益人“法定”，就会使保险事故发生时的保险金领取人处于不确定状态。

由此可见，投保人或被保险人简单地在保险合同中指定受益人为“法定”，虽然在订立保险合同时较为方便，但却可能在日后引起不必要的争议。因此，投保人及被保险人在签订保险合同时最好明确指定受益人，这样可以有效防止日后有关保险金给付的争议出现。

第三节　人身保险合同的常用条款

常用条款是指人身保险合同中对于某些事项的规定，在长期发展过程中，经过不断淘汰、修正、检验，逐渐形成一些内容固定、文字形式的常用条款，许多国家的保险管理部门都将这些常用条款规定为标准条款，供保险人设计合同时选择使用。

一、不可抗辩条款（Incontestable Provision）

不可抗辩条款又称不可争议条款，其基本内容是：从保险合同生效之日起满二年后，保险人不能对保险合同的有效性提出争议，即保险人不能以投保人或被保险人于投保时的故意隐瞒、过失、遗漏或不实说明为由来否定保险合同的有效性，但投保人欠交保费的除外。

不可抗辩条款的产生与最大诚信原则有直接关系。根据最大诚信原则的要求，在保险合同的签订过程中，保证和告知是两个重要事项。保证是投保人所作的、保证完全符合事实的一项声明；告知是投保人对事实所作的书面陈述，保险人依据这些事实决定是否签发保单。在人身保险合同中列入不可抗辩条款，是保护被保险人利益、限制保险人权利的一项措施。根据最大诚信原则的要求，投保人身保险时要如实申报被保险人的职业、年龄、健康状况、持有有效保单的情况等，以便由保险人决定是否承保。如果投保人隐瞒真实情况，保险人查实后可主张合同无效，从而不承担保险责任。但是人身保险合同的期限一般较长，投保许多年之后，被保险人的情况必然发生变化，如果保险人以上述理由主张合同无效，就会侵害投保人的权益。因而列入不可抗辩条款，使保险合同在二年后成为无可争议的文件，可以避免保险人发生道德危险。例如，保险人早已查明被保险人的年龄申报有误却仍收取保费，直到应承担给付责任时才声明保险合同无效。同时，不可抗辩期的规定比较符合保险人对投保人申报真实性进行调查的实际，也符合民法对诉讼时效的一般原则。

19 世纪中叶开始，一些寿险公司开始在其契约中应用不可抗辩条款。1848 年，英国一家名为“伦敦无可争议人寿保险公司”的寿险公司首先在其保单中插入不可抗辩条款。1864 年，美国曼哈顿寿险公司成为第一家在保单中使用不可抗辩条款的美国公司，并进一步将其列为固定条款。1907 年，纽约州制定了《阿姆斯特朗法案》，规定纽约销售的所有寿险保单都必须包含不可抗辩条款。美国的不可抗辩条款规定：“本合同在被保险人生存期内，有效期经过二年后，定为不可争。但是欠交保险费时除外，关于永久完全残废给付条款及意外伤害加倍给付条款，也列为除外”。依据这一规定，要使保险合同成为无可争议的文件，必须具备两个条件：条件之一是自保险合同生效日起，被保险人生存超过两年，如果被保险人在合同生效两年内死亡，受益人拖延到合同生效两年后再向保险人请求给付保险金，保险人仍可主张合同无效；条件之二是投保人在保险合同生效后按期缴纳保险费，未因欠缴保险费使合同失效。如果投保人不按期缴纳保险费使合同失效，说明投保人无意维持保险合同的效力。

我国《保险法》第十六条规定：“订立保险合同，保险人就保险标的或者被保险人的有关情况提出询问的，投保人应当如实告知。投保人故意或者因重大过失未履行前款规定的如实告知义务，足以影响保险人决定是否同意承保或者提高保险费率的，保险人有权解除合同。前款规定的合同解除权，自保险人知道有解除事由之日起，超过三十日不行使而消灭。自合同成立之日起超过二年的，保险人不得解除合同；发生保险事故的，保险人应当承担赔偿或者给付保险金的责任。”

二、宽限期条款（Grace Period Provision）

宽限期条款的基本内容是：对于分期缴纳保费的人身保险合同，如果投保人未能按时缴纳续期保费，保险人将给予一定时间的宽限（通常是30天或60天）。在宽限期内，保险合同仍然有效，若保险事故发生，保险人应按保险合同规定承担给付保险金的责任，但要从保险金中扣除所欠缴的保险费和利息。如果过了宽限期，投保人仍未交付保险费，保险人有权中止保险合同。

规定宽限期的目的是避免合同的非故意失效。人身保险的投保人在分期交费方式下，缴纳首期保险费是合同生效的前提，按时缴纳续期保险费是维持合同效力的条件。在长期的缴费期间中，大多数投保人并非故意不按时缴纳保险费，而是因偶尔遗忘或暂时经济困难等客观原因，未能按时缴费。如果保险人不给予一定的时间宽限，容易导致保险合同中途失效。这对于保险人而言，会影响保险单的继续率，不利于保全合同及稳定经营；对于投保方而言，会因其客观原因而非主观愿望导致失去保障。因此，宽限期条款的规定有利于合同双方。

我国《保险法》第三十六条规定：“合同约定分期支付保险费，投保人支付首期保险费后，除合同另有约定外，投保人自保险人催告之日起超过三十日未支付当期保险费，或者超过约定的期限六十日未支付当期保险费的，合同效力中止，或者由保险人按照合同约定的条件减少保险金额。被保险人在前款规定期限内发生保险事故的，保险人应当按照合同约定给付保险金，但可以扣减欠交的保险费。”

三、复效条款（Reinstatement Provision）

复效条款的基本内容是：人寿保险合同因投保人不按期缴纳保险费失效后，自失效之日起的一定时期内（一般为二年），投保人可以向保险人申请复效，经保险人审查同意后，投保人补缴失效期间的保险费及利息，保险合同即行恢复效力。

一般而言，保单复效要明显优于重新投保。分期缴费的投保人即使在宽限期内仍未及时缴费而导致保险合同失效，仍然可以比较方便地使合同复效而无须重新投保。恢复原有保险合同效力，不变更原合同的各项权利义务，这往往比订立新合同对投保人更为有利。但需要注意的是，保险合同复效后，保险人对于失效期间发生的保险事故仍不负责。

我国《保险法》第三十七条规定：“合同效力依照本法第三十六条规定中止的，经保险人与投保人协商并达成协议，在投保人补交保险费后，合同效力恢复。但是，自合同效力中止之日起满二年双方未达成协议的，保险人有权解除合同。保险人依照前款规定解除合同的，应当按照合同约定退还保险单的现金价值。”

四、不丧失现金价值条款（Non – forfeiture Provision）

不丧失现金价值条款又称不丧失价值选择权条款，其基本内容是：长期寿险（定期寿险除外）合同的投保人享有保单现金价值的权利，不因保险合同效力终止而丧失。

现金价值是指带有储蓄性的人身保险单所具有的价值。除定期寿险外，每一张长期人寿保险单在交纳保险费一段时间后，都包含有一定的现金价值。也就是说，投保人交费达到一定时间后，逐年积存相当数额的责任准备金并随着时间的延伸而不断增加，形成了人寿保险单的现金价值。

投保人可提供选择的处置失效保单现金价值的方式一般有三种：一是领取退保金。退保金是投保人在保单满期前退保所能获得的现金总额，它的计算一般是根据现金价值表中列示的现金价值，减去未偿还的保单贷款和利息以及解约费用。二是将原保单改为缴清保险，即将保险单上的现金价值作为趸缴保费，在原保单的保险期限和保险责任保持不变的情况下，重新确定保险金额。三是将原保单改为展期保险，即投保人以原保单的现金价值扣除未偿还保单贷款本息后的金额作为趸缴保费，购买一种定期寿险。以上三种处置失效保单现金价值的方式适用情况有所不同。第一种方式对那些不想继续投保的人适用，第二、第三种方式适用于那些由于种种原因无力继续缴纳保险费，可又不愿意使保单失效的投保人，这样就可以利用保单的现金价值来维持保单的效力。

我国《保险法》中涉及不丧失现金价值条款的规定有以下四条：

第三十七条规定："合同效力依照本法第三十六条规定中止的，经保险人与投保人协商并达成协议，在投保人补交保险费后，合同效力恢复。但是，自合同效力中止之日起满二年双方未达成协议的，保险人有权解除合同。保险人依照前款规定解除合同的，应当按照合同约定退还保险单的现金价值。"

第四十三条规定："投保人故意造成被保险人死亡、伤残或者疾病的，保险人不承担给付保险金的责任。投保人已交足二年以上保险费的，保险人应当按照合同约定向其他权利人退还保险单的现金价值。受益人故意造成被保险人死亡、伤残、疾病的，或者故意杀害被保险人未遂的，该受益人丧失受益权。"

第四十四条规定："以被保险人死亡为给付保险金条件的合同，自合同成立或者合同效力恢复之日起二年内，被保险人自杀的，保险人不承担给付保险金的责任，但被保险人自杀时为无民事行为能力人的除外。保险人依照前款规定不承担给付保险金责任的，应当按照合同约定退还保险单的现金价值。"

第四十五条规定："因被保险人故意犯罪或者抗拒依法采取的刑事强制措施导致其伤残或者死亡的，保险人不承担给付保险金的责任。投保人已交足二年以上保险费的，保险人应当按照合同约定退还保险单的现金价值。"

五、年龄误告条款（Misstatement of Age Provision）

年龄误告条款的基本内容是：当保险人发现被保险人的年龄误报时，将根据真实年龄调整保险费或保险金额。年龄误告条款是针对投保人申报的年龄不真实，且真实年龄符合保险合同规定的限制设立的。当被保险人的真实年龄超过保险公司规定的最高年龄时，保险合同自始无效，保险人退还保险费。

在人身保险中，年龄是影响保险费率高低的一个重要因素。根据不可抗辩条款的规定，即使保险人在二年后发现被保险人的真实年龄与申报年龄不符，也不能宣布合同无效。但是如果仍按原来约定的保险金额给付保险金，显然对保险人有失公平。因此，为了弥补这一不足，人身保险合同中列入了年龄误告条款。

对于年龄误告的处理，通常有三种情况：（1）投保人申报的被保险人年龄不真实，并且其真实年龄不符合合同约定的年龄限制。此时，保险人可以解除合同，并按照合同约定退还保险单的现金价值。（2）在保险合同有效期内发现年龄误告，但在可保年龄范围内。此时，可以调整保险金额，也可以调整保险费。通常保险人调整保险费，采取多退少补的方法。（3）在保险事故发生时或保险期限届满时，发现年龄误告。此时，按照实付保险费与应付保险费的比例支付保险金。

我国《保险法》第三十二条规定："投保人申报的被保险人年龄不真实，并且其真实年龄不符合合同约定的年龄限制的，保险人可以解除合同，并按照合同约定退还保险单的现金价值。保险人行使合同解除权，适用本法第十六条第三款、第六款的规定。投保人申报的被保险人年龄不真实，致使投保人支付的保险费少于应付保险费的，保险人有权更正并要求投保人补交保险费，或者在给付保险金时按照实付保险费与应付保险费的比例支付。投保人申报的被保险人年龄不真实，致使投保人支付的保险费多于应付保险费的，保险人应当将多收的保险费退还投保人。"

六、受益人条款（Beneficiary Clause）

受益人条款一般包括两方面的内容：一是明确规定受益人；二是明确规定受益人是否可以更换。

受益人的产生一般是通过指定方式，即由投保人或被保险人指定受益人。若保险合同未指定受益人，保险金就作为被保险人的遗产，保险公司应将保险金给付给被保险人的遗产继承人。

除指定受益人外，投保人或被保险人有变更受益人的权利。若变更受益人需征得受益人的同意，则该受益人为不可变更受益人；若变更受益人无须征得受益人的同意，则该受益人为可变更受益人。需注意的是，受益人自己的行为也可能导致受益权的丧失。

我国《保险法》中涉及受益人条款的规定有以下五条：

第三十九条规定："人身保险的受益人由被保险人或者投保人指定。投保人指定受益人时须经被保险人同意。投保人为与其有劳动关系的劳动者投保人身保险，不得指定被保险人及其近亲属以外的人为受益人。被保险人为无民事行为能力人或者限制民事行为能力人的，可以由其监护人指定受益人。"

第四十条规定："被保险人或者投保人可以指定一人或者数人为受益人。受益人为数人的，被保险人或者投保人可以确定受益顺序和受益份额；未确定受益份额的，受益人按照相等份额享有受益权。"

第四十一条规定："被保险人或者投保人可以变更受益人并书面通知保险人。保险人收到变更受益人的书面通知后，应当在保险单或者其他保险凭证上批注或者附贴批单。投保人变更受益人时须经被保险人同意。”

第四十二条规定：“被保险人死亡后，有下列情形之一的，保险金作为被保险人的遗产，由保险人依照《中华人民共和国继承法》的规定履行给付保险金的义务：（一）没有指定受益人，或者受益人指定不明无法确定的；（二）受益人先于被保险人死亡，没有其他受益人的；（三）受益人依法丧失受益权或者放弃受益权，没有其他受益人的。受益人与被保险人在同一事件中死亡，且不能确定死亡先后顺序的，推定受益人死亡在先。”

第四十三条规定：“投保人故意造成被保险人死亡、伤残或者疾病的，保险人不承担给付保险金的责任。投保人已交足二年以上保险费的，保险人应当按照合同约定向其他权利人退还保险单的现金价值。受益人故意造成被保险人死亡、伤残、疾病的，或者故意杀害被保险人未遂的，该受益人丧失受益权。”

七、自杀条款（Suicide Clause）

自杀条款的基本内容是：被保险人在保单生效（或复效）后二年内自杀，不论其精神是否正常，保险人都不给付保险金，只负有退还保费的责任，并一次性支付给保单上注明的受益人。但如果自杀发生在保单生效二年以后，保险人则承担给付保险金的责任。

从某种意义上说，自杀免责条款意味着利益冲突双方的一种妥协。若对自杀行为统统给付保险金，则无疑会引发道德风险，助长投保后自杀以谋取保险金的行为，损害保险公司和其他投保人的利益；若对自杀行为完全免责，则受益人的利益受到损害，违背了人寿保险的初衷：防止被保险人亲属因被保险人死亡而遭受经济损失。事实上，保险公司计算保险费所依据的死亡率中包含各种死亡因素，其中也有自杀因素。因而，保险人对自杀完全免责是不合理的。因此，现代人身保险合同中通过规定一个免责期来达到双方利益冲突的妥协，形成了目前的自杀免责条款。

我国《保险法》第四十四条规定：“以被保险人死亡为给付保险金条件的合同，自合同成立或者合同效力恢复之日起二年内，被保险人自杀的，保险人不承担给付保险金的责任，但被保险人自杀时为无民事行为能力人的除外。保险人依照前款规定不承担给付保险金责任的，应当按照合同约定退还保险单的现金价值。”

八、保单贷款条款（Policy Loan Provision）

保单贷款条款的基本内容是：人寿保险合同生效满一定时期（通常为二年）后，投保人可以将保险单作为抵押向保险人申请贷款，贷款金额以保单累积的现金价值为限。投保人应按期归还贷款本息。如果在归还贷款本息之前发生了保险事故或退保，保险人从保险金或退保金中扣除贷款本息给付。如果贷款本息达到了保单现金价值数额时，保险合同终止。

寿险合同期限一般较长，投保人或被保险人可能会以退保来应付资金的不足，而退保对保险双方都有不利影响。这一条款既提高了寿险保单的使用价值，给投保人提供方便，同时也有利于保险人的经营稳定性。

我国《保险法》并未明确规定保单质押贷款，但在第三十四条第二款以禁止性规范的形式，间接确认了人寿保险单的可质押性。该款规定：“按照以死亡为给付保险金条件的合同所签发的保险单，未经被保险人书面同意，不得转让或者质押。”换言之，在征得被保险人书面同意后，可以将人寿保险保单进行转让或质押。

九、保单转让条款（Policy Assignment Clause）

保单转让条款的基本内容是：由于人寿保险保单具有现金价值，保单持有人在不侵犯受益人既得权利的情况下，可以将其转让。设置该条款的原因在于，人寿保险单具有现金价值，保单持有人对其拥有财产的所有权，但它却不同于一般意义的金融资产。只有在一定条件下，保单的关系人或当事人才能从依法占有变为实际占有。

保单转让一般可分为绝对转让和相对转让两种。绝对转让是指投保人将其对保单的权益完全转移给他人。投保人通常以赠与或出售这两种方式进行保单权益的绝对转让。例如，父母为子女投保，当子女成年后将保单赠与子女。又如，如公司为其高级雇员投保的寿险保单，于雇佣关系终止时可以出售给该雇员。相对转让又称为条件转让，通常为抵押转让，把保单作为被保险人的信用担保或贷款的抵押品。例如，投保人暂时将保单的某些权益转让给银行或其他债权人，对贷款提供担保。

需要注意的是，在保单转让中投保人的义务一般不变，即投保人仍有缴纳保费的义务，被保险人也并不改变。对于受益人，条款一般规定在抵押转让中，受益人必须在抵押转让表上签名。这是为了防止事后受益人和债权人对死亡保险金发生争议。此外，在保单转让时，保单持有人应书面通知保险人，由保险人批注或签发批单后转让生效。

十、保费自动垫缴条款（Automatic Premium Loan Provision）

保费自动垫缴条款的基本内容是：保险合同生效满一定时期（通常是二年）后，如果投保人过了宽限期仍没有缴纳保险费，保险人则自动以保单的现金价值垫缴保险费，在垫缴保险费期间发生了保险事故，保险人应从给付的保险金中扣除垫缴的保险费和利息。当垫缴的保险费和利息超过了保单的现金价值时，保险合同终止。

保险费自动垫交条款发生效力有两个条件：一是只有在投保人选择此条款后才会生效；二是保单此时有效且具有现金价值。只有保单上积存有现金价值时，保险人才会为投保人垫缴保费。保险费自动垫缴实际上是投保人以保单上的现金价值为抵押向保险人贷款。

保险费自动垫交条款可以维护保险合同的效力，在垫缴保险费期间保险人仍然承担保险责任，但保险人可从支付的保险金中扣除垫缴的保险费及其相应的利息。对投保人来说，该条款可以防止因欠费原因导致保单失效。

十一、红利任选条款（Dividend Option Clause）

红利任选条款的基本内容是：分红保险的保单持有人可以选择领取红利的方式。

红利条款规定了选择红利的多种方式：（1）领取现金。即保单持有人直接领取现金红利。（2）抵缴续期保费。即将红利用于交付续期保费。（3）积累生息。即将红利留在保险公司，并获得利息。（4）增加保额。即将红利作为趸交保费，增加原保单的保险金额。（5）

购买定期保险。通常是用每年的红利来购买附加的一年期定期保险。(6) 提前满期。即把红利并入准备金中，使被保险人提前领取保险金。其中，较为常见的方式是现金给付和积累生息。

十二、保险金给付选择权条款（Settlement Option Provision）

保险金给付选择权条款的基本内容是：受益人在领取保险金时，可选择保险金给付的方式。

寿险保单通常是在被保险人死亡后一次性给付保险金。但是，有些受益人因为缺乏理财经验而无法妥善处理保险金。因此，列入保险金给付选择权条款，让受益人选择合适的方法来处置这笔保险金。

可供受益人选择的保险金给付方式通常有以下几种：(1) 一次性支付现金方式。(2) 利息收入方式。使用这一方式时，受益人将保险金作为本金留存在保险公司，然后，根据约定的利率，按期到保险公司领取保险金所产生的利息。(3) 定期收入方式。这种方式是根据投保人的要求，在约定的给付期间，按约定的利率，计算出每期应给付的金额，以年金方式按期给付。(4) 定额收入方式。这种方式根据受益人生活开支的需要，确定每次领取保险金的数额。受益人按期领取这个金额，直到保险金的本息全部领取完为止。(5) 终身收入方式。这种方式是受益人用领取的保险金投保一份终身年金保险。此后，受益人按期领取年金直至死亡。

专栏 3-3

典型案例分析——患重大疾病未如实告知是否适用不可抗辩条款

一、案情简介

2014 年 1 月，王某向某保险公司购买了 1 份重大疾病保险。2018 年初，王某以患“慢性肾功能衰竭”为由申请理赔。保险公司接案后经查，2010 年王某被诊断为慢性肾功能不全、慢性肾小球肾炎，有相关治疗记录。2012 年王某被诊断为慢性肾功能衰竭尿毒症期，慢性肾炎，进行血液透析。2017 年王某被诊断为慢性肾脏疾病 5 期，慢性肾炎，肾性高血压，肾性贫血。关于肾功能的状况，在投保时的健康告知问卷均有明确问到，但王某投保时否认有相关症状。

保险公司根据以上调查结果认为，王某在投保时没有如实告知，违反了最大诚信原则，于是做出解除合同，拒绝理赔的决定。王某则认为合同生效已超二年，根据“二年不可抗辩条款”理应获得赔付，于是向法院提起诉讼。

经过法院审理，认为王某隐瞒病史，主观故意明显，其疾病在投保时已经发生，不得援引“二年不可抗辩免责条款”抗辩，支持保险公司解约拒赔的决定，驳回王某的诉讼请求。

二、案情分析及结论

本案的焦点在于如何理解《保险法》中的“如实告知”和“不可抗辩条款”。

我国《保险法》第十六条规定："订立保险合同，保险人就保险标的或者被保险人的有关情况提出询问的，投保人应当如实告知。投保人故意或者因重大过失未履行前款规定的如实告知义务，足以影响保险人决定是否同意承保或者提高保险费率的，保险人有权解除合同。前款规定的合同解除权，自保险人知道有解除事由之日起，超过三十日不行使而消灭。自合同成立之日起超过二年的，保险人不得解除合同；发生保险事故的，保险人应当承担赔偿或者给付保险金的责任。投保人故意不履行如实告知义务的，保险人对于合同解除前发生的保险事故，不承担赔偿或者给付保险金的责任，并不退还保险费。投保人因重大过失未履行如实告知义务，对保险事故的发生有严重影响的，保险人对于合同解除前发生的保险事故，不承担赔偿或者给付保险金的责任，但应当退还保险费。保险人在合同订立时已经知道投保人未如实告知的情况的，保险人不得解除合同；发生保险事故的，保险人应当承担赔偿或者给付保险金的责任。保险事故是指保险合同约定的保险责任范围内的事故。"

这条法律规定包含了以下三点内容：第一，投保时，投保人需要按照保险公司提出的询问进行如实告知。第二，投保人对故意或者重大过失未履行如实告知的，保险公司有权解除合同；如果是故意不如实告知的，保险公司不承担赔偿，并不退还保险费；对于重大过失未如实告知的情况，保险公司不承担赔偿，但应当退还投保人保险费。第三，自合同成立之日起超过二年的，保险公司不得以投保人未如实告知为由解除合同；发生保险事故的，保险人应当承担赔偿或者给付保险金的责任。

不可抗辩条款的立法用意在于维护消费者权益，防止保险公司滥用解约权利。但需要注意的是，不可抗辩条款也并非全都适用。如果保险人有证据证明投保人有意欺骗，则不可抗辩条款并不适用。因此，不可抗辩条款必须建立在诚信投保的基础之上，消费者在投保重疾保险时要履行如实告知义务。

三、本案启示

"如实告知"和"不可抗辩条款"都在我国《保险法》第十六条中进行规定，是对投保人和保险人双方权利义务的相互制约，不可抗辩条款不等于免去投保人的如实告知义务。

第四节 人身保险合同的订立、变更与终止

一、人身保险合同的订立

人身保险合同的订立是指保险人与投保人在平等自愿的基础上，就人身保险合同条款经过协商达成协议的法律行为。我国《保险法》第十一条规定："订立保险合同，应当协商一致，遵循公平原则确定各方的权利和义务。除法律、行政法规规定必须保险的外，保险合同自愿订立。"由此可见，人身保险合同的订立必须符合法律要求，遵循一定的原则，履行必要的程序。

（一） 人身保险合同订立的程序

人身保险合同订立的基本程序是要约和承诺。我国《保险法》第十三条第一款规定："投保人提出保险要求，经保险人同意承保，保险合同成立。"

1. 要约

要约是一方当事人以缔结合同为目的，向对方当事人提出合同条件，希望对方当事人接受的意思表示。保险合同的要约又称为要保，是一方当事人以签订保险合同为目的向另外一方当事人作出的意思表示。通常保险合同的要约人是投保人，受约人是保险人。

人身保险合同的要约具有以下特点：(1) 投保人通常是人身保险合同的要约人。虽然在保险实务中，常见的是保险公司及其代理人主动展业，希望潜在客户订立人身保险合同。但是，这种展业行为并不是要约，而是要约邀请。只有在投保人提出投保申请，即填写好投保单并交给保险公司时，才构成要约。(2) 通常以投保单为书面形式。由于人身保险合同要约的专业性较强，投保单由保险公司向投保人提供，由投保人填写。如果投保人有特殊要求，可以与保险公司协商，约定特约条款。(3) 要约内容更加具体、明确。人身保险合同具有不确定和保障性，其内容关系到合同当事人的重大经济利益，因而要约内容比一般合同要约更加详尽。

2. 承诺

承诺是指受约人在收到要约后，对要约的全部内容表示同意并做出愿意订立合同的意思表示。承诺满足下列条件时方为有效：(1) 承诺不能附带任何条件；(2) 承诺须由受约人本人或其合法代理人做出；(3) 承诺须在要约的有效期内做出。

人身保险合同的承诺又称承保，是保险人在收到投保要约后，经过严格的审核确定完全同意投保人提出的保险要约的行为。保险公司同意承保，保险合同即告成立，保险人应当及时向投保人签发保险单或者其他保险凭证。在人身保险实务中，双方当事人在保险合同成立前往往有一个协商的过程，时常要经过要约、反要约和承诺这样一个反复的过程。

（二） 人身保险合同的生效

投保人提出要约，保险人作出承诺，人身保险合同即告成立。但是，人身保险合同的成立并不等同于生效。人身保险合同的生效是指人身保险合同对当事人双方发生约束力，即合同条款产生法律效力。

我国《保险法》第十三条第五款规定："依法成立的保险合同，自成立时生效。投保人和保险人可以对合同的效力约定附条件或者附期限。"由此可见，人身保险合同的生效有两种情形：(1) 成立即生效。如果人身保险合同没有附加生效条件，则人身保险合同一经成立就发生法律效力。(2) 满足约定条件后生效。如果人身保险合同附有生效条件，则须满足生效条件方能产生法律效力。在人身保险合同中，通常以投保人缴纳保险费作为保险合同生效的条件。

（三） 人身保险合同责任的开始

保险责任开始是人身保险合同约定的保险人开始承担保险责任的时间。我国《保险法》

第十四条规定："保险合同成立后，投保人按照约定交付保险费，保险人按照约定的时间开始承担保险责任。"保险责任的开始时间应根据保险合同约定的保险期限而定。保险事故在此期限发生，保险人负赔付保险金的义务；不在该期限发生，保险人则不负赔付保险金的义务。

人身保险合同的成立、生效、保险责任开始三者之间存在以下关联和区别：(1) 保险合同订立之后不一定立即生效。在人身保险合同中，分期支付保费的，投保人应当于合同成立后支付首期保费，否则保险合同不产生效力。(2) 保险合同生效，但保险责任不一定开始。例如健康保险合同中常常规定180天的观察期，只有过了观察期后保险责任才开始。(3) 即使保险责任开始，如果投保人未能按期交纳续期保险费，导致保险合同效力中止，此时发生保险事故，保险人不承担赔付责任。

二、人身保险合同的变更

人身保险合同的变更是指在人身保险合同有效期间，当事人依法对合同条款所作的修改或补充。由于人身保险合同大多是长期性合同，在数年甚至几十年的保险期限中，订立合同时的各种事项可能发生变化，人身保险合同也应随有关事项的变化做出相应的变更，否则难以保全保险人的业务。

人身保险合同的变更主要包括合同主体的变更和合同内容的变更。

（一） 人身保险合同主体的变更

人身保险合同主体的变更是指人身保险合同的当事人或关系人的变更，它不以保险标的转移为基础，主要取决于投保人与被保险人的主观愿望。

1. 保险人变更

一般而言，人身保险合同中的保险人是不允许变更的。如果投保人希望变更保险人，只能在退保后与其他保险人签订新的保险合同。只有当保险公司破产、解散、合并和分立等事由现时，才可能会导致保险人所承担的全部保险合同责任转移给其他保险人。

2. 投保人变更

投保人的变更须征得被保险人同意并通知保险人，保险人核准后可以变更。目的是保证变更后的投保人对被保险人具有保险利益和保费的交付能力。

3. 受益人变更

投保人或被保险人有权变更受益人。投保人变更受益人必须经被保险人同意，否则在法律上无效。被保险人变更受益人，无须征得保险人同意，但是被保险人必须通过保险人并经保险人在保险单上批注后生效。我国《保险法》第四十一条规定："被保险人或者投保人可以变更受益人并书面通知保险人。保险人收到变更受益人的书面通知后，应当在保险单或者其他保险凭证上批注或者附贴批单。投保人变更受益人时须经被保险人同意。"

4. 被保险人变更

人身保险合同的被保险人通常不允许变更。人身保险合同的保险标的是被保险人的身体或生命，被保险人的年龄、健康状况等直接决定承保条件、缴费水平、保险金额等，被保险人变更相当于为他人重新投保。因此，被保险人一般不能变更。但是，团体人身保险合同中允许变更被保险人及被保险人人数。

（二）人身保险合同内容的变更

人身保险合同内容的变更是指合同主体享受的权利和承担的义务所发生的变更，表现为保险合同条款及事项的变更。我国《保险法》第二十条规定："投保人和保险人可以协商变更合同内容。变更保险合同的，应当由保险人在保险单或者其他保险凭证上批注或者附贴批单，或者由投保人和保险人订立变更的书面协议。"这说明投保人和保险人均有变更保险合同内容的权利。

保险人变更保险合同内容主要是修订保险条款。但是，由于保险合同保障性和附合性的特征，一般不允许保险人擅自对已经成立的保险合同条款进行修订，因而其修订后的条款只能约束新签单的投保人和被保险人，对修订前的保险合同的投保人和被保险人不具有约束力。

人身保险合同内容的变更主要是由投保方原因引起的。在人身保险合同中，被保险人职业、缴费方法、保险金额、保险期限、保险责任范围等的变化都属于合同内容的变更。

三、人身保险合同的中止与复效

（一）人身保险合同的中止

人身保险合同的中止是指在人身保险合同存续期间内，由于某种原因的发生而使合同的效力暂时停止。在合同中止期间发生的保险事故，保险人不承担赔付责任。

人身保险合同的中止在人寿保险中最为多见。这是因为人寿保险合同期限一般较长，投保人可能因为种种主客观原因不能按期缴纳续期保险费，为了保障保险双方的合法权益，并给投保人一定的回旋余地，各国的保险法一般都对缴费的宽限期及合同中止做了明确规定。我国《保险法》第三十六条规定："合同约定分期支付保险费，投保人支付首期保险费后，除合同另有约定外，投保人自保险人催告之日起超过三十日未支付当期保险费，或者超过约定的期限六十日未支付当期保险费的，合同效力中止，或者由保险人按照合同约定的条件减少保险金额。被保险人在前款规定期限内发生保险事故的，保险人应当按照合同约定给付保险金，但可以扣减欠交的保险费。"

（二）人身保险合同的复效

人身保险合同的复效是指保险合同中止后，经过一定的程序又恢复合同的法律效力。复效后的人身保险合同与原合同具有同样的效力。

我国《保险法》第三十七条规定："合同效力依照本法第三十六条规定中止的，经保险人与投保人协商并达成协议，在投保人补交保险费后，合同效力恢复。但是，自合同效力中止之日起满二年双方未达成协议的，保险人有权解除合同。保险人依照前款规定解除合同的，应当按照合同约定退还保险单的现金价值。"

保险合同的恢复以合同效力的暂时停止为条件，无中止便无复效。对于已经消灭的保险合同，不存在恢复合同效力的问题，只能重新签订保险合同。保险人对中止的人身保险合同可行使解除权，但其解除权的行使，须在合同效力中止两年以后。

四、人身保险合同的终止

人身保险合同的终止是指人身保险合同关系的消灭，即因某种法定或约定事由出现，致使合同双方当事人的权利与义务彻底消灭。人身保险合同的终止主要有以下几种情形：

（一）自然终止

自然终止是指发生下列情形时，无须当事人行使终止权的意思表示，人身保险合同的效力自动归于终止：一是保险期限届满；二是人身保险合同履行完毕；三是人身保险合同中的被保险人死亡。

（二）解约终止

人身保险合同因解除而终止即解约终止，是指在保险期限尚未届满时，合同一方当事人依照法律或约定行使解约权，提前终止合同效力的法律行为。

一般而言，保险人不得随意解除保险合同，只有具备法定条件或者投保人、被保险人违约时，保险人才可行使解除权。投保人则可以根据自己的意愿随时解除保险合同。我国《保险法》第十五条规定："除本法另有规定或者保险合同另有约定外，保险合同成立后，投保人可以解除合同，保险人不得解除合同。"

（三）违约终止

违约终止是指保险人因投保人、被保险人、受益人的违约行为而终止合同。这些违约行为主要有：投保人未按期交纳保险费而被中止合同，并在随后两年内不申请复效；投保人不履行如实告知义务；投保人、被保险人或受益人谎称发生保险事故或故意制造事故等。

专栏 3－4

典型案例分析——收取保费是否等同于承保

一、案情简介

2019 年 8 月 27 日，投保人高某以其母赵某为被保险人，向保险公司投保了一份终身寿险，并于投保当日缴纳了首期保险费 12 000 元。保险公司业务员开出了保费暂收收据交给了高某。由于被保险人超龄，保险公司按业务规定于 2019 年 8 月 30 日向投保人发出要求被保险人进行体检的"新契约"通知书。9 月 2 日，业务员带被保险人赵某到医院体检，体检开始之前赵某突发心脏病死亡。投保人兼受益人高某要求保险公司赔偿保险金，而保险公司只同意退还高某保险费 12 000元。

高某认为：作为有偿合同，保险人收取了保费就意味着同意承保，保险合同已经成立，被保险人死亡保险人理应给付保险金。保险公司则认为：被保险人尚未进行体检，保险公司尚未同意承保，保险合同并未成立，因而保险公司不应承担保险责任。

二、案情分析及结论

本案争议的焦点在于：在保险费预交的情况下，人身保险合同何时成立？对于保单签发前发生的事故，保险人是否应赔付?

保险合同的成立要经过要约和承诺两个过程。我国《保险法》第十三条第一款规定：“投保人提出保险要求，经保险人同意承保，保险合同成立。”因此，保险人收取保险费并不等同于保险合同成立。但是由于承保的时间由保险公司掌握，《最高人民法院关于适用〈中华人民共和国保险法〉若干问题的解释（二）》第四条规定：“保险人接受了投保人提交的投保单并收取了保险费，尚未作出是否承保的意思表示，发生保险事故，被保险人或者受益人请求保险人按照保险合同承担赔偿或者给付保险金责任，符合承保条件的，人民法院应予支持；不符合承保条件的，保险人不承担保险责任，但应当退还已经收取的保险费。保险人主张不符合承保条件的，应承担举证责任。”

本案中的被保险人赵某在体检前因疾病死亡，此时保险公司尚未同意承保，保险合同没有成立，并且也不符合承保条件。因此，保险人不承担保险责任，但应当退还已经收取的保险费。

三、本案启示

保险人接受了投保人提交的投保单并收取了保险费并不等同于承保。但是，发生保险事故，符合承保条件的，保险公司应当承担保险责任；不符合承保条件的，保险人不承担保险责任，但应当退还已经收取的保险费。

第五节　人身保险合同的履行与争议处理

一、人身保险合同的履行

人身保险合同是双务合同，双方享有的权利以各自承担相应的义务为条件。人身保险合同的履行是指当事人双方依法全面完成合同约定义务的行为，包括投保方义务的履行、保险人义务的履行。

（一） 投保方义务的履行

在人身保险合同中，投保方应履行如实告知、支付保险费、出险通知、提供单证等义务。

1. 如实告知义务

如实告知义务的履行主要体现在保险合同订立的过程中，它体现了保险的最大诚信原则。我国《保险法》第十六条第一款规定：“订立保险合同，保险人就保险标的或者被保险人的有关情况提出询问的，投保人应当如实告知。”这说明我国对投保人告知义务的履行实行“询问告知”原则，即指投保人只须对保险人所询问的问题作如实回答，对保险人未询问的事项无须告知。如果投保人或被保险人不履行告知义务或者进行不实告知，保险人有权解除保险合同。

2. 支付保险费义务

投保人支付保险费是人身保险合同生效的条件。对于分期缴纳保险费的，需更加重视定期按时缴纳，否则会引起合同失效。我国《保险法》第十四条规定：“保险合同成立后，投保人按照约定交付保险费，保险人按照约定的时间开始承担保险责任。”第三十六条规定：“合同约定分期支付保险费，投保人支付首期保险费后，除合同另有约定外，投保人自保险人催告之日起超过三十日未支付当期保险费，或者超过约定的期限六十日未支付当期保险费的，合同效力中止，或者由保险人按照合同约定的条件减少保险金额。被保险人在前款规定期限内发生保险事故的，保险人应当按照合同约定给付保险金，但可以扣减欠交的保险费。”

3. 出险通知义务

出险通知义务是指投保人、被保险人或受益人知道保险事故发生后，应及时通知保险人。我国《保险法》第二十一条规定：“投保人、被保险人或者受益人知道保险事故发生后，应当及时通知保险人。故意或者因重大过失未及时通知，致使保险事故的性质、原因、损失程度等难以确定的，保险人对无法确定的部分，不承担赔偿或者给付保险金的责任，但保险人通过其他途径已经及时知道或者应当及时知道保险事故发生的除外。”

4. 提供单证义务

提供单证义务是指投保方向保险人索赔时，应当向保险人提供与确认保险事故的性质、原因、损失程度等有关的证明和资料，这些证明和资料既是保险金请求权利人向保险人索赔的依据，也是保险人确定责任范围和赔付金额的依据。我国《保险法》第二十二条第一款规定：“保险事故发生后，按照保险合同请求保险人赔偿或者给付保险金时，投保人、被保险人或者受益人应当向保险人提供其所能提供的与确认保险事故的性质、原因、损失程度等有关的证明和资料。”

（二） 保险人义务的履行

保险人应履行的义务主要包括：

1. 告知义务

订立人身保险合同时，保险人有义务向投保人详细说明合同的各项条款，并就投保人有关人身保险合同的询问作出直接、真实的回答。保险人可以书面或者口头形式向投保人作出说明，也可以通过代理人向投保人作出说明。保险人向投保人说明保险合同条款内容，无需投保人询问或者请求，保险人应当主动进行。对于责任免除条款，保险人不仅要履行说明义务，而且应当向投保人明确说明，未明确说明的，该条款不产生效力。

2. 及时签单义务

投保人提出投保要求，经保险人同意承保，并就合同的条款达成协议，保险合同即告成立。保险人应当及时向投保人签发保险单或其他保险凭证，以作为书面合同的证明。

3. 保密义务

在订立保险合同时，投保人对保险人询问的重要事项，履行如实告知义务。为了保护投保方的利益，保险人对在办理保险业务中获得的投保人、被保险人或受益人的信息负有保密义务。

4. 赔付义务

保险人在接到被保险人或受益人的索赔要求后，应当及时进行核定。对属于保险责任的，在与被保险人或受益人达成有关赔付保险金数额协议后的规定期限内，履行赔付保险金义务；对于不属于保险责任的，保险人应当向被保险人或受益人发出拒赔通知书说明拒赔原因。我国《保险法》第二十三条第一款规定："保险人收到被保险人或者受益人的赔偿或者给付保险金的请求后，应当及时作出核定；情形复杂的，应当在三十日内作出核定，但合同另有约定的除外。"第二十四条规定："保险人依照本法第二十三条的规定作出核定后，对不属于保险责任的，应当自作出核定之日起三日内向被保险人或者受益人发出拒绝赔偿或者拒绝给付保险金通知书，并说明理由。"

二、人身保险合同争议处理

人身保险合同争议是指在人身保险合同成立后，合同主体就保险合同内容及履行时的执行约定具体做法等方面产生不一致、甚至相反的理解而导致的意见分歧或纠纷。由于人身保险合同的特殊性，主体之间的争议不仅产生于投保人与保险人之间，有时还会产生于投保人与被保险人、被保险人与受益人及上述主体与第三人之间。

人身保险合同争议的处理方式一般有以下四种：

1. 协商

协商解决是指在合同纠纷发生时，合同当事人在自愿的基础上，根据法律、法规和合同，通过协商解决发生的纠纷。协商解决合同纠纷具有简便易行、当事人能自觉履行协商达成的协议等特点。

2. 调解

调解是指在合同管理机关或法院的参与下，通过说服教育，使双方自愿达成协议、平息争端。调解必须符合法律和政策的规定，遵循平等自愿原则。如果一方当事人不同意调解，就不能进行调解。

3. 仲裁

仲裁是指争议双方依照仲裁协议，自愿将彼此间的争议交由双方共同信任、法律认可的仲裁机构的仲裁员进行调解和裁决。仲裁结果具有法律效力，当事人必须执行。

4. 诉讼

诉讼是指双方当事人通过法院裁决来解决合同纠纷。人身保险合同当事人双方发生纠纷时，有权以自己的名义直接请求法院通过审判给予法律上的保护。当事人提起诉讼应当在法律规定的时效以内。

专栏 3－5

典型案例分析——保险公司未尽告知义务被判赔

一、案情简介

2018 年 6 月，李先生为其母亲在某保险公司购买了一份大病保险。2018 年 12 月，李先生的母亲在肿瘤医院被确诊患有左乳癌，进行了左乳切除手术。李先生向保险公司申请理赔时遭拒绝，理由是其母亲所患疾病是“原位癌”，不属于恶性肿瘤，不在保险条款责任范围内。

李先生不服保险公司的解释，认为癌症就应属于恶性肿瘤，投保时保险公司并没有告知“原位癌”不属于恶性肿瘤，不在保险范围内。多次协商无果，李先生于2019年5月将该保险公司起诉至人民法院，请求法院判令保险公司给付赔偿金。庭审中，该保险公司称，保险合同中已明确载明“原位癌”不属于恶性肿瘤，不在保险范围内，其已对保险合同条款尽到如实告知义务，故不应该赔付。

二、案情分析及结论

本案争论的焦点在于保险人是否履行了如实告知义务。

《保险法》第十七条规定：“订立保险合同，采用保险人提供的格式条款的，保险人向投保人提供的投保单应当附格式条款，保险人应当向投保人说明合同的内容。对保险合同中免除保险人责任的条款，保险人在订立合同时应当在投保单、保险单或者其他保险凭证上作出足以引起投保人注意的提示，并对该条款的内容以书面或者口头形式向投保人作出明确说明；未作提示或者明确说明的，该条款不产生效力”。

法院审理认为，双方签订的保险合同，符合法律规定合法有效，保险公司应按照诚实信用原则履行给付保险赔偿金的义务，在订立保险合同时，保险代理人未履行明确告知义务，故合同免责条款对投保人不产生法律效力，保险公司提出的拒赔理由不成立。人民法院依据《保险法》的规定判决该保险公司进行赔付。

三、本案启示

保险人作为保险关系的当事人，也应该履行如实告知义务。保险人应主动向投保人说明保险合同条款的内容，如果保险合同中规定有关于保险人责任免除条款的，在订立保险合同时应当向投保人明确说明。

本章小结

1. 人身保险合同是投保人与保险人约定人身保险权利义务关系的协议，它以人的寿命或身体为保险标的。人身保险合同具有一般保险合同的特征，同时还具有自身的特点。人身保险合同可以依据保障范围、保险期限、投保人数、保险合同性质等标准进行多种分类。

2. 人身保险合同由主体、客体和内容三大要素构成。由于人身保险的保险标的是人的身体和寿命，因此，人身保险合同内容与其他保险有较大的区别，并在其长期发展过程中，逐渐形成一些内容固定、文字形式较为规范的常用条款。

3. 正确认定人身保险合同成立、生效、保险责任开始时间直接影响保险人是否承担保险责任。人身保险合同可能发生变更、中止、复效和终止。人身保险合同的变更主要包括合同主体的变更和合同内容的变更。人身保险合同的终止主要有自然终止、解约终止、违约终止等情形。

4. 人身保险合同的履行是指当事人双方依法全面完成合同约定义务的行为，包括投保方义务的履行、保险人义务的履行。人身保险合同争议的处理方式一般有协商、调解、仲裁和诉讼。

本章关键词

人身保险合同　保险人　投保人　被保险人　受益人　保险利益
不可抗辩条款　宽限期条款　复效条款　不丧失现金价值条款
年龄误告条款　受益人条款　自杀条款　保单贷款条款　保单转让条款
保费自动垫缴条款　红利任选条款　保险金给付选择权条款
人身保险合同的成立　生效与保险责任开始　人身保险合同的变更
人身保险合同的中止与复效　人身保险合同的终止

本章思考题

1. 简述人身保险合同的特征。
2. 人身保险合同的种类有哪些?
3. 人身保险合同的书面形式主要有哪些?
4. 人身保险合同的当事人、关系人和辅助人有哪些?
5. 试述人身保险合同中被保险人与投保人的关系。
6. 试述人身保险合同中有关受益人的规定。
7. 简述人身保险合同的要素。
8. 人身保险合同的常见条款有哪些？简述其基本内容。
9. 人身保险合同的成立、生效、保险责任的开始如何确定?
10. 简述人身保险合同的变更及其注意事项。
11. 分析人身保险合同中止和终止的区别。
12. 简述人身保险合同中投保方与保险人的义务。
13. 人身保险合同争议的处理方式有哪些?

第四章
人寿保险

章首语：人寿保险是人身保险的主要组成部分。本章系统阐述人寿保险的基本概念、特征、分类及其作用，列举并分析人寿保险合同中常见险种的条款，基于传统型与创新型两个不同的角度对人寿保险险种进行分类介绍，分析我国寿险市场上典型人寿保险产品。本章学习重点是掌握传统型寿险和创新型寿险各自不同的险种形态及其特征，了解人寿保险产品的变化规律及其发展趋势。

第一节　人寿保险概述

一、人寿保险的概念及其发展

人寿保险是以人的生命作为保险标的，以人的生存或死亡为保险事件，当被保险人在保险期限内死亡、生存至保险合同期满或约定的年龄时，保险人按照合同约定支付死亡保险金或生存保险金的一种人身保险形式。人寿保险是人身保险中最基本、最重要的组成部分。

人寿保险经历了漫长的发展过程。英国学者托兰纳瓦在《人身保险起源及早期历史》一书中指出“保险思想发源于古巴比伦，后传至腓尼基，再传入希腊”。根据书中描述，个人保险起源于希腊。当时，在希腊出现一种社团组织，该组织向死亡的成员提供一定的丧葬费用，以保证其家属能够为死者举办体面的葬礼。这种互助行为可看成是世界上最早的个人死亡保险。

早期的保险人是个人承保人，既可以是独立承保，也可以是和其他人一起联合承保。迄今发现最早的人寿保单是1583年6月18日由伦敦皇家交易所保险行会的16名商人共同为名叫威廉姆·吉明（William Gybbons）签发的保险期限为1年、保险金额为386英镑6先令9便士的定期人寿保险。

随后，个人承保人逐渐演变为公司形式承保人。1765年，世界上第一个遵循现代保险原则运作的保险公司——公平人寿保险公司成立。公平人寿保险公司率先根据生命表，采用均衡保费理论计算保险费，并在保单中规定了宽限期、保单失效与复效等条款。因此，人们将公平人寿保险公司的成立视为是现代人寿保险的开始的标志。

二、人寿保险的特征

作为人身保险的重要组成部分，人寿保险具备人身保险的一般特征，如保险标的不可估价、保险金额定额给付等。但由于人寿保险标的的特殊性，还具有与其他种类的人身保险不同的特点，这些特点主要表现在以下几个方面。

（一）死亡风险的相对稳定性

人寿保险承保的风险是被保险人的生存或死亡，虽然对于个体而言，人的死亡是必然的，但是死亡何时发生却具有极大的不确定性。就人类整体而言，其死亡水平受诸多因素的影响，如经济发展、收入水平、医疗保健、文化习俗、生活习惯以及从事的职业等；但年龄、性别则是影响死亡率的直接原因。由此可见，死亡率是综合因素的影响，因而表现不确定性，但在大数据观察背景之下，在一定时期内死亡率则表现出相对的稳定。

（二）保险期限的长期性

人寿保险的保险期限一般较长，大多数险种的保险期限长达十年、几十年甚至终身。人寿保险的保险期限多为长期的，原因主要在于其保险标的和所承保风险的特殊性。如果保险期限规定为一年，每年合同期满后再续保，那么随年龄的增加被保险人将会年老体弱或收入减少，保险费也会随之增加，导致被保险人无力负担。为了解决这一矛盾，人寿保险的保险期限由最初的短期险种逐渐演变为长期险种，而且采用均衡保费的方法。

所谓均衡保费又称平衡保费，即在分期交费的人寿保险中，投保人每期交付相同保费，不随被保险人的年龄变化而变化。其特点是在保险期间的前一阶段，每期所交保险费多于当年应交的保费，多出部分由保险人投资运用增值，用于补充保险期间后一阶段低于当年应交保险费的不足。因此，均衡保费也要求较长的保险期限。至于生存保险如年金保险，其目的主要是为被保人储备养老金，保险期限一般是终身。如果保险期限短，则很难达到养老保险的目的；如果保险期限规定为一年，被保人就需要每年续保，被保人在续保期间很有可能因身体或者年龄原因而遭拒保。如果将保险期限设置为长期，则只要被保险人在投保时符合投保条件，保险人就不能因被保人在保险期内因身体或年龄原因而要求其退保，从而保证被保险人的养老保险的需求得到保障。

当然，由于人寿保险的长期性，也给保险公司在经营中带来一些问题。例如，预定死亡率、利率可能出现偏差，应对通货膨胀、保单保全及其管理等。

（三）寿险功能的储蓄性

储蓄具有返还性和收益性的特点，表现在存款人经过一段时间，不仅可以收回存款本金，还可以获得对这段期间放弃资金使用权利的补偿——利息收入。人寿保险也有与储蓄相类似的返还性和收益性的特点。

人寿保险的纯保费由危险保费与储蓄保费两部分构成，危险保费是用于当年保险金的给付，储蓄保费则积累成责任准备金用于未来保险金的给付。因此，储蓄保费相当于投保人存放在保险公司的储蓄存款，而且存放时间一般比较长。在此期间，保险人对其进行管理与运用，使其不断增值，以保证未来保险金的给付。如果投保人中途退保，则保险人需将责任准备金以退保金的形式返还给投保人。如果投保人财务出现一时的困难，还可以用保单抵押贷款。这些都体现了人寿保险的返还性。

另外，从理论上讲，人的死亡风险随年龄的增加而增加（婴幼儿时期除外），而人寿保险通常采用“均衡保险费”的方法计算保费。这样，早期交纳的保费必定高于被保险人当年的死亡成本，保险公司遂将其高出的部分提存作为责任准备金，并加以运用增值，用于弥补后期保费的不足。

（四） 寿险保费计算技术的复杂性

人寿保险保费计算十分复杂。在人寿保险的保费计算中，除了考虑被保险人在保险期间内生存和死亡的概率，还要考虑保险公司资金投资回报率及其变动，根据保险种类、保险金额、保险期限、保险金给付方式、保费交纳方式及保险人对经营费用的预测等。因此，寿险精算成为寿险经营中高技术含量的工作。

三、人寿保险的分类

根据不同的分类标准，可以对人寿保险进行不同的分类，常见分类有以下几种。

（一） 按照寿险功能分类

按照寿险产品的功能分类，寿险可以分为传统型人寿保险与创新型人寿保险两种类型。

1. 传统型人寿保险

传统型人寿保险是指仅仅具有保障功能和储蓄功能的人寿保险。按照保险责任的不同，传统型人寿保险可分为死亡保险、生存保险和生死两全保险三种形式。

2. 创新型人寿保险

创新型人寿保险是指不仅具有保障与储蓄功能，而且还具有投资功能的人寿保险。20世纪70~80年代，欧美国家正值高通货膨胀及高利率时代，保险公司的传统型人寿保险产品的固定给付无法应对高通胀的影响，欧美的寿险业者纷纷推出“投资型保险”即创新型人寿保险产品。创新型人寿保险产品主要包括分红保险、投资连结保险、万能型人寿保险等。

（二） 按照保险期限分类

按照保险期限长短的不同，通常可以将人寿保险分为短期人寿保险与长期人寿保险。

1. 短期人寿保险

短期人寿保险是指保险期限在1年以内（含1年）的人寿保险。由于早期的保险公司都是个人承保人，所以早期的人寿保险都是短期的。现在，短期人寿保险多见于团体保险和特定的人寿保险险种。

2. 长期人寿保险

长期人寿保险是指保险期限在1年以上的人寿保险，多见于以个人形式投保的人寿保险，目前市场上大部分人寿保险产品都属于长期人寿保险。

（三） 按照投保方式分类

按照投保方式的不同，可将人寿保险分为个人人寿保险和团体人寿保险。

1. 个人人寿保险

个人人寿保险是指以个人为投保者，根据自身对保险保障的需求以及交费能力投保的人寿保险。个人人寿保险 1 张保单只承保 1 名被保险人。

2. 团体人寿保险

团体人寿保险是指一张总保单为法定团体中所有符合条件的成员提供人寿保险保障的一种人寿保险。团体人寿保险通常作为雇主为雇员提供的员工福利的一部分。需要说明的是，个人保险或团体保险并不是具体的险种，仅仅是投保方式的不同而已。

第二节 传统人寿保险

一、死亡保险

死亡保险是指以被保险人在保险期限内死亡为保险金给付条件的人寿保险。在死亡保险中，当被保险人在保险期限内死亡时，保险人向受益人给付约定的保险金。按照保险期限的不同，可以将死亡保险分为定期死亡保险与终身死亡保险。

（一） 定期死亡保险

1. 定期死亡保险的定义

定期死亡保险又称定期寿险，是以被保险人在确定的保险期限内死亡作为保险金给付条件的人寿保险。定期寿险一般都有确定的保险期限。保险期限既可以是确定的年数，如 5 年、10 年、20 年，也可以是约定被保险人的某一年龄，如 60 周岁、70 周岁、80 周岁。

若被保险人在保险期限内死亡，保险人给付约定的保险金；如果被保险人在保险期限届满时仍然生存，保险合同即行终止，保险人不给付保险金，也不退还已交保费。

死亡保险金的给付必须同时满足两个条件：一是被保险人在保险期间死亡，二是被保险人死亡时保单仍然有效。如果保险期满后被保险人仍然存活，投保人可以续保；如果不再续保，则保单期满时，保险合同终止。

人寿保险最早是以定期死亡保险面世的，可以单独购买，也可以作为其他险种的附加险购买。

2. 定期死亡保险的特点

（1）有明确的起始和终止时间。定期死亡保险的保险期限有明确的起止规定，保险期限长短不一，长则可以为 5 年、10 年、20 年或 30 年不等，也有短至以天或月来计算保险期限的超短期保险产品。

（2）不退还保费。定期寿险属于纯粹保障型产品，如果保险期满，被保险人仍生存，保险人不承担给付保险金责任，也不退还保费。因投保人所交保费及其利息被用于分摊死亡者的保险金，即死亡成本分担。

（3）保费低廉。由于定期寿险只承担一定时期内的死亡保险保障，费率厘定也只考虑被保险人的死亡风险，保险责任单一，因此，在相同保险金额与投保条件下，其费率低于其他人寿保险。被保险人在一定时期内可以以较低的保费支出获得较大的保险保障，这是定期寿险最显著的优势。

（4）存在逆选择可能。由于定期寿险具有低保费、高保障的特点，所以健康状况不佳或职业危险程度大者往往会选择定期寿险，或利用定期寿险的可续保性续保。长此以往，有可能出现健康状况好者逐渐退出，而风险较大者有强烈的投保意愿，市场上表现为劣币驱逐良币的“挤出效应”，出现逆选择。

3. 定期死亡保险的种类

按照保额是否固定以及保额变动的方式划分，可将定期寿险分为水平保额定期寿险、递减式定期寿险和递增式定期寿险。

（1）固定保额定期寿险。固定保额定期寿险是指在整个保单有效期内保险金额保持不变的定期寿险。当被保险人在保险有效期间内死亡时，保险人按照保险单中约定的保险金额给付保险金。

（2）减额定期人寿保险。减额定期人寿保险是指在整个保险有效期内保险金额逐渐递减的定期寿险。其险种主要包括抵押贷款偿还保险、信用人寿保险以及家庭收入保险。

抵押贷款偿还保险是指保险金额与递减的未偿还抵押贷款额对应的递减式定期寿险。其保险期限由抵押贷款的期限决定。在整个保险期间，续期保费不变，但保额会随着抵押贷款未偿还金额的减少而递减。

信用人寿保险是指保险金额始终与债务人的贷款余额相等的递减式定期寿险。与抵押贷款偿还保险相似，随着贷款余额的减少，信用人寿保险的保险金额递减，但保费在整个贷款期间保持不变。信用人寿保险与抵押贷款偿还保险不同的是：抵押贷款偿还保险的投保人是债务人，而信用人寿保险的投保人是债权人；信用人寿保险要求指定债权人为保单受益人，当作为债务人的被保险人死亡时，由债权人领取死亡保险金用于偿还债务人的债务，而抵押贷款偿还保险的受益人不一定是债权人，由于受益人在法律上没有义务用领取的保险金偿还债务人生前的债务，所以债权人要承担一定的违约风险。

家庭收入保险通常作为终身寿险或两全保险的附加险投保。它主要以家庭收入的主要来源者为被保险人，如果被保险人在保险期限内死亡，保险人向其配偶提供合同约定的月收入保险金，用以维持家庭的基本生活需要。保单规定的保险期限通常为 10 年、15 年或 20 年，保险期满时，保险人停止给付。被保险人在保险期限内活得越久，保险人需要支付月收入保险金的时间越短，应付保险金总额也就越少。因此，家庭收入保险属于递减式定期寿险。有些家庭收入保单规定：被保险人在保险期限内死亡，收入保险金的给付期限不能低于保证的最低年数。

（3）递增式定期寿险。递增式定期寿险是指在整个保险期间，保额在初始保额的基础上可以按约定的金额或比例逐期递增，保费随着保额增加而增加的定期寿险。最常见的是根据生活费用的增长调整保额，生活费用的增长速度以政府公布的消费物价指数为标准。投保增额定期寿险可以将通货膨胀所致购买力下降的风险转移给保险人。递增式定期寿险可以单独投保，但更多的是作为终身寿险的附加险投保。

4. 定期寿险适合投保的对象与局限

定期寿险以其费率低、保障高等优点受到人们的重视，主要适合于以下投保对象：

（1）适合收入较低但需要高额保障者。投保定期寿险，不仅可获得高额保障，而且保费负担低。如果投保可转换或自动续保的定期寿险，还可以保证被保险人不会因为将来健康状况变化而失去续保或转换保单的机会。

（2）适合创业初期者。因为在创业初期阶段，资金主要用于发展事业，定期寿险低费率高保障的特点正好能够满足这类人的需要。

（3）信用的保证。在各种债务活动中，债权人大多要求债务人购买定期寿险，以避免因债务人死亡而蒙受经济损失。所以，定期寿险可以在一定程度上为被保险人提供信用保证。

定期寿险虽具有特殊的优势，但也存在明显的局限性。定期寿险只能提供一定期限内的保险保障，在保险合同期满时保单效力终止，这将给愿意继续投保的被保险人带来一定程度上的不便，甚至有续保被拒的可能。保险人为了简化投保手续，同时也能有效避免因续保带来的风险，通常会制定一些做限制性的规定，并以条款形式保证，这些条款被称为可续保条款与可转换条款。定期寿险的局限性还体现在：定期寿险的局限性主要体现在：（1）被保险人有失去保障的可能；（2）保费费率会随着被保险人年龄的增加而增加；（3）除了长期定期寿险外，短期定期寿险保单不具有现金价值。

（二）终身寿险

1. 终身寿险的定义

终身寿险是为被保险人提供终身死亡保险保障的一种不定期死亡保险，即保险合同规定明确的保单生效时间而没有规定终止时间，在保单有效期内，无论被保险人何时死亡，保险人都将承担保险金给付责任。终身寿险的保险期限为被保险人死亡或生存至生命表规定的年龄为止。如果被保险人在保险期间的任何时间死亡，保险人向其受益人给付保险金，合同终止；如果被保险人生存至生命表规定的年龄，如 90 周岁被保险人仍然生存，保险人向其本人给付保险金，保险合同终止。

各国生命表终极年龄略有差异，中国规定 90 周岁为被保险人的终极年龄，即当被保险人生存至 90 周岁时，保险人给付全部保险金，合同终止。因此，终身寿险也被作为保险期限至被保险人 90 周岁时的两全保险的原因。另外，由于终身寿险与定期保险的定价原理相同，所以终身寿险也可看作是一份到终极年龄的定期寿险。

2. 终身寿险的特点

与定期寿险相比，终身寿险具有以下一些特点：

（1）给付的确定性。终身寿险提供终身保障，保险金的给付是确定的。只要保单有效，无论被保险人何时死亡，保险人都要向其受益人给付保险金；被保险人生存至终极年龄，保险人向被保险人本人给付保险金。

（2）保单的储蓄性。而终身寿险保单因其具有长期性，因此，保单在生效一段时间后还能积累现金价值，如果投保人中途退保，还可以获得一定数额的退保金。终身寿险的保费低于两全保险，但高于定期寿险。

（3）保单的灵活性。普通终身寿险保单具有很好的灵活性。例如，终身寿险可转换为保费缴清减额保险；如果是分红保险，保单持有人可将红利留存保险公司，待红利积累到一定数额时，可使终身寿险转换为保费缴清等额保险；还可以用终身寿险的现金价值作为趸交保费，将保单转换成定期寿险，或者在退休时将保单转换成年金保险。

3. 终身寿险的种类

按照保费或保额变化与否，将终身寿险分为传统终身寿险与修正终身寿险。

（1）传统终身寿险是指固定给付、固定交费的终身寿险，即这类终身寿险的保额固定不变，采用均衡保费的方法。根据保费交付期限长短的不同，又将传统终身寿险分为连续交费终身寿险、限期交费终身寿险和趸交保费终身寿险。

①连续交费终身寿险，又称普通终身寿险，是指交费期间与保险期间相同的终身寿险。普通终身寿险年度保费较低，保单现金价值几乎按固定比例增长，直至在被保险人达到最高年龄时，现金价值达到保险金额。普通终身寿险是最早出现的终身寿险，它的主要特点是固定保额、平准保费、功能简单，适合保费交付能力有限但有稳定收入者。

②限期交费终身寿险是指保险费必须在保单规定的年限或者于被保险人达到某一约定年龄之前全部交完的终身寿险。限期缴费终身寿险的年度保费高于相同保额的普通终身寿险，交费期限越短，两者的差距越大。因此，限期交费终身寿险适合收入来源受限制者。

限期交费终身寿险保单能较迅速积累现金价值，并向保单持有人提供不可没收现金价值、红利支付和保单转换等多种选择权，因此，限期交费终身寿险灵活性强。在终身寿险中，限期交费终身寿险比较受欢迎。

③趸交保费终身寿险是指在投保时一次性交清保费的终身寿险，投保人以后不需再支付任何费用，也不用担心保单失效，可以获得终身保障。趸交保费保险一经生效就具有很高的现金价值，但保费数额大，投保人可能难以承受，所以趸交保费终身寿险的市场率不高。

趸交保费终身寿险与普通终身寿险都可看作是限期交费终身寿险的一种极端形式，即交费期规定在投保时和被保险人最高年龄以前。

（2）修正终身寿险是指在保险期间的某个时点可以改变应交保费或者保险金额的终身寿险。目前市场上这类终身寿险主要有保费不确定终身寿险与利率敏感型终身寿险等。

①保费不确定终身寿险。为了与分红终身寿险竞争，部分寿险公司推出了保费不确定终身寿险。这种非分红保险规定一个最高保证费率和一个较低的保险费率，在保单签发时，按

较低的费率收取保费并保证将这一费率至少维持一段时间。之后，保险人可以根据实际死亡率、利息率和费用率确定新的费率收取保费。但新费率不会超过保单中规定的最高保证费率。保险人可以在保险期限内定期进行保费修正。这种终身寿险的优点是定价灵活，并可以通过费率的改变来反映当前死亡率、利息率与费用率的变化。

②利率敏感型终身寿险是一种分红终身寿险。保险人通过对当前的投资收益及死亡率，调整投保人需交付的保险费，死亡给付金数额以及保单现金价值，使其实际经营结果与保单预计结果的偏差得以纠正。

如果保费调整后低于前期保费，保单持有人可以有如下选择：（1）按新标准交付保费，保额保持不变；（2）按原有标准交付保费，保额保持不变，保费差额存入累积基金，增加保单现金价值；（3）按原有的标准交付保费，若被保险人具有可保性，保费之差用于增加死亡保险金。

如果保费调整后高于前期保费，保单持有人可以选择：（1）按新标准交付保费，保额保持不变；（2）按原标准交付保费，相应降低保险金额；（3）按原标准交付保费，保额保持不变，但需用保单现金价值弥补新旧保费的差额。

二、生存保险

生存保险是指以被保险人在保险期满或达到某一年龄时仍然生存为给付条件，并一次性向被保险人给付保险金的保险。其与定期寿险相对应，只有当被保险人生存到保险期满或某一特定年龄时，保险人才给付保险金，若被保险人在保险期间死亡，则得不到保险金给付，也不退还所交保费。这一性质有悖于传统保险设计的初衷。因此，在寿险实务中，生存保险一般不单独推出，通常与其他险种组合出售。例如，生存保险与定期寿险组合即是生死两全保险，生存保险与年金保险组合即是养老保险。

投保生存保险的主要目的在于保险期满后，被保险人可以领取一笔保险金，以满足未来生活或其他方面的需要。例如，为年幼的子女投保子女教育保险或婚嫁金保险，就是生存保险的具体运用。

三、两全保险

（一）两全保险的定义

两全保险又可称为混合寿险、储蓄保险或养老保险。其基本内容是：保险期限是一定的，一般在10年以上；被保险人在保险期限内死亡，保险人给付死亡保险金；被保险人至保险期满仍然生存，保险人给付期满生存保险金，因既提供死亡保障，又提供生存保障，故也称为生死合险。两全保险是将定期死亡保险与定期生存保险结合起来的保险形式，是人寿保险中最为普遍的险种形式。由于两全保险最能体现人寿保险的保障与储蓄的双重性，因此，两全保险备受投保人和被保险人的欢迎。

（二）两全保险的特点

由上述可见两全保险既不同于定期寿险，也有别于终身寿险，其特点主要表现如下。

1. 储蓄性强

两全保险实际上是一种具有储蓄目的的保险。其生存保险金可以用来保障被保险人的老年生活，其死亡保险金可以为被保险人的亲属提供经济上的帮助，以解决一时之需，使受益人尽快恢复到之前的生活状态。

2. 保险费率高

由于两全保险的保险责任包括死亡保险金给付与生存保险金给付，故保障与储蓄兼而有之。因此，由于被保险人或生存至保险期满或在保单有效期内死亡二者必居其一，即保险人对每一份保单一定要承担给付责任。所以，在相同条件下，两全保险的保险费率明显高于定期寿险和终身寿险。

3. 特殊用途

两全保险的主要作用在于为被保险人本人的老年生活提供经济保障，因此，可以将其作为养老保障的一种手段。此外，两全保险还可以另作他用，即为子女积累教育金或婚嫁金，以备不时之需。

（三） 两全保险的种类

两全保险中常见的种类主要包括普通两全保险、期满双倍两全保险、养老附加定期保险和联合两全保险四种类型，分述如下。

1. 普通两全保险

普通两全保险是指被保险人在保险期限内死亡，保险人承担给付死亡保险金责任；如果被保险人生存至保险期满，保险人承担给付生存保险金责任，其死亡保险金与生存保险金数额相同。

2. 期满双倍两全保险

期满双倍两全保险是在普通两全保险基础上改进形成的产品，是指当被保险人在保险期限内死亡，保险人给付全额死亡保险金；如果被保险人生存至保险期满，保险人给付的生存保险金是死亡保险金的两倍。

3. 养老附加定期保险

养老附加定期保险是指被保险人生存至养老金领取年龄，被保险人按照合同约定的金额领取保险金；但如果被保险人在保险期内死亡，其受益人将得到几倍甚至几十倍约定保险金额的保险金，以保证被保险人身故后其家属仍能获得必要的生活费用。这种两全保险是为受益人考虑而设计的。

4. 联合两全保险

联合两全保险是指以1张保单为两个或两个以上被保险人提供保障的一种保险。在保险期内，如果被保险人中的任何一人死亡，保险人将向余下的被保险人给付全部保险金，保单终止；如果在保险期满时，联合被保险人无一人死亡，则由全体被保险人共同领取生存保险金。联合两全保险多适用于夫妻投保。

表4－1是定期寿险、终身寿险以及两全保险各自特点及其比较。

表4－1　定期寿险、终身寿险、两全保险特点比较			
比较项目	定期寿险	终身寿险	两全保险
保险费	最低	较低	较高
保险期限	有限的年数	终身	有限的年数
保险事故	死亡	死亡	生存或死亡
现金价值	无现金价值	有现金价值	有现金价值
交费方式	趸交	趸交/分期交	趸交/分期交
给付条件	保险期内死亡	保单有效期内死亡或至终极年龄	保险期内死亡或生存至期满
储蓄性	无储蓄性	有储蓄性	具有很强的储蓄性

四、特种人寿保险

在传统型人寿保险中，通常还包括简易人身保险、弱体人寿保险以及团体人寿保险等，由于这类保险或是在投保方式，或是承保条件，或是保险费率、金额方面有些特别规定，因此又称为特种人寿保险。

（一）简易人寿保险

1. 简易人寿保险的定义

简易人寿保险是专门针对低收入者开办的险种，即为现在人们所说的小额保险，一般是以低收入者为承保对象，按月或按周收取保险费，免体检、低保额的人寿保险。简易人寿保险通常采取等待期或削减期制度，即被保险人投保后，必须经过一定期间保单才能生效。如果在一定期间内被保险人死亡，保险人不负给付责任，或者减少给付金额。

2. 简易人寿保险的特征

（1）标准化。简易人寿保险的保险期限、保险费、保险金额及被保险人的年龄组别采取固定格式，标准化。例如，保险期限一般规定为5年、10年、15年、20年及30年5种；保费按份计算，同一个保险期限保费相同；不同年龄组别的保险金额取决于同一数额的保险费。

（2）保险金额低。因是针对低收入者设计的人寿保险产品，对每一份保单或每一个被保险人的保险金额有最高额限制。例如，美国通常限制每张保单或每个被保险人最高保险金额为5 000美元，我国则限制最高限额为2万元人民币。

（3）保险费率高。简易人寿保险的保险费率高于普通人寿保险，这是因为：投保简易人寿保险的被保险人的死亡率高于普通寿险投保者，经营成本大于普通寿险。

（4）交费频繁。简易人寿保险的保费交付多采取按月（或按周）缴纳。由于交费次数频繁，所以保费大多是由保险公司的外勤人员或受保险公司委托的经理人上门收取，交费次数频繁，也增加了经营成本。

（5）免体检。由于保险金额较低，故在承保时被保险人无须体检，但并不意味着保险人对所有的人不加选择地承保。为了防止逆选择，保险公司通常会在不可抗辩条款中附带规定，被保险人若有不实投保，保险人在抗辩期内可终止保险合同。

可见，简易人寿保险的“简易”是对投保人、被保险人而言的，对保险人来说，不但不简，反而比普通人寿保险更“繁”。

目前，我国简易人寿保险已退出保险市场。

（二）团体人寿保险

团体人寿保险是团体人身保险的一种，20 世纪初期起源于美国，而今，团体寿险已成为发达国家雇员福利计划的主要形式，在寿险业务发展中举足轻重。

1. 团体人寿保险的概念

团体人寿保险简称团体寿险，是指以团体作为投保人用 1 张总的保险单为团体提供人寿保险保障的一种人寿保险。

2. 团体人寿保险的特征

与个人寿险相比，团体人寿保险具有以下主要特征。

（1）对投保人数的要求。团体寿险的被保险人应该是该团体的全部成员或是大部分成员（一般规定不得少于 75%），并且是能够正常工作的在职人员。

（2）风险选择特殊。根据大数法则的要求，不要求对投保团体寿险的被保险人进行体检或提供其他可保证明，以对团体的风险选择代替对个人的风险选择，这是团体寿险最为显著的特点。

（3）保险计划灵活。虽然团体寿险保单也会遵循一定的格式和一些特定的标准条款，但其并非必须是标准条款。规模比较大的团体可以就保单内容与保险公司协商。因此，与个人寿险相比，团体寿险具有更大的灵活性。

（4）经营成本低。对于保险人而言，由于是集体承保，投保手续、管理程序、免除体检等方面都得到简化，因而降低了成本，也使得团体寿险费率通常低于个人寿险，这是由于单证印制和单证管理成本低、佣金所占比例较低、核保成本低等原因所致。

（5）保费计算具有特殊性。相比个人寿险的标准费率而言，团体寿险大多为单一费率，保费计算技术具有特殊性。在计算团体寿险保费时，保险公司通常要考虑以下三个因素：一是团体寿险的初年度费率；二是团体中每一成员的年龄与性别；三是团体中每个被保险人的保险金额。在实务中，对于规模较大、风险程度较小的团体，按计算出的保费的一定比例减少保险费；对于规模较小、风险程度较大的团体，则在计算出的保费基础上按一定比例增加保险费。

专栏 4－1

几种常用的团体寿险费率厘定方法

1. 手册费率法。手册费率法是指在不考虑特定团体以往的赔付和费用经验的情况下，保险公司利用自己的经验数据或其他保险公司的经验数据来统计投保团体的预期赔付和费用经验，并计算团体保险费率的一种方法。手册费率法适用于新投保团体首期保费的确定和规模较小团体首期保费以及续期保费的确定。

2. 经验费率法。经验费率法是指保险公司以特定团体的历史赔付经验和费用经验为基础来确定团体保险费率的方法。其适用于大型团体的续期保费和正被其他保险公司承保的大型团体的首期保费确定。

3. 混合费率法。混合费率法是指对于某些中等规模的团体，保险公司既不能完全采用经验费率法，又必须充分考虑其赔付经验数据，保险公司可选择手册费率法与经验费率法综合运用的方法，即混合费率法来确定保费。

3. 团体人寿保险的种类

在团体寿险业务中，主要分为两大类，即团体定期寿险与团体终身寿险，分述如下。

（1）团体定期寿险。团体定期寿险是指以团体方式投保的定期死亡保险。保险人承担被保险人在保险期限内死亡，给付保险金的责任。团体定期寿险是最早、最普遍也是业务量最大的一种团体寿险，团体寿险大多是以每年更新式的定期保险单方式承保，无论是首次投保还是每年续保，被保险人一般无须体检。其目的是提供被保险人早逝风险保障，对保障员工退休生活没有太大意义。团体定期寿险保单没有现金价值，而且保险人有权根据投保团体的年龄结构、性别等方面的变化，每年更新调整费率。因此，团体定期寿险实际上是以团体方式投保的一年定期死亡保险。由于保险期限只有一年，所以采用自然保险费率确定保费。团体寿险在每年合同更新时，剔除已脱离企业的职员，增加新雇用的职员。

与每年更新的个人定期寿险一样，团体定期寿险保单的费率在每年更新时也是逐年增加的。但在保费由雇主、雇员共同负担的情况下，由雇员负担的保费可每年保持相同，雇主负担部分则逐年增加。就整个保险计划而言，雇主的总负担可能保持不变，甚至会有所下降，这主要取决于投保团体中年龄结构、性别结构和保险金额等方面的变化。

在团体定期寿险中，保险费由企业负担的部分在税法上可作免税处理。例如，在美国，若每个雇员的保险金额在50 000美元以内，并且团体定期寿险的保费完全由雇主负担，则雇主所交保费免交所得税。在加拿大，如果每个雇员的保险金额在25 000美元以内，保费由雇主全部负担，对这部分保费享受免税的优惠。团体定期寿险中被保险个人负担的保费部分，也可免交所得税。

在团体定期寿险的基础上，衍生了团体信用寿险。团体信用寿险是基于债权人与债务人之间的债权债务关系所签订的合同。在团体信用寿险保单项下，债权人以债务人为被保险人，债权人既是投保人同时也是受益人（这一点与其他团体人寿保险有所不同，在其他团体寿险保单中，投保人并不是受益人）；当被保险人死亡时，死亡保险金由债权人受领，以抵偿被保险人所欠债务。团体信用寿险中每个被保险人的保险金额等于其所欠债权人的债务数额。有些法律规定，保险金额有最高限额的规定，不考虑债务人具体负债金额的多少。

团体信用寿险的保费可以由债权人承担，也可以由债务人承担，或者由二者共同负担。

大多数法律一般规定了债务人承担的最高费率标准，这个最高标准以每千元保险金额应交的保费表示。另外，对于团体信用寿险，债务人可以参加投保，也可以不参加。但是，对于债权人，法律一般规定，不允许其以要求债务人参加团体信用寿险作为扩张信用的条件或手段。

（2）团体终身寿险。团体终身寿险是指以团体投保的一种终身死亡保险。由于团体终身寿险不享受团体定期寿险的税收优惠，团体终身寿险的发展速度和规模远不如团体定期寿险，常作为其他保险的补充形式，用来保障雇员退休后的生活。

团体终身寿险主要有团体缴清保险和均衡保费型团体终身寿险两种类型，分述如下。

①团体缴清保险。团体缴清保险是由 1 年定期死亡保险和终身寿险相结合的一种保险，雇员自行负担终身寿险保费，逐年约定交清，实际上相当于每年投保一次终身死亡保险。雇主每年为雇员交付定期死亡保险保费，保险金额为事先约定的死亡保险总保险金额与终身死亡保险累积保险金额的差额。随着终身死亡保险累积保险金额的逐年增加，1 年定期死亡保险的保险金额将逐年下降，雇主的保费负担也随之减轻。

1 年定期死亡保险采用自然保费方式计收保费，保单无现金价值；终身寿险保单则具有现金价值，因此，在保险期限内雇员何时身故，都可获得约定的死亡保险总保险金额。雇员年老退休或脱离该企业时可以继续享受保险保障，也可以申请退保，领取退保金，以供退休或离职后生活所用。

团体缴清保险中，由雇主负担的定期寿险保费部分，同样享受与每年更新式团体定期寿险有关保费的税收优惠。虽然雇员没有直接得到其中的税收利益，但因保险契约在雇员在职、离职、退休时均有效，因此，实际上雇员也分享了税收优惠政策。

②均衡保费型团体终身寿险。均衡保费型团体终身寿险通常是由雇主为雇员投保的限期交费终身死亡保险，如限期缴费至 50 周岁的终身保险，雇主可以此作为员工退休福利计划。由于各雇员的年龄不同，所以交费期限也各不相同，但都采用均衡保费方式。若其保费完全由雇主负担，那么雇员对保单一般不具有既得的权益；但若保费由雇主与雇员共同分担，则员工拥有由自付保费部分产生的现金价值。至于由雇主负担的保费所产生的权益是否也属于雇员，要根据退休金合约的有关规定确定。如果退休金合约载明雇主负担的保费所产生的权益归属于受雇人，则无论受雇人退休时是否仍然在其雇主属下工作，均可领取退休金；也有些退休金合约规定，即使已取得退休金领受权①，雇主也可以收回此项权利。

（三）弱体人寿保险

人寿保险产生之初，保险人对非标准体②一概不予承保。后来，随着医学科学的发展，

---

① 领取退休金需要具备一定的资格条件，如工龄等。

② 所谓非标准体，又称次标准体或弱体，是指被保险人的健康状况超过标准死亡率指数、从事较高风险的职业或者处于其他风险但尚未达到拒保程度的状况。人寿保险出现的初期，保险人对非标准体一律拒绝承保。随着人们对风险认知的提高和处理风险手段的增加和能力的提高，认为非标准体并不能一概拒保，可以对这类被保险人采取附加限制性条件承保。

人们发现非标准体对总死亡率影响不大，尤其是在短期内影响更小。于是，保险人设计了对非标准体附加特别条件的保险险种——弱体人寿保险。弱体人寿保险最早产生于英国，1762年英国标准人寿保险公司首先开办了弱体人寿保险。19世纪末传入美国，1896年美国纽约人寿根据缺陷体死亡率调查，并采用评分制方法对弱体投保者进行风险评估，根据评估结果分别采用不同的标准予以承保，开美国弱体保险之先河，并使其得以发展。现在的大多数人寿保险公司都开办了弱体人寿保险业务。

1. 弱体的定义

弱体是指存在某种缺陷的人，这些缺陷主要包括以下几种情形：（1）现有的生理缺陷，如体重过重或过轻；（2）有家族遗传疾病史者；（3）从事明显伤害或危险职业者；（4）居住环境恶劣者，如卫生、气候环境等；（5）曾罹患严重疾病的既往病史者。

2. 弱体人寿保险的定义

弱体人寿保险又称次标准体保险、非标准体保险，其被保险人通常是身体有缺陷或者从事危险职业的人。由于这部分人群死亡率比较高，不能按照标准的人寿保险费率承保，所以通常附加增加年龄、征收特别保险费或削减保险金额等特别条件予以承保。鉴于弱体人寿保险的危险性高，为了控制风险，弱体人寿保险的最高保险金额比普通人寿保险低。

由于弱体人寿保险整体危险性高于普通人寿保险，实务中，保险人要求被保险人或投保人提供需要的资料，并对这些资料严格审查。例如，被保险人的病历记录、亲属成员的健康状况、死亡亲属的年龄、死亡原因等。此外，被保险人本人的职业、生活习惯、收入状况以及居住环境等资料也必须一并提供。

3. 弱体人寿保险的承保方法

弱体人寿保险常用的承保方法主要有：增加年龄法、征收特别保险费法以及保险金削减给付法。

（1）增加年龄法。从理论上讲，死亡危险随着人们年龄的增长而加大。在承保时，将被保险人的年龄比实际年龄提高若干岁，事实上相对提高了保险费率，用这种方法计算弱体被保险人的保险费称为增加年龄提高费率法，简称增加年龄法。这种方法简单方便，但只能适用于风险递增，且其风险随着年龄的增加而无限增大者，如糖尿病、显著肥胖症等。

（2）征收特别保险费法。即按照额外死亡率的高低征收一定的额外保险费，用以弥补各年超过风险的附加费用。这种方法通常适用于固定性额外风险的被保险人，例如职业性危险、酗酒、肺结核等。

（3）保险金削减给付法。即对弱体投保者按照正常费率承保，但在一定期间内按减少保险金给付。如果被保险人在削减期内死亡，保险人只能按照削减的保险金额给付；在削减期间内，被保险人因意外事故死亡或罹患法定传染病死亡，保险人应按照规定全额给付保险金。在保险单生效最初的若干年内保险金额按比例削减，之后恢复到标准费率下的保险金额。这种方式通常用于递减性危险的被保险人，例如遭受外伤或刚接受手术治疗的消化道溃疡患者，身体逐渐痊愈，在这个过程中风险递减。

第三节　创新型人寿保险

创新型人寿保险，又称非传统型人寿保险，是保险人为适应新的保险需求，增加产品竞争力而开发的一系列新型保险产品。与传统人寿保险产品相比，创新型人寿保险产品的主要特点在于，产品具有投资功能，交费方式灵活，保险金额具有可变性。目前创新型人寿保险产品主要有分红保险、投资连结保险和万能保险。

一、分红保险

（一）分红保险的定义

分红保险又称利益分配保险，是指寿险公司按照相对保守的利率收取较高的保费，在每个会计年度结束后，保险公司将上一会计年度经营中取得的一部分盈利，以现金红利或增值红利的形式分配给投保人的一种人寿保险。分红保险是世界许多国家保险公司通常用来规避利率风险，保证自身经营稳定的有效手段。

分红保险的起源最早可以追溯到200多年前。在1768年召开的第18次世界精算师大会上，二十多个国家的与会代表对保单分红的必要性达成共识。美国精算师协会于1776年成立了“红利委员会”，对保单分红进行理论探讨并对保险公司进行指导。同年，英国公平人寿保险公司在成立15周年进行决算时，发现实际责任准备金明显多于未来保险金支付所必需的准备金，于是决定将已收保费的10%返还给投保人，这是世界上最早的分红保险。此后，分红保险在欧美发达国家得到迅速推广，并通过保险法律加以规范。日本从1948年开始，寿险公司以总保费的3%支付红利，两年后，又以利差益和死差益的二利源法支付红利，1957年开始采用三利差益法（利差益、死差益和费差益）支付红利。

分红保险是国际保险市场上比较流行的险种。在北美地区，所有相互保险公司以及许多股份制寿险公司的产品都具有分红性质。美国约80%的寿险保单具有分红性质，英国约有60%的新单保费来自分红保险，德国分红保险占其寿险市场份额的85%，中国香港分红保险所占的市场份额高达90%。[①]

分红保险对于保户来说不仅能享有充分的保险保障，还能从保险公司经营的利润中获得稳定的投资回报。而对于寿险公司来说，分红保险不仅能吸引更多投保人参保、有利于保险业务的开展，还能有效弥补长期寿险对利率变动和通货膨胀缺乏敏感性的缺陷，在一定程度上化解经营风险。

---

① 根据中国保险行业协会提供的2013—2018年相关文献整理而成。

分红保险通过制定较低的预定利率和较高的附加费用，保险人可以在保险期限内以红利的形式将多收的保费以及额外的投资收益返还给客户，增加了保险公司经营的灵活性。此外，红利的非保证性推动保险人更加有效地利用资本，为保险公司和被保险人的共同利益追求资本收益的最大化，从而使投保方获得较高的投资回报。

（二） 分红保险的特点

与传统的非分红保险相比，分红保险有其自身特点，二者的主要区别在于以下几个方面。

1. 定价的精算假设保守

分红保险定价时，保险人对预定死亡率、预定费用率和预定利率估计更为保守，未来的预期红利也包含在定价中。在定价中，一般的情况是最初几年的预期分红不高，因为如果前期红利高而后期红利下降，势必会影响到投保者对保险公司的信心。因此，保费与红利是保险公司考虑的重要因素。现在，分红保险的保费与红利水平主要通过定价模型来确定。

2. 体现了公平性

人寿保险的长期性使得保险公司在费率精算假设上比较保守，因而，保险公司的实际经营利润比预期好，这部分盈余本质上是因多收取的保费产生的，因此将这部分盈余返还给投保人，从而体现其合理性、公平性。购买者才是合理的。所以，与非分红保险相比，分红保险更能体现公平性。

3. 共享经营成果

分红保险不仅可以为被保险人提供合同规定的保险保障，而且还能使投保者分享保险公司的盈利，与保险公司共享经营成果。原中国保监会规定，保险公司应至少将分红业务当年会计年度可分配盈余的70%分配给投保者①。

4. 承担一定的投资风险

投保者每年所得红利是不一样的。在保险公司经营状况良好时，投保者可以得到较多的红利；如果保险公司经营状况不佳，投保者能分到的红利就会较少，甚至没有红利可分。因此，分红保险使投保者在一定程度上承担了保险人的投资风险。

5. 能应对通货膨胀的压力

分红保险定价保守，消除利率风险的能力比较强；同时由于高通货膨胀伴随着高利息率，因而使得保险公司的投资将获得高于预定利率的回报。分红保险通过红利分配，可以有效弥补投保人因通货膨胀而遭受的货币贬值损失。

（三） 红利分配原则

1. 公平性原则

公平性原则是分红保险红利分配必须遵循的原则。对于分红保险而言，“公平”就是分

---

① 中国保监会〔2015〕93号文《分红保险精算规定》。

配多少红利的问题。换言之，在一个保单的整个生命周期内，给保单持有人分配多少红利。红利分配的公平性包括两个方面：一是保单持有人与保险人之间红利分配的公平；二是保单持有人之间红利分配的公平。

（1）保单持有人与保险人之间红利分配的公平，要求保险公司保证分红保险账户与非分红保险账户进行核算上的分离，分红保险账户的盈余只能用于向保证保单持有人进行分红，而不能另作他用。为保证公平，一些国家的保险监管机构都对分红保险的分红比例作出明确规定。例如，德国保险监管机构规定，保险公司每一会计年度向保单持有人分配盈余的比例至少为90%；中国保监会规定，保险公司每一会计年度向保单持有人实际分配的盈余不得低于当年可分配盈余的70%。

（2）保单持有人之间红利分配的公平。保险人应该根据每一张保单对盈余的贡献程度进行红利分配，以保证保单持有人之间红利分配的公平。即保单对红利贡献程度越大，红利分得越多；反之则愈少。

2. 持续性原则

原中国保监会于2015年9月25日以保监发〔2015〕93号印发《分红保险精算规定》，要求红利分配不仅要考虑公平性，还要兼顾红利分配的持续性。即保险人要以一个比较适中的红利水平贯穿于整个保单期间，避免各年度间分配的红利出现较大的波动，影响投保者的积极性。所以，该年度红利分配的金额不一定完全是该年度收入，当该年度收入增幅较大时，除足以维持现行分红标准外，还可以将其中一部分转作积累，留待经营效果不好的年度使用；当该年度收入无法维持现行分红标准时可以动用往年的积累盈余。

3. 简单性原则

红利分配方案要充分考虑到保险公司的管理能力、计算技术及资源，同时也使投保者易于理解和接受。但有时计算方法过于简单可能影响公平性。例如，按保额比例分配红利的方法简单，但未考虑到投保者的不同贡献程度，有失公允。所以，在红利分配的实践中，保险经营者必须综合使用这三项原则。

（四）红利领取方式

1. 现金领取方式

现金领取方式是指直接以现金的形式将可分配盈余分配给保单持有人。对保单持有人来说，领取现金的方式比较灵活，能满足其对红利的多种需求。但对保险公司来说，由于将大部分盈余分配出去，导致这部分资产不能被有效利用，使寿险公司的可投资资金减少。另外，每年支付的红利会对保险公司的现金流量产生较大压力，为保证资产的流动性，保险公司只能相应减少投资长期资产的比率，这在一定程度上影响了总投资收益，进而影响保单持有人最终的红利。

2. 累计生息方式

累计生息方式是指保单持有人可以将红利留在保险公司的特定账户，在以后各年以保险公司各年确定的累计利率进行累计生息，直到该保单期满或被保险人死亡或于保险公司与投保人约定的时间取出。采用累计生息方式的，红利累积利率的有效期至少为6个月。

3. 抵减保费方式

抵减保费方式是指用分红保单的红利来抵交该保单未来各期保费。前几期的红利收入用累计生息的方式留存在保险公司，当红利累计到一定数额时，就可以用来抵交以后各期保费，可使投保人提前结束交费期。

4. 增加保额方式

增加保额方式是用红利收入来增加保单现有保额的一种形式，选择这种方式的保单持有人只有在发生保险事故、保险期满或退保时才能拿到所分配的红利。

增加保额方式使保险公司有足够的灵活性对红利分配进行平滑，保持每年红利的平稳。由于没有现金红利流出以及对红利分配的递延，增加了保险公司的可投资资产。同时，没有流动性压力，可使保险公司增加长期资产的投资比率。这在很大程度上又增加了分红基金的投资收益，提高了保单持有人的红利收入。但这种方式降低了保单持有人对红利处理的灵活性，其处理红利的唯一方式就是增加保额，并且只有在发生保险事故或保险期满时才能获得红利，因而丧失了对红利的支配权。英国的一些寿险公司常选用增加保额方式，这种红利分配方式必须要在保险市场比较成熟的环境下运行。

一般来讲，保险公司都会提供几种不同的红利领取方式供保单持有人选择。

（五）红利利源分析

分红保险的红利主要来源于保单定价时所假设的预定死亡率高于实际死亡率、预定费用率高于实际费用率、预定利率低于实际利率的部分，即通常所说的死差益、费差益与利差益。

1. 死差益

死差益来源于实际死亡率低于预定死亡率，致使实际收取的纯保费高于实际死亡成本所产生的盈余。死差益的计算公式为：

死差益 =（预定死亡率 - 实际死亡率）×风险保额

风险保额是保险金扣除责任准备金后的余额。储蓄性寿险保单的责任准备金随着保单期间的增加而增加，故风险保额随着保单期间的增加而减少，满期时趋于零。保险公司在使用生命表（国民生命表或经验生命表）进行费率厘定时，都应遵循安全保守原则，使保险公司实际发生的赔付金额低于假定值，从而产生稳定的死差益。同时，为了确保获得死差益，保险人在经营上应注重对被保险人的风险选择，尽力保证获得优良保险合同，努力避免逆选择的发生。

2. 费差益

费差益是指保险公司的实际营业费用率低于预计营业费用率所产生的利益，费差益的计算公式是：

费差益 =（预定费用率 - 实际费用率）×保险费

一般情形下，在承保初期，保险人由于需要支付大量的费用，如代理人佣金、保单印制费、体检费用等，会产生费差损。之后随着费用的减少，有效合同的累积，产生费差益。因此，保险人在经营中有两个方面需要注意：一方面要扩大营业规模，降低单位费用率，即注重新业务的招揽及后期对合同的维护；另一方面应提高经营效率以促进经营的合理化、效率化。

3. 利差益

利差益是指当实际投资收益率高于预定利率时，产生利差益；反之，为利差损。利差益的计算公式为：

利差益 =（实际收益率 - 预定利率）×责任准备金总额

长期寿险产品在费率厘定时，保险人通常会假设一个保守的预定利率，以期获取足够的保费支付所需的成本。当保险公司的实际投资收益率大于保单预定利率时，就产生了利差益。

寿险公司分红保险的红利除了上述三大利源外，还有其他盈余来源，即解约收益、投资收益及资产增值、残疾给付、意外加倍给付及年金预计给付额与实际给付额之差。其中解约收益指保险合同于中途失效或解约时产生的利益，是责任准备金与解约金的差额。台湾地区“保险法”规定解约金为责任准备金的3/4，余下的1/4即为解约收益。虽然解约收益也是保险公司盈利的一部分，但由于解约收益取决于投保者退保与否，具有不确定性。同时，这种收益并不是基于现存有效保单产生的。所以，为简化红利计算模型，通常不把解约收益视为分红的基本利源。

专栏4-2

避免利率变动的利差返还型保险与分红型保险

利差返还型保险与分红型保险是为了避免利率变动对寿险发展产生影响的保险。我国寿险公司为了避免利率的冲击，多次相应调整给付标准。例如，1986—1995年，银行利率调整了7次，寿险预定利率调整了6次，极大地影响了寿险公司经营的稳定。同时，当市场利率提高时，传统寿险产品的竞争力明显下降，为此，当1989年2月1日银行利率再次上调时，寿险公司采用了提高预定利率加利差返还的方法，增加的利差返还部分可增加给付金额。

从1998年开始，我国寿险公司以分红保险取代利差返还保险。虽然二者都是应对利率风险较为有效的手段，但相比之下，分红保险的效果会更好，理由如下。

1. 分红保险在死亡率、费用率和利率的设定时采用了保守的假设，使得保险人在保费厘定时留有相当充分的安全系数，保证有足够的保费收入应对未来无法预测的冲击。因此，采用分红保险能充分保证寿险公司的财务稳定。

2. 分红保险的利源来自死差益、费差益和利差益，而利差返还只有利差益部分，因此，分红保险的分红率一般都会高于利差返还的返还率，分红保险对投保人的吸引力更大。

3. 分红保险在保证基本给付的同时，将一部分公司盈利分给保单持有人，根据公司经营情况，红利多少不一，保单持有人比较能够接受与理解；但利差返还往往会造成给付金额随利率变动而频繁变化，使得同一个险种的给付金额时高时低，给保单持有人造成混乱，挫伤投保人的积极性，同时也在一定程度上影响了保险公司的社会公信力。

二、投资连结保险

（一） 投资连结保险的定义

投资连结保险简称投连险，是指包含保险保障功能并且至少在一个独立投资账户拥有一定资产价值的人寿保险。所谓“连结”是指将其投资直接同某个投资基金相连结，因而保单现金价值随其投资账户中投资收益的变化而变化。可见，投资连结保险是一种既有寿险保障功能，又具有投资收益功能的投资型人寿保险产品。

在投资连结保险中，投保人可以自由选择投资账户，不同的投资账户可以投资于不同的投资工具，比如股票、债券和货币市场等，投资风险完全由投保人自己承担，而且投资收益一般没有最低保证。但在约定条件下，投保人可以在不同的投资账户间自由转换，且不需要支付额外的费用。

（二） 投资连结保险的特点

与传统寿险相比，投资连结保险具有以下特点。

1. 具有保障与投资双重功能

与传统寿险最大的不同是，投资连结保险集保险保障与投资理财于一身。投资连结保险将投保人所交保费分设两个账户，即保险保障账户与独立的投资账户。保险保障账户的费用为保障专用基金，即使在投资收益不理想时也能够得到身故、全残或期满生存保险金。投资账户上的基金由保单持有人选择投资方式，保险公司自身或委托基金公司专业经营管理。大多数保险公司可提供的投资方式有：货币市场基金、普通股票基金、债券基金以及其他形式的基金。

2. 未来的死亡给付金额不确定

传统寿险的死亡给付一般都是确定的，即订立合同时约定的保险金额。而投资连结保险的死亡保险金是不确定的。死亡保险金额的设计有两种方法：一种是给付保险金额和投资账户价值两者中的较大者，另一种是给付保险金额和投资账户价值之和。第一种方法的死亡给付金额在保单期间前期是不变的，当投资账户价值超过保险金额后，死亡给付金额随投资账户价值的变化而变化。第二种方法的死亡给付金额在整个保险期间内都随投资账户价值的波动而变化，但风险保额保持不变。

3. 所有投资风险由保单持有人承担

投资连结保险允许保单持有人根据自己的投资收益目标与风险偏好选择投资组合，而且每年都可以变动投资选择。投资账户的全部投资收益归保单持有人所得，但所有投资风险也都由保单持有人承担。保险人不承诺投资账户的最低收益，只负责管理投资账户以及承担死亡率提高风险和费用增加风险。

4. 保费交付方式灵活

现在，投资连结保险大多都引入了灵活的交费方式，而不必像传统寿险须在固定时期交付固定保费。通常有两种交费方式可供投保人选择：一种方式是在固定交费基础上增加保险费假期[①]，即允许投保人不必按约定的日期交费，保单仍然有效，避免保单因超过宽限期而导致失效；允许投保人除交付约定的保费外，可以随时追加额外保费，增加了产品的灵活性。另一种方式是取消交费期间、交费次数与交费金额的概念，即投保人可以随时支付任意数额（有最低数额限制）的保险费，并按约定的方法进入投资账户。这种方式的灵活性更强，但保险公司对保费支付的可控性和可预测性降低，同时也增加了对保险公司内部操作系统的操作难度，提高对其要求。

5. 费用收取透明

与传统寿险及分红保险相比，投资连结保险在费用收取上十分透明。保险公司扣除的费用应详细列明性质与用途。

（三）投资连结保险的监管

由于投资连结保险在任何时点的现金价值取决于保户所选择的投资组合的收益情况，保险人没有最低的现金价值保障，因此投资连结保险产品属于证券的一种。在美国，它的经营管理不仅要受保险法的监管，还要受联邦证券法和证券交易委员会的监管，证券交易委员会要求经营投资连结保险产品的保险公司作为投资公司登记注册，并对其投资账户进行监管。同时，投资连结保险产品只能由在美国证券行业协会注册并通过相关考核的保险代理人和经纪人进行销售及提供咨询服务。

原中国保监会对投资连结保险产品也进行严格监管，出台《投资连结保险管理暂行办法》[②] 等一系列相关管理规定，规定投资连结保险产品应具备以下特点：（1）必须包含一项或多项保险责任；（2）至少连结到一个投资账户上；（3）保障风险与费用风险由保险公司承担；（4）投资账户的资产单独管理；（5）保单现金价值应当由该保单在每一投资账户中占有的单位数与单位价值确定；（6）投资账户中对应某张保单的资产产生的投资净收益（或净亏损）都应当划归该保单；（7）保险人每年至少确定一次保单的保险保障；（8）保险人每月至少确定一次保单价值。2015 年又出台《规范投资连结保险投资账户有关事项的通知》（保监发〔2015〕32 号），进一步规范投资连结保险投资账户的设立、变更、合并、分立、关闭、清算等事项。

（四）投资连结保险与传统寿险的比较

投资连结保险虽然也是人寿保险范畴，但与传统人寿保险在很多方面有着明显的差异（见表 4－2）。

---

① 此处所指假期是指在原有宽限期的基础上，对投保人的交费期再作一定时间的延长，将这个延长的时间比喻为“假期”，实际上是一种优惠待遇。

② 《投资连结保险管理暂行办法》是中国保监会于 2000 年 2 月 21 日发布的保监发〔2000〕第 26 号。

表 4－2 投资连结保险与传统寿险的比较

比较项目	传统寿险	投资连结保险
产品功能	保险保障	保障与投资
保险金额	固定给付	可弹性调整
投资账户	一个综合账户	设置独立投资账户
投资风险承担者	保险人	保单持有人
资金运用选择	保险人决定	保单持有人选择
投资回报率	固定的保单预定利率	随投资收益变动
保费透明度	不透明	透明
现金价值	签约时已确定	随投资业绩变动
法律规范	保险法	保险法、证券法、信托法

资料来源：李敏华等．人寿保险［M］．华立图书股份有限公司，2004.

三、万能型人寿保险

（一）万能型人寿保险的定义

万能型人寿保险简称万能寿险，是一种交费方式灵活、保额可调整、非约束性的终身寿险。万能寿险于 1979 年在美国寿险市场上首次出现，是针对消费者在生命周期中保险需求和保费支付能力变化而设计的，满足了那些要求保费支出较低且方式灵活的寿险购买者的个性化需要，具有一定与投资公司及银行等金融机构的金融产品竞争的能力，拓宽了寿险业的发展空间。

（二）万能寿险的特点

万能寿险具有灵活性和透明性的特点，分述如下。

1. 灵活性

万能寿险的灵活性主要表现在保费交付方式灵活，保险金额可以调整，主要表现在以下方面。

（1）交费方式灵活。万能寿险采用灵活的保费交付方式，保单持有人在交付一定金额的首期保费后，可以按自己的意愿选择任何时候交纳任何数量的保费，只要保单的现金价值足以支付保单的相关费用，投保人甚至可以不再交费。

从万能寿险经营流程上看，保单持有人交付首期保费，首期保费有一个最低限额（规定最低限额是为了避免保单过早失效），首期的各种费用支出从保费中扣除。其次根据被保险人的年龄和保险金额计算的相应的死亡给付分摊额以及一些附加优惠条件（如可变保费）等费用，也要从首期保费中扣除。死亡给付分摊是不确定的，而且常常是低于保单预计的最高水平。在作了这些扣除后，剩余部分就是保单最初的现金价值。这部分价值通常是按新投资利率计息累积到期末，成为期末现金价值。

在保单的第二个周期（通常一个月为一个周期）周期初的保单现金价值即为上一周期

期末的现金价值额。在这一周期，保单持有人可以根据自己的情况交付保费，如果首期保费足以支付第二个周期的费用与死亡给付分摊额，第二个周期保单持有人就可以不再交付保费。如果前期的现金价值不足，保单就会由于保费不足而失效。本期的死亡给付分摊及费用分摊也要从上期期末现金价值余额及本期保费中扣除，余额就是第二个周期期初的现金价值余额。这部分余额按照新投资利率累积至本期末，成为第二个周期的期末现金价值余额。

这一过程不断重复，一旦现金价值不足以支付死亡给付分摊额和其他各项费用，而又没有交付新的保费时，该保单失效。

(2) 保额可以灵活调整。万能寿险灵活性的另一方面体现为保单持有人可以根据自己的需要调整保额，即在具备可保性前提下，提高保额，也可以根据自己的需要降低保额。

万能寿险提供两种死亡保险金给付方式供选择，当然，给付方式也可随时改变。这两种方式习惯上称为 A 方式与 B 方式。A 方式是一种均衡给付的方式，B 方式是直接随保单现金价值的变化而改变的方式。

在 A 方式中，死亡给付固定，净风险保额（即指保险人在任何时候支付保险金所需的金额，即纯粹的死亡保险保障所对应的金额）每期都进行调整，以使得净风险保额与现金价值之和成为均衡的死亡给付额。即：

$$死亡保险金 = 保额$$

$$净风险额 = 死亡保险金 - 现金价值$$

这时，如果现金价值增加，则净风险保额将等额减少。反之，若现金价值减少，则净风险保额将等额增加。这种方式与传统的具有现金价值的寿险保单类似。

在方式 B 中，规定了死亡给付额为均衡的净风险保额与现金价值之和。即：

$$死亡保险金 = 保额 + 现金价值$$

$$净风险额 = 保额$$

这时，如果现金价值增加，则死亡给付额将等额增加。反之，若现金价值减少，则死亡给付额将等额减少。

2. 透明性

传统寿险产品只向保单持有人提供总保费水平，对于死亡保障成本、应计利息和营业费用等各种定价信息一般不予披露。相对于传统寿险而言，万能寿险的透明度更高。

(1) 披露死亡费用和经营费用信息。万能寿险透明度高的表现之一是保险人在每张保单上都列示了三大定价因素，即适用于被保险人生命表中对应的死亡率、保单现金价值采用的利率和保险人的经营费用支出。

万能寿险保单的死亡费用用于补偿死亡风险所需的金额，通常以每 1 000 元净风险额的死亡费用表示：

$$净风险额 = 保单死亡给付金额 - 保单现金价值$$

每份保单中都规定了各个年龄 1 000 元保额的最大死亡给付分摊额，死亡给付分摊一般不超过规定的最大额度。大多数万能寿险死亡给付分摊额是不确定的，根据被保险人如是否吸烟、性别的不同而不同。万能寿险明确规定了适用的死亡费用，并定期从保单的现金价值中扣除，作为死亡的保障成本。死亡费用的金额取决于被保险人的风险等级，并随被保险人年龄的增长而上升。

万能寿险保单通常都规定一个最低的现金价值累积利率，即最低保证利率。对此中国保监会于2015年2月3日以保监发〔2015〕19号印发的颁布的《个人万能保险精算规定》中明确规定："万能保险的结算利率不能高于单独账户的实际投资收益，二者之差不得高于2%""单独账户的实际投资收益率低于最低保证利率时，万能保险的结算利率应当是最低保证利率"。

同时，每张万能寿险保单都列示了保险公司的各项费用，对此《个人万能保险精算规定》中明确规定万能保险只能收取以下几种费用：①初始费用，即保费进入个人账户之前所扣除的费用；②风险保险费，即保单风险保额的保障成本；[①] ③保单管理费，即为了维持保险合同有效向投保人收取的服务管理费；[②] ④手续费，保险公司可在提供部分领取等服务时收取，用于支付相关的管理费用；⑤退保费用，即在保单中途退保或部分领取时保险公司收取的费用，用于弥补尚未摊销的保单获取成本。该项费用在第一保单年度不得超过领取部分个人账户的10%，保单生效5年后该项费用应为零。

（2）定期寄送财务报告。万能寿险透明度高的第二个表现是保险人将定期（每年或每半年，也可以每季度）向保单持有人寄送财务报告，显示所交保费如何在死亡给付保障、各种管理费用以及现金价值之间的分配信息。这些信息包括应交死亡保险费、保单现金价值及其利息收入、退保金、报告期内已交付的保费等。

从万能寿险的运作来看，保险公司根据投保人上一年的交费情况计算其保单现金价值，保单现金价值取决于所交保费、应计利息、死亡率费用和各种经营管理费用。

（三）万能寿险的局限性

毋庸置疑，万能寿险是一种十分灵活的保险产品，而且其运作相比大多数寿险产品也更为透明。但也正是万能寿险的灵活性，尤其是其在保费交付方面的灵活性，很容易导致保单失效，使得保单持续率较低。目前，根据北美市场调查结果显示，在投保初期，万能寿险的保单持续率与传统终身寿险大体持平，但一段时间后其持续率却远不及传统终身寿险。

为了解决这一问题，一般保险公司会采取下面几种方式促使投保人定期交付续期保险费：（1）规定一个目标交费额，目标交费额是按某一规定的交费方式为维持保单效力而必须交付的保费数额；（2）定期寄送交费催款单；（3）要求投保人签发一张银行汇票，授权保险公司从其银行存款账户中定期收取目标保费。

---

① 计算方法为：风险保额乘以预定风险发生率的一定百分比，该百分比不得高于100%。其中，预定死亡率应当采用中国人寿保险业经验生命表所提供的数据。

② 该费用可以是保证的，也可以是与指数关联的。

另外，有些万能寿险的保单在宣传和销售方面过分强调了现行利率，淡化了其他潜在的重要因素，如附加费用、死亡费用以及退保费用等。但由于未来利率的不确定性，所以很难保证保单持有人对保单的预期价值与实际价值估计一致。同时，因为最低保证利率的存在，未来利率的不确定性也很容易导致寿险公司处于财务风险中。

第四节　人寿保险产品分析

目前我国保险市场上，比较有代表性的人寿保险产品主要有：传统型、分红型、投资连结型和万能型四种类型的险种。在此，将选择几款具有代表性的险种为例，分别介绍如下。

一、平安平安福 19 Ⅱ 终身寿险

（一）一般特点

平安平安福 19 Ⅱ 终身寿险简称平安福 19 Ⅱ，投保人年龄要求为 18 ~ 55 周岁。交费期设置有 10 年、15 年、20 年、30 年四种，交付首期保险费后，应按照保险费约定支付日支付其余各期保险费。保险合同自收取首期保险费并签发保险单开始生效，具体生效日期以保险单所载日期为准。保险期间自合同生效时起至被保险人身故时止。

（二）保险责任

平安福 19 Ⅱ 是一款终身寿险产品，保险责任主要是身故给付。即被保险人在保险期限内死亡，由保险人向受益人给付身故保险金，具体包括：基本身故保险金和合同约定特定情况下的额外给付身故保险金。

1. 基本身故保险金

若被保险人身故，保险人按照身故时合同的基本保险金额给付身故保险金，合同终止。基本保险金额是投保人购买保险时合同约定的数额。

2. 达到运动标准后身故的额外身故保险金

若被保险人在合同生效之日起两个保单年度内，参加指定的运动记录平台活动，达到运动标准，且被保险人在第 3 个保单年度开始后身故，保险公司按照基本保险金额的一定比例额外给付身故保险金。达到运动标准一，保险公司按照基本保险金额的 5% 额外给付身故保险金；达到运动标准二，则按 10% 额外给付身故保险金，合同终止。运动标准界定如下：（1）运动标准一，在合同生效之日起的两个保单年度内，累计 18 个月[①]达到每月至少有 25 天每天运动步数不少于 10 000 步。（2）运动标准二，在合同生效之日起的两个保单年度内，累计 24 个月达到每月至少有 25 天每天运动步数不少于 10 000 步。

3. 发生特定轻度重疾后身故的额外身故保险金

若被保险人身故，且被保险人在 70 周岁的保单周年日前（不含该日）发生过平安福 19

① 这里采用的是“自然月”，即从每月的 1 日开始到该月的最后一天为止的期间为一个自然月。

Ⅱ相关附加条款中规定的“特定轻度重疾”，保险人按照约定给付额外身故保险金，合同终止。具体给付标准如下：(1) 发生过一次特定轻度重疾，按照基本保险金额的20%额外给付身故保险金；(2) 发生过两次不同种特定轻度重疾，按照基本保险金额的40%额外给付身故保险金；(3) 发生过三次不同种特定轻度重疾，按照基本保险金额的60%额外给付身故保险金。

（三） 其他特点

平安福19Ⅱ对除外责任、事故通知、保险金申请给付流程等的规定与一般寿险产品基本一致，受益人指定参照我国《保险法》执行，犹豫期为20天，宽限期为60天。

在投保人权益方面，平安福19Ⅱ还有现金价值条款、保单贷款条款、自动垫交条款和减额交清条款的相关约定，这些约定都是投保人的潜在权益，投保人可以灵活利用。现金价值条款通常体现为解除合同时，保险公司退还的金额，平安福19Ⅱ规定，保险合同保单年度末的现金价值会在保险单上载明，保险年度内的现金价值可以及时咨询；投保人如遇临时性财务困难，还可以此保单向保险人申请短期贷款，即所谓保单贷款，平安福19Ⅱ规定投保人贷款金额不得超过合同现金价值扣除各项欠款后余额的80%，且贷款期限最长不超过6个月，其利率在贷款合同中约定。自动垫交条款和减额交清都是为了应对投保人因一时困难无法继续交付保费的情形而特别规定的条款。自动垫交条款是使用合同的现金价值垫交欠交保费，基本保险金额不变，当现金价值用完时，合同效力中止；减额交清条款是指通过减少保险金额，以此不用支付今后续期保费，从而保全保单继续有效。

二、国寿财富传家终身寿险

（一） 一般特点

国寿财富传家终身寿险（分红型）（以下简称“国寿财富传家”）是一款典型的具有分红性质的储蓄保险产品。凡出生28天以上、60周岁以下，身体健康者均可作为被保险人，由本人或对其具有保险利益的人作为投保人向保险公司投保本保险。保险费交付方式分为一次性交付或3年、5年、10年、15年、20年和30年分期交付，分期交付时可以选择年交或月交。合同的保险期限为合同生效之日起至被保险人身故终止日止。

（二） 保险责任

“国寿财富传家”规定在保险期限内，保险人承担以下保险责任。

1. 身故保险金

在保险合同有效期内，被保险人身故，保险人按约定给付相应身故保险金。身故保险金的具体给付数额主要有以下两种计算方式：(1) 以被保险人身故时所交保险费（不计利息）作为保险金。当被保险人身故发生在年满18周岁的保单年生效对应日之前，或虽然发生在年满18周岁的保单年生效对应日之后，但在合同生效之日起180日内因疾病身故，按此种方式给付。(2) 以被保险人身故当时合同基本保险金额与所交保险费（不计利息）的一定比例，两者的较大值给付身故保险金。其中比例的确定条件为，除（1）中两种情形外，被保险人于年满41周岁的保单年生效对应日前身故，比例为160%；被保险人于年满41周岁的保单年生效对应日起至年满 61 周岁的保单年生效对应日前身故，比例为 140%；被保险人于年满 61 周岁的保单年生效对应日起身故，比例为 120%。

2. 身体高度残疾保险金

在保险合同有效期内，被保险人发生身体高度残疾事故，保险人按约定给付相应保险金。身体高度残疾保险金的具体给付数额也有两种计算方式：(1) 以被保险人身体高度残疾时所交保险费（不计利息）给付保险金。当被保险人于合同生效之日起 180 日内因疾病导致身体高度残疾，按此方式给付。(2) 以被保险人身体高度残疾当时合同基本保险金额与所交保险费（不计利息）的一定比例，两者的较大值给付身体高度残疾保险金。其中比例的确定条件为，除 (1) 中情形外，被保险人于年满 18 周岁的保单年生效对应日前身体高度残疾，比例为 100%；被保险人于年满 18 周岁的年生效对应日起至年满 41 周岁的年生效对应日前身体高度残疾，比例为 160%；被保险人于年满 41 周岁的年生效对应日起至年满 61 周岁的年生效对应日前身体高度残疾，比例为 160%；被保险人于年满 61 周岁的年生效对应日起身体高度残疾，比例为 120%。

（三） 红利事项

保险期间内，在符合保险监管部门规定的前提下，保险人每年根据上一会计年度分红保险业务的实际经营状况确定红利分配方案。如果保险人确定该合同有红利分配，则该红利将分配给投保人。投保人在投保时可选择以下任何一种红利处理方式：(1) 现金领取；(2) 累积生息，红利保留在投保公司以年复利方式累积生息，红利累积的年利率每年由保险人公布；(3) 若投保人在投保时没有选定红利处理方式，则按累积生息方式办理。

该合同在效力中止期间，投保人不享有保险人红利分配的权利。

（四） 其他特点

1. 除外责任的特殊规定

“国寿财富传家”在除外责任中增加了“被保险人在合同最后复效之日起 180 日内因疾病身故或身体高度残疾”的规定，以降低带病投保的道德风险。

2. 投保人权益

该保险合同为投保人提供了个人寿险一般所具备的宽限期、保单贷款权益外，还提供了转换年金权益。转换年金权益是指受益人在领取身故保险金时可选择一次领取，或者将身故保险金全部或部分按当时保险人提供的年金领取标准转换成年金领取。这一条款丰富了受益人领取受益金的方式，为受益人提供了更多服务和保障的同时，也可以起到稳定保险公司现金流的作用。

三、泰康财富有约终身寿险

（一） 一般特点

泰康财富有约终身寿险（投资连结型）（以下简称“泰康财富有约”）保险条款中对被保险人投保年龄无明确限制，符合承保条件者均可，但在产品销售实践中，一般要求被保险人年龄为 18 ~ 65 周岁。保险期间为保险合同生效至被保险人身故时止。

该合同保险费交付方式多样且灵活，包括一次性保险费、定期追加保险费和不定期追加保险费。一次性保险费在投保时缴纳，定期追加保险费可以在投保时或者在合同有效期间内申请追加，不定期追加保险费在保险合同生效后经保险人同意按约定追加。在合同保险期间，保险人提供三次定期追加保险费申请的机会。该合同的定期追加保险费交费期间为被保险人终身，在定期追加保险费停止之前，可以申请增加或者减费定期追加保险费的数额，也可以申请停止定期追加保险费，若在连续三个定期追加保险费约定交纳日均未交纳定期追加保险费，将被视为自动停止交纳以后各期的定期追加保险费。“泰康财富有约”关于保险费数额的相关规定为，投保人须按整数份购买保险，每份保险费 1 000 元，首期最低投保 100 份；定期追加每月最低 1 000 元，以 100 元的整数倍递增；不定期追加每次最低 1 000 元，以 100 元的整数倍递增。

（二） 保险责任

该合同的保险责任为被保险人的身故保险金给付责任。在保险合同的有效期内，被保险人身故，保险人向受益人给付身故保险金，合同终止。具体给付金额依据被保险人身故时到达年龄、身故原因等因素不同而具体确定。

1. 意外伤害身故保险金给付

若被保险人因意外伤害导致身故，则身故保险金的数额为基本保险金额乘以（1 + 风险保险金额比例）。

2. 非意外伤害身故保险金给付

若被保险人因非意外伤害导致身故，则分为两种情形：（1）被保险人于合同生效（或复效）之日起 180 日内身故，保险金数额为基本保险金额；（2）被保险人于合同生效（或复效）之日起 180 日后身故，保险金的数额与意外伤害身故时的算法没有区别，为基本保险金额乘以（1 + 风险保险金额比例）。

该保险条款对风险保险金额比例的约定为：到达年龄[①] 0 ~ 17 周岁，比例为 0%；18 ~ 40 周岁，比例为周 60%；41 ~ 60 周岁，比例为 40%；61 周岁以上，比例为 20%。

除外责任条款的规定与一般寿险相类似。

（三） 投资账户运作

1. 投资账户选择与管理

“财富有约”目前配备六个投资账户供投保人选择，分别为悦享配置投资账户、积极成长型投资账户、进取型投资账户、稳健收益型投资账户、稳盈增利投资账户、货币避险型投资账户。投资账户的投资组合及运作方式由保险人决定，保险人可以在符合规定的情况下设立新的投资账户，或者合并、分立、关闭投资账户，或者停止投资账户的转换。

2. 投资账户分配比例

投保人在投保、申请定期追加保险费和不定期追加保险费时，须按照保险人的规定，选

① 到达年龄为被保险人投保年龄，加上保单年度数，再减去 1 后所得到的年龄。

择一个或多个投资账户，并约定各项保险费在各投资账户间的分配比例，各投资账户的投资风险完全由投保人承担。

3. 投资账户转换

在合同有效期内，犹豫期过后，且保单账户建立，投保人可以按保险人的规定，申请将保单账户中的资金从某一投资账户全部或部分转到另一投资账户，即投资账户转换。投资账户转换时，保险人以转出账户的投资单位卖出价卖出投资单位，在扣除投资账户转换手续费后将所得金额以转入账户的投资单位卖出价买入相应的投资单位。保险人收取投资账户转换手续费为零，但要求连续两次申请投资账户转换的时间间隔不应少于5天，同时约定保险人可以改变投资账户转换手续费的收费标准，但最高不超过每次100元，无费用的账户间转换可以使投保人实现更加自由的资产转换方式。

（四）其他特点

1. 费用收取

“泰康财富有约”保险合同规定，保险人在为投保方提供服务时收取相关费用，其费用主要包括以下6种费用，分述如下。

（1）初始费用。投保人交纳的每项保险费，保险人将按一定比例收取初始费用。扣除初始费用后的保险费才按约定分配进入投资账户。初始费用的具体收取标准为：当次交费金额为100万元以下，初始费用为1.5%；当次交费金额为100万～500万元，初始费用为1.2%；当次交费金额为500万元及以上，初始费用为1%。保险人保留对初始费用收取标准进行调整的权利，但最高不超过投保人每次所交纳保险费的5%。

（2）保障成本。对合同承担的风险保险金额，保险人收取相应的保障成本，保障成本按保单账户中各投资账户价值进行分摊，以卖出投资单位的方式收取。自合同第7个保单月度起，至被保险人年满75周岁后的首个合同的月生效对应日止（不含该日）。每千元风险保险金额的月度保障成本根据被保险人的性别、年龄和风险保险金额，及合同所载明的月度保障成本费率表确定。

（3）资产管理费。保险人依据投保人各投资账户资产净值的一定比例收取各投资账户资产管理费，投资账户资产净值扣除资产管理费后等于投资账户价值。“泰康财富有约”各投资账户资产管理费的收取比例为悦享配置投资账户1%、积极成长型投资账户2%、进取型投资账户1.62%、稳健收益型投资账户1.3%、稳盈增利投资账户1%；货币避险型投资账户资产管理费采取的是可变费率机制，根据账户实际收益情况，资产管理费年收取比例在0.2%～0.3%之间调整。保险人保留对各账户资产管理费收取比例进行调整的权利，但该比例最高不超过2%。

（4）保单管理费。为维持合同有效，保险人可以收取一定的保单管理费用。保单管理费按投保人保单账户中各投资账户价值进行分摊，以卖出投资单位的方式收取。“泰康财富有约”未收取保单管理费用却保留了调整保单管理费用的权利，但最高不超过30元/月。

（5）部分领取手续费。投保人申请部分领取保单账户价值时支付给保险人的手续费用，直接从投保人申请部分领取的保单账户价值中扣除，“泰康财富有约”规定的部分领取手续费为零，但保险人保留了调整这一费用的权利。

（6）退保费。若投保人选择解除合同或者部分领取保单账户价值时，保险人将收取退保费用。退保费用按投保人解除合同时或部分领取时，相应保单账户价值的一定比例收取，收取比例因保单年度不同具体确定：第一保单年度为5%，第二保单年度为3%，第三保单年度为1%，第四及以后保单年度为零。

2. 持续交费奖励

为鼓励投保人持续交费，在合同第11保单年度保险人向投保人发放持续交纳保费奖，持续奖金的数额等于该年生效日对应日前一个资产评估日的合同项下的保单账户价值的0.5%。持续奖金全部分配到“货币避险型投资账户”，不收取初始费用。

3. 保单账户价值的部分领取

合同有效期内，犹豫期后，在被保险人未发生保险事故的情况下，投保人可以申请部分领取保单账户价值，保险人在支付投保人申请部分领取的保单账户价值的同时扣除退保费用和部分领取手续费。每次申请部分领取的金额、领取后的保单账户价值余额及领取后各投资账户的单位数均不得低于保险人约定的最低数额。“泰康财富有约”规定，领取后的保单账户价值余额最低数额为5 000元，并保留调整该最低数额的权利。

四、太平荣耀钻账户终身寿险（万能型）

（一） 一般特点

太平荣耀钻账户终身寿险（万能型）（以下简称“太平荣耀钻账户”）是一款具有代表性的终身万能型寿险产品，保单接受的被保险人的投保年龄为出生满28日至70周岁，保险期间终身。保单在成立、生效、中止、复效、除外责任、保险金申请支付以及受益人指定等基本条款上与一般终身寿险一致，但在保费支付方面却存在很大差别，体现了充分的灵活性。投保人用于支付合同的全部保险费由趸交保险费、追加保险费和按相关约定转入的保险费构成，前两者合起来叫作自主支付的保险费。趸交保险费是投保人在投保时一次性支付的保险费，具体数额由投保人与保险人协商确定；首次趸交保费之后，投保人可以随时申请追加保险费；按相关约定转入的保险费来自投保人与保险人签订的其他保险合同产生的保险金，以合同约定方式转入。

（二） 保险责任

“太平荣耀钻账户”的保险责任主要是身故保险金给付。即在合同有效期内，如果被保险人身故，按被保险人身故时合同的有效保险金额给付身故保险金，合同终止。其中有效保险金额为以下两项金额中的较大者：（1）保单账户价值；（2）基本保险金额乘以给付系数，该给付系数约定如下：被保险人身故时达到年龄0～17周岁，给付系数为100%；达到年龄18～40周岁，给付系数为160%；41～60周岁，给付系数为140%；61周岁及以上给付系数为120%。基本保险金额为累计已交保险费，即自主支付的保险费和按相关约定转入的保险费之和，当投保人部分提取保单账户价值后，基本保险金额相应减少。据此，保单持有人可以根据自己的需要调整保额，进一步体现了万能保险的灵活性。

（三） 账户运作

万能保险产品通常会设立万能账户，“太平荣耀钻账户”规定，该合同万能账户资产的投资组合以及运作方式由保险人确定，每年向投保人提供一份保单状态报告。

1. 保单账户价值的确定

保单账户价值主要由保单账户建立时投保人趸交保险费、追加的保险费和按相关约定转入的保险费之和构成，但需要扣除每次交费时的初始费用。除此之外，保险人发放持续奖励，结算保单利息，保单账户价值等额增加；投保人部分提取保单账户价值，保单账户价值相应减少，减少数额为投保人实际提取的金额加上保险人收取的“部分提取费用”。保险事故发生，保险人给付身故保险金，保单账户价值降为零。

2. 保证利率

保证利率指保单账户价值的最低年结算利率。该合同的保证利率为年利率 2.5%，对应的日利率为 0.006772%。与“泰康财富有约”作为投资连结型保险的投资风险完全由投保人承担不同，“太平荣耀钻账户”保险人在一定程度上保证了投保人投资账户的投资收益率。

3. 结算利率

结算利率用于计算保单账户价值在结算期末累积的利息。该合同规定结算利率根据万能账户的每个结算期间的实际投资收益率确定，日结算利率不低于保证利率对应的日利率。

4. 保单利息

该合同保单利息在每月结算日零时或合同终止时根据计息日数按单利结算。一般结算期间按日结算利率计算，以每日 24 时保单账户价值为基础，每日计算加总；合同终止当月按保证利率对应的日利率计算。计息日数为每期实际经过日数。

（四） 其他特点

1. 费用支取

“太平荣耀钻账户”的保险人在费用收取方面的规定包括：风险保障费用、初始费用、保单管理费、部分提取手续费和退保手续费。

该合同风险保障费和保单管理费用的规定与“泰康财富有约”基本一致，每千元风险保险金额的年度保障成本根据被保险人的性别、到达年龄、风险保险金额确定及保险人制定的“年风险保险费费率表”确定，风险保险金额等于有效保险金额扣除保单账户价值之后的余额（不低于零）。初始费用根据缴费方式不同收取不同的比例，自主支付的保险费按 3% 的比例收取初始费用；按相关约定转入的保险费收取 1% 的初始费用。投保人在犹豫期后申请解除合同或部分提取保单账户价值，保险人收取相应比例的合同解除费用或部分提取费用。退保费用占当时保单账户价值的比例或部分提取费用占该次部分提取金额的比例根据保单年度不同而规定了不同的标准：保单年度为 1 时，比例为 5%；保单年度为 2 时，比例为 4%；保单年度为 3 时，比例为 3%；保单年度为 4 时，比例为 2%；保单年度为 5 时，比例为 1%；6 年及以后为零。

2. 持续交费奖励

“太平荣耀钻账户”同样设有持续交纳保险费奖励的约定，在合同有效期内，交费每满五个保单年度，按照这五个保单年度内累计已交保险费的1%发放持续缴费奖励。交费灵活是万能保险的一个显著特征和优势，但投保人交费的随意性有可能给保险人的经营带来更多的不确定性，所以保险人通常会采用激励措施鼓励投保人持续按期交费。

3. 信息披露

投保人享有账户知情权，保险人每月在公司网站公布一次当月的日结算利率和年化结算利率，并保留该产品各月结算利率的全部历史信息。每年至少向投保人提供一份保单状态报告，以便投保人了解保单账户价值变动情况等详细信息。这些措施使保险公司对万能寿险的经营状况更加透明，有利于接受各方监督。

4. 投保人权益

在保险合同有效期内，犹豫期过后，投保人还具有以下权益。（1）保单账户价值的部分提取。投保人在被保险人未发生保险事故的情况下，可以申请部分提取保单账户价值，申请金额和部分提取后的保单账户价值应符合保险人的规定。同时保险人收取相应部分提取费用。（2）保单贷款。如果合同累积有保单账户价值，经被保险人书面同意，可以向保险人申请保单贷款。“太平荣耀钻账户”规定保单贷款的最高金额不超过合同当时所具有的保单账户价值净额的80%，且最低金额不得少于人民币1 000元，保险人将不定期调整最低贷款金额，每一期贷款的最长期限为6个月。其他权益如合同变更、中止与复效、合同解除等与一般寿险无异。

本章小结

1. 人寿保险是人身保险中最基本、最重要的组成部分。它是以人的生命为保险标的，以人的生死为保险事件，当发生保险事件时，保险人履行给付保险金责任的一种保险。

2. 作为人身保险业务的重要组成部分，人寿保险具备人身保险的一般特征，但由于人寿保险标的的特殊性，使得其还具有与其他人身保险种类不同的特点，即风险的特殊性、寿险合同的长期性、人寿保险的储蓄性、保费计算技术的复杂性等。

3. 根据不同的分类标准，可以对人寿保险进行不同的分类。例如按照保险金额分类，人寿保险可分为传统人寿保险和创新型人寿保险。传统人寿保险又包括死亡保险、生存保险和两全保险。在传统人寿保险中还有一些比较特殊的险种，即特种人寿保险。特种人寿保险通常包括简易人寿保险、团体人寿保险和次标准体保险等。按照保险期限分类，人寿保险可分为短期人寿保险和长期人寿保险；按照投保方式分类，人寿保险又可分为个人人寿保险和团体人寿保险。

4. 由于人寿保险具有长期性和持续性等特点，寿险合同中一般都包含不可抗辩条款、年龄误告条款、宽限期条款、复效条款、不丧失现金价值条款、保单贷款条款、保单转让条款、自动垫缴保费条款、自杀条款、受益人条款这些比较常见的条款。

5. 人寿保险的基本保险保障是死亡和生存风险，对应的保险险种是死亡保险和生存保险，而两全保险既保障生存又保障死亡，是一种储蓄性极强的险种。近二十年来，为了满足投保人的投资需求，人寿保险又开发出一系列具有投资功能的新型险种，即创新型人寿保险，如分红保险、投资连结保险和万能寿险等。

本章关键词

人寿保险　均衡保费　死亡保险　终身寿险　定期寿险　生存保险　两全保险
一次给付保险　分期给付保险　分红保险　不分红保险　健体保险　弱体保险
团体人寿保险　可转换定期寿险　可转换及自动续期的定期寿险　递减定期寿险
限期缴费终身寿险　保费不确定的终身寿险　利率敏感型终身寿险　团体缴清保险
均衡保费型的团体终身保险　团体信用人寿保险　死差益　利差益　费差益　解约益
变额寿险　万能人寿保险

本章思考题

1. 试述人寿保险的特征。
2. 简述人寿保险的主要分类及其特点。
3. 简述定期人寿保险的特征及主要分类。
4. 简述定期寿险的优势与局限。
5. 简述终身人寿保险的种类及特征。
6. 简述生存保险和年金保险各自的特点并进行比较。
7. 简述团体人寿保险的特征。
8. 简述团体人寿保险费率制定的原则和依据。
9. 试述次标准体承保的原则与方法。
10. 试述创新型人寿保险险种产生的原因。
11. 简述分红保险的红利来源。
12. 试述分红保险红利分配方式并进行评价。
13. 简述万能型人寿保险和投资连结保险各自的特点并进行比较。

第五章
人身意外伤害保险

章首语： 人身意外伤害保险是人身保险的重要构成部分。本章主要介绍人身意外伤害保险的概念、特征、分类和人身意外伤害保险的保险责任、保险金的给付方式以及几款具有代表性的人身意外伤害保险险种等。本章学习重点是全面理解人身意外伤害保险，掌握人身意外伤害保险中意外、伤害的内涵，把握意外伤害保险的概念和特征、保险责任构成以及主要险种。

第一节　人身意外伤害保险概述

一、人身意外伤害保险的界定

界定人身意外伤害保险需要首先界定伤害和意外这两个概念。

（一） 伤害

伤害，亦称损伤，是指当机体受到外力作用，致使组织器官中解剖结构上的破坏和功能上的紊乱、发生障碍。造成损伤的原因主要包括：物理性原因，如机械、高低温、电流、放射线；化学性原因，如无机或有机化合物；生物性原因植物、动物、微生物等。

在人身意外伤害保险中，人身伤害是指上述原因可能对被保险人身体造成的各种损伤。人身伤害必须由致害物、侵害对象和侵害事实三个要素构成，缺一不可。

1. 致害物

所谓致害物，是指直接造成伤害的物体或物质。没有致害物的存在，就不可能构成伤害。在人身意外伤害保险中，致害物必须是外来的，即在发生伤害之前存在于被保险人身体之外。凡在人体内形成的如疾病等对被保险人身体的损害，均不被认为是伤害。

按照致害物的不同种类，伤害主要分为以下几种：

（1） 器械伤害。是指诸如各种器械，包括钝器、武器、坠落物、机器、运输工具、劳动工具、建筑物等对人体造成的伤害。

（2） 自然伤害。是指自然环境或自然灾害对人体的伤害，如自然环境中的高温、低温、高气压、低气压和日光辐射以及暴风、暴雨、洪水等对人体造成的伤害。

(3) 化学伤害。是指各种形态的化学物质对人体的伤害，如硫酸、硝酸、瓦斯、有毒气体、有毒液体等。

(4) 生物伤害。是指如被他人、家畜或野兽袭击，再如花粉、昆虫等生物对人体造成的伤害。

(5) 精神方面的伤害。是指由于受到过度惊吓，或者外界强烈的精神刺激而引起的精神上的伤害。值得强调的是，精神伤害或者是情感伤害不属于意外伤害保险的保险责任范畴。

2. 侵害对象

所谓侵害对象，是指遭受致害物侵害的客体。在意外伤害保险中，是指被保险人的身体。如果侵害的对象不是被保险人的身体，而是姓名权、肖像权、荣誉权、名誉权、著作权、发明权等与人身相联系的权利，则不认为构成意外伤害保险意义上的伤害。也就是说，意外伤害保险所指的伤害必须是伤害到被保险人的身体（或肉体），而不是人格上、精神上或者情感上的伤害。

人身伤害与人格伤害的特点比较，见表5－1：

表5－1　人身伤害与人格伤害比较一览表

比较内容	人身伤害	人格伤害
客观上	有形的	无形的
伤害对象	自然人	自然人、法人
伤害结果	经济损失	经济损失或精神上的伤害
举例	因车祸、火灾等事故而伤残或死亡	对人的姓名权、肖像权、名誉权、荣誉权等权利的侵害

3. 侵害事实

所谓侵害事实，是指致害物以一定的方式破坏性的接触、作用于被保险人身体的客观事实。侵害方式一般包括：碰撞、撞击、坠落、跌倒、坍塌、淹溺、灼伤、火灾、辐射、爆炸、中毒、触电、接触、掩埋和倾覆等。

（二）意外

在人身意外伤害保险中的意外，是相对于被保险人的主观状态而言的，指伤害事故的发生是被保险人事先无法预见或能够预见但由于疏忽而没有预见到。另外，当伤害事故的发生是本可以避免，但由于被保险人的疏忽而发生或者是违背被保险人的主观意愿时，这种情形也被视为意外。

1. 事先无法预见

意外事故的发生是被保险人事先不能预见或无法预见到的，如乘坐的飞机因意外故障坠毁造成被保险人死亡，在路上行走被高空坠落物体击中等。

2. 因疏忽没有预见到

意外事故的发生本应该是被保险人事先能够预见到的，但由于被保险人的疏忽大意而没有预见到，如司乘人员在汽车行驶中没有系安全带，又如维修工人在停电时未切断电源修理线路，如果此时恢复供电就可能发生触电死亡事故。

3. 违背主观意愿

意外事故的发生违背被保险人的主观意愿。包括两种情形：一是被保险人预见到事故即将发生，但在技术上已不能采取措施避免。例如，海上航行的船只忽遇暴风雨袭击，虽然船上人员明知船只难以抵御暴风雨，面对即将发生的海难事故，无法得到及时救助，且又无法自救。二是被保险人已预见到事故的发生，在技术上也可以采取措施避免，但由于法律或职责上的约束与规定，不能躲避，如民警在与歹徒搏斗中受伤或殉职。

（三） 意外伤害

在人身意外伤害保险中，意外伤害包括意外和伤害两个必要条件。仅有主观上的意外而无伤害的客观事实，不能构成伤害；反之，仅有伤害的客观事实而无主观上的意外，也不能构成意外伤害。只有在意外的条件下发生伤害，才构成意外伤害。

因此，意外伤害保险强调被保险人遭受外来的、剧烈的、明显的、突然的事故导致人身伤害，意外和伤害两个条件缺一不可，故此才构成保险责任。

值得注意的是，有些事件造成的结果不一定立即表现出来，即由于伤害后发生继发症所致，但追究其原因则是因为外来致害物或突发剧烈事件所致，亦可称为意外伤害。例如：发生坠落以致出现身体内部脏器出血，尽管当时没有表现出临床症状，但因内脏器官损伤致死也可作为意外事件。

（四） 人身意外伤害保险的概念

人身意外伤害保险，简称意外伤害保险，是指在保险期限内，当被保险人因遭受意外伤害造成死亡、伤残，或因意外伤害导致医疗费用支出时，由保险人按照合同规定，向被保险人或受益人给付保险金的一种人身保险。

把握人身意外伤害保险的内容，需要重点理解险种性质和保险责任。

从人身意外伤害保险险种性质来看，由于是以人的生命和身体为保险标的，因此属于人身保险范畴；从保险责任来看，意外伤害保险与人寿保险、健康保险虽同属于人身保险范畴，但意外伤害保险的保险责任主要包括：为被保险人因意外伤害造成的死亡或伤残提供保险金，可扩展为因意外伤害导致被保险人发生医疗费用支出提供费用补偿。但疾病、生育等其他原因造成的死亡、伤残，以及医疗费用的支出则不在其保障范围之内。因此，在产寿险分业经营的背景之下，人身意外伤害保险属于“第三领域”，寿险公司和非寿险公司都可以经营。

二、人身意外伤害保险的产生与发展

人身意外伤害保险起源于 15 世纪，最初只是作为海上保险的补充，承保对象是经海上贩运的被当作“劳动工具”的奴隶，不久，船长、海员等也陆续参加了这一保险。19 世纪

40 年代欧洲在发明了火车之后，接连发生了几起重大的铁路事故，造成的重大伤亡引起了人们的普遍恐慌。这时，保险人适时推出意外伤害保险并得到发展。所以有人认为，意外伤害保险是铁路时代的产物。1848 年英国开始办理旅客意外伤害保险，保险期限为一个旅程。此后，这种保险逐步从铁路客运扩展到其他易受伤害的领域，意外伤害保险逐步发展起来。

在我国，1950 年中国人民保险公司开始办理意外伤害保险业务，如铁路、轮船、飞机、公路旅客意外伤害强制保险。1951 年 4 月 24 日，政务院财政经济委员会颁布了关于铁路、轮船、飞机的旅客都必须向中国人民保险公司投保意外伤害保险的规定。每名旅客的保险金额为 1 500 元，保险费分别按基本标价的 2%、3%、5% 计收，包含在票价内，由旅客在购票时缴纳，旅客无须再另外投保。这一时期，一些地方政府还发布规定，办理地方性旅客意外伤害保险。其他意外伤害保险还有：船员团体保险、渔工团体保险、电梯乘客意外伤害保险、汽车司机人身意外伤害保险等。①

1959 年，中国人民保险公司停办了包括意外险在内的各项财产保险和人身保险业务。1979 年下半年，经国务院批准，中国人民保险公司恢复办理国内业务，1982 年恢复办理人身保险业务。② 1995 年 10 月 1 日实施的《中华人民共和国保险法》规定：意外伤害保险由人寿保险公司经营，并且同一保险人不得同时兼营财产保险业务和人身保险业务。2003 年 1 月 1 日修改后的《中华人民共和国保险法》规定，允许财产保险公司兼营意外伤害保险和短期健康保险。

近年来，意外伤害保险的经营主体不断增加，意外伤害保险产品不断增加，保险责任范围不断扩大，互联网等新型销售渠道不断开拓，意外伤害保险业务稳步增长。2013 年我国意外险业务原保险保费收入 461. 34 亿元，同比增长 19. 46%。2018 年意外险业务原保险保费收入达到 1 075. 55 亿元，同比增长 19. 33%，意外险业务的增幅大大高于同期人寿保险业务的增长幅度。截至 2019 年 5 月，我国有 88 家财险公司、91 家寿险公司中有 163 家经营意外险。③

三、人身意外伤害保险的特征

与人寿保险和健康保险相比，人身意外伤害保险除了具备人身保险的一般特征之外，还具备自身独有的特点，分述如下。

（一）保险期限短

意外伤害保险多为短期保险，保险期限一般不超过 1 年，最长为 3 ~ 5 年，有些极短期意外伤害保险的保险期限往往是以天或小时计算的，如乘坐火车、轮船、飞机等各种交通工具的旅客，其参加的旅客意外伤害保险，保险期限为一次旅程。游泳池人身意外伤害保险，其保险期限只限定为一个场次对应的时间。

---

① 《中国保险史》编审委员会. 中国保险史［M］. 北京：中国金融出版社，1998.

② 《中国保险史》编审委员会. 中国保险史［M］. 北京：中国金融出版社，1998.

③ 数据来源于原中国保监会。

（二） 低保费高保障

意外伤害保险与人寿保险相比，由于人们遭受意外伤害的可能性存在，但发生概率相对较低，因此其保险费率低、保障程度高。

（三） 保险费率厘定的依据特殊

意外伤害保险的保险费率依据意外伤害发生的概率而非死亡率、利率。在计算费率时，被保险人所从事的主要活动的风险程度是主要考虑因素，而被保险人的年龄、性别等则不是主要考虑因素，这是因为被保险人遭受意外伤害的概率与其职业、工种或所从事的其他活动关系密切，而年龄和性别的差异对意外伤害发生的概率影响相对较小。在相同情况下，被保险人的职业或从事的活动危险程度越高，保险费率就越高。

（四） 责任期限的后延

意外伤害保险合同一般都有责任期限的规定。所谓责任期限，是指被保险人在保单有效期内发生保险事故，由于保险人对被保险人因事故导致的伤害程度鉴定需要一定的时间，在此期间保险合同行将到期。因此，保险人将保单有效期延长，以保证被保险人在延长期内完成鉴定。这个责任期限各保险公司自行规定，通常规定为 90 天、180 天、360 天不等。

换言之，如果被保险人在保险期限内遭受意外伤害，自意外伤害发生之日起的一定时期内，被保险人因该意外伤害事故死亡或伤残的，即使死亡或伤残的结果发生在保险期限结束之后，但只要还在责任期限之内，保险人仍然要承担保险责任。因此，可以将责任期限看成是保险期限的延长。

（五） 定额给付与补偿方式相结合

在意外伤害保险中，死亡保险金和伤残保险金采用定额给付的方式。当被保险人在保险期限内因意外伤害而死亡时，保险人给付全额保险金，保险合同终止；当被保险人因意外伤害残疾时，保险人根据伤残程度按比例给付保险金；如果投保的是意外伤害医疗保险，则保险金的赔付是按照被保险人实际支出的医疗费用支出进行补偿。

四、人身意外伤害保险与其他保险的比较

（一） 人身意外伤害保险与人寿保险比较

1. 二者的相同之处

意外伤害保险是以人的生命和身体为保险标的，当被保险人因意外伤害导致伤残或死亡时，由保险人承担给付保险金责任的保险。与人寿保险相比，二者相同之处为：

（1）保险金额的确定。由于人的身体或生命无法用货币衡量，所以两者的保险金额都不是由保险标的的价值确定，也不存在超额投保或不足额投保等问题。两者都是采取定额保险的形式，即在投保时，由投保人和保险人约定一个数额作为保险金额，当保险事故发生时，由保险人依照约定的保险金额承担给付责任。

（2）投保人、被保险人及受益人的有关规定相同。二者的投保人与被保险人可以是同一人，亦可以不是同一人；二者都可指定受益人，且当投保人与被保险人不是同一人时，投保人指定或变更身故受益人时，必须征得被保险人的同意。

2. 二者的主要区别

（1）保险期限不同。人寿保险的保险期限一般较长，短则数年，长则数十年甚至终身；而人身意外伤害保险的保险期限则较短，一般不超过1年，最多3～5年，甚至短则几天、几小时。

（2）保险责任不同。人寿保险的保险责任是当被保险人期满生存时由保险人给付养老金、期满生存金，或是当被保险人在保险期限内死亡时由保险人给付死亡保险金；意外伤害保险的保险责任则是当被保险人由于非故意的、外来的、突发的意外事故对被保险人造成伤害，导致其死亡或劳动能力丧失，保险人根据合同规定给付死亡保险金或残废保险金。

（3）费率厘定不同。人寿保险的纯费率（危险费率）是根据预定死亡率、预定利息率计算的；意外伤害保险费率的厘定通常是根据意外事故发生概率计算，可以被视为以经验费率为依据。

（4）责任准备金的提取方法不同。人寿保险的未到期责任准备金的计提主要考虑死亡率、利息率、被保险人的年龄、保险金额和已保期限等因素，采用过去法或未来法计提理论责任准备金并用一年定期修正法加以调整；而意外伤害保险的未到期责任准备金是按当年保费收入的一定比例计提。

此外，二者的交费方式也有所不同，人寿保险多为分期交付，而人身意外伤害保险一般为一次性交付，即趸交。二者对自杀免责规定也不同，人寿保险中的自杀免责期为2年，被保险人超过2年自杀，保险人负给付责任；而意外伤害保险合同规定，被保险人自杀一般属于免责范围，保险合同随即终止。

（二）人身意外伤害保险与财产保险的比较

意外伤害保险虽然属于人身保险范畴，但在某些方面却与财产保险有着异同之处。

1. 二者的相同之处

（1）从保险期限看，意外伤害保险与财产保险都属于短期性险种，保险期限一般为1年。

（2）从保费交纳方式和费率厘定看，意外伤害保险的保费交纳方式与财产保险相同，大都采用趸交的方式；从费率确定来看，意外伤害保险与财产保险的保险费率一般都是根据以往事故发生的概率厘定，即所谓的经验费率。

（3）从责任准备金的计提看，因为二者都是短期性保险，在责任准备金的计算和提存方面也是一致的，包括赔款准备金和未到期责任准备金。其中，保险期限在1年以下业务的未到期责任准备金按照当期自留保费收入的一定比例提取，对1年以上的业务，则在年终按照业务到期年份将历年累计的保费收入与赔款支出的差额提取准备金。

意外伤害保险与财产保险存在着某些相似之处，也是许多国家允许财产保险公司经营短期意外伤害保险的原因所在。

2. 二者的主要区别

人身意外伤害保险与财产保险虽具有相同之处，但二者本质上分属于不同险种范畴，因此存在着明显的不同之处，主要体现在以下几个方面。

（1）保险标的不同。财产保险的保险标的是财产及其相关利益，其保险价值是可以用货币衡量的；意外伤害保险的保险标的是人的生命和身体，具有不可估价性。

（2）保险金额的确定不同。财产保险的保险金额根据保险标的的保险价值确定；意外伤害保险的保险金额是由投保人和保险人双方约定的，投保人根据自己的保障需求和保费交付能力而定。

（3）从保险保障性质看。财产保险属于补偿性保险，保险人只补偿被保险人的实际损失，而在人身意外伤害保险中，除了医疗费用给付可以采用补偿式给付外，保险金的给付都采用定额式给付，即按保险合同规定的保险金额给付保险金。

（4）保险合同主体不同。财产保险中，投保人与被保险人一般是同一主体，既可以是自然人，也可以是法人，不必指定受益人，而人身意外伤害保险的投保人和被保险人既可以是同一主体，也可以是两个不同主体，投保人可以是自然人，也可以是法人，但被保险人必须是自然人，并且需要指定受益人。

意外伤害保险与人寿保险、财产保险各自特点及比较，见表5－2。

表5－2 意外伤害保险与财产保险、人寿保险的比较

比较项目	财产保险	意外伤害保险	人寿保险
保险标的	财产或利益	生命和身体	生命
保险金额	按保险标的的价值确定	由投保人和保险人双方约定	
投保主体	一般为同一主体	可以分离为两个主体	
被保险人	自然人或法人	自然人	
受益人	不需要指定	可以指定	
给付原则	补偿实际损失	补偿实际损失或定额给付	定额给付
保险期限	多为短期	多为短期	长期
净保险费	根据保险金额和损失率计算		根据生命表、利率计算
保险事故的后果	必然发生损失或伤害		不一定造成损失
年末未到期责任准备金的提存	按当年保险费收入的一定比例提存		按生命表、利息率、被保险人年龄、已保期限等因素计算

（三）意外伤害保险与人身伤害责任保险的比较

人身伤害责任保险属于责任保险的一种，保险人承保被保险人造成他人人身伤害引起的民事赔偿责任的一种责任保险。是指投保人向保险人交纳一定数额的保险费，在保险期限内，如果由于被保险人的疏忽、过失造成他人财产损失或人身伤害，依照法律或合同的规定应由被保险人对他人承担民事赔偿责任时，保险人补偿被保险人由此造成的经济损失。

意外伤害保险与人身伤害责任保险都以发生人身伤亡事故为条件而进行保险金的给付或或赔偿，但二者在本质上却有很大的区别，这种区别主要体现在以下几个方面。

1. 合同主体不同

人身伤害责任保险的投保人与被保险人一般是同一主体，可以是自然人或法人，无须指定受益人。而人身意外伤害保险的投保人和被保险人既可以是同一主体，也可以是两个不同主体，投保人可以是自然人，也可以是法人，但被保险人必须是自然人，需要指定受益人。

2. 保险标的不同

人身伤害责任保险的保险标的是被保险人因为疏忽或过失造成他人人身伤害，依据法律或合同的规定而应承担的民事损害赔偿责任，而人身意外伤害保险的保险标的是被保险人的生命或身体。

3. 保险责任不同

对于人身伤害责任保险而言，只有依据法律或合同的规定，被保险人应对受害人承担民事赔偿责任时，才构成保险责任，保险人支付赔款。而在人身意外伤害保险中，只要被保险人在保险期限内遭受意外伤害导致死亡或伤残等，就构成保险责任，保险人按照合同的规定给付保险金。

4. 保险金额确定不同

在订立人身伤害责任保险合同时，双方当事人既可以规定保险金额，也可以不规定，在后一种情况下，被保险人对受害人的民事赔偿责任由保险人承担，但规定了限额时，保险人只承担不超过保险金额的那部分民事赔偿责任，其余部分由被保险人自行承担。而人身意外伤害保险要事先约定保险金额，保险人根据伤害程度，以保险金额为限进行赔付。

5. 赔偿方式不同

人身伤害责任保险的赔偿方式均采用补偿方式，即保险人补偿被保险人实际应承担的经济损失赔偿责任。而在人身意外伤害保险中，除了医疗费用赔付采用补偿方式外，一般都采用定额式给付。

五、人身意外伤害保险的分类

人身意外伤害保险按照其保险责任、实施方式、投保方式、承保风险、保险期限、险种结构、保险合同的形式和是否出立保险单等方面的不同，有不同的分类。

（一） 按照投保意愿进行分类

按照投保人投保意愿的不同，意外伤害保险可以分为自愿性意外伤害保险和强制性意外伤害保险两种：

1. 自愿性意外伤害保险

自愿性意外伤害保险是投保人根据自己的意愿和需求投保。我国目前的意外伤害保险大多数都属于此类保险。

2. 强制性意外伤害保险

强制性意外伤害保险是由政府通过各种法律法规规定，强制有关人员必须参加的意外伤害保险。我国早在 1951 年“铁路旅客意外伤害强制保险条例”“轮船旅客意外伤害强制保险条例”“飞机旅客意外伤害强制保险条例”中规定：凡在国内搭乘火车、轮船和飞机旅行的人都必须交纳规定的保险费。发生事故后，由承保公司按上述三个条例的规定予以赔偿。

（二） 按照保险责任进行分类

按照保险责任的不同，人身意外伤害保险可以分为意外伤害死亡或伤残保险、意外伤害医疗保险、综合意外伤害保险以及意外伤害误工保险四种。

1. 意外伤害死亡或伤残保险

意外伤害死亡或伤残保险是以被保险人因遭受意外伤害造成死亡或伤残为给付保险金条件的人身保险业务。它的保障项目包括意外伤害造成的死亡和意外伤害造成的伤残两个方面。这是人身意外伤害保险的基础性险种。

2. 意外伤害医疗保险

意外伤害医疗保险是以被保险人遭受意外伤害需要治疗并支出医疗费用为保险金给付条件的人身保险业务。赔付方式有两种：一是补偿式，即在保险金额额度规定内，根据被保险人实际支出的医疗费用进行补偿，累计补偿的金额不能超过保单规定的保险金额总数；二是定额给付式，即在一定时期内，不考虑被保险人实际支出的医疗费用，而是按约定的保险金额给付医疗保险金。意外伤害医疗保险通常以意外伤害保险的附加险形式存在。

3. 综合意外伤害保险

综合意外伤害保险是前两种保险的综合，在其保险责任中，既包括了因被保险人遭受意外伤害导致死亡或伤残保险金给付责任，也包括因该意外伤害使被保险人在医院治疗花费医疗费用的医疗保险金给付责任。此类保险多为独立险种而单独承保。

4. 意外伤害误工保险

意外伤害误工保险是以被保险人因遭受意外伤害暂时丧失劳动能力，无法工作期间的收入损失作为给付保险金条件的保险，通常也是作为意外伤害保险的附加险投保，该险种的目的在于，减轻被保险人因意外事故所致暂时不能工作，导致劳动收入减少对被保险人及其家庭生活造成的困难。

（三） 按照投保方式进行分类

按照投保方式的不同，意外伤害保险可以分为个人人身意外伤害保险和团体人身意外伤害保险两种。

1. 个人人身意外伤害保险

个人意外伤害保险是指被保险人在保险期限内，因遭受意外伤害而导致死亡、伤残时，由保险人按合同规定给付保险金的保险。这是人身意外伤害保险的基础性险种。

2. 团体人身意外伤害保险

团体人身意外伤害保险简称团体意外伤害保险，是指以团体投保的方式与保险公司订立一份总的保险合同，以该团体符合资格的成员为被保险人的保险。

在团体保险中，多为职业意外伤害保险。职业意外伤害保险，是指为从事特定职业（如记者、公安干警、医务人员等职业）的人在执行公务过程中遭受意外伤害，并因此暂时或永久丧失工作能力的人们提供保障的意外伤害保险。这种保险多采用团体投保的方式，如外出人员和执法人员平安保险，从性质上讲应属于职业伤害保险。例如：

（1）外出人员平安保险。外出人员平安保险是以机关、团体、企事业单位所派遣的赴外省市临时出差或短期工作、学习及参加投保单位组织的赴外省市集体活动的职工为保险对象的一种人身意外伤害保险。凡 18 ~ 65 周岁，身体健康能正常外出工作或劳动的职工，均可由其所在单位向保险人投保外出人员平安保险，保险期限通常为 1 年，也可根据双方协商后确定，期满可续保。保险人只承保被保险人在外出期间遭受的意外伤害，而对于被保险人日常在原单位、原活动范围遭受的意外伤害事故不承担保险责任。

（2）执法人员平安保险。执法人员平安保险是面对国家机关、政府部门、企事业单位、社会团体聘用，并经委派授权执行政策、法律、履行公共管理事务权力的专业人员，在执行政策或维护法律过程中，遭受来自外界机械力量或不法歹徒的伤害和攻击，致使伤残死亡，而由保险公司给付保险金的一种人身意外伤害保险。如中国太平洋财产保险股份有限公司开办的新闻记者执法人员团体人身意外伤害保险，该险种规定凡年龄在 18 ~ 65 周岁，身体健康，能正常工作的新闻、公安、检察、法院、司法、工商、税务、物价、海关、城监、卫生检疫、卫生防疫等单位的在职员工均可作为该保险的被保险人。

（四）按照承保风险进行分类

按照保险人承保风险的不同，人身意外伤害保险可以分为普通意外伤害保险和特定意外伤害保险两种。

1. 普通意外伤害保险

普通意外伤害保险是相对特定意外伤害保险而言的。指被保险人在保险期限内遭受意外伤害造成死亡或伤残时，由保险人给付保险金的保险。保险期限一般不超过 1 年，是一款独立险种。

2. 特定意外伤害保险

特定意外伤害保险是指以特定时间、特定地点或特定原因遭受意外伤害为保险责任的意外伤害保险。这“三个特定”表明这类保险具有明确的限制性条件。例如，游泳池或游乐场所的意外伤害保险，在江河漂流、登山、滑雪等激烈的体育比赛或活动中的意外伤害保险等。

（五）按照保险期限进行分类

按照保险期限长短不同，意外伤害保险可以分为短期、极短期和长期意外伤害保险三种。

1. 一年期意外伤害保险

一年期意外伤害保险是指保险期限为 1 年的意外伤害保险，属于短期意外伤害保险。在意外伤害保险中，一年期意外伤害保险是基本险种，在此基础上还有极短期和长期意外伤害保险。

2. 极短期意外伤害保险

极短期意外伤害保险是指保险期限不足 1 年，通常只有几天、几小时甚至只有几分钟的意外伤害保险。如公路旅客意外伤害保险、索道游客意外伤害保险、航空旅客意外伤害保险等都属于极短期意外伤害保险。

3. 长期意外伤害保险

长期意外伤害保险是指保险期限在1年以上的意外伤害保险。如满期还本型的意外伤害保险的保险期限可为3年、5年、8年，被保险人可以根据自身保障需要和财务状况，自主选择。

（六） 按照投保方式进行分类

按照投保方式的不同，意外伤害保险可以分为独立投保的意外伤害保险和作为附加险投保的意外伤害保险两种。

1. 独立投保的意外伤害保险

独立投保的意外伤害保险是指可以单独投保、无须有其他附加条件的保险，即所谓主险。

2. 作为附加险投保的意外伤害保险

作为附加险投保的意外伤害保险是指不能单独购买，投保时必须先投保一种主险之后才能购买的险种。

此外，按照保险合同形式的不同，意外伤害保险可以分为标准合同的意外伤害保险与非标准合同的意外伤害保险；按照是否出立保险单，意外伤害保险可以分为出单意外伤害保险与不出单意外伤害保险。

专栏5－1

体育运动员意外伤害保险

体育运动是一项特殊的活动，运动伤害对体育运动员来说是重要的意外伤害，当运动员因为意外伤害导致伤残，不仅不能再继续自己的职业，而且还可能因此失去经济来源。虽然政府会给予一定的补偿，但仍难以保障他们以后的生活，这将极大地削弱运动员的积极性。20世纪中期以来，针对运动员的意外伤害保险应运而生并得到发展。在一些国家，运动员意外伤害保险的保险责任覆盖死亡或伤残、医疗费用、长期看护、伤病期间收入以及特定器官保障。足球明星贝克汉姆“黄金右脚”的保额高达3 100万英镑，F1车手舒马赫的一侧上肢保额高达1 500万美元。完备的保险保障极大地调动了运动员投保的积极性。21世纪以来，我国针对体育运动员的各种保险也有了长足发展。2008年北京奥运会期间，平安寿险公司承保刘翔的意外伤害保险，保险金额为1亿元。

在运动员专项保险的基础上，覆盖面更广的体育保险快速发展。20世纪50年代，美国体育保险开始发展，出现了许多专门的体育保险公司。目前，美国的体育保险已经成为美国保险业的重要经营内容和巨大的保险市场，涵盖了竞技体育、群众体育和学校体育等领域，且体育保险内容丰富，有各种不同类型、不同性质的保险公司经营多种体育保险业务。在险种设立方面，既有面向职业体育的运动伤残保险、人身伤害和财产损失责任保险、医疗赔偿保险；也有面向业余体育的巨灾医疗保险、超额医疗保险、普通责任保险、意外伤害保险、集训营保险；还有面向学校体育的大学体育保险、中小学学生意外保险、中小学体育保险、大学橄榄球比赛和中学全明星比赛保险、校际重大医疗保险，以及天气保险、体育指导员和官员保险等。在体育保险机构中，既有营利性保险机构，也有非营利性保险机构；既有专业的体育保险公司，也有兼营的体育保险业务公司；既有商业体育保险，也有社会体育保险。美国的国民有很强的保险意识，几乎所有喜欢体育运动的人都参加了体育保险。

第二节　人身意外伤害保险的主要内容

一、人身意外伤害保险的保险责任

（一） 保险责任的内容

意外伤害保险的保险责任，是指当被保险人遭受意外伤害而导致伤残或死亡时，保险人承担给付保险金责任。被保险人因疾病致残或死亡不属于意外伤害保险的责任范畴。

意外伤害保险的保险责任不同于死亡保险，也不同于生死两全保险。死亡保险的保险责任是当被保险人在保险期限内死亡，保险人承担向其受益人给付保险金的责任。两全保险的保险责任是当被保险人在保险期限内死亡或被保险人生存到保险期结束时，保险人承担给付保险金的责任。意外伤害保险、死亡保险以及两全保险三者之间的保险责任关系可用图 5－1 表示。

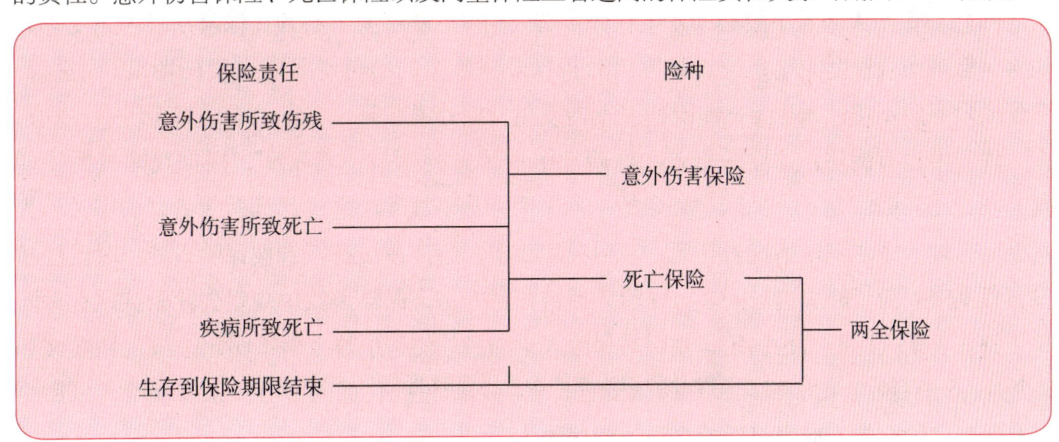

图 5－1　意外伤害保险、死亡保险及两全保险责任比较

（二） 保险责任的构成条件

意外伤害保险的保险责任必须由以下三个必要条件构成，缺一不可，即被保险人在保险期限内遭受了意外伤害；被保险人在责任期限内死亡或伤残；意外伤害是导致被保险人死亡、伤残的直接原因或近因。

1. 被保险人在保险期限内遭受意外伤害

被保险人在保险期限内遭受意外伤害，是构成意外伤害保险的保险责任的前提条件，这一前提条件包括以下两方面的要求。

（1）被保险人遭受意外伤害必须是客观发生的事实，而不是主观臆断或推测；

（2）被保险人遭受意外伤害的客观事实必须发生在保险期限之内。如果被保险人在保险期限开始以前曾遭受意外伤害，而在保险期限内死亡或伤残的，不构成保险责任，即所谓保险责任强调保险事故必须期内发生。

2. 被保险人死亡或伤残

被保险人在保险期限内死亡或伤残，是构成意外伤害保险责任的另一个必要条件。这一必要条件包括以下两方面的要求。

（1）被保险人死亡或伤残。一般情况下所说的死亡是指生物学意义上的死亡，即机体生命活动和新陈代谢的终止。由于意外伤害保险合同是普通的民事合同，受《中华人民共和国民法通则》约束，因此在保险学中，特别是在意外伤害保险中，也适用法律意义上的死亡。在法律上发生效力的死亡包括两种情况，一是生理死亡，即事实上的死亡；二是宣告死亡，即按照法律程序推定的死亡。《中华人民共和国民法通则》第二十三条规定：公民有下列情形之一的，利害关系人可以向人民法院申请宣告当事人死亡：①下落不明满 4 年者；②因意外事故下落不明，从事故发生之日起满 2 年者。

伤残包括两种情形，一是人体组织的永久性残缺（或称缺损），如肢体断离等；二是人体器官正常机能的永久丧失，如丧失视觉、听觉、嗅觉、语言功能，运动障碍等。

（2）被保险人保险事故必须发生在保单有效期内。被保险人必须在保险期限内遭受意外伤害，但对伤残程度的鉴定或者是原因分析以及保险金的给付都可以在责任期限①内进行，责任期限一般不超过 360 天，即所谓“期内发生，期外索赔”。

现实中也有例外，如被保险人在保险期限内因意外事故下落不明，根据我国《民法通则》第二十三条规定：公民因意外事故下落不明，从事故发生之日起满两年者，利害关系人可以向当地人民法院申请宣告其死亡。但在实践中，通常在法院宣告被保险人死亡时已经超过责任期限。为了解决这一问题，保险人通常在意外伤害保险条款中规定失踪条款或在保险单上签注关于失踪的特别约定，规定被保险人确因意外伤害事故下落不明超过一定期限（如 3 个月、6 个月等）时，视同被保险人死亡，保险人给付死亡保险金。如果被保险人以后生还，受领保险金的人应当将保险金退还给保险人。

对于意外伤害造成被保险人伤残，责任期限实际上也是确定伤残程度的期限。如果被保险人在保险期限内遭受意外伤害，并能确定功能丧失程度，保险人根据确定的伤残程度给付伤残保险金；如果被保险人在保险期限内遭受意外伤害，责任期限结束时仍不能确定被保险

---

① 所谓责任期限，是指因为当保险合同即将终止时，保险公司仍无法完成对被保险人伤残或事故原因的鉴定时，可以根据意外伤害保险合同责任期限条款的规定，可适当延长一段时间，以对结果做出合理、公平的判断，这段延长的时间称之为责任期限。责任期限是意外伤害保险和健康保险特有的概念，实践中，一般责任期限为 90 天、180 天、360 天不等，一般不能超过 360 天。

人是否功能丧失或者丧失的程度，那么，可以依据在责任期限结束时被保险人当时的情况确定伤残程度，并据此给付伤残保险金。事后，即使被保险人经过治疗痊愈或伤残程度减轻，保险人也不可以追回全部或部分伤残保险金。反之，即使被保险人加重了伤残程度或死亡，保险人也不追加保险金。

3. 意外伤害与死亡或伤残的因果关系

在意外伤害保险中，被保险人在保险期限内遭受了意外伤害，并且在责任期限内死亡或伤残，并不意味着必然构成保险责任。只有当意外伤害与死亡、伤残之间存在着确定的因果关系，即意外伤害是死亡或伤残的直接原因或近因时，才构成保险责任。意外伤害与死亡、伤残之间的因果关系包括以下三种情况，分述如下。

（1）意外伤害是死亡、伤残的直接原因，即意外伤害事故直接造成被保险人死亡或伤残。当意外伤害是被保险人死亡、伤残的直接原因时，才构成保险责任，保险人应该按照保险金额给付死亡保险金，或按照保险金额和伤残程度给付伤残保险金。

（2）意外伤害是死亡或伤残的近因，即意外伤害是引起被保险人死亡、伤残事件或一连串事件的最初原因。当意外伤害是造成被保险人死亡或伤残的近因时，属于保险责任，保险人必须按合同的规定给付死亡保险金或伤残保险金。

（3）意外伤害是死亡或伤残的诱因，即意外伤害诱发被保险人原有疾病发生或加重，从而造成被保险人死亡或伤残。当意外伤害是被保险人死亡、伤残的诱因时，保险人不是按照保险金额和被保险人的最终后果给付保险金，而是参照身体健康的人遭受这种意外伤害造成的后果给付保险金。

（三）不可保意外伤害和特约承保的意外伤害

意外伤害保险承保的风险是意外伤害事故可能导致被保险人的死亡或伤残，但意外伤害保险并不能为一切意外伤害风险提供保障。在实践中，根据保险人对意外伤害风险识别的能力、控制能力和承受能力以及风险本身的合法性等因素，通常将意外伤害风险分为不可保风险、特约可保风险和可保风险三种类型，分述如下。

1. 不可保意外伤害

不可保意外伤害是指从保险原理、法律以及社会公共利益方面讲，保险人不应该承保的风险，即保险人不承担保险责任的伤害事故。不可保意外伤害主要包括：

（1）被保险人在犯罪活动中所受的意外伤害。意外伤害保险不承保被保险人在犯罪活动中受到的意外伤害，这是因为保险只为合法的行为提供经济保障，只有这样，保险合同才具有法律效力。一切犯罪行为都是违法行为，所以，保险人对被保险人在犯罪活动中所受的意外伤害不予提供保障。

（2）被保险人在寻衅斗殴中所受的意外伤害。寻衅斗殴是指被保险人故意制造事端挑起的斗殴。寻衅斗殴不一定构成犯罪，但具有社会危害性，属于违法行为，因而不能承保。

（3）被保险人在酒醉、吸食（或注射）毒品（如海洛因、鸦片、大麻、吗啡等麻醉剂、兴奋剂、致幻剂）后发生的意外伤害。酒醉对被保险人身体的损害，是被保险人的故意行为所致，而吸食毒品在我国属于明令禁止的违法行为，当然不予提供保障。

（4）被保险人因自杀行为造成的身体伤害也属于不可保范畴。

对于不可保意外伤害，在意外伤害保险条款中应明确列为除外责任。

2. 特约承保意外伤害

特约承保意外伤害，是指基于保险原理保险人能够承保的风险，但因保险人对责任归属难以判断或受自身承保能力的限制，对这类意外伤害风险需要经过投保人与保险人特别约定，常常需要加收保险费后才予承保的意外伤害。特约承保意外伤害主要包括：

（1）战争导致的意外伤害。由于战争使被保险人遭受意外伤害的风险过大，保险人一般没有能力承保。战争是否爆发、何时爆发、会造成多大范围的人身伤害，往往难以预计，保险费率难以厘定。所以，对于战争使被保险人遭受的意外伤害，保险公司一般不予承保，只有经过特别约定以后才能承保。

（2）剧烈运动造成的意外伤害。被保险人在从事登山、跳伞、滑雪、江河漂流、赛车、拳击、摔跤等剧烈的体育活动或比赛时，使其遭受意外伤害的概率大大增加。因而保险公司一般不予承保，只有经过特别约定以后才能承保。

（3）医疗事故造成的意外伤害（如医生误诊、药剂师发错药品、检查时造成的损伤、动手术切错部位等）。意外伤害保险的保险费率是根据大多数被保险人的情况制定的，而大多数被保险人身体是健康的，只有少数患有疾病的被保险人才存在医疗事故遭受意外伤害的危险。为了使保险费的负担公平合理，保险人一般不为此类风险提供保险保障。

（4）核辐射造成的意外伤害。核辐射造成人身意外伤害的后果，往往在短期内不能确定，而且如果发生威力巨大的核爆炸时，往往造成较大范围内的人身伤害。从技术和承保能力上考虑，保险公司一般不承保核辐射造成的意外伤害。

对于上述特约承保意外伤害，在保险条款中一般列为除外责任，经投保人与保险人特别约定承保后，由保险人在保险单上签注特别约定或出具批单，对该项除外责任予以剔除。

3. 可保意外伤害

所谓可保意外伤害，是指在一般情况下可以承保的意外伤害，除了上述不可保和特约可保意外伤害之外的都可以视为可保意外伤害。在保险实践中，绝大部分意外伤害都属于可保范畴，在此不一一列举。

二、人身意外伤害保险金的给付方式

人身意外伤害保险的保障项目包括基本项目和衍生项目，前者包括死亡给付和伤残给付，后者包括医疗费用补偿和收入损失补偿。在实践中，投保人可以选择其中的一项或几项进行投保。在我国，目前开展意外伤害收入损失保险业务很少，如果暂且不考虑意外伤害所致医疗费用保险和收入损失保险，意外伤害保险的保险金则主要是死亡保险金和伤残保险金的给付，其中伤残保险金的给付较为复杂，分述如下。

（一）死亡保险金的给付

如果被保险人在保险期限内遭受意外伤害且在保单有效期限内死亡，并认定意外伤害是导致被保险人死亡的直接原因或近因，那么，保险人应当根据合同约定向受益人给付死亡保险金。

在意外伤害保险合同中，均应明确规定死亡保险金的数额或死亡保险金占保险金额的比例。另外，在有些人寿保险合同的附加意外伤害保险条款中，死亡保险金的给付要按照行业危险程度确定。例如将意外伤害保险金分为特殊保险金和普通保险金两种，凡从事井下作业、海上作业、航空作业及其他高危险工作的人员适用于特殊保险金；其他行业人员则适用于普通保险金，特殊保险金与普通保险金的比例为1∶2，从而体现人身保险合同的权利和义务的对等原则。

（二） 伤残保险金的给付

意外伤害保险所指的伤残与医学定义基本一致，包括两种情况：一种是人体组织的永久性残缺（或称缺损），如肢体断离等；另一种是人体器官正常机能的永久丧失，如视觉、听觉、嗅觉的永久丧失，语言障碍等。被保险人在保险期限内发生意外伤害事故，在保单有效期内，经由指定的医疗机构鉴定为发生永久性伤残，即构成意外伤害险的保险责任，保险人按照伤残程度给付全部或部分保险金。若在责任期限结束时仍不能确定被保险人是否造成伤残或鉴定伤残程度，保险人则根据责任期限结束时被保险人的状态推定伤残程度，并以此为依据给付保险金；若被保险人遭受意外伤害事故之后，经过治疗和康复训练，在责任期限内经鉴定没有造成机体能力障碍，则不属于伤残。

意外伤害保险伤残保险金给付的金额取决于总保险金额与伤残程度两个因素。伤残程度确定后，保险人应根据《人身保险伤残程度与保险金给付比例表》[①] 的规定，按照保险金额及该项伤残所对应的给付比例给付伤残保险金。伤残保险金的计算公式为：

伤残保险金 = 保险金额 × 伤残程度

在伤残保险金的给付中，主要有以下四种情形，分述如下。

1. 一次伤害，多处致残

若一次意外伤害造成被保险人身体部位多处伤残时，保险人按照保险金额与被保险人身体各部位伤残程度百分比之和的乘积计算伤残保险金，如果身体多处伤残程度百分比之和超过100%，则只能按照保险金额给付伤残保险金，保险合同终止；当累计给付额尚未达到保险金额时，保险合同中的保险金余额部分继续有效，直到保险合同终止。总之，伤残保险金的最高给付额不得超过保险合同约定的保险金额。

2. 多次伤害

根据意外伤害保险合同的规定，被保险人在保险期限内多次遭受意外伤害，保险人应按每次致残程度给付保险金，但累计金额不得超过约定的保险金总额。

3. 先残后死

在保单有效期内，如果被保险人多次遭受意外伤害事故致其先伤残、后死亡，在这种情

① 中国保险行业协会、中国法医学会．人身保险伤残评定标准及代码（JR/T008—2013），2013-06-08.

况下，被保险人的伤残保险金按照上述方法计算给付，最后的死亡保险金等于合同约定的保险金额扣除先期给付的伤残保险金后的余额，保险合同随即终止。

4. 特别约定伤残给付

特别约定伤残给付属于特殊的意外伤害保险合同规定的保险金给付方式，是用来弥补伤残程度百分比不足的一项约定。有些人因为从事特别的专门职业，人体各器官的伤残对从事不同职业的人的影响大相径庭。例如，钢琴家的手指、音乐家的耳朵、足球明星的腿等。相对普通人来说，从事特定职业者身体某个部位对其职业的影响非同一般，需要保险人提高对所投保身体某器官或肢体的保险金额，为此，投保双方将共同签订特别约定，并在保险单中列示。

专栏 5－2

中国人身保险伤残评定标准

2013 年 6 月 8 日，中国保险行业协会、中国法医学会共同制定的《人身保险伤残评定标准及代码》（JR/T008—2013，以下简称新残标）作为金融标准化委员会此次唯一入选的标准，被列入 2017 年国家标准化管理委员会第三批国家标准制修订计划，这是人身保险领域制定的标准首个通过国家标准立项，标志着我国保险行业制定的标准首次由行业标准升级为国家标准工作取得了重要的阶段性成果，意义重大。

长期以来，我国各领域使用的伤残标准具有明显的行业特点，缺乏一个统一的评价标准。新残标根据因意外伤害原因引起的伤残程度给以相匹配的保险保障，就其覆盖的时间、空间、事故原因以及人群而言是最为广泛的，能够满足多种类型意外事故原因所造成的伤残评定要求。

新残标在制定过程中，首次引入世界卫生组织（WHO）2001 年颁布的《国际功能、残疾和健康分类标准》的理论架构和编码系统，也是国内标准制定领域第一次借助数据分析的方法确定伤残标准的条目设置和发生率测算。为了新残标的制定，共收集 123 家财产保险公司和人寿保险公司 2008—2011 年人身意外伤害保险业务数据，国家人力资源和社会保障部数据中心提供的部分省市工伤保险数据以及京沪两地机动车辆保险平台数据总量总计约 30 亿条，可以识别诸如地区、人群、职业、损伤部位、等级各风险特征组合以及事故原因等风险因素，为合理制定保障范围与条目筛选提供了坚实的数据基础。

新残标规定了人身保险伤残程度的评定等级以及保险金给付比例的原则和方法，人身保险伤残程度分为 1～10 级，保险金给付比例分为 100%～10%。第 1 级为最重，第 10 级为最轻；与人身保险伤残程度等级相对应的保险金给付比例分为十档，伤残程度第 1 级对应的保险金给付比例为 100%，伤残程度第 10 级对应的保险金给付比例为 10%，每级相差 10%。

通过对 2014—2016 年的数据分析，已有 95% 的人身意外伤害保险险种使用新残标作为伤残评定标准，按照新残标风险等级的第 8 级、第 9 级、第 10 级进行给付的理赔件数量为总理赔件数量的 80%，可见人身意外伤害保险伤残保险金的给付有据可循。

三、人身意外伤害保险费及责任准备金

（一）人身意外伤害保险的保险费

虽然意外伤害保险属于人身保险的范畴，但其保险费的计算却与寿险保险费的计算有很大的区别。一般寿险保险费的计算主要依据被保险人年龄、预定死亡率和预定利率确定。而意外伤害保险所承保的风险是外来的、剧烈的、偶然发生的事故，风险发生的概率与被保险人的年龄没有必然的内在联系。另外，意外伤害保险多属于短期保险，保险期限一般不超过1年。因此，意外伤害保险的保险费计算一般也不考虑预定利率因素。对保险费率计算原理而言，意外伤害保险更接近非寿险，即在计算意外伤害保险费率时，通常是考虑意外事故发生的概率以及对被保险人造成的伤害程度、被保险人职业或从事活动的危险程度。在实务中，1年期意外伤害保险费的计算一般依据被保险人的职业风险分类而确定。

例如，我国1年期的意外伤害保险费率在计算时，对被保险人从事的职业根据其危险程度从低到高分为三档，第一档为机关、团体、事业单位和一般工商企业单位人员；第二档为从事建筑、冶金、勘探、航海、伐木、搬运、装卸、筑路、地面采矿、汽车驾驶、高空作业人员；第三档是从事井下采矿、海上钻探、海上打捞、海上捕鱼、航空执勤人员。投保时，保险人根据被保险人从事的职业危险程度的不同确定与之匹配的保险费率。如果被保险人在合同有效期间变更职业，危险增加，应及时通知保险人，以便保险人重新调整费率或决定是否继续承保。

对不足1年的短期意外伤害保险费率计算，一般是按被保险人所从事活动的性质分类；极短期意外伤害保险费计收的原则是：保险期不足1个月者，按1个月计收；超过1个月不足2个月者，按2个月计收，以此类推。因为短期费率高于相应月份占全年12个月的比例，而对一些保险期限在几星期、几天、几小时的极短期意外伤害保险来说，保险费率往往更高。这是因为对于每个被保险人来说，意外伤害保险的危险不是在保险期间内的简单分布，往往保险期间越短，危险越集中，极短期意外伤害保险中意外伤害保险事故的发生往往更为频繁。例如，渔汛季节出海捕鱼、登山运动等，危险都比较集中，因此，相应的保险费率厘定会高于保险期限长的费率。

（二）意外伤害保险责任准备金的提存

意外伤害保险在责任准备金的提存和核算方面，与寿险有着很大的不同，是采取非寿险责任准备金的计提方法计提。

根据我国《保险法》第九十八条的规定：“保险公司应当根据保障被保险人利益、保证偿付能力的原则，提取各项责任准备金。保险公司提取和结转责任准备金的具体办法，由国务院保险监督管理机构制定”。所谓责任准备金，是指保险公司按照法律规定，为保证在保险合同有效期内履行赔偿或给付保险金义务而将保险费中的一部分予以提存一定数量的金额作为准备金之用。保险责任准备金因险种性质不同而不同。在保险实务中，保险责任准备金通常分为寿险责任准备金和非寿险责任准备金两类。人身意外伤害保险积聚的责任准备金属于未到期责任准备金，责任准备金的提取方法和原理与财产保险相同。

第三节 人身意外伤害保险险种解析

根据我国《保险法》第九十五条规定，人寿保险公司和财产保险公司都可以经营人身意外伤害保险业务。现分别就个人人身意外伤害保险、团体人身意外伤害保险险种介绍如下。

一、个人意外伤害保险

个人意外伤害保险是投保人以个人名义为自己或他人购买的保险意外伤害保险，一份保单只承保一个被保险人。

（一）个人意外伤害保险

整体上看，个人人身意外伤害保险一般具备以下特征。

1. 采用趸交保费，投保条件宽松

由于意外伤害保险多为短期保险，保险期限为 1 年，满期后可以续保，因此通常采取趸交的方式交付保险费。

一般情况下，被保险人没有严格限制，凡是身体健康、能正常工作或正常劳动者均可作为被保险人；投保时一般不要求被保险人进行严格体检，但出于控制道德风险发生的考虑，保险人将对未成年人、超高年龄者在保额上加以限制或作出加收保费的规定。例如，对被保险人是未满 14 周岁的未成年人投保意外伤害保险，通常会有保险金额有最高限额的规定，对超过 65 周岁的老人投保意外伤害保险，也设置了投保限额或增加保险费的规定。

2. 可在保险责任的基础上扩展保险责任

个人意外伤害保险的保险责任一般包括以下两项：（1）死亡给付，即被保险人因遭受意外伤害导致死亡时，保险人向受益人给付死亡保险金；（2）伤残给付，即被保险人因遭受意外伤害导致伤残时，由保险人向被保险人给付伤残保险金。

如果投保人需要，可投保附加意外伤害医疗保险或附加意外伤害收入损失保险，扩展保险责任。附加意外伤害医疗保险时，当被保险人遭受意外伤害而支出医疗费用时，由保险人在保险金额限度内支付医疗保险金；附加意外伤害收入损失保险时，当被保险人遭受意外伤害暂时丧失工作能力而无法工作导致的收入损失，由保险人按照合同约定予以补偿。特殊情况下，保险公司还有可能将一些突发传染性疾病导致的死亡或伤残也作为保险责任予以扩展。如 2020 年初，泰康人寿保险公司将《泰康 e 顺短期意外伤害保险》在原保险责任的基础上，根据应对疫情需要特将保险责任扩展至因感染新型冠状病毒引起的身故及伤残，扩展责任包括：①本合同生效后，被保险人经医院确诊感染新型冠状病毒，并因此导致被保险人身故，适用意外身故保险金责任；②本合同生效后，被保险人经医院确诊感染新型冠状病毒，并因此导致被保险人发生身体伤残，适用意外伤残保险金责任。

（二）个人人身意外伤害保险条款实例

每家保险公司都有针对个人的人身意外伤害保险产品。以中国人寿安心贷借款人意外伤害保险条款为例解析如下：

中国人寿安心贷借款人意外伤害保险是针对借款人提供的意外伤害保险，保证被保险人遭受意外伤害身故或伤残后得到约定的保险金。与一般的个人人身意外伤害保险产品不同，该产品只对符合条件的借款人提供保险保障。凡年满 18 ~ 65 周岁向贷款机构申请并获得借款的个人，均可作为被保险人。保险期间根据被保险人的借款期限协商确定，以防范被保险人在贷款期内由于人身意外伤害引起的还款风险。

1. 保险责任

安心贷借款人意外伤害保险的保险责任主要包括：

（1）被保险人遭受意外伤害，并自该事故发生之日起 180 日内因该意外伤害导致身故，保险人按照合同规定，给付被保险人足额身故保险金；如果在被保险人身故之前已经给付残废保险金，则保险人在扣除已给付该被保险人伤残保险金后的余额给付身故保险金，保险合同对该被保险人的责任终止。

（2）被保险人遭受意外伤害，并自该事故发生之日起 180 日内因该意外伤害导致身体伤残的，保险人根据《人身保险伤残评定标准及代码》确定的伤残程度，按照该被保险人的保险金额乘以该项伤残的伤残等级所对应的保险金给付比例，给付伤残保险金。

当同一保险事故导致两处及两处以上伤残时，保险人仅按其中一处的伤残等级给付伤残保险金；如果每一处的伤残等级不完全相同，保险人则按照最重的伤残等级所对应的保险金给付比例伤残保险金；如果各处的伤残等级完全相同或最重的伤残等级所对应的伤残有两处或两处以上时，保险人将该伤残等级在原基础上提高一级（但最高至第一级），并按照提高后的伤残等级所对应的保险金比例给付伤残保险金。需要说明的是，同一部位和性质的伤残，不能采用《人身保险伤残评定标准及代码》评定标准两条以上或者同一标准两次以上进行评定。

（3）保险人对被保险人给付的保险金以被保险人的保险金额为限，一次或累计给付的保险金达到保险合同约定的保险金额时，本合同对该被保险人的保险责任终止。

2. 除外责任

保险合同规定，因下列情形之一，导致被保险人身故或伤残的，保险人不承担给付身故保险金或伤残保险金的责任：

（1）保险单中特别约定保险人不承担责任的事项；

（2）被保险人猝死，但另有约定的除外；

（3）被保险人故意犯罪或抗拒依法采取的刑事强制措施；

（4）被保险人自杀或故意自伤，但被保险人自杀或故意自伤时为无民事行能力的除外；

（5）被保险人斗殴醉酒，服用吸食或注射毒品；

（6）被保险人酒后驾驶、无合法有效驾驶证或驾驶无有效行驶证的机动车；

（7）被保险人因妊娠（含宫外孕）、流产、分娩剖腹、药物过敏导致的伤害；

（8）被保险人因整容手术或其他内外科导致的医疗事故；

（9）被保险人未遵医嘱，私自使用药物（但按说明的规定非处方不在此限）；

（10）被保险人的精神和行为障碍；

（11）被保险人参加潜水、跳伞、攀岩、驾驶滑翔机或滑翔伞、探险、摔跤、武术比赛、特技表演、赛马车等高风险运动；

（12）战争军事冲突暴乱或武装叛乱；

（13）核爆炸辐射或污染。

二、团体人身意外伤害保险

团体人身意外伤害保险是以团体为投保人，该团体的成员为被保险人的一种意外伤害保险。团体人身意外伤害保险也是目前我国保险市场的重要险种。各家保险公司都开发了团体人身意外伤害保险产品。

（一）团体人身意外伤害保险的特点

与个人人身意外伤害保险比较而言，团体意外伤害保险具有显著的特点：

1. 以团体为单位投保，保单效力有特殊规定

具有法人资格的机关、企业、事业单位和社会团体均可作为投保人，团体的在职员工中年满 16～65 周岁、身体健康能正常工作或正常劳动者，都可以作为被保险人。团体意外伤害保险的保单效力与个人意外伤害保险有所区别：在团体保险中，被保险人一旦脱离投保的团体，保单效力对该被保险人即刻终止，投保团体可以为其办理退保手续，保险人退还未到期保费，而保单效力对其他被保险人依然存在。

2. 保险费率的确定考虑团体的特点，保障程度较高

对于一年期的团体意外伤害保险的保险费根据团体所从事的行业性质或工种类别来确定，保险费率按照不同职业的危险程度设定不同的档次，同时还考虑团体的规模与参保人数。续期保费主要根据上一年的理赔经验对保费进行调整。对于特殊行业、工种按危险程度加收保险费甚至拒保。

对于保险期限不足 1 年的极短期的团体意外伤害保险的费率确定有两种方法：一是以 1 年期团体意外伤害保险的费率为基础，按短期费率表计算；二是针对保险期限只有几星期、几天甚至几小时的极短期团体意外伤害保险，按被保险人所从事活动的性质分类，如旅游者、飞机旅客、长途汽车旅客、登山者、参加体育比赛者等分别确定保险费率。

不同于个人人身意外伤害保险，团体意外伤害保险以团体为单位进行投保，减少了逆选择。另外，团体意外险简化了保险人承保、收费、会计等手续，提高了工作效率，节省了保险人的经营管理成本，因此可以以较低的保费获得较高的保险保障。

（二）团体人身意外伤害保险实例：出国务工人员团体意外伤害保险

出国务工人员团体意外伤害保险是泰康人寿保险公司推出的专门针对出国务工人员及其团体提供的意外伤害保险。出国务工团体成员及其配偶、子女、父母均可为作为该合同的被保险人，保险期间由投保人与保险人约定，保险期届满可以续保。由于出国务工人员将面临许多不确定因素，意外伤害风险存在一定的特殊性，因而其保险责任和除外责任等规定与一

般人身意外伤害保险有所不同。

1. 保险责任包括基本责任和可选责任

泰康出国务工人员团体意外伤害保险的保险责任分为基本责任和可选责任。基本保险责任包括意外身故保险责任和意外伤残保险责任，可选责任为急性病身故保险责任。

（1）基本责任。该合同关于基本保险责任的相关规定与中国人寿安心贷借款人意外伤害保险条款基本一致，不同之处在于，被保险人须是在境外遭受了意外伤害保险事故，保险人才承担相应保险金给付责任。累计给付的基本责任保险金数额之和以该被保险人名下的意外伤害基本保险金额为限。如果累计给付的意外身故保险金与意外伤残保险金数额之和达到被保险人名下的意外伤害基本保险金额，保险人对该被保险人的基本责任终止。

（2）可选责任：急性病身故保险金。被保险人于其保险期间开始之日起在境外突发急性病，并因该次急性病直接导致被保险人在合同保险期间内身故，保险人按该被保险人名下的急性病身故基本保险金额向该被保险人的身故保险金受益人给付急性病身故保险金，保险人对该被保险人责任终止。

投保人在投保时可只投保基本责任，也可在投保基本责任的同时增加可选责任。在合同保险期间内，被保险人在合同保障区域内发生保险事故的，保险人按约定承担相应的保险金给付责任。保障区域由投保人与保险人在投保时明确约定并载于合同之中。

2. 由于保障区域的特殊性，除外责任有特殊规定

当存在以下情形或以下原因之一导致被保险人意身故、伤残或者急性病身故的，保险人不承担给付保险金的责任：

（1）被保险人在其永久居住地所在的国家、地区，或者在合同上未载明的国家、地区发生保险事故的；

（2）投保人对被保险人的故意杀害、故意伤害；

（3）未书面告知的既往症，合同中特别约定的除外疾病；

（4）感染艾滋病病毒或者患艾滋病、性病；

（5）遗传性疾病、先天性畸形、变形和染色体异常；

（6）《中华人民共和国传染病防治法》规定的甲类及乙类法定传染病（不含病毒性肝炎），或者国家有关法律、法规、规范性法律文件规定的法定传染病；

（7）被保险人非法搭乘、使用交通工具或者搭乘违法违规运营的交通工具。

值得注意的是，保险合同并未对被保险人因猝死、自杀等情况，作除外责任的特别规定。

本章小结

1. 意外伤害保险是人身保险的一种，是指在保险期限内，当被保险人因遭受意外伤害造成死亡、伤残时，由保险人依照合同规定给付保险金的一种保险。

2. 要准确理解意外险的概念，首先应该明确意外伤害的含义，意外伤害的构成包括意外和伤害两个必要条件。任何一种因素使人的身体遭受到损害以致危害健康甚至引起死亡，就可以称为伤害，伤害必须由致害物、侵害对象、侵害事实三个要素构成，三者缺一不可。意外是指伤害的发生是被保险人事先无法预见到的或由于疏忽没有预见到或伤害的发生违背被保险人的主观意愿的。

3. 意外伤害保险具有期限短，低保费、高保障，保险费率与被保险人的职业相关性大，定额给付与补偿方式相结合等特点。与人寿保险、财产保险、人身责任伤害保险存在着许多异同点。

4. 意外伤害保险品种繁多：按保险责任可分为意外伤害死亡伤残保险、意外伤害医疗保险、综合意外伤害保险和意外伤害误工保险；按实施方式可分为自愿性意外伤害保险和强制性意外伤害保险；按投保方式可分为个人意外伤害保险和团体意外伤害保险；按承保风险可分为普通意外伤害保险和特定意外伤害保险；按保险期限可分为一年期意外伤害保险、极短期意外伤害保险和长期意外伤害保险；按险种结构可分为单纯意外伤害保险和附加意外伤害保险；按保险合同形式可分为标准意外伤害保险和非标准意外伤害保险；按是否出立保险单可分为出单意外伤害保险和不出单意外伤害保险。

5. 意外伤害保险的保险责任必须由三个必要条件构成，三者缺一不可，即被保险人在保险期限内遭受了意外伤害；被保险人在责任期限内死亡或伤残；被保险人所遭受的意外伤害是其死亡或伤残的直接原因或近因。

6. 意外伤害保险的保障项目包括基本保障项目和派生保障项目，前者包括死亡给付和伤残给付，后者包括医疗费用赔付和收入损失赔付。

本章关键词

意外　伤害　人身意外伤害保险　普通意外伤害保险　特定意外伤害保险
个人意外伤害保险　团体意外伤害保险　附加意外伤害保险　职业意外伤害保险
旅游意外伤害保险　责任期限　宣告死亡　不可保意外伤害　特约保意外伤害保险

本章思考题

1. 如何理解人身意外伤害保险中的意外伤害？
2. 人身意外伤害保险具有哪些特点？
3. 简述人身意外伤害保险与人寿保险的联系与区别。

4. 简述人身意外伤害保险的分类。
5. 分析人身意外伤害保险保险责任的构成条件。
6. 简述人身意外伤害保险中伤残保险金的给付方式。
7. 什么是宣告死亡？简述宣告死亡概念在意外伤害保险中的运用。
8. 试述在人身意外伤害保险中，伤害的构成要素及其内容。
9. 试述在人身意外伤害保险中，意外的概念及其内容。
10. 试述人身意外伤害保险费率厘定的依据是什么？为什么作这样的规定？

第六章
健康保险

章首语： 健康保险是人身保险的主要险种之一。本章介绍健康保险的基本概念、特征、分类，分析健康保险的基本内容，各类健康保险险种及特点。本章的重点在于掌握健康保险的基本原理及内容。本章的难点在于理解健康保险特别条款的规定及其规定的原因。

第一节 健康保险概述

一、健康保险的一般概念

（一） 健康及健康风险

伴随着社会的发展，人类日益重视自身的健康。传统的健康观主要从生物医学角度出发，认为健康就是人的肌体健壮，没有疾病。随着社会经济、文化观念和医学技术的发展，人们对健康的认识也发生了相应的变化。世界卫生组织（WHO）认为，“健康，不但是身体没有病，还要有完整的生理、心理状态和社会适应能力。”所以，现代意义的健康是人的生理、心理和社会适应能力良好状态的综合体现。

健康风险是指对人的健康状态构成威胁的可能性，这些可能性来自自然、社会和人自身等各个方面。一方面，健康风险是客观存在的，每个人都面临健康风险。另一方面，日益高昂的医疗费用往往使健康状况不佳的人感到压力巨大。在避免、预防、控制、转移、自留等常见的风险管理手段中，将健康风险进行分散转移，寻求保险保障是有效的方法之一。

（二） 健康保险

目前，对健康保险（Health Insurance）还没有一个完全统一的定义，见仁见智。美国保险监督官协会（National Association of Insurance Commissioners，NAIC）将健康保险定义为“针对因疾病或因意外事故引起的人身伤害或死亡，或两者兼有所带来的损失而进行补偿的保险。”

而美国健康保险协会（The Health Insurance Association of America，HIAA）将健康保险定义为“为被保险人的医疗服务需求提供经济补偿的保险，也包括为因疾病或意外事故导致工作能力丧失所引起的收入损失提供经济补偿的失能保险”。

日本《保险业法》将健康保险定义为“约定对意外伤害和疾病给付一定金额的保险金，并对由此产生的该当事人受到的损害予以补偿，收取保险费的保险”。

可以看出，不同国家和同一国家的不同机构，对健康保险所做出的定义有共性的内容，那就是都将健康保险归为人身保险的范畴，将被保险人因疾病或意外使身体受到健康方面的损害作为保险事故，补偿被保险人因为遭受保险事故而导致的直接或间接的经济损失等。

在我国 2019 年 12 月 1 日起施行的《健康保险管理办法》第二条规定：“本办法所称健康保险，是指由保险公司对被保险人因健康原因或者医疗行为的发生给付保险金的保险，主要包括医疗保险、疾病保险、失能收入损失保险、护理保险以及医疗意外保险等。”本教材中的健康保险是指我国 2019 年施行的健康保险管理办法所界定的健康保险①。

专栏 6 – 1

健康与健康管理

世界卫生组织（WHO）认为，“健康，不但是身体没有病，还要有完整的生理、心理状态和社会适应能力。”具体标准是：

- 精力充沛，能从容不迫地应对日常生活和工作压力而不感到过分紧张；
- 处事乐观，态度积极，乐于承担责任，严于律己，宽以待人；
- 应变能力强，能较好地适应环境的各种变化；
- 对于一般性感冒和传染病有抵抗能力；
- 体重标准，身材匀称，站立时身体各部位协调；
- 眼睛明亮，反应敏锐，无炎症；
- 头发有光泽，无头屑或较少；
- 牙齿清洁，无龋齿，无疼痛，牙龈颜色正常，无出血现象；
- 肌肉、皮肤有弹性，走路感觉轻松；
- 善于休息，睡眠良好。

健康管理（Managed Care）是 20 世纪 50 年代末最先在美国提出的概念，其核心内容很快被运用到健康保险之中。由此，健康保险由原本被动的、风险发生后的经济补偿，变为积极的、防止被保险人疾病和事故发生的、预防保健和医疗保险相结合的机制，由此进入全新的发展领域。

健康管理的早期推动者是各类医疗保险机构。迫于医疗保险赔付的巨大压力，他们在其客户中提供健康管理，以控制疾病的发生或发展，最终目的是降低出险概率和实际医疗费用支出。除医疗保险客户外，医疗保险机构还将健康管理延伸到医疗服务机构。主要做法是：医疗机构和医疗保险机构签订协议，涉及医疗服务和经费管理等内容，以降低个人健康风险，并保证医疗保险

① 本章所提及的健康保险是指商业健康保险，即狭义上的健康保险。广义上的健康保险还包括社会医疗保险，本章对社会医疗保险不展开论述。

客户接受“价廉物美”的治疗。以美国为例，按病种付费、预付制等支付方式的普遍使用就是健康管理推行的结果。目前，健康管理已经成为医疗卫生保健领域非常重要的内容，并且其业务内容还在不断充实发展，细分为管理式医疗、疾病管理和第三方管理等。

我国银保监会 2019 年实施的新的《健康保险管理办法》，首次提出我国健康管理服务与医保的合作。其中第五十五条规定：“保险公司可以将健康保险产品与健康管理服务相结合，提供健康风险评估和干预、疾病预防、健康体检、健康咨询、健康维护、慢性病管理、养生保健等服务，降低健康风险，减少疾病损失。”第五十六条规定“保险公司开展健康管理服务的，有关健康管理服务内容可以在保险合同条款中列明，也可以另行签订健康管理服务合同。”第五十七条规定“健康保险产品提供健康管理服务，其分摊的成本不得超过净保险费的 20%。超出以上限额的服务，应当单独定价，不计入保险费，并在合同中明示健康管理服务价格。”第五十八条还规定：保险公司经营医疗保险，应当加强与医疗机构、健康管理机构、康复服务机构等合作，为被保险人提供优质、方便的医疗服务。”

二、健康保险的特征

（一） 健康风险具有易变性

健康保险的风险主要来自疾病和意外事故。随着社会的发展，疾病的种类越来越多，具有易变性，受认识的局限，对其健康风险的评估与预测非常困难。另外，随着科学技术的发展，医疗技术日益进步，医疗器械、治疗手段和医疗药品不断更新，与此相对应，医疗费用的支出水平不断上升，这必然导致健康保险的费用补偿支出和经营成本的增加。

（二） 保险期限多为短期

由于风险的易变性和难测性，健康保险经营风险较大。为了有效控制风险，保持经营的稳定性，保险公司多将健康保险设计为短期险种。除少数针对特殊疾病的险种如癌症保险、护理保险外，健康保险的保险期限一般为 1 年。但为了简化重新投保时手续的繁杂，保险人通常会在保单条款中增加可以续保的规定。

（三） 费率影响因素复杂

影响健康保险费率的因素很多，其中包括患病率、发病率、残废发生率、利率、费用率等。很明显，费率与患病率、发病率、残废发生率、费用率等成正比，而与利率成反比。患病率、发病率和残废发生率又与被保险人的性别、年龄、职业、生活习惯、家族病史、当地环境状况和医疗水平等多方面因素有关，其中许多因素处于不断变化中，这些都深刻影响着保险费率的厘定。

（四） 面临突出的道德风险

健康保险中通常涉及三方当事人，即保险人、寻求和享受医疗服务的被保险人、医疗服务提供者。在费用补偿型的健康保险中，道德风险来自医疗服务提供方和被保险人两个方面。一方面，医疗服务提供者在医疗过程中拥有引导、决策的权利，其结果导致引致需求之下的过度医疗消费。另一方面，医疗服务提供者受利益驱动，也为了减少出现误诊被诉讼的可能性，有强烈动机向患者推荐不必要或是成本高昂的医疗服务。这种动机因为保险公司现行的“第三方付费制”得到了强化。

不仅如此，被保险人方面也会诱发道德风险。被保险人有可能会因为购买了健康保险后，由于不用自己支付医疗费用或是只用支付其中的一小部分，因而具有过度使用医疗资源的强烈动机，如小病大医、延长住院时间等，成为医疗成本上升的主要原因。

（五）部分健康保险合同属于补偿性合同，保险人享有代位追偿权

健康保险中的医疗保险因大多实行费用报销方式对被保险人予以补偿，即保险人对被保险人遭受保险事故后发生的合理医疗费用，在扣除免赔额和共保部分规定的被保险人自己应承担的金额后，在最高责任限额范围内予以赔付，体现了补偿性特点。因而这种合同属于补偿性合同。

在补偿性的健康保险合同中，若被保险人遭受保险事故是由第三方的责任所造成，并依据相关民事法律规定该第三方需对被保险人予以经济赔偿的，被保险人发生医疗费用支出后，若医疗费用已经从第三方得到全部或部分赔偿，保险人则无须再给付保险金或只须给付第三方赔偿后的差额部分；若保险人已经支付了保险金而相关第三方尚未赔付，则被保险人须将向第三方的索赔权转移给保险人，由保险人代位追偿。

三、健康保险与其他保险的比较

（一）健康保险与人寿保险、人身意外伤害保险的比较

健康保险、人寿保险和人身意外伤害保险是人身保险的基本组成部分，都具有人身保险的共同特性，但又各不相同，三者之间存在着明显的区别，具体比较见表6－1。

表6－1　健康保险、人寿保险及人身意外伤害保险的比较

比较项目	人寿保险	人身意外伤害保险	健康保险
保险标的	生命	生命、身体	身体
保险事故	生存/死亡	意外伤害	疾病/意外伤害/全残
保费确定	死亡/生存概率	意外发生率	疾病/意外/全残发生率
受益人	需要指定	需要指定	被保险人本人
合同性质	定额保险	定额保险	定额/补偿保险
保险期限	多为长期	多为短期	多为短期
交费方式	趸缴/分期缴	多为趸缴	多为趸缴
免赔额	无规定	无规定	有规定
共保比例	无规定	无规定	有规定
观察期	无规定	无规定	有规定
经营主体	寿险公司	财险/寿险公司	寿险公司、此外财险公司可以经营短期健康险
投保是否需要体检	一般需要（除生存保险外）	不需要	一般需要
理赔复杂性	比较简便	比较简便	比较复杂

（二）健康保险与社会医疗保险的比较

社会医疗保险是指政府通过立法强制筹集医疗保险资金，当被保险人因疾病或非工伤需要治疗时，根据规定，通过社会医疗保险基金向其提供必要的经济补偿的一项社会保险制度。健康保险是对社会医疗保险的重要补充，二者共同提高了被保险人抵御风险的经济能力。但由于实施机制不同，二者之间存在着明显的不同（见表6－2）。

表6－2　健康保险与社会医疗保险的比较

比较项目	社会医疗保险	健康保险
保险方式	强制执行	自愿参加
立法范畴	社会立法范畴	经济立法范畴
实施性质	福利性质，非营利性	营利性
经办机构	劳动、社会保障部门	商业保险公司
经营保证	国家财政补贴政府兜底	保险公司自负盈亏
是否纳税	不纳税	纳税
保障人群	法律界定	只要符合投保条件即可
保障水平	基础保障	补充或高层次的保障
筹资方式	雇主和个人共同缴费	投保人缴费
保费计算方法	政府确定	经营机构严格精算
产品性质	补偿型	补偿型/给付型

四、健康保险的作用

健康保险作为一项重要的制度安排，通过运用风险汇聚和分散机制，可以提高被保险人抵抗健康风险的能力，提高个体和社会对健康风险管理的效率，其作用可从微观与宏观两个层面把握：

（一）微观作用

1. 对个人与家庭的作用

对于个人或家庭来说，每个人的一生中，都难免遭遇疾病风险，依靠个人或家庭的经济实力往往难以承受高额医疗费用负担，与此同时，还可能因疾病在增加医疗费用支出的同时带来收入损失。健康保险可以在一定程度上帮助被保险人缓解费用压力，使疾病得到及时的治疗，尽快恢复健康。

2. 对企业单位的作用

对于企业来讲，健康保险往往作为员工福利计划的内容，由雇主采取团体保险的形式提供。因此可以帮助企事业单位吸纳、留住优秀人才，减少雇员流动，提高其工作效率，培育雇员职业认同感和归属感，从而有利于促进企业的发展。

（二）宏观作用

宏观层面主要包括社会的稳定、经济的发展，健康保险的宏观作用主要表现在以下方面。

1. 促进社会稳定

健康保险使被保险人在遭受疾病后经济损失风险得以转嫁，减轻了被保险人及其家属的经济上和心理上的压力，因而可以平民怨、促和谐，真正起到了“社会稳定器”的作用。2020 年，新冠肺炎疫情暴发，健康保险行业统一行动、为社会提供有效保障，深度诠释了“社会稳定器”的内涵。

2. 促进人力资源的充分利用

人力资源是经济发展中最活跃也是最重要的因素，提高人力资源素质对促进经济发展和社会进步至关重要。劳动者身体素质的改善是人力资源素质的应有之义。健康保险提高、改善人力资源素质方面具有十分重要的作用。

3. 减轻政府财政负担

一国的医疗保障体系包括医疗服务的提供、医疗资金的筹集和医疗市场的监管。对各国政府来说，医疗资金的筹集都是一个十分重要，也是极为困难的问题。医疗资金的筹集主要来源于政府、社会及个人三个方面。健康保险能以收取保费的形式，建立保障基金，在为被保险人提供风险保障的同时，分担政府困难，缓解政府的财政压力。

五、健康保险的特殊条款

健康保险作为人身保险的一部分，同样遵守人身保险基本条款的约束；但健康保险由于有其自身特点，因此有相应的特别条款。

（一）免赔额条款

所谓免赔额也叫起付线，是指保险公司做出赔付之前被保险人先要自己承担的损失金额数。免赔额条款是对要求被保险人对保险标的损失自行承担一定金额的书面规定，是健康保险特有的条款之一。免赔额条款规定保险公司只对超过免赔额部分的损失负责，免赔额以下部分的损失，由被保险人自己承担。如某费用报销型的医疗保险责任为：“对被保险人住院医疗费用，超过人民币 100 元以上部分，按照 80% 的比例给付”，这里的 100 元就是该保险合同的免赔额。

免赔额条款的意义在于加强被保险人的责任心，同时也是为了减少小额赔款带来的成本，这种规定对保险公司和被保险人都有利。对保险公司而言，免赔额能消除许多小额索赔，减少保险理赔成本，从而降低保险费。对被保险人来说，设定免赔额有利于加强被保险人的费用意识，控制没有必要的医疗服务，在一定程度上控制医疗资源的浪费，并能够促使被保险人努力恢复身体健康。

从免赔额的性质看，健康保险合同规定的免赔额主要有两种形式，即绝对免赔额与相对免赔额；按照免赔额的计算方式又可分为单一赔款免赔额、全年免赔额和集体免赔额三种。

（二） 比例给付条款 （共保比例条款）

给付比例条款在费用报销型的健康保险中比较常见，它要求被保险人和保险公司按一定的比例共同承担医疗费用损失，即对被保险人支出的医疗费用，保险公司并不是100%的给付，而是按照一定的比例来给付，需要被保险人自己承担一部分费用。

规定给付比例条款的目的也是为了让被保险人承担一定的损失成本，加强费用控制意识，减少道德风险的影响。当然，保险公司与投保人各自承担的比例要遵循合理的原则。国际上，保险公司的给付比例一般在80%左右，被保险人自付20%左右。

给付比例的确定一般有三种方式：（1）固定给付比例，对被保险人的报销比例有一个统一标准。（2）累进给付比例，即将医疗费用分成几段，支出费用越大，给付比例越高。（3）协商给付比例，这种方式多见于团体健康保险，由保险公司和投保单位根据实际情况协商确定，最高不超过100%。

（三） 给付限额条款

所谓给付限额是当保险事故发生时保险公司承担给付金额的最高限额。给付限额条款是指保险公司对此以书面的形式进行规定，即保险公司对被保险人的医疗费用的补偿有最高限额的限制。一般来说，疾病保险多采取定额给付方式，而在费用报销型的医疗保险中则通常有给付限额的限制，需要注意的是补偿限额是累计计算还是分项计算。如果是累计计算，则被保险人发生的各项治疗费用都计入赔付计算基数，保险公司按照被保险人的整体实际医疗费用支出按比例给付，最高不超过投保时约定的保额；若是分项计算，则是指对药品费、住院费、检查费、手术费等费用项目分别设定最高给付限额，实际补偿的金额通常要少于累计计算的补偿金额。

（四） 观察期条款

观察期条款是健康保险合同特有的条款，在人寿保险、人身意外伤害保险合同中没有此项条款。所谓观察期是指从健康保险合同生效日开始后一定时期内，对被保险人因疾病所致的医疗费用支出、收入损失以及身故等保险事故，保险公司不承担责任。观察期结束后保险公司才按照约定的内容承担保险责任，因此，观察期也可以称为免责期。

设定观察期条款的主要目的是防止被保险人为了获取保险金而带病投保的行为。根据保险原理，要求被保险人在投保健康保险时，身体应该没有任何疾病，但由于保险公司对被保险人身体健康状况的了解仅限于被保险人自己的介绍，即使体检也不能全面、准确地反映被保险人的身体状况，如果被保险人带病投保又不如实告知，保险公司是很难判断和甄别的。于是，从理论上做了一个假设，即被保险人在合同生效后的一段时间（如90天、180天、360天不等）内，如果因疾病导致保险事件的发生，保险人可以假定该疾病是在投保时就已经存在，故不负责任；如果是在合同生效一段时间后发生因疾病而导致的费用支出，则假定为投保后所患疾病，保险人对此承担保险责任，这段时间即为观察期。

（五） 止损条款

在高额医疗保险中被保险人按共保比例分摊的部分仍可能超过自己的支付能力，因此大多数高额医疗保险保单引入止损条款来限制由被保险人必须支付的金额。止损条款的基本内容是指：当被保险人支付的免赔额和共保额达到规定的止损额以后，保险人将承担超过止损额以上的全部医疗费用。

（六）免赔期条款

免赔期条款与免赔额条款相类似，在津贴补偿型的医疗保险、失能收入损失保险和护理保险中较常见。所谓免赔期条款是指被保险人在合同中约定的一段时间内发生的医疗费用、收入损失或是护理费用，保险人不予补偿。其目的与免赔额条款的规定相同，一方面是控制道德风险的发生，鼓励被保险人积极恢复身体健康，减少不必要的医疗服务；另一方面，可以使保险公司有效控制理赔成本，保证经营的稳定性。

（七）赔付期限条款

赔付期限条款与赔付限额条款相类似，在津贴补偿型的医疗保险、失能收入损失保险和护理保险中较常见，赔付期限条款的基本内容是指被保险人在保单年度内发生保险事故（无论是一次还是多次）后，保险公司对其保险金支付最长时间的规定，超过规定期限后，即使被保险人在保单有效期内继续发生了医疗或护理成本，或是依然存在收入损失，保险人也不予补偿。

（八）保证续保条款

保证续保条款是指在满足一定条件后，保险公司必须按合同条款保证被保险人续保权的一种规定，多见于短期健康保险。在我国，也有不少保险公司推出了含有保证续保条款的健康保险产品。由于短期健康保险的保险期限只有 1 年，第二年续保时保险公司可以针对被保险人的身体状况进行评估，如发现已经患病或曾经发生保险金赔付，可以除外责任的方式不再承保已患疾病的风险，也可以对身患严重疾病的被保险人谢绝继续承保的请求。保证续保条款的设置保障了被保险人续保的权利，消除了被保险人对短期健康保险产品“只保健康、不保疾病”的担忧。

“保证续保”也并非无条件的保证，一般来说，“保证续保”包含两个方面的限制条件：一是要连续投保满一定时间，一般为连续投保满 3 ~ 5 年后才具有申请“保证续保”的资格。二是规定了保证续保的最高年龄，一般来说，超过 65 周岁就没有保证续保的资格。

第二节　健康保险的种类

一、健康保险的一般分类

按照不同的分类标准，可以对健康保险进行不同形式的分类，以下是健康保险比较常见的几种分类形式。

（一）按照保险金给付方式分类

健康保险按给付方式分为定额给付型、费用补偿型和住院补贴型，常见险种见图 6 - 1。

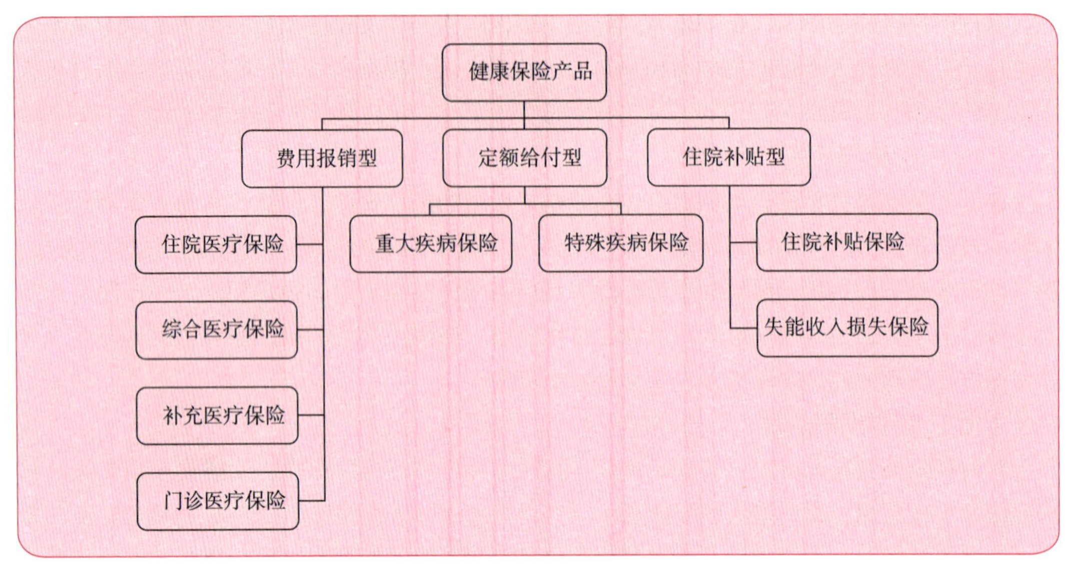

图 6－1　健康保险产品分类

1. 定额给付型

定额给付型是指保险金额是投保双方在签订合同时就已经确定，当被保险人初次患有保险合同规定的疾病，并经保险公司指定的医疗机构确诊，保险公司将按照合同规定向被保险人一次性给付保险金，保险合同终止或该项保险责任终止。在此之后，对于所患疾病的治疗无论发生多少医疗费用，保险公司将不再承担责任。这种形式的健康保险险种一般不考虑被保险人的实际医疗费用支出，而且与社会医疗保险的费用也不发生矛盾，但存在保障是否充分的问题。

2. 费用补偿型

费用补偿型又称为费用报销型，是指保险公司根据被保险人实际支出的各项医疗费用，按照健康保险合同约定的比例报销，但不能超过该险种规定的保险金额。如果被保险人的医疗费用通过社会医疗保险或其他途径报销，那么保险公司仅补偿其差额部分。这是目前最为常见的健康保险形式。

3. 住院补贴型

住院补贴型是指保险公司针对被保险人实际住院天数，根据合同规定的每天补贴标准给付保险金的一类健康保险产品。住院补贴型保险产品的特点主要是补贴金额的给付不考虑实际医疗费用的支出，只是根据实际住院天数提供补贴。需要注意的是，大多数住院补贴型保险对每次住院最多给付天数都有严格的限制，一般不能超过 180 天，如住院安心保险等。可见，住院补贴型保险产品是一种其保险金的给付与被保险人实际发生的医疗费用无关，保险公司按照合同规定的补贴标准，向被保险人按次、按日或按项目给付保险金。

（二） 按照投保方式分类

个人保险和团体保险不是具体的保险险种，只是不同的投保方式。按照投保方式的不同，可将健康保险分为个人健康保险与团体健康保险。

1. 个人健康保险

个人健康保险是指为满足个人和家庭需要，以个人作为投保人的保险。

2. 团体健康保险

团体健康保险是指以投保单位的所有人员为被保险人，以团体的名义投保，由保险公司签发一张总保险单，为投保团体的成员提供健康保险保障的保险。

3. 团体健康保险与个人健康保险的比较

与个人健康保险相比，团体健康保险具有明显的特点，主要表现为以下方面。

（1）低成本。与个人保险相比，团体保险更节省成本，主要体现在：①销售成本低。因为团体保险不需要对每一个被保险人对应的代理人员提供佣金。②核保成本低。由于团体投保规模比较大，这本身就起到了风险分散的作用，而且团体中参加保险的人数比例高，因此，体检和其他一些核保要求可以适当免除。③单证印制、管理成本低。由于团体保险实行一张主保单附加被保险人名单的做法，节省了单证印制和管理的费用。

（2）低费率。保险公司并不是将团体保险的低成本完全转化为公司的经营收入，而是与投保人共同分享，表现为与之相对应的是低费率。在美国，团体保险费率一般介于个人保险费率的1/3～2/3之间。

（3）低风险。其主要体现在三个方面：①风险分散和逆选择风险小。由于团体人员规模较大，因而自然产生风险分散的作用，同时通过津贴计划和集中管理可以减少逆选择风险。②保险契约再订。由于团体健康保险一般为1年期的短期保险形式，在保险期限结束后，投保双方可根据过去的给付记录重新调整保险费率。③退保风险小。

（4）展业周期长。团体健康保险的购买属于组织购买行为，一般需要经过必需的行政程序，且团体健康保险计划的制定也需要慎重思考和研究。因此，团体健康保险的购买过程是慎重的、理性的，投保和承保过程是程序化的、长时间的，这意味着团体健康保险的展业周期较之个人健康保险要长。

（5）技术要求高。众所周知，个人健康保险采用标准式合同、统一费率，相对简单。而团体健康保险在实务中通常不是按照标准条款进行，而是采取一单一费率的分散定价做法，这样一来，事实上提高了对技术的要求。

（6）享受税收优惠。在西方发达国家，团体健康保险通常是作为员工福利计划由雇主为雇员购买的，因此，雇主在购买团体健康保险时可以享受税收优惠待遇。雇员福利的税收待遇和工资的税收待遇是一样的，即福利和工资都属于雇主税前列支项目，因此雇主提供团体健康保险不会带来额外税收负担；对雇员来说，雇员福利是不必作为个人收入纳税的或者可以延期纳税（得到保险金时再缴纳相应税款），若雇员个人去购买健康保险则保费不能作为税前列支项目。

我国从2016年1月1日起在31个城市实施了商业健康保险个人所得税政策试点，2017年7月1日起商业健康保险个人所得税试点政策推广到全国范围实施。对个人购买符合规定的商业健康保险产品的支出，允许在当年（月）计算应纳税所得额时予以税前扣除，扣除限额为2 400元/年（200元/月）。单位统一为员工购买符合规定的商业健康保险产品的支出，应分别计入员工个人工资薪金，视同个人购买，按上述限额予以扣除。2 400元/年（200元/月）的限额扣除为个人所得税法规定减除费用标准之外的扣除。

（三） 按照承保条件分类

按照承保条件的不同，健康保险还可以分为以下几种。

1. 老年健康保险

老年健康保险是对身体健康但超过正常投保年龄的老年人群提供的一种健康保险，通常投保人交付的保险费高于标准保费。健康保险大多对被保险人都有年龄的限制，老年健康保险弥补了年龄限制的不足，扩大被保险人的范围。

2. 特种风险健康保险

特种风险健康保险是相对于普通健康保险而言的，承保普通健康保险中被规定除外责任的风险。特种风险健康保险是专门针对从事特殊职业的人员提供的保险。在实务中，一般采用非标准条款，实行特别费率承保。

3. 弱体健康保险

弱体健康保险是专门承保身体残废或患有严重疾病的人的健康保险。弱体健康保险收取的保险费较高，或者对被保险人重新规定保险责任。

（四） 按照续保条件分类

按照续保条件的不同，健康保险可以分为以下几种。

1. 无续保条款健康保险

无续保条款健康保险属于定期健康保险，这类险种的保单中没有续保条款，只是一个定期保险，只在合同的约定期限内提供保障，保险期限到期，保单效力自行终止。

2. 有条件续保健康保险

所谓有条件续保健康保险是指保险公司保留是否同意被保险人续保的权利，但只能根据保单载明的一个或多个特定原因拒绝续保，且不得与被保险人的健康状况有关。拒绝续保必须是针对整体保单或同一类的全部被保险人。有条件续保健康保险赋予保险人提高保险费率的权利。

3. 保证续保健康保险

保证续保健康保险是指保证被保险人续保至特定时期或年龄为止，保险公司可根据被保险人的年龄调整保费，但调整权必须针对同一类别的所有保单而非个别保单进行。

4. 不可撤销健康保险

不可撤销健康保险是指保险人不得要求被保险人解约，只要被保险人预交一定金额的保险费，就有权续保至约定年数或约定年龄，保险人不得以任何理由增加保险费率。不可撤销健康保险人承担的风险较大，因此费率也较高。

二、我国健康保险的种类

我国健康保险主要包括疾病保险、医疗保险、失能收入损失保险、护理保险和医疗意外保险等。

（一）疾病保险

疾病保险是指以保险合同所约定疾病的发生为给付保险金条件的保险。只要被保险人在保险期限内初次被诊断为保险条款中列明的某种疾病，无论是否发生了医疗费用或发生了多少医疗费用，被保险人都可以获得保险金的给付。疾病保险只需被保险人提供指定医疗机构出具的病情诊断书，保险公司将据此给付保险金。

1. 疾病保险的特点

与健康保险其他类型相比，疾病保险的特点主要有以下几点。

（1）保险金的定额给付。被保险人在保险期间内，初次罹患并经指定的医疗机构确诊为保险合同规定的疾病，保险公司据此并按照事先约定的保险金额给付保险金。保险公司一旦给付保险金，保险合同或保险责任终止。绝大多数疾病保险的保险金都是定额给付的，但牙科费用保险、眼科保健保险等属于费用补偿型保险。

（2）保险金的事先给付。被保险人一经被确诊罹患规定的疾病，几乎还没有发生各种费用支出时，被保险人就可以向保险公司提出索赔申请，迅速得到赔款，以保证治疗的顺利进行。

（3）理赔手续简便。由于疾病保险金的给付无须考虑实际费用多少，也就是说，疾病保险的理赔与发生费用的多少无关，因此，理赔时不需要被保险人提供原始发票，理赔手续相对简便。

（4）条件限制严格。保险人出于经营需要，一般都要对可保疾病加以严格限制。

2. 疾病保险的承保条件

构成可保疾病的，通常必须具备以下三个条件。

（1）身体内部原因的疾病。强调内部原因对人们健康构成威胁甚至危害，实质上是区分疾病保险与意外伤害保险的一个重要标准。疾病保险承保的疾病必须是由人身体内部的某种原因引发的，即是由于某个或多个器官、组织、甚至系统病变而致功能异常，从而出现各种病理表现的情况，比如肺炎会引起发烧，肠炎直接反映为腹泻等；而那些显然是由外来剧烈原因造成对身体健康的损害，应当视作伤害而非疾病，由此在保险理论上严格区分了两大险种。但实际情况是许多疾病是外部原因造成的、比如病菌的感染、气候变化影响、环境污染而致病等，这似乎又一次模糊了二者的界限，对此种情况，理论上一般认为即使基本源于外界各种因素，也必然要在身体内部经过一段时间的酝酿，引起身体内部的各种物理、化学反应的影响，才会发作、形成疾病，这与伤害是有所区别的。

（2）非先天性疾病。保险的一个重要特征就是对那些在保险期间发生的保险事故由保险人根据保险合同履行补偿或给付义务，疾病保险要求疾病发生在保险合同的效力期间。根据这样的原则，一切先天存在身体上的缺陷，比如目盲、耳聋、内脏位置异常、器官性能残缺等，都不属于疾病保险承保范围之内，对于一些由于遗传原因而形成的如先天性心脏病、遗传性精神分裂等疾病，各国的健康保险法规都有不同的规定，大多数国家将此内容判归社会险范畴，也有的地方保险人会对保险要件加以适当调整，做到灵活掌握承保原则。一些潜伏性疾病，例如遗传性结核病、性病等若无诱发因素引起发作，对人们的健康并无大碍，如果在保险效力有效期间发作，应当视作与普通疾病一样，在实务中一般列入可保范围之内。而且这种疾病与那些内脏机能自动发生变化或损伤等被当作是同一性质、同一类型的疾病，与先天残疾有着质的不同。

（3）偶然性疾病。偶然性疾病的限制来自这样的假设，即认为人生以健康为常态，以疾病为异常。因此疾病的发生应当纯属偶然，并非人们所能预料得到的；但这种偶然性疾病是可以治愈的，并不是一旦得上就无可救药。所以一般对偶然性疾病又要求其在客观上有药可治，通过各种医药手段、措施可以减轻痛苦、缓解病势并最终可以根除病患。疾病保险加入了偶然性疾病的限制就排除了那些必然发生的人身方面有损健康的各种危险，比如死亡、年老衰弱等。对那些常年卧床、以各种药物维持生命的投保人，健康保险人通常不会接受，因为这种情况甚至不符合最初关于“健康常态”的假设。对“疾病常态”的保护，保险人不但无利可图，而且还可能出现亏损。进一步而言，偶然性不但是说被保险人是否会患上某种疾病应该是不确定的，而且还包括会患上哪一种疾病也是无法预测的，甚至何时会感染乃至发作也是没有定数的。因此，保险人所提供的疾病保险对那些要防范这些风险、试图寻找健康保障的人们而言具有重大意义。与人寿保险的可保风险相比，疾病保险的保险对象具有更大的不确定性。

3. 疾病保险的种类

（1）重大疾病保险。重大疾病保险习惯上简称为重疾险，目前市场上保险公司推出的重疾险，其保险责任大都相同，主要是针对保险合同规定的重大疾病提供治疗费用上的保障。按照投保人群的不同，重疾险可分为少儿重疾险、女性重疾险、男性重疾险。也可因保险期间长短的不同，分为长期重疾险和短期重疾险。

长期重疾险根据保险期间又可分为定期和终身两种形式。所谓定期重疾险是指以被保险人在规定的年龄内（一般为70周岁），即为保险期限，如罹患合同规定的重大疾病，保险公司给付保险金，合同终止；如果被保险人在保险期间内身故，保险公司给付身故保险金，合同终止；如果被保险人至70周岁仍健在，保险公司将所交保费无息如数返还，合同终止。因此，定期重疾险属于返还型重疾险。

终身重疾险是指保险期间没有明确规定终止时间，以被保险人身故为保险期间的终止。被保险人在保险期间内罹患合同所规定的疾病，保险公司给付疾病保险金，该保险责任终止；当被保险人身故时，保险公司还将给付死亡保险金，保险合同终止；如果被保险人因其他原因身故，保险公司给付死亡保险金，保险合同终止。

由此可见，定期重疾险与终身重疾险虽都属于长期重疾险，但二者之间存在着明显的不同（见表6-3）。

表6－3　定期重疾险与终身重疾险的区别

比较内容	定期重疾险	终身重疾险
保险期间截止时间	以被保险人的某个年龄为截止时间，如70周岁	以被保险人的死亡为截止时间
初次罹患疾病的时间	在合同规定的年龄内	没有时间规定
保险责任	一经确诊为规定的疾病，给付保险金，保险合同终止	①一经确诊为规定的疾病，给付保险金，该项保险责任终止；②被保险人死亡，给付死亡保险金，保险合同终止
适合投保人群	比较适合年长人投保	比较适合年轻人投保

短期重疾险的保险期间为1年。经过一定等待期，在保险期间初次罹患合同约定的重大疾病，保险公司给付保险金，该项下的给付责任终止。与长期重疾险不同的是，短期重疾险采用自然保险费率，即随着年龄的增加，保费逐渐提高。

一般情况下，长期重疾险作为主险种可单独投保，短期重疾险既可以单独投保，也可以作为附加险投保。

（2）特种疾病保险。特种疾病保险是专门为被保险人因患上某种特种疾病，保险公司提供保险保障的一种保险业务，如癌症保险、特殊情况下的艾滋病保险等。

目前，我国健康保险市场上的重疾险产品很多，除了《重大疾病保险的疾病定义使用规范》（2007）中规定的25种重大疾病，保险公司为了增加市场竞争，也自行添加了一些其他疾病进行承保。

专栏6－2

哪些疾病属于重大疾病？

2007年4月3日，中国保险行业协会与中国医师协会联合颁布的《重大疾病保险的疾病定义使用规范》对重大疾病的范围进行了统一规定，具体包括25种疾病，其中1~6种疾病为核心疾病，是各重大疾病保险必保疾病，分别是：

- 恶性肿瘤（不包括部分早期恶性肿瘤）；
- 急性心肌梗塞；
- 脑中风及后遗症——永久性的功能障碍；
- 重大器官移植手术或造血干细胞移植术——须异体移植；
- 冠状动脉搭桥术——须开胸手术；
- 终末期肾病（又称慢性肾功能衰竭尿毒症期，须透析治疗或肾脏移植手术）；
- 多个肢体缺失——完全性断离；
- 急性或亚急性重症肝炎；

- 良性脑肿瘤——须开颅手术或放射治疗；
- 慢性肝功能衰竭失代偿期（不包括酗酒或药物滥用所致）；
- 脑炎后遗症或脑膜炎后遗症——永久性功能障碍；
- 深度昏迷（不包括酗酒或药物滥用所致）；
- 双耳失聪——永久不可逆；
- 双目失明——永久不可逆；
- 瘫痪——永久、完全；
- 心脏瓣膜移植术——须开胸手术；
- 严重阿尔茨海默病——自主生活能力完全丧失；
- 严重脑损伤——永久性功能障碍；
- 严重帕金森病——自主生活能力完全丧失；
- 严重Ⅲ度烧伤——至少达体表面积的 20%；
- 严重原发性肺动脉高压——有心力衰竭表现；
- 严重运动神经元病——自主生活能力完全丧失；
- 语言能力丧失——完全丧失且经积极治疗至少 12 个月；
- 重型再生障碍性贫血；
- 主动脉手术——须开胸或开腹手术。

（二） 医疗保险

医疗保险又称医疗费用保险，是指以保险合同约定的医疗行为的发生为给付保险金条件，为被保险人接受治疗期间支出的医疗费用提供保障的保险，医疗保险是健康保险的基本保险。

1. 医疗保险的特点

医疗保险的特点主要包括以下几个方面。

（1）承保范围与给付规定。在理赔中，保险公司将严格区分被保险人所支付的各种医疗费用，原则上保险公司只对被保险人因疾病治疗支出的直接费用予以补偿，对间接支出的费用如误工费、伙食费等不承担补偿责任。为避免发生纠纷，通常保险公司在保险合同中详细列明能够承担的保险责任。由于医疗保险产品具有相当的灵活性，不同的医疗保险合同中保险责任和除外责任的规定也不尽相同。

（2）保险金给付方式。医疗保险按照保险金给付方式的不同，分为费用补偿型医疗保险和定额给付型医疗保险。费用补偿型医疗保险是根据被保险人实际发生的医疗费用支出，按照约定的标准确定保险金数额的医疗保险，给付的金额不得超过被保险人实际发生的医疗费用；定额给付型医疗保险是指不论实际发生医疗多少费用，保险公司都将按照约定的金额给付保险金的医疗保险，如住院补贴医疗保险。

（3）不能重复投保。在实务中，各保险公司对医疗保险费用的补偿基本上遵循“损失补偿原则”，明确规定理赔时必须提供医疗费的原始发票或分割单，目的是防止企图通过重复保险获取额外赔款。换句话说，医疗保险只针对因病住院治疗的“实际费用”按照一定比例提供补偿，不适用“多投多保多受益”原则。

2. 医疗保险的种类

按照承保范围的不同，医疗保险可以分为以下三种，即基本医疗保险、高额医疗保险和特种医疗保险。

（1）基本医疗保险。基本医疗保险是由各种特定的被保障的医疗费用的分项赔付组成的。常见的基本医疗保险有门诊医疗保险、住院医疗保险、手术医疗保险和综合医疗保险等。

门诊医疗保险是为被保险人的门诊医疗费用提供保障的医疗保险，主要包括检查费、化验费、医药费等。门诊医疗保险的保费成本低，为大众型医疗保险，但保险公司将面临较高的道德风险，对医药费用和检查费用的控制难度较大。

住院医疗保险用以解决住院所发生的费用。住院医疗保险的费用项目主要是每天住院的床位费用、住院期间医疗费用、使用医院设备的费用、手术费用、医药费用等，住院时间长短将直接影响其费用的高低。由于住院费用比较高，为了控制道德风险，该险种合同中一般都约定每日的给付限额、免赔天数和最长给付天数等，保险人只负责承担超过免赔天数而未超过最长给付天数期间的住院费用。

手术医疗保险是为被保险人在接受手术治疗中而产生的医疗费用提供补偿保障。手术医疗保险既可作为独立险种，也可作为附加险种形式存在。

综合医疗保险是保险人为被保险人提供的一种全面的医疗费用保险，其费用范围包括门诊、住院、手术等一切费用，它实际上是前面几个险种的板块式组合。这类险种的保险费比较高。

（2）高额医疗保险。高额医疗保险又可称为大额医疗保险，是指对被保险人因疾病所致的高额医疗费用提供补偿的一种保险。与基本医疗保险不同的是，高额医疗保险的保险责任范围更为广泛，保险金额也比较高，但保险费也比基本医疗保险高。高额医疗保险可以规定一个总的赔付限额，也可以针对每一项医疗费用规定最高限额。其包括两种类型，即补充高额医疗保险和综合高额医疗保险。

补充高额医疗保险是指在基本医疗保险的基础上为那些超过基本补偿水平的医疗费用提供保障，如为社会医疗保险“封顶线”以上的费用承担保险责任的医疗保险；也可为超过基本医疗保险保障范围的医疗费用支付保险金。

综合高额医疗保险是将补偿高额医疗保险与基本医疗保险相结合的险种，它不仅为被保险人提供了充足的医疗费用保险，而且覆盖了被保险人可能发生的大多数医疗费用。高额医疗保险允许被保险人到任何注册医疗机构接受治疗。

（3）特种医疗保险。特种医疗保险是指专门为被保险人所发生的特别医疗费用提供经济保障的健康保险。特种医疗保险主要指牙科费用保险、处方药费保险、眼科保健保险、生育保险等。

牙科费用保险是指为被保险人的牙齿常规检查、牙病预防、龋齿治疗等牙齿和口腔疾病所需的医疗费用提供保险保障。基本医疗保险和高额医疗保险的保险责任都不包括为常规牙科治疗费用承担保险金给付，因此实务中，牙科费用保险通常以基本医疗保险或高额医疗保险的附加险形式存在。

处方药费保险是指专为凭医师处方才能买到的麻醉药或其他药品费用承担保险金补偿的一种保险业务。处方药费保险常见于欧美国家，中国目前还没有开办处方药费保险业务。

眼科保健保险是指专为被保险人接受常规眼科检查、视力矫正所发生的医疗费用提供补偿的保险。眼科保健保险通常也是作为基本医疗保险或高额医疗保险的附加险形式存在的。

生育保险是专门为孕产妇、胎儿或婴儿提供保险保障的一类保险业务，主要包括母婴安康保险和健康婴儿保险。母婴安康保险为身体健康的产妇及婴儿提供保险保障，自产妇即将分娩入院办理生产住院手续之日起到出院为止的期间，产妇因分娩、疾病或意外伤害死亡，或婴儿因疾病或意外伤害死亡，保险人给付保险金。健康婴儿保险是指以被保险人产下畸形儿为保险事故，向被保险人支付保险金作为抚养费用。此外，英国劳合社在世界上率先开办了多胞胎保险，如果被保险人（产妇）产下多胞胎①，则以此为条件承担保险金给付责任。

（三） 失能收入损失保险

失能收入损失保险也是健康保险的一种。所谓失能收入损失保险是指在保险期间内，被保险人因意外伤害、疾病导致工作能力暂时丧失，使其收入中断或减少，由保险公司按照约定的标准补偿其收入损失，以保障其基本生活需要的一种保险。

开办失能收入保险的目的在于缓解被保险人的经济压力。值得注意的是，投保失能收入损失保险的前提条件是，在投保时被保险人必须有固定的全职工作与收入，否则保险公司将以此为理由，谢绝投保失能收入损失保险。

1. 失能收入损失保险的特点

与健康保险的其他险种相比较，失能收入损失保险的特点是：（1）给付条件的规定。失能收入损失保险金给付的条件是被保险人在保险期间内，因疾病或意外事故导致工作能力的暂时丧失，使其收入中断或减少。由于生育、工伤事故所致的失能不属于失能收入损失保险的保险责任范畴，对此将不予提供保障。（2）给付金额的规定。失能收入损失保险所提供的保险金无法补偿被保险人的全部收入损失。事实上，收入损失保险金有最高限额的规定，该限额通常低于被保险人之前的正常收入。此规定的目的在于保障被保险人在失能期间基本生活的同时，鼓励其努力恢复健康，尽早重返工作岗位。（3）给付期间的规定。失能收入损失保险金的给付有一个时间规定，也就是所谓的给付期间，保险人在此期间内给付保险金。给付期间结束后，即使被保险人仍然不能工作或仍需要治疗，除非有其他特别约定，保险公司将不再支付保险金。根据给付期限的长短，失能收入损失保险有短期与长期之分。短期者给付期限为1～5年，给付期限超过5年的则属于长期。（4）免责期限条款规定。被保险人因疾病或意外伤害事故丧失劳动能力之后，保险公司并不是立即支付保险金，其间有一个免责

---

① 多胞胎是指一次生育中产下两个及两个以上婴儿。

期的规定。在此期间，保险公司不承担保险金给付责任。免责期之后，保险公司视被保险人丧失劳动能力的情况，决定保险金的给付。保险公司规定免责期限的目的在于：观察被保险人丧失工作能力的持续情况，以便于准确判断工作能力丧失程度；排除由于非重大伤病而导致短伤残（可能只有几天）的保险金给付。（5）免责期及给付期的规定。在失能收入损失保险合同中，通常设置了免责期条款和给付期限条款。免责期，又称等待期，是指在疾病或伤残发生之日起的一段时间内，保险公司不承担保险金给付，其目的在于避免由于非重大疾病或意外事故导致的短期劳动能力丧失的保险金给付，控制经营成本。给付期限是指给付保险金的最长期限，可以为 2 年、5 年或到 65 周岁不等。

此外，为了保障被保险人在丧失劳动能力后生活水平不受或少受通货膨胀的影响，许多失能收入损失保险险种条款中都包含有生活费用调整给付条款，即根据物价指数等指标来调整收入损失保险金的数额。在失能收入损失保险中，保险人通常承诺豁免被保险人在失能后的应交保费，保单继续有效。

2. 失能收入损失保险的种类

失能收入损失保险所提供的保险金可以一次性给付，也可以分期给付，但给付的保险金额要低于被保险人在劳动能力丧失之前的正常收入。这样规定的目的在于鼓励被保险人积极恢复健康，尽快重返工作岗位，避免故意拖延时间以诱发道德风险。根据保险金额给付的不同，可将失能收入损失保险分为定额给付与比例给付两种。

（1）定额给付。定额给付是指保险双方当事人在订立合同时，根据被保险人的收入状况协商约定一个固定的保险金额，只要其丧失工作能力，保险公司就按照合同规定，根据丧失能力的程度，分期给付保险金。

在定额给付的失能收入损失保险可以包含加保选择权给付条款，即赋予被保险人在未来收入增加时相应增加保险金额的权利。被保险人在增加保险金额时无须提供可保证明，但必须提供收入增加证明。每次加保的数额因不同保险公司的规定有所差异，但通常都会有一个约定的最大数额限制。

（2）比例给付。比例给付是指按照被保险人丧失工作能力前收入的一定比例给付保险金。例如，约定保险金给付的比例为被保险人原工资的 75%，如果被保险人在丧失工作能力前，工资收入为每月 1 200 元，那么，保险公司每月给付的保险金额为 900 元。保险人在给付保险金时，通常要扣除被保险人从其他渠道领取的任何残疾收入保险金。比例给付失能收入损失保险多见于团体保险。

（四）护理保险

护理是指由于意外伤害、疾病或先天残疾等原因，因而日常生活无法自理者需要他人的帮助或服务。所谓护理保险，是指当被保险人无法安全从事日常的基本活动，需要他人护理为保险金给付条件的保险。护理保险针对那些身体衰弱，生活不能自理或不能完全自理，需要他人辅助全部或部分日常生活的被保险人，为其在护理院、医院和家中接受的医疗护理或照顾性护理提供经济保障。护理保险虽然起步晚，但发展很快。

1. 护理保险的特点

与其他几种健康保险相比，护理保险具有其独特之处。

（1）保障的特殊性。护理保险是支付由于被保险人不能进行日常生活行为而产生的护理费用，包括专业疗养院、社区、家庭护理的费用。各家保险公司推出的护理保险保障内容不尽相同，范围宽窄不一，各有特色。例如，有些保险公司推出的护理保险的保险责任还包括：物理治疗、语言功能恢复治疗、与职业有关的治疗费用，家庭护理人员或专业护士的护理费用，成人日间护理费用，临终护理费用等。

（2）保费豁免条款。在护理保险合同中，一般都设有保费豁免条款，即在保费交纳期间内，被保险人丧失日常生活能力，并持续至观察期结束后被保险人仍无法恢复生活自理能力的，保险公司将豁免其自丧失日常生活能力之日后的各期保费。需要提醒的是：如果投保时投保人已经一次性交清保费，被保险人在其后丧失日常生活自理能力，不适用保费豁免条款。保费豁免期间，如果被保险人恢复日常生活能力，投保人自被保险人被确定恢复日常生活能力时起，继续交纳以后各期保险费。

（3）保险期限长。护理保险合同规定的保险期限一般可以续保到某一特定年龄，甚至可以终身续保，即使被保险人在保险期限内身体状况恶化，保险人也不得以此为由拒绝续保，但可以在保单更新时提高费率，这对被保险人来说无疑是保障责任的扩充，但对保险公司而言，意味着可能承担更大的风险。

2. 保险人承担保险责任的条件

护理保险是指保险人为被保险人在符合条件的情况下，承担各种护理服务费用。这些条件主要包括以下几项，需要说明的是这些条件并不要求同时满足。

（1）日常活动不能自理。在美国，护理保险金给付条件仅限于被保险人生活无法自理，必须他人的照料。目前，美国各保险公司所推出的护理保险产品所指的日常活动主要包括：吃饭、洗澡、穿衣、大小便、自制能力、移动、服药。如果被保险人无法从事上述活动中的任意两项，即被认为是生活无法自理。对于心智不健全者，也被认为是生活无法自理。

（2）医学上的必要性。若被保险人在专门康复院或医院接受专业护理服务，保险公司通常要求此举必须具有医学上的必要性，该规定旨在最大限度地控制被保险人为获取护理保险金而接受护理服务的道德风险。

（3）认知能力障碍。在执行日常活动不能完全自理标准时可能会出现一些特殊情况，即对老年痴呆症患者或其他有认知能力障碍的人，即使他们可以从事某些日常活动，但仍属于需要护理的对象，有些保险公司也将认知能力障碍作为保险金给付条件之一。

3. 保险金的给付

为了控制赔付成本，护理保险保单对保险金的给付会规定一些限制性条件，一般包括给付时间限制与给付水平限制。

（1）给付时间限制。给付时间限制包括免责期和给付期限的规定。免责期是指保单生效后保险公司不履行保险责任的时间，在一段时间内，即使被保险人接受了护理服务而且符合领取保险金的条件，保险公司仍不予给付保险金。给付期限是指被保险人能够领取保险金的最长时间，通常在两年至终身之间的任何期限。有的护理保险产品还对护理院护理、医院护理和家庭护理分别规定了不同的给付期限。

（2）给付水平限制。所谓给付水平限制，是指针对不同的护理项目，对给付的金额有所限制。为了限制给付水平，保险公司一般在保险条款中列出不能自理的日常活动项目，如饮食、沐浴、穿衣等，采用梯形结构计算给付数额。例如，所有日常活动不能自理者给付100%保险金；3～5项日常活动不能自理者给付50%保险金等。此外，条款中还有对既往病症的限制性规定，即在保单生效之前已经存在的伤残、疾病设置一个限制期，在该限制期内被保险人因此接受护理服务而支付的费用，保险人也不承担保险责任。

护理保险金的给付形式包括定额给付型、费用补偿型和提供服务三种形式。在定额给付型保单条款中通常包含通货膨胀条款，即未来保险金的给付随生活费用的增长而有所提高。此外，为了增强护理保险的吸引力，保单中通常设置了保费豁免条款，即被保险人在住进护理院或接受保险金一定期限后，投保人可以免交续期保费而保单继续有效。

（五）医疗意外保险

医疗意外保险，是指按照保险合同约定发生不能归责于医疗机构、医护人员责任的医疗损害，为被保险人提供保障的保险。

1. 医疗意外保险的特点

医疗意外保险与医疗责任保险都与医疗风险有关系，两者均意在通过保险方式解决医疗风险带来的经济承受力。两者相互补充，有利于构建和谐医患关系，建立更好的医疗秩序。但医疗意外保险与医疗责任保险是两个不同的概念，属于不同范畴，主要有以下区别。

（1）投保人不同

就目前来看，医疗意外保险的投保人可以是患者，也可以由患者和医疗机构共同投保，而医疗责任保险的投保人是医务人员或医疗机构。

（2）保险责任不同

医疗意外保险是指在保险期间内，患者在接受诊疗过程中，因发生医疗意外导致死亡或残疾、并发症等不良后果，由保险公司按约定支付相应保险金，属于健康保险范畴。而医疗责任保险承保的是医疗机构或医务人员由于医疗事故而致患者死亡或伤残、病情加剧、痛苦增加等，受害者或其家属要求赔偿的责任风险，属于责任保险的一种。

（3）直接受益人不同

医疗意外保险的直接受益人为患者或其家属，可极大地减轻患方的经济压力。医疗责任保险的直接受益人为医疗机构或者当事医务人员。当医疗争议发生后，通过责任认定并确定赔偿后，由保险公司对医疗机构或当事医务人员进行理赔，以减少医疗争议给医疗机构或当事医务人员带来的经济损失。

（4）两者理赔程序及时间长短不同

一般来说，医疗意外保险理赔程序相对比较简单，因此理赔时间较短。而医疗责任保险需要医调委或者法院等责任认定机构认定后形成赔付，且取得支付凭证后方能获得理赔款，故而理赔时间较长。

2. 医疗意外保险的保险责任范围

医疗意外保险承担保险赔偿责任的范围限于医疗意外死亡保险金、残疾保险金、后续治疗的医疗费用，各项费用的补偿限额在医疗意外保险合同中由双方约定。医疗意外是指医患双方均无过失和过错，受现有医疗条件的限制，或因患者特殊体质而出现难以预料和防范的不良后果。医疗意外是医务人员没有主观上的过失或是故意，且不良后果的发生难以预料和防范。

3. 医疗意外保险的赔付

患者在医疗过程中出现医疗损害，除了患者过错行为导致的医疗损害外，保险公司对患者的医疗损害首先要承担赔偿责任，保证患者在第一时间能拿到保险赔付，及时进行后续治疗。如果是医务人员的过错对患者造成损害，则由医方对医疗损害依法承担赔偿责任，保险公司有权向医疗机构或医务人员进行追偿。明确医疗损害承担的过错责任原则，有助于预防和减少医疗损害。

与此同时，医疗意外险在补偿程序上无需“医疗责任”的认定，即一旦出现意外并造成患者损害，无论意外医方是否有过错和过失，投保的患方均可直接从承保的保险公司得到补偿，程序简单，有助于解决医患纠纷。

第三节 健康保险的发展

一、国外健康保险的发展

商业保险公司提供的健康保险最早起源于19世纪中期的英国，但在美国得到了迅速发展。从1850年富兰克林健康保险公司推出非致死性损伤保险，1860年旅行者保险公司开发医疗保险，到1866年美国已经有66家保险公司提供健康保险；1911年，蒙哥马利公司提出了美国商业健康保险历史上第一个团体健康保险计划。至今，美国商业健康保险已经走过了100多年的历程，目前，美国大约有1 000多家商业保险公司提供某种形式的健康保险，包括人寿保险公司、财产保险公司和健康保险公司。它们对团体或个人提供不同类型的健康保险产品。在商业健康保险中，如果被保险人不提出将保险赔付交给医疗服务提供商的要求，保险公司一般会把保险赔付直接付给被保险人。

美国的商业健康保险十分发达，社会医疗保险只覆盖少数人口，包括老年和残疾者医疗保险、贫困人群医疗保险、儿童健康保险计划、军人及家属健康保险和伤残者收入补偿保险等。其他不在社会医疗保险保障范围内的人口则主要通过各种形式的私人健康保险获得保障。这些私人健康保险形式主要有商业保险公司、非营利性医疗保险组织如蓝盾和蓝十字以及健康保险管理组织等。

专栏6－3

蓝十字与蓝盾计划

在美国,蓝十字（Blue Cross）、蓝盾（Blue Shield）组织最初出现于20世纪30年代，为受保障的员工和其他消费者提供服务，并收取保险费。作为非营利的医疗服务提供者组织，其享受免税和不受普通保险公司管理法规约束的优惠政策。蓝十字和蓝盾计划的组织要求被保险人只能到指定的医疗机构或医生处接受医疗服务，否则被保险人将自己承担昂贵的医疗费用。最初，蓝十字计划仅提供住院医疗服务，蓝盾计划提供门诊医疗服务。后来，绝大多数相互独立的蓝十字计划和蓝盾计划进行了合并，既提供住院服务也提供就诊服务。二者相互渗透、相互融合，有许多相似之处，以至于被人们统称为“蓝色计划”。

现代蓝十字—蓝盾组织几乎在各州都作为独立的实体进行运作，一些州的蓝十字—蓝盾组织不只一个。在许多州里，蓝十字—蓝盾组织占据了团体医疗费用保险市场的较大份额（50%甚至更高）。1986年，美国国会废止了蓝十字—蓝盾计划的联邦所得税豁免权。一些州则免征该计划的州保费税。在20世纪80年代中期，一些蓝十字—蓝盾实体转换成相互保险公司，部分原因是失去了以往的所得税豁免地位。从20世纪90年代开始，大量的蓝十字—蓝盾组织转换成股份保险公司，这一趋势还可能继续下去。通过创建健康维护组织、扩展到医疗保险以外的保险业务以及为自保的雇主医疗计划提供理赔服务等，许多蓝十字—蓝盾组织已经将其业务朝多元化方向发展。

二、商业健康保险的发展新动向——管理式医疗保险组织

由于传统的服务付费方式下的健康保险道德风险较严重，经营者赔付率较高，理赔成本居高不下，为有效地控制医疗费用，美国推出了一种全新的将医疗服务的提供与资金供给结合起来的管理式医疗保险模式，它代表了商业健康保险未来的发展方向。在管理式医疗保险计划中，被保险人选择医疗服务提供者的灵活性通常有所下降，在监督或管理提供者提供医疗服务的过程中，保险人会更加积极也更加有效。管理式医疗保险模式与传统服务付费方式的健康保险的比较见表6－4。

表6－4 管理式医疗保险计划和传统补偿式健康保险的比较

管理式医疗保险	传统补偿式的健康保险
鼓励或要求使用经过挑选的医疗服务提供者	对于医疗服务的提供者没有限制
将事先所协商的保费支付给医疗服务提供者	以按服务项目付费方式支付医疗服务提供者
将医疗服务提供系统与资金供给系统结合起来	资金供给系统与医疗服务提供系统相脱离
管理式医疗机构与医疗服务提供者分担风险	保险人承担全部风险
建立经济上的奖励机制来鼓励医疗服务提供者和管理式医疗加入者的费用控制	几乎没有奖励机制来控制费用
管理式医疗机构积极的制定衡量与监督医疗服务质量与妥当性的方法	保险人没兴趣或没有足够能力衡量医疗服务的质量与妥当性

按其产生的先后顺序，管理式医疗保险组织主要有：健康维护组织、优先服务提供商组织、专有服务提供商组织和自选医疗服务机构计划等组织形式。

（一） 健康维护组织

健康维护组织（Health Maintenance Organizations，HMOs）是一种合法的实体组织，它承担保健服务的融资责任，负责向特定的人群提供全面的保健服务，并就此收取固定的预付费。它或者将医疗提供与保险职能合为一体，或者通过 HMOs 与医生签订可以减少道德风险的合同。HMOs 与传统的服务付费方式下的健康保险计划的不同就在于，它拥有一个融资与服务相结合的运行机制，受其保障的被保险人通常必须接受指定医生的治疗，这些医生与其建立了雇佣或是合同关系，而服务付费方式则在选择医生（包括寻求专家帮助）方面有更大的余地；HMOs 强调预防性药物以及通过做日常检查和诊断的方式来进行早期治疗，以降低成本。

从参与人数来说，HMOs 是最大的保健管理计划组织。它的 5 种公认模式是：职员、团体、网络、个人实践协会和直接合同（大多数 HMOs 采用的都是团体模式）。这几种模式的差异主要在于 HMOs 与医师之间建立的关系不同。

1. 职员模式

在职员模式中，为 HMOs 成员服务的医务人员是 HMOs 的雇员，他们拥有固定的基本薪金，在此基础上，再根据他们的服务表现和完成的服务数量给予他们额外的奖励。

2. 团体模式

在团体模式中，HMOs 与一个提供广泛专业医疗服务的团体签订合同，该团体雇佣的（而不是 HMOs 雇佣的）医务人员为 HMOs 的成员提供医疗服务。医务人员在提供医疗服务的过程中，可以共享该医疗团体中的医疗设施和医疗记录等。该团体可以在按所有人头收费或按成本收费的基础上与 HMOs 签订合同。

3. 网络模式

在网络模式中，HMOs 与一个以上的医疗团体签订医疗服务合同。这些医疗团体既可以是提供广泛专业医疗服务的团体，也可以是提供基本医疗服务的小团体（例如家庭护理、内科、小儿科、妇产科等）。

4. 个人实践协会

个人实践协会包括由社区独立行医的大夫所组成的医生组织。这些医生以个体或团体的方式为 HMOs 的成员提供流动性医疗服务。HMOs 既可以只与单个个人实践协会建立联系，也可以与多家个人实践协会建立合作关系。

5. 直接合同模式

在直接合同模式中，HMOs 与单个医生之间保持合同关系，而不像在个人实践协会模式或在网络模式中，与医生团体建立合同关系。

在 HMOs 中，被保险人通常会在与该组织签订了合同（或者被该组织雇佣）的医生中选择全科医生。当被保险人患病时，必须到全科医生处就诊。全科医生在很大程度上决定了病人是否可以接受专家治疗，因为全科医生具有把关职能，事实上是扮演了“守门人”的角色，他们在一定程度上控制了过度医疗需求和费用。

（二）优先服务提供商组织

优先服务提供商组织（Preferred Provider Organizations，PPOs）是由健康服务提供商组成的组织。他们与雇主、保险公司、联合信托基金等签订合同，以优惠的、经协商确定的价格向接受他们保险保障的成员提供医疗保健服务。优先服务提供商组织与健康维护组织主要存在两个方面的差异：（1）采取付费服务形式。PPOs 列出各项服务的价格目录，所有优先服务提供商组织的成员都享有同等的价格服务；（2）被保险人有财务激励去使用优先服务提供商网络。他们可以自己选择医疗专家，而不是像大多数的健康维护组织计划和自选医疗服务机构计划那样由基本护理医师控制其他选择权。

（三）专有服务提供商组织

专有服务提供商组织（Exclusive Provider Organizations，EPOs）在组织形式和目的上都同优先服务提供商组织十分相似，所不同的是，专有服务提供商组织限制其成员对医疗服务提供商的选择。总体而言，被保险人在进行所有保险合同承诺的治疗时，只能选择参加专有服务提供商组织的医疗服务提供商。

（四）自选医疗服务机构计划

自选医疗服务机构计划（Point－of－service plans，POS）又称服务点计划，其在本质上并不是一个健康保健提供商。在自选医疗服务机构计划中，参加者使用提供商网络的权限受到全科医师的控制。参加者同时保留了使用网络外护理服务的权限，但此时其保障水平会相应降低。从某种意义上说，自选医疗服务机构计划又被称为开放式的健康维护组织，是美国发展最快的保健计划。

管理式健康保险模式较为复杂，四种不同模式的特征见表6－5。

表6－5　不同类型管理模式健康保险特点比较

比较项目名称	全科医生的职责	患者分担的成本	专科服务	网络外服务
HMO	成员须选择一名全科医生；医生职责是“守门人”；管理和协调服务，向专科转诊	门诊自付比例低，不承担住院费用	转诊必须经全科医生的同意	否
PPO	成员须选择一名全科医生，但不是“看门人”的角色	网络内自付比例低，网络外起付线较高	允许直接进入专科服务	是
EPO	成员不必选择一名全科医生，他不是“看门人”	门诊自付比例低，不承担住院费用	允许直接进入网络内专科服务	否
POS	成员须选择一名全科医生，医生职责是“看门人”，提供管理和协调服务，向网络内的专科转诊	网络内自付比例很低，网络外服务则需要承担较高的自付比例和起付线	网络内的转诊须经全科医生同意，或直接进入专科服务，但自付多	是

在美国，虽然医疗保健费用的支出占 GDP 的比例比任何一个国家都高，但美国也是没有实行全民健康保险制度的极少数发达国家之一。美国健康保险系统面临的主要问题是：在以竞争为特点的健康保险市场上，一方面是医疗服务成本不断上涨，但医疗服务的质量问题却越来越让人关注。与此同时，到 2007 年底，大约有 4 700 万美国人没有任何健康保险保障，约占总人口的 16%。美国的健康保险制度非常复杂，针对这些存在的问题，美国国内也在积极进行健康保险制度改革的探索。

三、我国健康保险的发展

1949 年，随着中国人民保险公司的成立，新中国开始办理商业健康保险业务，但随着 1959 年国内保险业务的停办而停办。

1982 年国内恢复保险业务后，经上海市人民政府批准，“上海市合作社职工医疗保险”于 1983 年 1 月起实施，这是国内恢复保险业务后首笔健康保险业务。后续国内市场又出现了母婴安康保险、人工流产安康保险、分娩节育保险、农民医疗保险、合资企业职工健康保险、中小学生和幼儿园儿童住院医疗保险等产品。在这一阶段，保险公司由于经验数据匮乏、产品开发技术不成熟、风险控制经验欠缺，市场主体少，提供的健康保险大多是费用型医疗保险产品，责任比较简单，保障水平有限，且只局限于在局部地区为团体提供医疗保障，业务量很小。

20 世纪 90 年代开始，我国社会医疗保险制度进入改革探索时期。与此同时，随着人民生活水平不断提高，越来越关注身体健康问题，这些都为商业健康保险提供了机遇和发展空间。在这一阶段，商业健康险的经营主体不断增加，健康保险产品不断升级，病种范围扩大。随着个人营销模式的推广，购买健康保险的客户不再局限于机关、企事业单位团体。截至 2002 年，全国各保险公司开办的医疗保险险种约 150 种，其中疾病型险种 63 款，费用型险种 51 款，补贴型险种 17 款，其他类型 20 余种。国内 15 家经营寿险的保险公司大多都推出了各自的重大疾病险种。从保障责任来看，有医疗费用型险种、津贴型险种和重大疾病类险种。医疗费用型险种设计更为细化，出现了根据医疗费用累进比例给付保险金、根据医疗项目分项设置保额或给付比例等产品。重大疾病保险的保障责任从最初的 7 种也扩展到十余种，还推出了专门针对某类疾病的保险，如防癌险，同时，女性重疾险也成为市场上的一大亮点。

进入 21 世纪后，商业健康保险从寿险公司独家经营逐步向财险公司开放，2006 年，《健康保险管理办法》颁布，多家专业健康保险公司成立。近几年来，传统健康保险业务增长平稳，健康保险借助于互联网渠道尤其是移动互联网渠道异军突起，在产品设计与营销理念上都有了长足进步，出现通过微信等自媒体平台热销的百万医疗保险、重大疾病保险等。

2020 年新冠肺炎疫情暴发后，健康保险备受关注。2020 年 1 月 26 日，银保监会发布《关于加强银行业保险业金融服务配合做好新型冠状病毒感染的肺炎疫情防控工作的通知》（银保监办发〔2020〕10 号），2 月 3 日，银保监会又针对人身险业务领域发布了《关于做好新型冠状病毒感染肺炎疫情防控人身保险服务工作的通知》。2020 年 2 月 25 日，中共中央国务院发布《关于深化医疗保障制度改革的意见》，指出力争到2030年，全面建成以基本医疗保险为主体，医疗救助为托底，补充医疗保险、商业健康保险、慈善捐赠、医疗互助共同发展的多层次医疗保障制度体系。2020年中国银保监会等13个部委联合发布的《关于促进社会服务领域商业保险发展的指导意见》指出，要提升商业保险机构参与医保服务质效，鼓励商业保险机构经办基本医保、医疗救助等，提供优质服务。鼓励商业保险机构参与国家长期护理保险试点。力争到2025年，健康险市场规模超过2万亿元，健康险发展迎来了一系列政策红利。由此可见，健康保险面临重要发展机遇，保险公司要抓住机遇，不断升级自身的经营模式和风险管理能力，为民众提供多样化、个性化的健康保障产品与服务；同时还应当加大资金投资健康服务领域，积极参与布局健康生态的未来格局。此外，保险公司还需要依托新技术，进一步扩展健康保险的服务内容和发展空间。

第四节　健康保险产品分析

目前，中国健康保险市场上经营健康保险的主体主要有人寿保险公司、财产保险公司、健康保险公司以及养老保险公司。各经营主体相继推出了各具特色的健康保险产品。本节将分别介绍几款不同典型的健康保险产品，帮助学生们更好地了解健康保险产品，并为对保单设计、产品定价等做基础性的准备。

一、中国人寿国寿康爱恶性肿瘤疾病保险（2018）

（一）一般特点

凡出生二十八日以上、六十周岁以下，身体健康者均可作为国寿康爱恶性肿瘤疾病保险的被保险人，保险费的交付方式为年交，交费期间由投保人在投保时选择。合同的基本保险金额是指保险单上载明的保险金额。合同满期年龄分为六十周岁、七十周岁和八十周岁三种，投保人可选择其中一种作为本合同的满期年龄。

（二）保险责任

1. 保险责任范围

保险期间为合同生效之日起至被保险人年满满期年龄的年生效对应日止。该产品包含恶性肿瘤保险金、特定疾病保险金、豁免保险费以及身故保险金。恶性肿瘤保险金中有首次恶性肿瘤保险金、第二次恶性肿瘤保险金和第三次恶性肿瘤保险金。该产品主要针对目前重大疾病中高发的恶性肿瘤进行专项防护，精准锁定健康风险，同时涵盖特定疾病症和豁免保费责任，保险期满未发生主合同约定的恶性肿瘤按照主附险所交保费（不计利息）给付满期保险金。

2. 观察期规定

中国人寿国寿康爱恶性肿瘤疾病保险的观察期为合同生效（或最后复效）之日起的一百八十日。在观察期内首次发生并经确诊的疾病导致被保险人初次发生并经专科医生明确诊断患本合同所指的恶性肿瘤、特定疾病，本合同终止，保险人按照本合同所交保险费（不计利息）给付恶性肿瘤保险金。在观察期之后，若为恶性肿瘤被保险人经专科医生明确诊断第二次患本合同所指的恶性肿瘤且本公司按本合同基本保险金额给付第二次恶性肿瘤保险金后，于本合同保险期间内经专科医生明确诊断第三次患该产品所指的恶性肿瘤，合同终止，保险人按照本合同基本保险金额给付第三次恶性肿瘤保险金。若为特定疾病该项责任的给付以一次为限。

（三） 除外责任

在投保期间投保人对被保险人的故意杀害、故意伤害；被保险人服用、吸食或注射毒品；核爆炸、核辐射或核污染；被保险人因本合同生效（或最后复效）时未告知的现患疾病或既往症（但该公司在承保时已知晓并做出书面认可的不在此限）导致被保险人患本合同所指恶性肿瘤或特定疾病，该公司不承担给付保险金的责任。其他的除外责任与其他健康保险产品相似，此外不再赘述。

（四） 其他特点

1. 转换年金权益

受益人在领取身故保险金时，可选择一次领取，或者将身故保险金全部或部分转换成年金领取。若转换成年金领取，转换年金领取金额根据转换年金当时本公司提供的年金领取标准确定。转换的身故保险金不得低于本公司当时规定的最低限额。

2. 投保人解除合同的处理

本合同成立后，除本合同另有约定外，投保人可以要求解除本合同。投保人要求解除本合同时，应填写解除合同申请书，并提交保险合同和投保人法定身份证明。本合同自本公司接到解除合同申请书时终止。投保人于签收保险单后十五日内要求解除本合同的，本公司在接到解除合同申请书之日起三十日内向投保人退还已收全部保险费。投保人于签收保险单十五日后要求解除本合同的，本公司于接到解除合同申请书之日起三十日内向投保人退还本合同的现金价值。在被保险人发生本合同所指恶性肿瘤或特定疾病后，投保人不得解除该合同。

二、国寿女性安康团体疾病保险条款（2018）

（一） 一般特点

国寿女性安康团体疾病保险专属于在职女性投保，保险期间一年，保障范围包括原发性宫颈癌、原发性卵巢癌、原发性乳腺癌等七种疾病以及卵巢和子宫切除。凡年龄在十六周岁至六十周岁，身体健康，能正常工作或者劳动的女性在职人员均可作为被保险人，由其所在单位作为投保人向中国人寿保险股份有限公司投保该产品，符合投保条件的在职人员必须百分之七十五以上投保，且符合投保条件的人数不低于五人。

（二） 保险责任

1. 保险责任范围

国寿女性安康团体疾病保险责任是指被保险人在保险期间内初次发生并经二级以上（含二级）医院确诊患原发性宫颈癌、原发性卵巢癌、原发性乳腺癌等七种疾病以及卵巢和子宫切除。具体情况为：被保险人在自本合同生效之日起九十日后（按本合同约定连续投保不受九十日规定的限制），初次发生并经二级以上（含二级）医院确诊患原发性卵巢癌、原发性子宫内膜癌、原发性宫颈癌，原发性输卵管癌、原发性阴道癌和子宫肉瘤六种疾病中的任何一种或者多种，保险人按该产品约定的保险金额给付保险金；被保险人自该产品合同生效之日起九十日后（按本合同约定连续投保不受九十日规定的限制），初次发生并经二级以上（含二级）医院确诊患原发性乳腺癌，保险人按本合同约定的保险金额的两倍给付保险金；被保险人自本合同生效之日起九十日后（按本合同约定连续投保不受九十日规定的限制），在二级以上（含二级）医院进行子宫全切术或卵巢切除术，保险人分别按本合同约定的保险金额的10%给付保险金，该产品合同对该被保险人的该项保险责任终止。

2. 观察期规定

本产品的观察期为90天，初次投保后被保险人于保单生效后90天的观察期内初次患上的原发性宫颈癌、原发性卵巢癌、原发性乳腺癌等七种疾病，保险人不承担保险责任，无息退还该被保险人对应的保险费。续保不受观察期条款的限制。

（三） 除外责任

因下列情形之一，本公司不承担给付保险金的责任：(1) 被保险人投保前已患有第五条所述七种疾病之一；(2) 被保险人自本合同生效之日起九十日内患第五条所述七种疾病之一；(3) 被保险人自本合同生效之日起九十日内进行的子宫全切术或卵巢切除术；(4) 被保险人自本合同生效之日起九十日内因患原发性卵巢癌、原发性子宫内膜癌、原发性宫颈癌，原发性输卵管癌、原发性阴道癌和子宫肉瘤六种疾病之一或数种，并由于上述原因，进行了子宫全切术或卵巢切除术。

若被保险人初次发生并经二级以上（含二级）医院确诊同时患原发性乳腺癌和第五条第一款规定的六种癌症中的一种或多种，本公司不承担第五条第一款规定的保险责任。

（四） 其他特点

1. 被保险人的变动

(1) 投保人因所属人员变动需要增加被保险人的，应书面通知本公司，经本公司审核同意，于收取保险费的次日起开始承担保险责任。新增加的被保险人的保险期间届满日与本合同的保险期间届满日相同。(2) 投保人因被保险人离职或其他原因需要减少被保险人的，应书面通知本公司，本合同对该被保险人所承担的保险责任自通知到达时终止。对于未发生保险金给付的，本公司向投保人退还该被保险人对应的现金价值；对于已发生保险金给付或已发生本合同约定的保险事故但尚未给付保险金的，本公司不退还现金价值。(3) 如果本合同被保险人人数减少到符合参加本保险条件的在职人员总数的百分之七十五以下或五人以下时，本公司有权解除本合同，并向投保人退还本合同现金价值。

2. 地址变更

投保人住所或者通讯地址变更时，应及时以书面形式通知本公司。投保人未以书面形式通知的，本公司将按本合同注明的最后住所或者通讯地址发送有关通知。

三、平安 e 生保个人住院医疗保险（2017）

（一） 一般特点

平安 e 生保个人住院医疗保险的投保人接受首次投保年龄为 0 周岁至 65 周岁，被保险人须符合保单中的年龄要求，身体健康，可连续投保至99 周岁。平安 e 生保个人住院医疗保险的保险期限为 1 年，在被保险人投保后健康状况的变化或保险公司承担保险责任的情况下，即使投保人在上一保险期间届满后 60 日内申请重新投保，保险公司依然接受重新投保申请。投保人在投保时可以一次性全额支付保险费，也可以根据合同约定分期支付保险费。

（二） 保险责任

1. 保险责任范围

本产品的保险责任包括一般医疗保险金责任和恶性肿瘤医疗保险金责任。一般医疗保险金责任指的是在保险期间内，被保险人因遭受意外伤害事故或在等待期后因患疾病，在医院接受治疗的，保险公司需要依照约定给付保险金，包括住院医疗费用、指定门诊医疗费用、住院前后门诊急诊费用。恶性肿瘤医疗保险金责任指的是在保险期间内，被保险人在等待期后因初次确诊罹患恶性肿瘤，在医院接受治疗的，保险公司首先按照前款约定给付一般医疗保险金，当累计给付金额达到一般医疗保险金的保险金额后，再依照约定给付恶性肿瘤医疗保险金，包括恶性肿瘤住院医疗费用、恶性肿瘤特殊门诊医疗费用、恶性肿瘤住院前后门诊急诊费用。

2. 等待期限制

平安 e 生保个人住院医疗保险中的被保险人因疾病需要住院治疗、指定门诊治疗或住院前后的门诊或急诊治疗的，自本产品主险合同生效日起 30 日为等待期。被保险人在等待期内进行治疗发生的医疗费用，保险公司不承担给付保险金的责任。被保险人在等待期内确诊发生恶性肿瘤的，保险公司不承担给付保险金的责任，主险合同终止，保险公司将会退还相应保险费。以下两种情形，无等待期：（1）因意外伤害发生上述情形的；（2）投保人在上一保险期间届满60 日内重新投保本产品的。

3. 免赔额规定

本产品免赔额余额是指前次理赔经“发生的医疗费用的有效金额”抵扣剩余的免赔额。例如，假设免赔额为10 000 元，如未就诊过，则免赔额余额为10 000 元；如第一次就诊累计的“发生的医疗费用的有效金额”为8 000 元，则针对本次就诊理赔后免赔额余额为2 000 元，本次赔付为零；如第二次就诊累计的“发生的医疗费用的有效金额”为6 000 元，则针对本次就诊理赔后免赔额余额为零，本次赔付为 4 000 元。年免赔额是指一个保单年度内对应的免赔额。在社保或公费医疗报销部分，不能计入年免赔额；在其他商业保险已报销部分以及个人自付部分，只要符合本产品主险合同赔付条件的，均可以计入年免赔额。

（三） 除外责任

平安 e 生保个人住院医疗保险的除外责任与其他健康保险产品相比没有特别之处。但需要注意的是，投保人在投保前，不仅要关注除外责任条款，对保险人责任免除的规定也应当了解，例如等待期、保险责任、保险事故通知、年龄错误的规定等。

（四） 其他特点

1. 家庭保单条款

被保险人的家庭成员若与被保险人同时参保本保险，且投保人数在 3 人及以上时，可享受家庭费率。家庭成员仅指被保险人的父母、被保险人投保时具有合法婚姻关系的配偶及其子女。本产品主险合同所称的同时参保是指被保险人与其家庭成员一起同时投保本主险合同的相同保障计划，并按照约定支付保险费的过程。

2. 宽限期的规定

在保险合同 1 年的保险期间内分期支付保险费的，在支付首期保险费后，除本主险合同另有约定外，如果投保人到期未支付保险费，自保险费约定支付日的次日零时起 30 日为宽限期。如果投保人在宽限期结束之后仍未支付保险费，则保险公司自宽限期满的次日零时起不再承担保险责任，合同效力终止。

3. 合同解除条款

投保人可以申请解除保险合同，填写解除合同申请书并向保险公司提供保险合同和有效身份证件等相关资料。自保险公司收到解除合同申请书时起，本主险合同终止。自收到解除合同申请书之日起 30 日内保险公司会向投保人退还本主险合同的现金价值。

4. 保险费率的调整

投保人的保费会随其年龄增长而上升。同时，保险公司每年都会检视费率，使其反映保险公司自身的整体理赔经验和医疗通胀等在内的一系列因素。保险公司还将根据本主险合同计算费率所用的计算基础与实际情况的偏差程度，决定保险费率是否调整及调整幅度。本产品保险的费率调整针对所有被保险人，或同一投保年龄、同一投保区域等某一类人群的被保险人。在进行保险费率调整后，投保人须按调整后重新投保当时的保险费率支付保险费，保险费率调整前投保人已经支付的保险费不受影响。如果投保人不同意费率调整的，可以放弃重新投保本保险。

四、信泰百万终身护理保险（2016）

（一） 一般特点

信泰百万终身护理保险要求被保险人的年龄为出生满 30 日至 60 周岁；保险期限为终身；投保人与保险人共同约定被保险人的保险金额；投保人可选择一次全部支付保险费，也可选择分期支付保险费。分期支付保险费的，缴费期间为 5 年、10 年、15 年或 20 年。

（二） 保险责任

1. 疾病身故保险金

被保险人自合同生效之日或最后复效之日起因疾病身故的，保险公司按合同累计已交保险费（不计利息）扣除已领取的护理关爱保险金、长期护理保险金及已豁免的保险费给付疾病身故保险金，合同终止。合同累计已豁免保险费及已领取的护理关爱保险金、长期护理保险金之和达到或超过本合同累计已交保险费的（不计利息），保险公司不再给付疾病身故保险金。

2. 护理关爱保险金

被保险人自合同生效之日（或最后复效之日）起因意外伤害或自合同生效之日（或最后复效之日）之日起180日后因疾病导致其达到本产品合同约定的长期护理状态，且该状态不间断持续满180日的，保险公司按合同基本保险金额的500%向投保人给付护理关爱保险金。合同项下的护理关爱保险金仅给付一次，在给付护理关爱保险金后，本产品合同项下的护理关爱保险金责任即终止。但被保险人自本合同生效（或最后复效）之日起一百八十日内因疾病导致被保险人进入长期护理状态的，本合同终止，退还本合同累计已交保费。

3. 长期护理保险金

在被保险人领取护理关爱保险金后，被保险人长期护理状态不间断持续每满180日的，保险公司按合同基本保险金额给付长期护理保险金，直至被保险人长期护理状态中止或保险期间届满（以较早者为准）。若在合同保险期间内被保险人的身体状态和健康状况好转，不符合合同约定的长期护理状态任一情形的，则长期护理状态中止，保险公司将暂停给付长期护理保险金。若被保险人长期护理状态中止后再次进入长期护理状态，且被保险人长期护理状态不间断持续每满180日的，保险公司仍将按合同基本保险金额给付长期护理保险金，直至被保险人长期护理状态中止或保险期间届满（以较早者为准）。

4. 保费豁免条款的规定

在交费期间内，被保险人首次达到本产品合同约定的长期护理保险金给付条件的，保险公司将豁免投保人应交纳的合同规定以后的相应各期保险费。豁免的保险费视为投保人已交纳保险费。

（三）其他特点

1. 保单借款的处理

在合同有效期内，投保人可以申请并经保险公司审核同意后办理保单借款，但借款金额加上各项欠款及利息的总和最高不超过本产品合同当时现金价值的80%，每次借款期限不超过6个月。在借款期限内，利息按借款期限开始之日时保险公司最近一次已宣布的合同约定利率计算。借款及利息最迟应在借款期限届满日偿还。未能偿还的，利息将于借款期限届满之次日并入借款金额中，并以原借款期限为新的借款期限重新开始计息。在新的借款期限内，利息按原借款期限届满之次日时保险公司最近一次已宣布的本合同约定利率计算。若借款及利息在新的借款期限届满日仍未偿还的，借款金额、借款期限和利率将按前述方法重新确定。当借款本金及利息加上其他各项欠款及利息达到合同现金价值时，本产品合同终止。

2. 保险费的自动垫交的规定

投保人在投保时选择保险费自动垫交方式的，分期支付的保险费若超过宽限期仍未支付，如合同在宽限期开始前一日的现金价值扣除各项欠款及利息后的余额足以垫付到期应付保险费，保险公司将为投保人自动垫交到期应付保险费，合同继续有效，所垫交的保险费视同保单借款，并按合同约定利率计算利息；不足以垫交到期应付保险费的，不进行保险费的自动垫交。当所垫交的保险费及利息加上其他各项欠款及利息达到合同现金价值时，合同终止。投保人在保险费自动垫交开始后申请结束保险费的自动垫交的，须补交所垫交的保险费及利息。

3. 减额交清的规定

信泰百万终身护理保险合同生效满二年后，投保人可以在宽限期届满前申请办理减额交清。办理减额交清后，保险合同的基本保险金额将会减少，投保人无须再支付保险费，合同继续有效，保险责任给付金额以办理减额交清后的基本保险金额为准。办理减额交清后的基本保险金额以宽限期开始前一日的本产品合同现金价值扣除各项欠款及利息后的余额计算得出。办理减额交清后的基本保险金额不得低于保险公司规定的最低基本保险金额。

五、苏惠保 2022

“苏惠保 2022”是在苏州市政府支持下，由苏州市医保局、财政局、国资委、人社局、民政局、卫健委、金融监管局、银保监分局、医保中心、社保中心共同指导，东吴人寿主承保，中国人寿苏州市分公司、太平洋产险苏州分公司、太平洋寿险苏州分公司、平安产险苏州分公司、太平财险苏州分公司、建信人寿苏州分公司联合承保，苏州市民卡共同承办的苏州城市定制型商业补充医疗保险，属于普惠型健康保险产品。

（一） 产品亮点

（1）保障扩大升级。保障升级为四大保障，全年最高享 400 万元保障，另有 6 000 元重度恶性肿瘤住院津贴。（2）续保待遇优享。对于连续参保苏惠保的被保险人，以连续参保的首次参保时是否患有既往重症来判定是否属于“既往重症人员”，若首次参保未患有既往重症，则连续参保后均按照普通参保人员享受保障。（3）医疗保障全面。门诊住院通赔，自负合规自费涵盖。（4）罹患重症可保。患有既往重症的新参保人员除重度恶性肿瘤住院津贴责任不享受外，其他责任按 30% 比例赔付。（5）高额药械无忧。涵盖 30 种高额纯自费特药及器械，零免赔额。（6）慢病用药七折。提供高血压、糖尿病、高血脂等 50 款慢性病药品购药七折优惠，并免费送药上门。（7）医保个账可买。符合政策条件，可用医保个账往年余额购买。

（二） 保险责任

1. 门诊和住院医疗费用保险金

对符合所属基本医疗保险支付范围内的医疗费用，如未经苏州市社会基本医疗保险和大病保险报销结算的，本产品不承担保险责任。被保险人在保险期间内经苏州市社会基本医疗保险及大病保险补偿后发生的自负费用和合规自费费用合计，累计超过 3 万元的剩余部分，苏惠保按比例支付。累计给付金额达到 100 万元时，对该被保险人的该项保险责任终止。

2. 重度恶性肿瘤住院津贴保险金

被保险人初次罹患恶性肿瘤——重度在二级及以上医疗机构进行住院治疗的，按照每日 100 元给付重度恶性肿瘤住院津贴保险金。被保险人首次住院如未满 10 天，本产品保底给付 1 000 元，后续住院按照实际住院天数给付重度恶性肿瘤住院津贴保险金。对被保险人给付重度恶性肿瘤住院津贴保险金以 6 000 元为限。一次或累计赔付金额达到 6 000 元时，对该被保险人的该项保险责任终止。

3. 特定高额自费药械保险金

苏惠保特定高额自费药械费用责任无免赔额要求。保险期间内，被保险人经指定专科医生开具处方，在医疗机构或特定高额药械指定药店购买符合《苏惠保特定高额自费药械目录》支付范围的药械费用，保险公司给付该项责任保险金。累计给付金额达到 100 万元时，对该被保险人的该项保险责任终止。

4. 质子、重离子医疗保险金及 CAR－T 疗法药品保险金

（1）质子、重离子医疗保险金：保险期间内，被保险人因恶性肿瘤——重度在上海市质子重离子医院暨复旦大学附属肿瘤医院质子重离子中心内接受质子、重离子治疗的，对其所发生的合理且必要的定位及制定放疗计划费用，以及实施质子、重离子放射治疗费用（不包括床位费、化疗费等其他费用），保险公司给付该项责任保险金。（2）CAR－T 疗法药品保险金：保险期间内，被保险人经二级及以上医疗机构的指定专科医生开具处方，在 CAR－T 药品指定药店购买符合《CAR－T 药品目录》的药品费用，药品数量限 2 种，保险公司给付该项责任保险金。每项责任累计给付金额达到 100 万元时，对该被保险人的该项保险责任终止。

（三）特别约定

1. 参保条件

未参加苏州市社会基本医疗保险的人员不能享受此保障。

2. 连续参保优待

对于连续参保苏惠保的被保险人，以连续参保的首次参保时是否患有既往重症来判定是否属于“既往重症人员”。

3. 门诊和住院医疗费用保险金保障范围

对于门诊和住院医疗费用保险金，苏州社会基本医疗保险管理机构规定的属于社会基本医疗保险和大病保险范围内的项目和费用，苏惠保承担给付保险金的责任；对社会基本医疗保险和大病保险范围外的项目和费用，苏惠保不承担给付保险金的责任；对异地就医的被保险人，在苏州市外医疗机构（仅限中国大陆境内的社会医疗保险定点医院）就医，对其经苏州市社会基本医疗保险及大病保险报销后，符合本产品保障范围内的医疗费用，苏惠保予以报销。

4. 特定高额自费药械费用保险金保障范围

对于特定高额自费药械费用责任，符合《苏惠保特定高额自费药械目录》支付范围的药械费用，苏惠保承担给付保险金的责任。

5. 参保身份变化

保险期间内若被保险人停止享受苏州市社会基本医疗保险及大病保险待遇，苏惠保不承担被保险人停止待遇后发生的门诊和住院医疗费用保险金给付责任，但不会影响特定高额自费药械费用保险金、重度恶性肿瘤住院津贴保险金、质子重离子医疗保险金及 CAR－T 疗法药品保险金的赔付。

本章小结

1. 健康保险是以人的身体为保险标的，保证被保险人在遭受疾病或意外事故所致伤害时的费用或损失获得补偿的人身保险。我国《健康保险管理办法》将健康保险定义为："本办法所称健康保险，是指保险公司通过疾病保险、医疗保险、失能收入损失保险和护理保险等方式对因健康原因导致的损失给付保险金的保险。"

2. 健康保险具有不同于人寿保险等险种的特征，其有着自身的特性。具体而言，其特征为部分健康保险合同为补偿性合同因而保险人享有代位追偿权、其所面临的道德风险复杂、费率影响因素较多且具有易变性和难测性、多为短期险等。

3. 健康保险对个人、家庭和企业等用人单位乃至整个社会和国家具有重要作用。从微观来看，健康保险可以增强个人和家庭处理健康风险的经济能力，可以作为一项员工福利计划吸引和挽留企业所需要的优秀人才，培育员工职业认同感和归属感；从宏观来看，健康保险可以起到促进社会稳定、促进人力资源充分利用、减轻政府财政负担、活跃金融市场等作用。

4. 按照不同的分类标准，健康保险可分为不同的种类，其中最常见的分类方法将健康保险分为疾病保险、医疗保险、失能收入损失保险和护理保险。此外，健康保险还可以分为定额给付型、费用补偿型和住院补贴型，个人健康保险和团体健康保险，老年健康保险、特种风险健康保险和弱体健康保险等。

5. 健康保险合同中通常设有一些特殊条款，包括免赔额条款、共保比例条款、给付限额条款、观察期条款、止损条款、免赔期条款、保证续保条款等。

6. 疾病保险、医疗保险、失能收入损失保险和护理保险各有自身的特点和种类。保险人为了控制道德风险和逆向选择，维护经营的稳健性，都会在各种险种的合同中设置各种特别条款。

7. 美国健康保险开展的历史较长，且有商业保险公司、蓝十字和蓝盾计划、管理式医疗组织等机构向公众提供各种健康保险产品，且每种机构的经营各有侧重，特征不一。

本章关键词

健康保险　疾病保险　医疗保险　失能收入损失保险　护理保险　免赔额　比例给付
给付限额　道德风险　逆向选择　观察期　协调给付　既存症状　止损条款
蓝十字计划　蓝盾计划　健康维护组织　责任期限　优先服务提供商组织

专有服务提供商组织　自选医疗服务机构计划　普惠型健康保险

本章思考题

1. 简述健康保险的含义及基本特征。
2. 与其他险种相比，为什么说健康保险面临着更为严重的道德风险？
3. 试比较健康保险与人寿保险、人身意外伤害保险的异同。
4. 试比较健康保险与社会医疗保险的异同。
5. 试按照不同标准对健康保险分类。
6. 健康保险人可以按照哪几种方式对被保险人予以给付？
7. 简述健康保险的作用。
8. 试分析健康保险合同中的特别条款并解释设置这些条款的原因。
9. 试分析保险人控制来自被保险人道德风险的措施。
10. 简述我国健康保险的发展。

第七章
人身保险产品开发与费率厘定

章首语： 人身保险产品开发是保险公司经营活动的重要环节。本章介绍人身保险产品开发的基本原则、策略以及人身保险产品的创新；解析人身保险产品的定价原理，人身保险产品的定价基础是大数法则，同时也遵循收支平衡原理。本章学习的重点是人身保险产品开发与费率厘定的基本原理，影响人身费率厘定的主要因素。

第一节　人身保险产品开发

人身保险产品开发是指保险公司基于自身发展需要，根据保险市场需求及其变化状况，创造新的人身保险产品或对现有产品进行改良、组合，以适应市场需要，提高自身竞争能力的经营活动。

一、人身保险产品开发的基本原则

保险公司在进行人身保险产品开发时，应遵循以下基本原则：

（一） 市场性原则

在现代市场经济条件下，保险产品的开发必须以市场需求为导向，没有市场的需求，产品即便是开发出来也没有生命力。因此，保险公司必须以消费者的需求为导向，开发能满足消费者需要的人身保险产品。

（二） 效益性原则

经济效益是保险公司经营的重要目标，人身保险产品的开发须从效益性出发，使新产品既能满足消费者的需要，又能为保险公司带来合理的利润。坚持保险产品开发的效益性原则，必须注意处理好三个关系：第一，社会效益和自身经济效益的关系；第二，产品开发与销售推广的关系；第三，眼前利益与长远利益的关系。

（三） 合法性原则

保险产品开发必须坚持合法性原则，一般应从以下几方面考虑其合法性：一是所保风险和责任的合法性；二是保险条款和费率的合法性；三是可保利益的确定；四是保险合同的订立、履行都要符合法律和法规的规定。

（四） 规范性原则

人身保险产品的开发必须符合行业规范和保险监管的要求。保险公司应对人身保险产品开发建立规范的流程及严格的管理办法，按照监管要求进行条款逐级报批或报备，接受监管部门的监管。

（五） 国际性原则

在我国保险市场不断开放的背景下，保险公司开发人身保险产品时要注意保险产品的国际通用性，使所开发的产品既要符合我国法律，也要符合国际保险惯例，充分满足我国境内乃至境外客户的需要。

二、人身保险产品开发的策略

在激烈的市场竞争过程中，保险公司应基于公司市场定位、现有产品的特点以及公司发展战略，采取相应的产品开发策略。

（一） 产品领先策略

产品领先策略是指保险公司追求产品开发的领先性，通过尽早进入市场取得领先优势，获得较大利润。一般来说，产品开发领先的保险公司可以获得如下竞争优势：第一，取得领先地位，建立产品条款费率标准。率先开发出新产品的保险公司可以为产品条款、费率或其他活动确定标准，使后来者采纳这些标准，为后来者设置了较高的进入壁垒，加大了顾客转换成本。第二，优先控制关键资源，获得成本优势。开发领先保险公司可以优先获得稀缺资源，优先选择客户，优先进入有潜力的市场。第三，获得领先者声誉，率先建立与保户的伙伴关系。领先保险公司建立相对于竞争对手的歧异化优势，获得了领先者或开拓者的声誉，又通过先入为主效应，抢先与保户建立伙伴关系。

（二） 产品差异化策略

面对客户多样化需求或偏好，产品差异化是符合保险产品异质性、广泛性，有利于保险人优化产品结构、塑造品牌形象、实现效益最大化的有效措施。产品差异化成功的关键在于得到客户认同。保险产品开发可以从产品功能、保障对象、承保风险、品牌、费率、服务等方面实现差异化。

（三） 产品组合策略

产品组合策略是指保险公司根据市场需要和经营实力对人身保险产品组合的广度、深度和关联程度加以合理选择的策略。对于产品组合策略，可根据其宽度、深度、长度和关联度四个要素来描述。所谓宽度，是指保险公司提供的保险产品线所包含的产品大类和服务种类；所谓深度，是指保险公司所提供的某一类保险产品所具有的具体品种数量；所谓长度，是指保险公司能够提供的所有产品品目的总数；所谓关联度，是指各个保险产品线在产品的功能、服务方式、服务对象和营销方面的相关性、接近性和差异性。扩大人身保险产品组合有三个途径：一是增加保险产品组合的广度，即增加新的险种系列；二是加深保险产品组合的深度，即增加险种项目的数据，使保险产品系列化、综合化；三是保险产品广度与深度并举。

（四） 模仿产品应对策略

保险公司开发保险产品时需投入大量的人力、财力和物力，而新产品一旦投入市场，不可避免地面临被仿制的风险。模仿产品的出现对创新保险产品形成了一种挑战，不仅使创新产品的保费收入受到影响，而且使开发产品的保险公司通过努力所形成的市场竞争力受到削弱，这种挑战要求开发保险产品的公司采取针对模仿产品的策略。开发产品的保险公司可以采取的应对策略具体包括：一是利用商标保护保障保险新产品的服务品牌；二是利用有关商业秘密保护的法律法规对新产品进行保护；三是研究建立产品创新保护机制。

三、人身保险产品创新

（一） 人身保险产品创新的动因

1. 获利性创新

在市场内在规律作用下，保险业的利润平均化倾向和利润率递减是严酷的现实。因而，保险企业除了要争夺现有市场外，更热衷于去开辟新市场或寻求新的利润来源，实现利润最大化目标。

2. 技术性创新

近年来，科学技术的迅猛发展，尤其是大数据、人工智能、区块链、动态精算等新技术的应用成为保险行业发展的重要驱动力，极大地激发了保险主体创新的积极性。这些新技术使保险交易的时间缩短、空间缩小、成本降低，市场的不确定性得以改善，保险主体可以在更广泛的范围为客户提供更具吸引力的服务项目。

3. 避险性创新

转移风险、分散风险或尽可能地减轻风险是人身保险产品创新的重要动因。这个动因引发了旨在转移利率风险、减轻投资风险、增强流动性等各种产品创新。

4. 扩源性创新

保险企业所利用的资源具有非自然的属性，即所能直接利用的不是自然资源而是社会金融资源，是分散于全社会居民、企业和机构等经济主体手中的货币资金。保险企业通过创造新的产品，尽可能地吸引或争取客户，增加自己的保费收入。

（二） 人身保险产品创新取向

从我国的国情出发，考虑人身保险市场的现实需求，以保险产品创新的方式和目的为标准，目前我国人身保险产品的创新取向主要有组合型保险产品、银行保险产品、投资型保险产品、指数型保险产品、互联网型保险产品等。

1. 组合型保险产品

人身保险产品可以通过功能的互补，时间的搭配、需求的分析、层次的确定等，形成不同特色的组合方案，满足客户不同的需求。人身保险产品组合的类型主要有：（1）按条款功能组合。针对不同的保险条款所提供的不同保险责任进行组合，突出不同功能的互补作用。（2）按时间段进行组合。针对人生不同年龄段的不同需求，设计既阶段鲜明又连贯互补、重点突出的组合产品。(3) 按家庭责任组合根据家庭成员在家庭中所扮演的角色、承担的责任进行组合。(4) 按需要层次组合。依据保险需求的层次性原理，险种组合也应遵循这种分层组合的原则，适应由低到高的需求渐进规律，由浅层组合转入深层组合。

2. 银行保险产品

银行保险产品是指通过银行为保险公司销售的特定保险产品。由于银行代售的保险产品，保险公司没有直接与投保人接触，因而适合银行代售的产品不能太复杂，核保要求不高，但又要对客户有吸引力。这就要求银行保险产品既要形式简单、操作方便、适于柜台销售，又要与银行传统业务相联系，这样不但可以对银行客户更具有吸引力，还可以调动银行进行代理的积极性。在当前分业经营、分业监管的体制下，银行和保险公司可在人身保险领域合作开发以下银行保险产品：一是贷款信用保险；二是透支保险；三是保单还贷保险；四是存款人保险。

3. 投资型保险产品

投资型人身保险产品是指带有投资功能、保单责任准备金的报酬率与银行利率脱钩而与保险资金运用效果紧密联系、投资风险与收益由投保人与保险人共担的产品。因此，初期一般难以锁定保单的现金价值。随着收入水平的逐步提高和投资意识的增强，人们的资产结构发生了很大变化。人们既希望有较高的人身风险保障，更希望得到投资收益，而投资型保险产品可以满足人们的这种双重需要。目前，我国人身保险市场中的投资型保险产品主要有分红保险、变额寿险和万能寿险三类，还需要开发出更多的投资型保险产品。

4. 指数型保险产品

指数型人身保险产品是保险费和保险金随物价指数变动而调整的人身保险。因指数型人身保险的保险费和保险金的实际价值不受或少受通货膨胀的影响，因而它是抵御通货膨胀的一种重要手段。这种类型的保险产品以长期性的人寿保险为主。指数型人身保险的承保对象、保障范围、基础率（生命表、预定利率和管理费用率）的选择与同种类非指数型保险一样，只是保费和保险金均实行指数化。二者的指数化率可以相等，也可以不等。只有当保费的指数化率不低于物价年上涨率时，所交保费的购买力才不至于下降。也只有当保险金的年增长率不低于物价年上涨率时，保险金的实际价值才能不下降，才能维持预期的保障水平。

5. 互联网型保险产品

互联网型保险产品是指不同场景下，针对不同的碎片化需求，运用互联网技术创造、运营的新型定制化保险产品。互联网型保险产品具备开放、平等、协作、分享的特性，要比传统保险产品更加注重用户体验。需要注意的是，并不是所有通过互联网销售的保险产品都是互联网型保险产品。通过互联网销售保险产品只是一种营销方式，而互联网型保险产品在互联网基因的基础上，在符合保险原则的范围内，积极探索新场景、挖掘用户真实需求。互联网型保险产品以客户体验为核心，保费相对较低，保险期限一般以短期为主，保险条款简易明了，方便客户阅览和快速理解。我国人身保险市场的互联网型保险产品以互联网人寿保险为主，还涵盖了年金保险、健康保险以及意外伤害保险。

我国互联网人身保险市场运行情况

2020年3月24日，中国保险行业协会对外发布2019年度互联网人身保险市场运行情况分析报告。

一、2019年互联网人身保险市场总体情况

总体来看，2019年互联网人身保险市场发展良好，经营主体保持稳定，经过近两年的调整，互联网人身保险规模保费恢复正增长，全年累计实现规模保费1 857.7亿元，较2018年同比增长55.7%。从渠道方面来看，2019年互联网人身保险的渠道经营模式仍然呈现以第三方平台（渠道）合作为主，公司自营平台（官网）为辅的发展格局。从产品结构来看，2019年互联网人身保险业务结构持续调整，除意外险出现下滑外，寿险、年金保险和健康险均实现不同程度增长，其中健康险增幅最大。

二、2019年互联网人身保险市场新的变化

一是互联网保险监管政策进一步明晰。2019年，中国银保监会在前期征求意见的基础上，起草完成了《互联网保险业务监管办法（征求意见稿）》，开始向相关保险机构、互联网机构及部分银行机构征求意见，使互联网保险监管政策环境进一步明晰。

二是互联网人身保险规模保费再创新高。2014年至2016年，互联网人身保险迅速兴起并获得飞速发展，在经历了2017年和2018年的调整后，2019年互联网人身保险恢复增长，保费规模也再创新高，显现出长期向好的发展趋势。

三是业务结构持续调整，长期保障型业务快速发展。近两年，整个保险行业加速回归保险保障本源，各人身险公司积极调整产品业务结构，加大力度推进发展长期储蓄型和保障型保险。

四是互联网红利逐步消退，互联网人身保险市场竞争激烈。一方面，随着网络用户规模乃至整体网民数量增长率下降，互联网的流量红利正在逐渐消退，除规模保费排名前列的公司可依靠其母行或集团庞大的客户资源外，其他经营互联网业务的人身险公司借助第三方平台的获客成本越来越高。另一方面，随着保险行业加速回归保障本源及客户保险意识的逐步提升，消费者对长期保障型产品的需求日益增加，但目前互联网人身保险产品仍过于单一，医疗险、重疾险等健康保险产品的同质化问题仍未得到有效解决，价格战仍是互联网人身保险市场竞争的一种主要手段，互联网人身保险市场竞争激烈局面仍会持续。

2020年突发的新冠肺炎疫情对线下传统销售模式带来不小的冲击，各保险公司利用科技赋能，加速布局线上保险服务，推动“线上+线下”融合，提升客户体验，可能为互联网保险带来新的更大的发展机会。

资料来源：中国保险行业协会网站，http://www.iachina.cn/art/2020/3/26/art_22_104430.html.

第二节　人寿保险费的构成及计算依据

一、人寿保险费及其构成

寿险保费是寿险产品的价格，是投保人转移风险所付出的代价，也是保险人进行经营活动的物质基础。一方面，投保人通过投保，缴纳一定的保费，可以获得死亡、养老等方面的保险保障；另一方面，保险人通过获得的保费，一部分作为保险金的支付，另一部分补偿保险人在经营管理上的必要开支，使保险公司能够正常运营。通常，寿险保费由两部分组成，用于保险金给付的称为纯保费，用于保险公司经营费用的称为附加保费，纯保费与附加保费之和称为毛保费或营业保费。

早期保险费的缴纳采用自然法，即随着被保险人的年龄增加，死亡率升高，所缴纳的保险费也应增加，这种缴费方法可能使大多数人在年老时，因保费负担过重，交不起保费而失去保障。之后，出现了趸缴保费法和均衡保费法。投保人在投保时将保险费一次缴清，此保险费称为趸缴保费。由于一次缴付的数额较大，投保人难以负担，保险实务中较少采用，但在保险精算中有较重要的理论价值。保险实务中大多采用均衡保费法，所谓均衡保费法也叫分期缴费法，是在保费缴付期内，按相同的时间间隔，缴纳一定数额的保费，这个时间间隔通常是一个月、一季度、半年、一年等。这样趸缴的高额保费就被分解到这些时间间隔中，投保人可以均衡地缴纳保险费。

计算保费时应考虑三个因素：一是死亡率，这是因为人寿保险是以人的寿命为标的的保险，人的生存或死亡是给付的条件；二是利率，由于人寿保险多为长期合同，资金的收益，价值的变化是投保人、保险人都必须考虑的因素；三是费用率，经营寿险业务的保险公司所必需的各项费用开支、利润应该分摊到保费中去，所以计算保险费时要考虑费用因素。预定的死亡率、预定的利率、预定的费用率是保费计算的三要素。

人寿保险费的计算遵循收支平衡原理，也称等价原理。保险金的给付以被保人生存或死亡为给付条件，而生存与死亡在一定时期内是不确定的，所以保险金的给付是随机的，我们可以用保险金的数学期望值（平均值）代表保险金的给付，这种数学期望值又称精算现值。平衡原理如下：

纯保费的精算现值 = 保险金给付精算现值

毛保费的精算现值 = 纯保费的精算现值 + 附加保费的精算现值

= 保险金给付精算现值 + 附加保费的精算现值

二、生命表及其编制

生命表是计算人寿保险费的重要依据。生命表有不同的类型，同时也有特定的构成要素。

（一）生命表的概念及类型

生命表又称死亡表，是一定时期、一定数量的人口从生存到死亡的统计记录。它反映了整数年龄的人在整数年龄内生存或死亡的概率分布情况，是保费计算的基础之一。

生命表与人群的性别、种族等多种因素有关，不同的划分标准，可以得到不同的生命表。生命表有如下类型：

1. 国民生命表和经验生命表

国民生命表是以全体国民或特定地区的人口统计资料编制的统计表；经验生命表是寿险公司根据被保人的死亡记录所编制的生命表。国民生命表的资料来源于人口普查和抽样调查，而经验生命表的资料来源于被保险人的统计记录。由于被保人要经体检合格后才予承保，所以，国民生命表的死亡率与经验生命表的死亡率是有区别的，政府和企业可以根据国民生命表制定社会保险和退休金计划，而保险公司通常使用经验生命表。

2. 寿险生命表和年金生命表

由于逆选择，选择年金的人一般身体健康状况较为乐观，而选择寿险的人一般身体健康状况不太乐观。这两类人的死亡率是有明显区别的，寿险公司有必要对两类不同的人分别统计，从而得出寿险生命表和年金生命表。

3. 男性生命表和女性生命表

统计表明，女性的寿命要高于男性寿命，同龄男性的死亡率高于女性，分性别统计可得到男性生命表和女性生命表。保险实务中也有不分性别统计的男女混合生命表，一般男性的死亡率直接采用表中的统计数据，女性的死亡率则采用年龄倒推法来确定，但年龄很小的女性不能适用此方法。

2016 年 12 月 28 日，中国保监会正式发布了《中国人身保险业经验生命表（2010—2013）》，该生命表是对 2000—2003 版本的更新，是对国内寿险消费人群死亡率的最新反映。与 2000—2003 版本相比，2010—2013 版本的生命表有较大的改进，其中将非养老金表细分为寿险和两全类，定期寿险、终身寿险、健康保险应采用非养老类业务一表，保险期间内（不含满期）没有生存金给付责任的两全保险或含有生存金给付责任但生存责任较低的两全保险、长寿风险较低的年金保险应采用非养老类业务二表，保险期间内（不含满期）含有生存金给付责任且生存责任较高的两全保险、长寿风险较高的年金保险应采用养老类业务表，分类更加科学。

4. 选择表和终极表

由选择期内的死亡率构成的生命表称为选择表。选择表中的死亡率与选择的年龄和达到的年龄有关。经验告诉我们，相同年龄的死亡率会随着选择时间的推移而增大，但达到一定年限后，这种区别会缩小，最后忽略不计，从选择年龄时期开始到选择效果消失的时间为选择期。选择期之后的死亡统计表为终极表，死亡率只与到达的年龄有关。

表 7 -1　部分选择——终极表

选择表						终极表	
$[x]$	$q_{[x]}$	$q_{[x]+1}$	$q_{[x]+2}$	$q_{[x]+3}$	$q_{[x]+4}$	q_{x+5}	$x+5$
70	0.0175	0.0249	0.0313	0.0388	0.0474	0.0545	75
71	0.0191	0.0272	0.0342	0.0424	0.0518	0.0596	76
72	0.0209	0.0297	0.0374	0.0463	0.0566	0.0652	77
73	0.0228	0.0324	0.0409	0.0507	0.0620	0.0714	78
74	0.0249	0.0354	0.0447	0.0554	0.0678	0.0781	79
75	0.0273	0.0387	0.0489	0.0607	0.0742	0.0855	80

注：[x] 中 x 表示选择的年龄，[x] + k 表示选择后到达的年龄。

【例 7.1】选择年龄为 70 岁的人在 74 岁的死亡率为

$$q_{[70]+4} = 0.0474$$

表 7 -1 中的选择期为 5 年。

（二）生命表的构成要素

1. x：年龄，$x=0，1，2，\cdots\omega$，ω 为极限年龄。

2. l_x：生存人数，指从零岁开始到 x 岁还活着的人数，$l_\omega=0$。

3. d_x：死亡人数，指 x 岁的人在一年内死亡的人数。

$$\begin{aligned} l_1 &= l_0 - d_0 \\ l_2 &= l_1 - d_1 \\ &\vdots \\ l_{x+1} &= l_x - d_x \end{aligned} \tag{7.2.1}$$

因为生命表反映的是在封闭条件下，一群人从出生到死亡的统计表，所以有

$$l_0 = \sum_{x=0}^{\omega-1} d_x \tag{7.2.2}$$

$$l_x = \sum_{k=0}^{\omega-x-1} d_{x+k} \tag{7.2.3}$$

4. q_x：死亡率，指 x 岁的人在一年内死亡的概率

$$q_x = \frac{dx}{l_x} = \frac{l_x - l_{x+1}}{l_x} \tag{7.2.4}$$

如果用 p_x 表示 x 岁的人活过一年的概率，则

$$p_x = 1 - q_x \tag{7.2.5}$$

$$\begin{aligned} p_x &= 1 - \frac{d_x}{l_x} \\ &= \frac{l_x - d_x}{l_x} \\ &= \frac{l_{x+1}}{l_x} \end{aligned} \tag{7.2.6}$$

以${}_kp_x$ 表示 x 岁的人活过 k 年的概率，则

$$ {}_kP_x=\frac{l_{x+k}}{l_x} \tag{7.2.7}$$

$$ {}_kq_x=1-{}_kp_x=\frac{l_x-l_{x+k}}{l_x}=\frac{{}_kd_x}{l_x} \tag{7.2.8}$$

其中，${}_kd_x$ 表示 x 岁的人在 k 年内死亡的人数，${}_kq_x$ 表示 x 岁的人在 k 年内死亡的概率。

一般地

$$\begin{aligned} {}_kp_x&=\frac{l_{x+k}}{l_x}=\frac{l_{x+1}}{l_x}\cdot\frac{l_{x+2}}{l_{x+1}}\cdot\frac{l_{x+3}}{l_{x+2}}\cdots\frac{l_{x+k}}{l_{x+k-1}}\\ &=p_x\cdot p_{x+1}\cdot p_{x+2}\cdots p_{x+k-1} \end{aligned} \tag{7.2.9}$$

$$\begin{aligned} {}_kq_x&=1-{}_kp_x\\ &=1-(1-q_x)(1-q_{x+1})(1-q_{x+2})\cdots(1-q_{x+k-1}) \end{aligned} \tag{7.2.10}$$

即只要知道各年龄内的死亡概率，就可求 k 年内的死亡概率。

以${}_{k|}q_x$ 表示 x 岁的人活过 k 年，并在今后的一年内死亡的概率，即 x 岁的人在 $x+k$ 岁与 $x+k+1$ 岁内死亡的概率，则

$$ {}_{k|}q_x=\frac{d_{x+k}}{l_x}=\frac{l_{x+k}-l_{x+k+1}}{l_x}={}_kp_x-{}_{k+1}p_x \tag{7.2.11}$$

$$\begin{aligned} &=\frac{l_{x+k}}{l_x}-\frac{l_{x+k}}{l_x}\cdot\frac{l_{x+k+1}}{l_{x+k}}\\ &={}_kp_x(1-p_{x+k})\\ &={}_kp_x\cdot q_{x+k} \end{aligned} \tag{7.2.12}$$

如果以${}_{k|\,m}q_x$ 表示 x 岁的人活过 k 年并在今后的 m 年内死亡的概率，即 x 岁的人在 $x+k$ 岁与 $x+k+m$ 岁内死亡的概率，则

由以上推导有：

$$ {}_{k|m}q_x=\frac{l_{x+k}-l_{x+k+m}}{l_x}={}_kp_x-{}_{k+m}p_x \tag{7.2.13}$$

$$ ={}_kp_x\cdot{}_mq_{x+k} \tag{7.2.14}$$

5. $\mathring{e}$：表示 x 岁的人的平均余寿。

$$ \mathring{e}_x\approx\sum_{k=1}^{\omega-x-1}\frac{l_{x+k}}{l_x}+\frac{1}{2}(\text{证明略}) \tag{7.2.15}$$

【例 7.2】根据中保 2010—2013 年经验生命表（CL1）计算下列概率：

（1）40 岁的人在 20 年内死亡的概率；

（2）40 岁的人在 60 岁死亡的概率；

（3）40 岁的人活过 80 岁的概率。

解：（1）

$$ {}_{20}q_{40}=\frac{l_{40}-l_{60}}{l_{40}}=\frac{975.50893-893.24402}{975.50893}=0.08592$$

（2）

$$_{20|}q_{40}=\frac{d_{60}}{l_{40}}=\frac{893.24402-885.061011}{975.50893}=0.00839$$

（3）

$$_{40}p_{40}=\frac{l_{80}}{l_{40}}=\frac{465.9146}{975.50893}=0.47761$$

【例 7.3】根据本节选择终极表，求 70 岁被选择，而现在为 73 岁的人在 3 年内死亡的概率。

解：

$$\begin{aligned}
{}_3p_{[70]+3} &= p_{[70]+3}\cdot p_{[70]+4}\cdot p_{[70]+5}\\
&= p_{[70]+3}\cdot p_{[70]+4}\cdot p_{75}\\
&=(1-q_{[70]+3})(1-q_{[70]+4})(1-q_{75})\\
&=(1-0.0388)(1-0.0474)(1-0.0545)\\
&=0.8654\\
{}_3q_{[70]+3} &= 1-{}_3q_{[70]+3}=0.13426
\end{aligned}$$

（三） 生命表的编制

生命表的编制大至分四个步骤。第一步，计算各年龄的死亡率。我们对各年龄的人分别统计，先确定期初观察的人数，再统计 1 年内各年龄死亡的人数，就可计算出各年龄的死亡率。第二步，修匀死亡曲线。将第一步计算出的死亡率在坐标中描绘成图，得到一个非光滑的曲线，这可能是异常波动产生的结果，也是不可避免的，通常这种曲线称为非修匀的死亡曲线。对非修匀的死亡曲线通过一定的方法使其成为光滑的曲线，这种曲线称为修匀后死亡曲线，修匀后死亡曲线更能真实反映实际死亡率。需要说明的是，修匀方法是精算学理论之一。第三步，增加安全系数。所谓增加安全系数，就是修匀后的死亡率加上或减去一个百分比，以此消除随机波动带来的影响。如年金生命表中的死亡率可用修匀后的死亡率减去一个百分比，而寿险生命表中的死亡率应用修匀后的死亡率加上一个百分比。增加安全系数后的死亡率即可成为生命表中的死亡率，如果确定了基期人数 l_0，则可求 l_x、d_x，将其值列成表，即为生命表。第四步，设置极限年龄。极限年龄就是被确定人群的最高寿命。达到该年龄还活着的人也认为其已经死亡。因为到达这一年龄的人已所剩无几，他们对寿险公司不产生太大的影响。

（四） 非整数年龄的寿命分布与 UDD 假设

生命表反映的是整数年龄的分布，但寿险精算中，常常还需要非整数年龄的寿命分布。计算非整数年龄的寿命分布有许多方法，本章主要介绍 UDD 假设下非整数年龄的寿命分布。

UDD 假设又称年龄内均匀分布假设，即死亡在每一年龄内均匀发生。设 $0\leqslant t\leqslant 1$，在 UDD 假设下，生命函数 $x+t$ 的值为 x 与 $x+1$ 之间的线性插值：

$$l_{x+t}=(1-t)l_x+tl_{x+1}$$

所以

$$
\begin{aligned}
{}_t q_x &= \frac{l_x - l_{x+t}}{l_x} = \frac{l_x - [(1-t)l_x + tl_{x+t}]}{l_x} = t\frac{l_x - l_{x+1}}{l_x} \\
&= t \cdot q_x
\end{aligned}
\tag{7.2.16}
$$

$$
{}_t p_x = 1 - tq_x \tag{7.2.17}
$$

$$
\begin{aligned}
{}_y q_{x+t} &= \frac{l_{x+t} - l_{x+t+y}}{l_{x+t}} \qquad (0 < t < 1,\ 0 \leqslant y \leqslant 1,\ y + t \leqslant 1) \\
&= \frac{{}_t p_x - {}_{t+y} p_x}{{}_t p_x} \\
&= \frac{(1 - tq_x) - [1 - (t+y)q_x]}{(1 - tq_x)} \\
&= \frac{yq_x}{1 - tq_x}
\end{aligned}
\tag{7.2.18}
$$

【例 7.4】 在 UDD 假设下，利用 CL1 表求（1）${}_{2.5}q_{25}$，（2）${}_{5}p_{70.25}$。

解：（1）

$$
\begin{aligned}
{}_{2.5}q_{25} &= 1 - {}_{2.5}p_{25} \\
&= 1 - ({}_{0.5}p_{25} \cdot {}_2 p_{26}) \\
&= 1 - (1 - 0.5q_{25})\ {}_2 p_{26} \\
&= 1 - (1 - 0.5 \cdot \frac{d_{25}}{l_{25}}) \cdot \frac{l_{28}}{l_{26}} \\
&= 1 - \left(1 - 0.5 \times \frac{989.71582 - 989.10715}{989.71582}\right) \times \frac{987.80295}{989.10715} \\
&= 0.00162
\end{aligned}
$$

（2）

$$
\begin{aligned}
{}_5 p_{70.25} &= {}_{0.75}p_{70.25} \cdot {}_4 p_{71} \cdot {}_{0.25}p_{75} \\
&= (1 - {}_{0.75}p_{70.25}) \cdot {}_4 p_{71} \cdot (1 - {}_{0.25}p_{75}) \\
&= \left(1 - \frac{0.75q_{70}}{1 - 0.25q_{70}}\right) \cdot {}_4 p_{71} \cdot (1 - 0.25q_{75}) \\
&= \left(1 - \frac{0.75 \times 0.027495}{1 - 0.25 \times 0.027495}\right) \times \frac{638.79715}{743.35129} \times (1 - 0.25 \times 0.48921) \\
&= 0.67259
\end{aligned}
$$

三、资金收益率

人寿保险多为长期合同，资金投资收益率是寿险费率厘定的重要依据，是保费计算的基础之一。

（一） 利息与积累函数

利息是货币资本投资的收益，这种收益是货币使用权转让给他人而获取的报酬。衡量这种收益水平的指标是利率，表示为单位资本金在单位时间所产生的利息。

1. 积累函数

设 $A(0)$ 为资本金，$A(t)$ 为资本金在 t 年的价值（或积累额），是时间 t 的函数，定义积累函数：

$$a(t)=\frac{A(t)}{A(0)} \tag{7.2.19}$$

即单位本金经过时间 t 后的积累额，由此得：

$$A(t)=A(0)\cdot a(t) \tag{7.2.20}$$

所以第一年的利率：

$$i_1=\frac{A(1)-A(0)}{A(0)} \tag{7.2.21}$$

$$=a(1)-1 \tag{7.2.22}$$

第 t 年的利率

$$i_t=\frac{A(t)-A(t-1)}{A(t-1)} \tag{7.2.23}$$

$$=\frac{a(t)-a(t-1)}{a(t-1)} \tag{7.2.24}$$

2. 单利与复利下的积累函数

(1) 单利下的积累函数。设每年的利率为 i，因为单利只对本金生息，则各年的积累额为

第一年：$A(1)=A(0)(1+i)$

第二年：$A(2)=A(1)+A(0)i$

$=A(0)(1+2i)$

$\vdots \qquad \vdots$

第 t 年：
$$A(t)=A(0)(1+it) \tag{7.2.25}$$

所以，单利下的积累函数为

$$a(t)=1+it \tag{7.2.26}$$

(2) 复利下的积累函数。复利是除了本金生息外，利息也可以生息，俗称“利滚利”。在复利下各年的积累额为

$$A(1)=A(0)(1+i)$$

$$A(2)=A(1)(1+i)$$

$$=A(0)(1+i)^2$$

$$\vdots \qquad \vdots$$

$$A(t)=A(0)(1+i)^t \tag{7.2.27}$$

所以，复利下的积累函数为

$$a(t)=(1+i)^t \tag{7.2.28}$$

显然，单利与复利下计算出的积累函数是有差别的。可以证明当 $t>1$ 时，$1+it<(1+i)^t$，这就表明，对于较长期的投资，单利下的积累低于复利下的积累。

而且，常数单利并不表明其实际利率不变，如

$$
\begin{aligned}
i_t &= \frac{a(t)-a(t-1)}{a(t-1)} \\
&= \frac{(1+it)-[1+i(t-1)]}{1+i(t-1)} \\
&= \frac{i}{1+(t-1)i} < i
\end{aligned}
$$

即单利下，实际利率随时间增加而减小。

我们再看复利下的利率。

$$
\begin{aligned}
i_t &= \frac{a(t)-a(t-1)}{a(t-1)} \\
&= \frac{(1+i)^t-(1+i)^{t-1}}{(1+i)^{t-1}} \\
&= i
\end{aligned}
$$

人寿保险费率的计算采用复利方式，保险期限越长，越有利于投保人。

3. 贴现率

利息支付的方式有两种：一种是期末支付，它是本金的增加值，如果是一年期，则利息在年末给付。如年初存入银行 100 元，一年到期获得 105 元，5 元就为利息。这种利息称为滞后利息或期末支付的利息；另一种是期初支付，它是积累额的减少额，这种利息称为贴现。如购买面额为 100 元的一年期国债，你现时支付 90 元即可买到，则本期国债的利息也是 10 元，是在 100 元的基础上的减少额，而且利息是在购买时就已获得，10 元称为贴现。

衡量贴现水平用贴现率表示，它是单位货币额在单位时间内的贴现额，如果用 d 表示贴现率，则第 t 年的贴现率为

$$d_t = \frac{A(t)-A(t-1)}{A(t)} \tag{7.2.29}$$

$$= \frac{a(t)-a(t-1)}{a(t)} \tag{7.2.30}$$

常数利率下，由公式（7.2.30）可得

$$d = \frac{(1+i)^t-(1+i)^{t-1}}{(1+i)^t}$$

$$= \frac{i}{1+i} \tag{7.2.31}$$

4. 现值与终值

由于货币的时间价值，在不同时点上，相同的货币额的价值不同。为了实现货币在时间

上的可比性，我们引入现值与终值的概念。终值是现在时期货币在未来时期的价值，现值是未来时期货币在现在时期的价值，下面讨论单位货币在复利条件下的现值和终值。

（1）终值。1 单位货币在 t 年的终值为

$$a(t)=(1+i)^t \tag{7.2.32}$$

即为 1 单位货币在 t 年的积累额。

（2）现值。未来 t 年 1 单位货币的现值为

$$S(t)=\frac{1}{(1+i)^t} \tag{7.2.33}$$

令

$$v=\frac{1}{1+i} \tag{7.2.34}$$

则

$$S(t)=v^t \tag{7.2.35}$$

我们把 v 称为折现因子，v^t 称为折现函数。

（3）贴现率与折现因子。

$$\begin{aligned} v&=\frac{1}{1+i}=1-\frac{i}{1+i}\\ &=1-d \end{aligned} \tag{7.2.36}$$

【例 7.5】某人在银行的存款为 5 000 元，求（1）在单利条件下，5 年后的积累额；（2）在复利条件下，5 年后的积累额。设年利率为 10%。

解：（1）$A(5)=A(0)(1+5i)$

$=5\,000\times(1+5\times0.1)$

$=7\,500$

（2）$A(5)=A(0)(1+i)^5$

$=5\,000\times(1+0.1)^5$

$=8\,052.55$

【例 7.6】某人进行投资，预期 10 年后可以得到收益为 100 000 元，设年利率为 6%，求其现值为多少？

解：

$$\begin{aligned} S(10)&=100\,000\times\frac{1}{(1+6\%)^{10}}\\ &=55839.48\text{ 元} \end{aligned}$$

（二）年金的现值与终值

年金是收付款的一种方法。收付款可以一次性收付，也可以分期定额收付，年金就是相等的时间间隔内的一系列的收付。给付时间间隔可以是 1 年、半年、1 个月等，下面讨论给付时间间隔为 1 年的年金现值与终值。

1. 期初付年金的现值与终值

（1）期初付 n 年定期年金现值与终值。设每年初给付 1 元，给付时间为 n 年，用 $\ddot{a}_{\overline{n}|}$ 表示该年金的现值。用 $\ddot{S}_{\overline{n}|}$ 表示该年金的终值，则

期初付 n 年定期的现值为

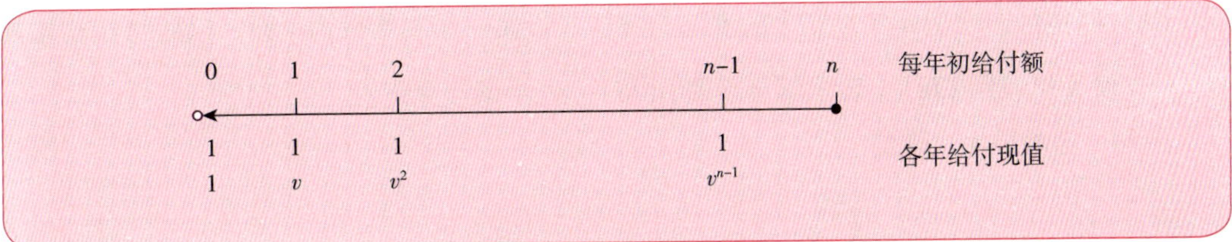

$$\begin{aligned}\ddot{a}_{\overline{n}|} &= 1 + v + v^2 + \cdots + v^{n-1} \\ &= \frac{1 - v^n}{d}\end{aligned} \tag{7.2.37}$$

期初付 n 年定期年金的终值为

0　1　n−2　n−1　n　每年初给付额

1　1　1　1

$(1+i)^n$　$(1+i)^{n-1}$　$(1+i)^2$　$(1+i)$　各年给付现值

$$\begin{aligned}\ddot{S}_{\overline{n}|} &= (1+i) + (1+i)^2 + \cdots + (1+i)^n \\ &= \frac{(1+i)^n - 1}{d}\end{aligned} \tag{7.2.38}$$

（2）期初付延期 m 年的 n 年定期年金的现值和终值。设年金额为 1，于 m 年年初开始支付，共付 n 年，用 ${}_{m|}\ddot{a}_{\overline{n}|}$ 表示该年金的现值，${}_{m|}\ddot{S}_{\overline{n}|}$ 表示该年金的终值。

期初付延期年金现值为

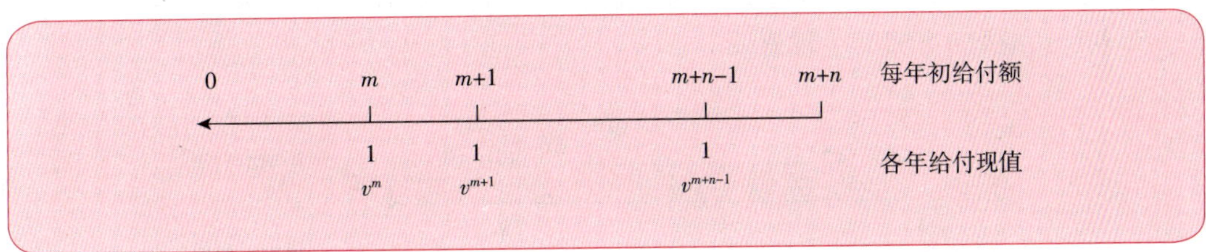

$$
\begin{aligned}
{}_{m|}\ddot{a}_{\overline{n}|} &= v^m + v^{m+1} + \cdots + v^{m+n-1} \\
&= v^m(1+v+\cdots+v^{n-1}) = v^m \ddot{a}_{\overline{n}|}
\end{aligned}
\tag{7.2.39}
$$

$$
= \ddot{a}_{\overline{m+n}|} - \ddot{a}_{\overline{m}|} \tag{7.2.40}
$$

$$
{}_{m|}\ddot{S}_{\overline{n}|} = \ddot{S}_{\overline{n}|} = \frac{(1+i)^n - 1}{d} \tag{7.2.41}
$$

（3）期初付递增型 n 年期年金的现值与终值。设第一年初给付为 1 元，以后每年初增加 1 元，支付 n 年，用 $(I\ddot{a})_{\overline{n}|}$ 表示年金现值，$(I\ddot{S})_{\overline{n}|}$ 表示该年金终值。

期初付递增型年金现值

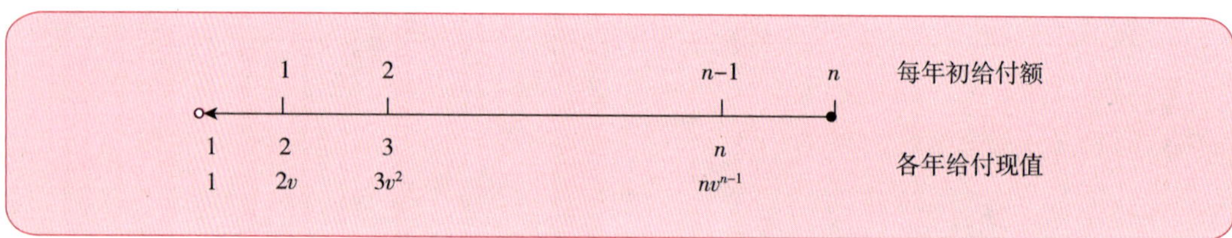

$$
(I\ddot{a})_{\overline{n}|} = 1 + 2v + 3v^2 + \cdots + nv^{n-1}
$$

两边同时乘以 v

$$
v(I\ddot{a})_{\overline{n}|} = v + 2v^2 + 3v^3 + \cdots + nv^n
$$

所以

$$
\begin{aligned}
(1-v)(I\ddot{a})_{\overline{n}|} &= 1 + v + v^2 + \cdots + v^{n-1} - nv^n \\
&= \ddot{a}_{\overline{n}|} - nv^n
\end{aligned}
$$

所以

$$
(I\ddot{a})_{\overline{n}|} = \frac{\ddot{a}_{\overline{n}|} - nv^n}{d} \tag{7.2.42}
$$

$$
(I\ddot{S})_{\overline{n}|} = (I\ddot{a})_{\overline{n}|}(1+i)^n = \frac{\ddot{S}_{\overline{n}|} - n}{d} \tag{7.2.43}
$$

（4）期初付递减型 n 年期年金现值与终值。设第一年初给付 n 元，以后每年减少 1 元，给付 n 年，用 $(D\ddot{a})_{\overline{n}|}$ 表示该年金现值，$(D\ddot{S})_{\overline{n}|}$ 表示该年金终值。

期初付递减型 n 年期年金现值

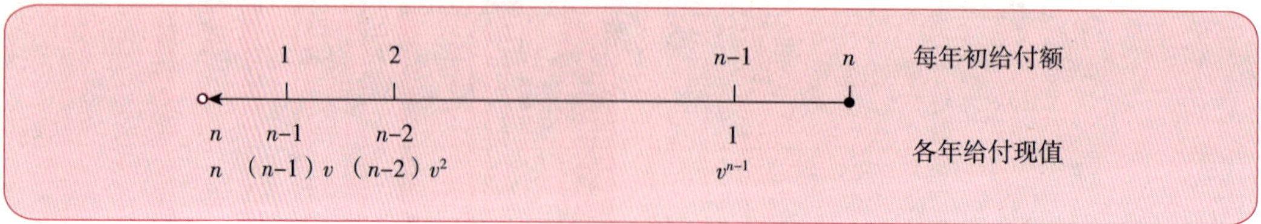

$$(D\ddot{a})_{\overline{n}|} = n + (n-1)v + (n-2)v + \cdots + v^{n-1}$$

$$v(D\ddot{a})_{\overline{n}|} = nv + (n-1)v^2 + (n-2)v^3 + \cdots + v^n$$

$$(1-v)(D\ddot{a})_{\overline{n}|} = n - (v + v^2 + \cdots + v^n)$$

$$= n - a_{\overline{n}|}$$

$$(D\ddot{a})_{\overline{n}|} = \frac{n - a_{\overline{n}|}}{d} \quad (7.2.44)$$

$$(D\ddot{S})_{\overline{n}|} = (D\ddot{a})_{\overline{n}|}(1+i)^n = \frac{n(1+i)^n - S_{\overline{n}|}}{d} \quad (7.2.45)$$

2. 期末付的年金现值与终值

与期初付年金不同的是期末付年金给付时间在期末。因期初付年金现值与终值我们给了较详细的阐述，期末付年金现值与终值的推导过程不再赘述，只给出相应公式。

（1）期末付 n 年定期年金现值与终值。

现值

$$a_{\overline{n}|} = \frac{1-v^n}{i} \quad (7.2.46)$$

终值

$$S_{\overline{n}|} = \frac{(1+i)^n - 1}{i} \quad (7.2.47)$$

（2）期末付延期 m 年的 n 年定期年金现值与终值。

现值

$$_{m|}a_{\overline{n}|} = v^m a_{\overline{n}|} = a_{\overline{m+n}|} - a_{\overline{m}|} \quad (7.2.48)$$

终值

$$_{m|}S_{\overline{n}|} = S_{\overline{n}|} = \frac{(1+i)^n - 1}{i} \quad (7.2.49)$$

（3）期末付递增型 n 年期年金现值与终值。

现值

$$(Ia)_{\overline{n}|} = \frac{\ddot{a}_{\overline{n}|} - nv^n}{i} \quad (7.2.50)$$

终值

$$(IS)_{\overline{n}|} = (Ia)_{\overline{n}|}(1+i)^n = \frac{\ddot{S}_{\overline{n}|} - n}{i} \quad (7.2.51)$$

（4）期末付递减型 n 年期年金现值与终值。

现值

$$(Da)_{\overline{n}|} = \frac{n - a_{\overline{n}|}}{i} \quad (7.2.52)$$

终值

$$(DS)_{\overline{n}|} = (Da)_{\overline{n}|}(1+i)^n = \frac{n(1+i)^n - S_{\overline{n}|}}{i} \tag{7.2.53}$$

3. 连续年金的现值与终值

如果给付区间趋于无穷小时，有

$$\begin{aligned} \bar{a}_{\overline{n}|} &= \int_0^n v^t \, \mathrm{d}t \\ &= \frac{1-v^n}{\delta} \quad [\delta = \ln(1+i)] \end{aligned} \tag{7.2.54}$$

$$\begin{aligned} \bar{S}_{\overline{n}|} &= \int_0^n (1+i)^t \, dt \\ &= \frac{(1+i)^n - 1}{\delta} \end{aligned} \tag{7.2.55}$$

$\bar{a}_{\overline{n}|}$，$\bar{S}_{\overline{n}|}$分别表示该年金的现值与终值。

【例 7.7】某人购买房屋向银行贷款 40 000 元，约定在今后 10 年等额还清，贷款年利率为 15%，求每年初的还款额。

解：设每年初的还款额为 b，则

$$b \cdot \ddot{a}_{\overline{10}|} = 40\,000$$

$$b \cdot \left(\frac{1-v^{10}}{d}\right) = 40\,000$$

$$b = 4\,582.80 \text{ 元}$$

【例 7.8】某年金在第一年初收付 300 元，以后每隔一年收付比前一年增加 100 元，直至 1 200 元止。若 $i=0.06$，求：此年金的现值。

解：此年金为

$$\begin{aligned} 200\ddot{a}_{\overline{10}|} + 100(I\ddot{a})_{\overline{10}|} &= 200\frac{1-v^{10}}{d} + 100\frac{\ddot{a}_{\overline{10}|} - 10v^{10}}{d} \\ &= 200\frac{1-v^{10}}{d} + 100\frac{\frac{1-v^{10}}{d} - 10v^{10}}{d} \\ &= 5\,345.25 \text{ 元} \end{aligned}$$

第三节　人寿保险费率的确定

一、生存年金纯保费的确定

生存年金是被保人在生存期内按年金方式获取保险金，它以被保险人存活为给付条件。与本章第一节中的年金不同之处是：后者是可以确定的，也称确定年金。而前者给付时间不能确定，要考虑被保险人生存的概率，是一种不确定年金。

（一） 生存年金的趸缴纯保费

保险金按年金方式给付，保费在投保时一次性缴纳。生存年金按给付时间可分为期初付

生存年金，期末付生存年金，连续生存年金。

1. 期初付生存年金

（1）期初付终身生存年金。设 x 岁的人投保终身生存年金，被保险人每年初获得 1 元保险金，保险金以被保险人生存为给付条件，若年金的给付现值为 $\ddot{a}_x$，则

$$\begin{aligned}\ddot{a}_x &= 1\cdot {}_0p_x + v\,{}_1p_x + v^2\,{}_2p_x + v^3\,{}_3p_x + \cdots \\ &= \sum_{k=0}^{\infty} v^k\,{}_kp_x\end{aligned} \tag{7.3.1}$$

$\ddot{a}_x$ 亦称期初付终身生存年金的精算现值。

由收支平衡原理知

生存年金的趸缴纯保费 = 生存年金给付精算现值

所以

终身生存年金的趸缴纯保费 = $\ddot{a}_x$

为了计算方便、快捷，可用换算函数计算生存年金，设：

$$D_x = v^x \cdot l_x \tag{7.3.2}$$

$$N_x = D_x + D_{x+1} + D_{x+2} + \cdots = \sum_{k=0}^{\infty} D_{x+k} \tag{7.3.3}$$

$$S_x = N_x + N_{x+1} + N_{x+2} + \cdots = \sum_{k=0}^{\infty} N_{x+k} \tag{7.3.4}$$

其中，$\infty = \omega - x - 1$，ω 为极限年龄。由式（7.3.2）、式（7.3.3）、式（7.3.4）可得下列公式：

$$S_x = \sum_{k=0}^{\infty}(k+1)D_{x+k} \tag{7.3.5}$$

$$S_x - S_{x+n} = \sum_{k=0}^{n-1} N_{x+k},\quad N_x - N_{x+n} = \sum_{k=0}^{n-1} D_{x+k} \tag{7.3.6}$$

$$N_x - D_x = N_{x+1},\quad S_x - N_x = S_{x+1} \tag{7.3.7}$$

$$N_{x+n} - D_{x+n} = N_{x+n+1}, S_{x+n} - N_{x+n} = S_{x+n+1} \tag{7.3.8}$$

$$\sum_{k=0}^{n-1}(k+1)D_{x+k} = \sum_{k=0}^{n-1} N_{x+k} - nN_{x+n} \tag{7.3.9}$$

有了这些公式，我们就可以利用换算函数表示期初付终身生存年金，由式（7.3.1）得

$$\begin{aligned}\ddot{a}_x &= \sum_{k=0}^{\infty} v^k \frac{l_{x+k}}{l_x} \\ &= \frac{1}{v^x l_x}\sum_{k=0}^{\infty} v^{x+k} l_{x+k} \\ &= \frac{1}{D_x}\sum_{k=0}^{\infty} D_{x+k} \\ &= \frac{N_x}{D_x}\end{aligned} \tag{7.3.10}$$

（2）n 年定期生存年金。设 x 岁的人购买一份生存年金，在 n 年内，被保险人每年初可获得 1 元保险金，保险金以被保险人生存为给付条件，若年金的给付现值为 $\ddot{a}_{x:\overline{n}|}$，则

$$\begin{aligned}\ddot{a}_{x:\overline{n}|} &= 1\cdot {}_0p_x + v\,{}_1p_x + v^2\,{}_2p_x + \cdots + v^{n-1}\,{}_{n-1}p_x \\ &= \sum_{k=0}^{n-1} v^k\,{}_kp_x\end{aligned} \tag{7.3.11}$$

用换算函数表示

$$\begin{aligned}\ddot{a}_{x:\overline{n}|} &= \sum_{k=0}^{n-1} v^k \frac{l_{x+k}}{l_x} \\ &= \frac{1}{v^x l_x}\sum_{k=0}^{n-1} v^{x+k} l_{x+k} \\ &= \frac{1}{D_X}\sum_{k=0}^{n-1} D_{x+k} \\ &= \frac{N_x - N_{x+n}}{D_x}\end{aligned} \tag{7.3.12}$$

（3）m 年延期生存年金。设 x 岁的人购买一份生存年金，在 m 年后，被保险人每年初可获得 1 元保险金，保险金以被保人生存为给付条件，若年金的给付现值为${}_{m|}\ddot{a}_x$，则

$${}_{m|}\ddot{a}_x = \sum_{k=m}^{\infty} v^k\,{}_kp_x \tag{7.3.13}$$

$$\begin{aligned}&= \sum_{k=0}^{\infty} v^k\cdot{}_kp_x - \sum_{k=0}^{m-1} v^k\cdot{}_kp_x \\ &= \ddot{a}_x - \ddot{a}_{x:\overline{m}|}\end{aligned} \tag{7.3.14}$$

用换算函数表示

$$\begin{aligned}{}_{m|}\ddot{a}_x &= \ddot{a}_x - \ddot{a}_{x:\overline{m}|} \\ &= \frac{N_x}{D_x} - \frac{N_x - N_{x+m}}{D_x} \\ &= \frac{N_{x+m}}{D_x}\end{aligned} \tag{7.3.15}$$

且

$$\begin{aligned}{}_{m|}\ddot{a}_x &= \frac{D_{x+m}}{D_x}\cdot\frac{N_{x+m}}{D_{x+m}} \\ &= v^m\,{}_mp_x\cdot\ddot{a}_{x+m}\end{aligned} \tag{7.3.16}$$

令 ${}_mE_x = v^m{}_mp_x$，表示精算折现因子。上式表明：在 x 岁购买的延期 m 年的终身生存年金等于在 $x+m$ 岁购买的终身生存年金的现值。

$${}_{m|}\ddot{a}_x = {}_mE_x\cdot\ddot{a}_{x+m} \tag{7.3.17}$$

m 年延期 n 年定期生存年金。

用${}_{m|}\ddot{a}_{x:\overline{n}|}$表示该生存年金现值，则

$${}_{m|}\ddot{a}_{x:\overline{n}|} = \sum_{k=m}^{m+n-1} v^k\,{}_kp_x \tag{7.3.18}$$

$$= \sum_{k=0}^{m+n-1} v^k \ {}_k p_x - \sum_{k=0}^{m-1} v^k \ {}_k p_x$$

$$= \ddot{a}_{x:\overline{m+n}|} - \ddot{a}_{x:\overline{m}|} \tag{7.3.19}$$

用换算函数表示

$${}_{m|}\ddot{a}_{x:\overline{n}|} = \ddot{a}_{x:\overline{m+n}|} - \ddot{a}_{x:\overline{m}|}$$

$$= \frac{N_x - N_{x+m+n}}{D_x} - \frac{N_x - N_{x+m}}{D_x}$$

$$= \frac{N_{x+m} - N_{x+m+n}}{D_x} \tag{7.3.20}$$

同理，类似由式（7.3.17）得

$${}_{m|}\ddot{a}_{x:\overline{n}|} = {}_mE_x \cdot \ddot{a}_{x+m:\overline{n}|} \tag{7.3.21}$$

【例 7.9】某男性在 30 岁时购买了延期 30 年的终身生存年金，使得他在 60 岁时每年年初得到 10 000 元的给付保险金，设 $i=4\%$，求该年金的趸缴纯保费。

解：该年金的趸纯保费即为该年金的现值（查 CL5 换算函数表）

$$10\ 000\ {}_{30|}\ddot{a}_{30} = 10\ 000\ \frac{N_{60}}{D_{30}}$$

$$= 10\ 000 \times \frac{1\ 428.903082}{306.097254}$$

$$= 46\ 681.343 \text{ 元}$$

【例 7.10】用两种方法求某男性的 $\ddot{a}_{50:\overline{5}|}$，$i=4\%$。

解：① 用生命表法（查 CL5 生命表）

$$\ddot{a}_{50:\overline{5}|} = \sum_{k=0}^{4} v^k {}_kp_x$$

$$= 1 + vp_{50} + v^2\ {}_2p_{50} + v^3\ {}_3p_{50} + v^4\ {}_4p_{50}$$

$$= 1 + \frac{1}{1+0.04} \cdot \frac{l_{51}}{l_{50}} + \frac{1}{(1+0.04)^2} \cdot \frac{l_{52}}{l_{50}} \cdot \frac{1}{(1+0.04)^3} \cdot \frac{l_{53}}{l_{50}} + \frac{1}{(1+0.04)^4} \frac{l_{54}}{l_{50}}$$

$$= 1 + \left[\frac{971.64392}{1+0.04} + \frac{969.37028}{(1+0.04)^2} + \frac{966.9042}{(1+0.04)^3} + \frac{964.2365}{(1+0.04)^4}\right] \times \frac{1}{973.73551}$$

$$= 4.60911$$

②用换算函数法

$$\ddot{a}_{50:\overline{5}|} = \frac{N_{50} - N_{55}}{D_{50}} = \frac{2571.788175 - 1940.262462}{137.016870}$$

$$= 4.60911$$

（4）递增型生存年金。

①递增型终身生存年金。设 x 岁的人购买一份生存年金，第一年初获得 1 元保险金，第二年初获得 2 元保险金，以后每年比上一年增加 1 元，保险金以被保险人生存为给付条件，若年金的给付现值为 $(I\ddot{a})_x$，则

$$(I\ddot{a})_x = 1 \cdot {}_0p_x + 2v\,{}_1p_x + 3v^2\,{}_2p_x + \cdots$$
$$= \sum_{k=0}^{\infty}(k+1)v^k\,{}_kp_x \qquad (7.3.22)$$

用换算函数表示

$$(I\ddot{a})_x = \sum_{k=0}^{\infty}(k+1)v^k \frac{l_{x+k}}{l_x}$$
$$= \frac{1}{v^x l_x}\sum_{k=0}^{\infty}(k+1)v^{x+k}l_{x+k}$$
$$= \frac{1}{D_x}\sum_{k=9}^{\infty}(k+1)D_{x+k} \qquad (7.3.23)$$
$$= \frac{S_x}{D_x}$$

②递增型 n 年期定期生存年金。设 x 岁的人购买一份 n 年生存年金，第一年初获得 1 元保险金，以后每年比上一年增加 1 元，保险金以被保险人生存为给付条件，若年金的给付现值为 $(I\ddot{a})_{x:\overline{n}|}$，则

$$(I\ddot{a})_{x:\overline{n}|} = \sum_{k=0}^{n-1}(k+1)v^k\,{}_kp_x \qquad (7.3.24)$$

用换算函数表示

$$(I\ddot{a})_{x:\overline{n}|} = \sum_{k=0}^{n-1}(k+1)v^k \frac{l_{k+k}}{l_x}$$
$$= \frac{1}{v^x l_x}\sum_{k=0}^{n-1}(k+1)v^{x+k}l_{x+k}$$
$$= \frac{1}{v^x l_x}\sum_{k=0}^{n-1}(k+1)D_{x+k}$$
$$= \frac{\sum_{k=0}^{n-1}N_{x+k} - nN_{x+n}}{D_x}$$
$$= \frac{S_x - S_{x+n} - nN_{x+n}}{D_x} \qquad (7.3.25)$$

（5）递减型 n 年定期生存年金。设 x 岁的人购买一份 n 年期生存年金，第一年初获得 n 元保险金，以后每年比上一年减少 1 元，保险金以被保险人生存为给付条件，若年金的给付现值为 $(D\ddot{a})_{x:\overline{n}|}$，则

$$(D\ddot{a})_{x:\overline{n}|} = n\,{}_op_x + (n-1)v_1\,p_x + \cdots + v^{n-1}\,{}_{n-1}p_x$$
$$= \sum_{k=0}^{n-1}(n-k)v^k\,{}_kp_x \qquad (7.3.26)$$

用换算函数表示

因为

$$(D\ddot{a})_{x:\overline{n}|} + (I\ddot{a})_{x:\overline{n}|} = (n+1)\ddot{a}_{x:\overline{n}|}$$

所以

$$(D\ddot{a})_{x:\overline{n}|} = (n+1)\ddot{a}_{x:\overline{n}|} - (I\ddot{a})_{x:\overline{n}|}$$
$$= (n+1)\frac{N_x - N_{x+n}}{D_x} - \frac{S_x - S_{x+n} - nN_{x+n}}{D_x}$$
$$= \frac{(n+1)N_x - S_x + S_{x+n} - N_{x+n}}{D_x}$$
$$= \frac{nN_x - S_{x+1} + S_{x+n+1}}{D_x} \qquad (7.3.27)$$

【例 7.11】 30 岁的男性购买一定期生存年金，第一年初给付 1 000 元，以后每年比上一年增加 500 元，到给付数为 5 000 元止，$i=4\%$，求该年金的趸缴纯保费（查 CL5 换算函数表）。

解： 该年金的趸缴纯保费为

$$500\ddot{a}_{30:\overline{9}|} + 500(I\ddot{a})_{30:\overline{9}|}$$
$$= 500 \times \left(\frac{N_{30} - N_{39}}{D_{30}} + \frac{S_{30} - S_{39} - 9N_{39}}{D_{30}}\right)$$
$$= 500 \times \left(\frac{6\ 874.490001 - 4\ 511.822967}{306.097254} + \frac{127\ 996.779224 - 76\ 201.819280 - 9 \times 4\ 511.822967}{306.097254}\right)$$
$$= 22\ 135.482 \text{ 元}$$

2. 期末付生存年金

（1）期末付终身生存年金。x 岁的人购买一终身生存年金，每年末获得 1 元保险金，保险金以被保险生存为给付条件，设该年金现值为 a_x，则

$$a_x = vp_x + v^2\,{}_2p_x + v^3\,{}_3p_x + \cdots$$
$$= \sum_{k=1}^{\infty} v^k\ {}_kp_x \qquad (7.3.28)$$

用换算函数表示

$$a_x = \sum_{k=0}^{\infty} v^k\ {}_kP_x - 1 = \ddot{a}_x - 1$$
$$= \frac{N_x}{D_x} - 1 \qquad (7.3.29)$$
$$= \frac{N_{x+1}}{D_x}$$

（2）期末付 n 年定期年金。用 $a_{x:\overline{n}|}$ 表示该年金现值，显然

$$a_{x:\overline{n}|} = \sum_{k=1}^{n} v^k\,{}_kp_x \qquad (7.3.30)$$

用换算函数表示

$$a_{x:\overline{n}|} = \ddot{a}_{x:\overline{n}|} - 1 + v^n\,{}_np_x$$
$$= \frac{N_x - N_{x+n}}{D_x} - 1 + \frac{D_{x+n}}{D_x}$$
$$= \frac{N_{x+1} - N_{x+n+1}}{D_x} \qquad (7.3.31)$$

（3）期末付 m 年延期生存年金。

①期末付 m 年延期终身生存年金。用 ${}_{m|}a_x$ 表示该年金现值，则

$$ {}_{m|}a_x = \sum_{k=m+1}^{\infty} v^k \ {}_kp_x \tag{7.3.32} $$

$$ = \sum_{k=1}^{\infty} v^k \ {}_kp_x - \sum_{k=1}^{m} v^k \ {}_kp_x $$

$$ = a_x - a_{x:\overline{m}|} \tag{7.3.33} $$

$$ = {}_mE_x \cdot a_{x+m} \tag{7.3.34} $$

用换算函数表示

$$ {}_{m|}a_x = {}_mE_x \cdot a_{x+m} $$

$$ = \frac{D_{x+m}}{D_x} \cdot \frac{N_{x+m+1}}{D_{x+m}} $$

$$ = \frac{N_{x+m+1}}{D_x} \tag{7.3.35} $$

②期末付 m 年延期 n 年定期生存年金。用 ${}_{m|}a_{x:\overline{n}|}$ 表示该年金现值，则

$$ {}_{m|}a_{x:\overline{n}|} = \sum_{k=m+1}^{m+n} v^k \cdot {}_kp_x \tag{7.3.36} $$

$$ = a_{x:\overline{m+n}|} - a_{x:\overline{m}|} \tag{7.3.37} $$

$$ = {}_mE_x \cdot a_{x+m:\overline{n}|} \tag{7.3.38} $$

用换算函数表示

$$ {}_{m|}a_{x:\overline{n}|} = {}_mE_x \cdot a_{x+m:\overline{n}|} $$

$$ = \frac{D_{x+m}}{D_x} \cdot \frac{N_{x+m+1} - N_{x+m+n+1}}{D_{x+m}} $$

$$ = \frac{N_{x+m+1} - N_{x+m+n+1}}{D_x} \tag{7.3.39} $$

3. 连续生存年金

（1）终身生存年金。用 $\bar{a}_x$ 表示该年金现值，则

$$ \bar{a}_x = \int_{\sigma}^{\infty} v^t \ {}_tp_x dt \tag{7.3.40} $$

（2）n 年定期生存年金。用 $\bar{a}_{x:\overline{n}|}$ 表示该年金现值，则

$$ \bar{a}_{x:\overline{n}|} = \int_{o}^{n} v^t \ {}_tp_x dt \tag{7.3.41} $$

（3）m 年延期生存年金。

①m 年延期终身生存年金。用 ${}_{m|}\bar{a}_x$ 表示该年金现值，则

$$ {}_{m|}\bar{a}_x = \int_{m}^{\infty} v^t \ {}_tp_x dt \tag{7.3.42} $$

$$ = {}_mE_x \cdot \bar{a}_{x+m} \tag{7.3.43} $$

$$ = \bar{a}_x - \bar{a}_{x:\overline{m}|} \tag{7.3.44} $$

②m 年延期 n 年定期生存年金。用 ${}_{m|}\bar{a}_{x:\overline{n}|}$ 表示该年金现值，则

$$ {}_{m|}\bar{a}_{x:\overline{n}|}=\int_{m}^{m+n}v^{t}\ {}_{t}p_{x}dt \tag{7.3.45} $$

$$ ={}_{m}E_{x}\bar{a}_{x+m:\overline{n}|} \tag{7.3.46} $$

$$ =\bar{a}_{x:\overline{m+n}|}-\bar{a}_{x:\overline{m}|} \tag{7.3.47} $$

4. 生存年金的积累值

用 S 表示生存年金的积累值，则

$$ S=a\cdot\frac{1}{{}_{k}E_{x}} \tag{7.3.48} $$

这里，$\frac{1}{{}_{k}E_{x}}$称为精算积累因子。

如期初付终身生存年金在第 n 年初的积累值为

$$ \ddot{S}_{x:\overline{n}|}=\ddot{a}_{x}\cdot\frac{1}{{}_{n}E_{x}} \tag{7.3.49} $$

（二）生存年金的年缴纯保费

按年金的方式每年缴纳的纯保费称为年缴纯保费，通常年缴保费在期初缴纳。

1. 限期 h 年的终身生存年金年缴纯保费

设：该年金的年缴纯保费为${}_{h}P_{x}$，若 x 岁的投保人在 h 年内每年初缴纳${}_{h}P_{x}$ 的保费，每年初可获得给付为 1 元的保险金，保险金以被保险人生存为给付条件。由收支平衡原理

$$ {}_{h}P_{x}\ddot{a}_{x:\overline{h}|}=\ddot{a}_{x} $$

所以

$$ {}_{h}P_{x}=\frac{\ddot{a}_{x}}{\ddot{a}_{x:\overline{h}|}} \tag{7.3.50} $$

用换算函数表示

$$ {}_{h}P_{x}=\frac{N_{x}}{N_{x}-N_{x+h}} \tag{7.3.51} $$

2. 限期 h 年的 n 年定期生存年金年缴纯保费

设：该年金的年缴纯保费为${}_{h}P_{x:\overline{n}|}$，若 x 岁的投保人在 h 年内每年初缴纳${}_{h}P_{x:\overline{n}|}$的保费，$n$ 年内每年初可获得给付为 1 元的保险金，保险金以被保险人生存为给付条件，则

$$ {}_{h}P_{x:\overline{n}|}\ddot{a}_{x:\overline{h}|}=\ddot{a}_{x:\overline{n}|} $$

所以

$$ {}_{h}P_{x:\overline{n}|}=\frac{\ddot{a}_{x:\overline{n}|}}{\ddot{a}_{x:\overline{h}|}} \tag{7.3.52} $$

用换算函数表示

$$ {}_{h}P_{x:\overline{n}|}=\frac{N_{x}-N_{x+n}}{N_{x}-N_{x+h}} \tag{7.3.53} $$

3. 限期 h 年的 m 年延期终身生存年金的年缴纯保费

设：该年金年缴纯保费为 ${}_hP({}_{m|}\ddot{a}_x)$，若 x 岁的投保人在 h 年内每年初缴纳 ${}_hP({}_{m|}\ddot{a}_x)$ 的保费，m 年后每 年初可获得给付为 1 元的保险金，保险金以被保险人生存为给付条件，则

$$ {}_hP({}_{m|}\ddot{a}_x)\cdot \ddot{a}_{x:\overline{h|}} = {}_{m|}\ddot{a}_x $$

所以

$$ {}_hP({}_{m|}\ddot{a}_x) = \frac{{}_{m|}\ddot{a}_x}{\ddot{a}_{x:\overline{h|}}} \tag{7.3.54} $$

用换算函数表示

$$ {}_hP({}_{m|}\ddot{a}_x) = \frac{N_{x+m}}{N_x - N_{x+h}} \tag{7.3.55} $$

【例 7.12】 某男在 40 岁时购买了一份生存年金，他从 60 岁开始每年末可得到 10 000 元的生存年金，保费在 20 年内缴清，$i=4\%$，求每年缴纳的纯保费。

解：

$$ {}_{20}P\cdot \ddot{a}_{40:\overline{20|}} = 10\ 000\cdot {}_{20|}a_{40} $$

所以

$$ \begin{aligned} {}_{20}P &= 10\ 000\cdot \frac{{}_{20|}a_{40}}{\ddot{a}_{40:\overline{20|}}} = 10\ 000\,\frac{N_{61}}{N_{40}-N_{60}} \\ &= 10\ 000\times \frac{1\ 339.217439}{4\ 297.845013 - 1\ 428.903082} \\ &= 4\ 667.984(\text{元}) \end{aligned} $$

二、死亡寿险纯保费的确定

（一） 死亡寿险趸缴纯保费

死亡寿险是以被保险人死亡为给付条件。设第 t 年的死亡给付额为 b_t，则给付现值为$Z=b_tv^t$，因死亡时间不能确定，所以 Z 是一个随机变量，我们可以取 Z 的数学期望值 $E(Z)$ 作为给付现值，如果死亡寿险趸缴纯保费为 A，由收支平衡原理知

$$ A=E(Z) \tag{7.3.56} $$

$E(Z)$ 又称未来保险金给付在签单时的精算现值。

死亡给付有死亡年末给付和死亡立即给付等类型。

1. 死亡年末给付的寿险趸缴纯保费

被保险人在某年内死亡，保险金给付在死亡年末，投保时一次性缴纳保费。

（1）终身寿险趸缴纯保费。终身寿险是保单生效后，被保险人任何时刻死亡，保险人都要给付死亡保险金。

设：被保险人第 k 年内死亡，死亡给付 $b_{k+1}=1$ 给付现值为 $Z=v^{k+1}$，用 A_x 表示该寿险趸缴纯保费，则

$$ \begin{aligned} A_x &= E(Z) = E(v^{k+1}) \\ &= v\,{}_{0|}q_x + v^2\,{}_{1|}q_x + v^3\,{}_{2|}q_x + \cdots + v^{k+1}\,{}_{k|}q_x + \cdots \\ &= \sum_{k=0}^{\infty} v^{k+1}\,{}_{k|}q_x \end{aligned} \tag{7.3.57} $$

由式（7.2.11），式（7.2.12），我们还可以得到

$$A_x = \sum_{k=0}^{\infty} v^{k+1}{}_k p_x q_{x+k}$$
$$= \sum_{k=0}^{\infty} v^{k+1} \frac{d_{x+k}}{l_x} \tag{7.3.58}$$

设换算函数

$$D_x = v^x l_x \quad C_x = v^{x+1} d_x \tag{7.3.59}$$

$$M_x = C_x + C_{x+1} + C_{x+2} + \cdots = \sum_{k=0}^{\infty} C_{x+k} \tag{7.3.60}$$

$$R_x = M_x + M_{x+1} + M_{x+2} + \cdots = \sum_{k=0}^{\infty} M_{x+k} \tag{7.3.61}$$

则

$$R_x = \sum_{k=0}^{\infty} (k+1) C_{x+k} \tag{7.3.62}$$

$$M_x - M_{x+n} = \sum_{k=0}^{n-1} C_{x+k}, R_x - R_{x+n} = \sum_{k=0}^{n-1} M_{x+k} \tag{7.3.63}$$

$$M_x - C_x = M_{x+1},\ M_{x+n} - C_{x+n} = M_{x+n+1} \tag{7.3.64}$$

$$R_x - M_x = R_{x+1},\ R_{x+n} - M_{x+n} = R_{x+n+1} \tag{7.3.65}$$

$$\sum_{k=0}^{n-1} (k+1) C_{x+k} = \sum_{k=0}^{n-1} M_{x+k} - n M_{x+n} \tag{7.3.66}$$

用换算函数表示终身寿险趸缴纯保费

$$A_x = \sum_{k=0}^{\infty} v^{k+1} \frac{d_{x+k}}{l_x}$$
$$= \frac{1}{v^x l_x} \sum_{k=0}^{\infty} v^{x+k+1} d_{x+k} = \frac{1}{D_x} \sum_{k=0}^{\infty} C_{x+k} \tag{7.3.67}$$
$$= \frac{M_x}{D_x}$$

（2）n 年定期寿险趸缴纯保费。定期寿险是保单生效开始，被保险人在 n 年内死亡，保险人在死亡年末给付死亡保险金。

设死亡给付 $b_{k+1} = 1$，用 $A^1_{x:\overline{n}|}$ 表示该寿险趸缴纯保费，则

$$A^1_{x:\overline{n}|} = E(z) = E(v^{k+1})$$
$$= v\ {}_{0|}q_x + v^2\ {}_{1|}q_x + v^3\ {}_{2|}q_x + \cdots + v^{n-1}\ {}_{n-1|}q_x \tag{7.3.68}$$
$$= \sum_{k=0}^{n-1} v^{k+1}\ {}_{k|}q_x$$
$$= \sum_{k=0}^{n-1} v^{k+1}{}_k p_x q_{x+k}$$
$$= \sum_{k=0}^{n-1} v^{k+1} \frac{d_{x+k}}{l_x} \tag{7.3.69}$$

用换算函数表示 $A^{1}_{x:\overline{n}|}$

$$A^{1}_{x:\overline{n}|}=\sum_{k=0}^{n-1}v^{k+1}\frac{d_{x+k}}{l_x}$$
$$=\frac{1}{v^x l_x}\sum_{k=0}^{n-1}v^{x+k+1}d_{x+k}$$
$$=\frac{1}{D_x}\sum_{k=0}^{n-1}C_{x+k}$$
$$=\frac{M_x-M_{x+n}}{D_x} \tag{7.3.70}$$

【**例 7.13**】用两种方法求某 50 岁男性的 $A^{1}_{50:\overline{5}|}$ 的值，$i=0.02$。

解：① 生命表法：

由中国人身保险业经验生命表（2010—2013）CL1 表

$$A^{1}_{50:\overline{5}|}=\sum_{k=0}^{4}v^{k+1}{}_{k|}q_{50}$$
$$=\sum_{k=0}^{4}v^{k+1}\frac{d_{50+k}}{l_{50}}$$
$$=\frac{1}{l_{50}}(vd_{50}+v^2d_{51}+v^3d_{52}+v^4d_{53}+v^5d_{54})$$
$$=\frac{1}{950.26072}\times\left[\frac{950.26072-946.226}{1+0.02}+\frac{946.22306-941.83921}{(1+0.02)^2}\right.$$
$$\left.+\frac{941.83921-937.09987}{(1+0.02)^3}+\frac{937.09987-931.99736}{(1+0.02)^4}+\frac{931.99736-926.52747}{(1+0.02)^5}\right]$$
$$=0.02347$$

（2）换算函数表法

$$A^{1}{}_{50:\overline{5}|}=\frac{M_{50}-M_{55}}{D_{50}}$$
$$=\frac{202.859141-194.571739}{353.048352}$$
$$=0.02347$$

显然，用换算函数计算保费要方便得多。

（3）n 年期两全保险趸缴纯保费。两全保险又称生死合险，是由生存保险和死亡保险组成。

①n 年期生存保险。n 年期生存保险是被保险人如果活满 n 年，则保险人给付生存保险金。因该保险金给付的时间是确定的，只与被保险人是否活过 n 年有关。所以，设生存给付 $b_n=1$，用 $A_{x:\overline{n}|}^{\ \ 1}$ 表示该保险的趸缴纯保费，则

$$A_{x:\overline{n}|}^{\ \ 1}=v^n{}_np_x \tag{7.3.71}$$

用换算函数表示

$$A_{x:\frac{1}{n|}} = v^n \frac{l_{x+n}}{l_x} = \frac{v^{x+n} l_{x+n}}{v^x l_x} = \frac{D_{x+n}}{D_x} \tag{7.3.72}$$

②n 年期两全保险。n 年期两全保险责任是如果被保险人在 n 年内死亡，则保险人给付死亡保险金；如果被保险人活满 n 年，则保险人给付生存保险金。

用 $A_{x:\overline{n|}}$ 表示该保险的趸缴纯保费，有

$$A_{x:\overline{n|}} = A^1{}_{x:\overline{n|}} + A_{x:\frac{1}{n|}} \tag{7.3.73}$$

用换算函数表示

$$A_{x:\overline{n|}} = \frac{M_x - M_{x+n} + D_{x+n}}{D_x} \tag{7.3.74}$$

（4）m 年延期寿险趸缴纯保费。m 年延期寿险是保单在 m 年之后才开始生效的保险。

①m 年延期的终身寿险。设死亡给付 $b_{k+1}=1$，用 ${}_{m|}A_x$ 表示该寿险的趸缴纯保费，则

$$\begin{aligned} {}_{m|}A_x &= E(Z) = E(v^{k+1}) \\ &= v^{m+1}{}_{m|}q_x + v^{m+2}{}_{m+1|}q_x + v^{m+3}{}_{m+2|}q_x + \cdots \\ &= \sum_{\text{k=m}}^{\infty} v^{\text{k}+1}{}_{k|}q_x \end{aligned} \tag{7.3.75}$$

$$= \sum_{k=m}^{\infty} v^{k+1}{}_k p_x q_{x+k} \tag{7.3.76}$$

$$= \sum_{\text{k=m}}^{\infty} v^{\text{k}+1} \frac{d_{x+k}}{l_x} \tag{7.3.77}$$

用换算函数表示

$$\begin{aligned} {}_{m|}A_x &= \sum_{k=m}^{\infty} v^{k+1} \frac{d_{x+k}}{l_x} \\ &= \frac{1}{\text{v}^{\text{x}} l_x} \sum_{k=m}^{\infty} v^{x+k+1} d_{x+k} \\ &= \frac{1}{\text{v}^{\text{x}} l_x} \sum_{k=m}^{\infty} C_{x+k} \\ &= \frac{1}{v^x l_x} \sum_{s=0}^{\infty} C_{x+m+s} \\ &= \frac{M_{x+m}}{D_x} \end{aligned} \tag{7.3.78}$$

且

$$\begin{aligned} {}_{m|}A_x &= \frac{M_{x+m}}{D_x} = \frac{D_{x+m}}{D_x} \cdot \frac{M_{x+m}}{D_{x+m}} \\ &= A_{x:\frac{1}{m|}} \cdot A_{x+m} \end{aligned} \tag{7.3.79}$$

该式表明 x 岁时投保的、延期 m 年的终身寿险趸缴保费等于在 $x+m$ 岁时投保的给付精算现值。

式中，$A_{x:\overline{m}|}^{\ \ 1} = v^m\ {}_mp_x = {}_mE_x$，$A_{x:\overline{m}|}^{\ \ 1}$ 也可表示为精算折现因子，又

$$\begin{aligned} {}_{m|}A_x &= \frac{M_{x+m}}{D_x} \\ &= \frac{M_x}{D_x} - \frac{M_x - M_{x+m}}{D_x} \\ &= A_x - A_{x:\overline{m}|}^1 \end{aligned} \tag{7.3.80}$$

该式表明延期 m 年寿险趸缴纯保费等于终身寿险与定期寿险趸缴保费之差。

②m 年延期的 n 年定期寿险。设死亡给付 b_{k+1}，用 ${}_{m|}A_{x:\overline{n}|}^1$ 表示该寿险的趸缴保费，则

$${}_{m|}A_{x:\overline{n}|}^1 = \sum_{k=m}^{m+n-1} v^{k+1}\ {}_{k|}q_x \tag{7.3.81}$$

$$= \sum_{k=m}^{m+n-1} v^{k+1} \frac{d_{x+k}}{l_x} \tag{7.3.82}$$

用换算函数表示

$$\begin{aligned} {}_{m|}A_{x:\overline{n}|}^1 &= \sum_{k=0}^{m+n-1} v^{k+1} \frac{d_{x+k}}{l_x} - \sum_{k=0}^{m-1} v^{x+1} \frac{d_{x+k}}{l_x} \\ &= A_{x:\overline{m+n}|}^1 - A_{x:\overline{m}|}^1 \\ &= \frac{M_{x+m} - M_{x+m+n}}{D_x} \end{aligned} \tag{7.3.83}$$

同理

$${}_{m|}A_{x:\overline{n}|}^1 = A_{x:\overline{m}|}^{\ \ 1} \cdot A_{x+m:\overline{n}|}^1 \tag{7.3.84}$$

③m 年延期的 n 年两全保险。用 ${}_{m|}A_{x:\overline{n}|}$ 表该保险的趸缴保费，则

$${}_{m|}A_{x:\overline{n}|} = A_{x:\overline{m}|}^{\ \ 1} \cdot A_{x+m:\overline{n}|} \tag{7.3.85}$$

用换算函数表示

$${}_{m|}A_{x:\overline{n}|} = \frac{M_{x+m} - M_{x+m+n} + D_{x+m+n}}{D_x} \tag{7.3.86}$$

（5）递增型寿险趸缴纯保费。

①递增型的终身寿险。第一年内死亡给付为 1 元，第二年内死亡给付为 2 元，以此类推，保险金在死亡年末给付，用 $(IA)_x$ 表示该寿险的趸缴纯保费

$$(IA)_x = \sum_{k=0}^{\infty} (k+1) v^{k+1}\ {}_{k|}q_x \tag{7.3.87}$$

$$= \sum_{k=0}^{\infty} (k+1) v^{k+1} \frac{d_{x+k}}{l_x} \tag{7.3.88}$$

用换算函数表示

$$
\begin{aligned}
(IA)_x &= \frac{1}{v^x l_x}\sum_{k=0}^{\infty}(k+1)v^{x+k+1}d_{x+k}\\
&= \frac{1}{D_x}\sum_{k=0}^{\infty}(k+1)C_{x+k}\\
&= \frac{R_x}{D_x} \qquad (7.3.89)
\end{aligned}
$$

②递增型 n 年期定期寿险。当 $K=0,1,2,\cdots,n-1$ 时，n 年期定期寿险的趸缴纯保费

$$(IA)^1_{x:\overline{n}|} = \sum_{k=0}^{n-1}(k+1)v^{k+1}{}_{k|}q_x \qquad (7.3.90)$$

$$= \sum_{k=0}^{n-1}(k+1)v^{k+1}\frac{d_{x+k}}{l_x} \qquad (7.3.91)$$

用换算函数表示

$$
\begin{aligned}
(IA)^1_{x:\overline{n}|} &= \frac{1}{v^x l_x}\sum_{k=0}^{n-1}(k+1)v^{x+k+1}d_{x+k}\\
&= \frac{1}{D_x}\sum_{k=0}^{n-1}(k+1)C_{x+k}\\
&= \frac{1}{D_x}\left(\sum_{k=0}^{n-1}M_{x+k} - nM_{x+n}\right)\\
&= \frac{R_x - R_{x+n} - nM_{x+n}}{D_x} \qquad (7.3.92)
\end{aligned}
$$

（6）递减型 n 年定期寿险。第一年内死亡给付为 n 元，第二年内死亡给付为 $n-1$ 元，以此类推，用 $(DA)^1_{x:\overline{n}|}$ 表示该寿险的趸缴纯保费，则

$$(DA)^1_{x:\overline{n}|} = \sum_{k=0}^{n-1}(n-k)v^{k+1}{}_{k|}q_x \qquad (7.3.93)$$

用换算函数表示

由式（7.3.90）、式（7.3.93）两式相加得

$$(IA)^1_{x:\overline{n}|} + (DA)^1_{x:\overline{n}|} = (n+1)A^1_{x:\overline{n}|}$$

所以

$$
\begin{aligned}
(DA)^1_{x:\overline{n}|} &= (n+1)A^1_{x:\overline{n}|} - (IA)^1_{x:\overline{n}|}\\
&= \frac{(n+1)(M_x - M_{x+n})}{D_x} - \frac{R_x - R_{x+n} - nM_{x+n}}{D_x}\\
&= \frac{(n+1)M_x - R_x + R_{x+n} - M_{x+n}}{D_x}
\end{aligned}
$$

又因为

$$
\begin{aligned}
R_{x+1} &= R_x - M_x\\
R_{x+n+1} &= R_{x+n} - M_{x+n}
\end{aligned}
$$

所以

$$(DA)^{1}_{x:\overline{n}|}=\frac{nM_x-R_{x+1}+R_{x+n+1}}{D_x} \tag{7.2.94}$$

2. 死亡立即给付型寿险趸缴纯保费

死亡立即给付型寿险亦为连续型寿险。用${}_tq_x$ 表示 x 岁的人在 t 年内死亡的概率，$f_x(t)$ 表示死亡概率密度函数。

设 x 岁的人在 t 年内死亡，死亡给付 $b_t=1$，给付随机变量现值 $Z=v^t$。

对于终身寿险，用 $\overline{A}_x$ 表示该寿险的趸缴纯保费，则

$$\overline{A}_x=E(z)=\int_0^{\infty}v^t f_x(t)\,\mathrm{d}t \tag{7.3.95}$$

对于 n 年定期寿险，用 $\overline{A}^{1}_{x:\overline{n}|}$ 表示该寿险的趸缴纯保费，则

$$\overline{A}^{1}_{x:\overline{n}|}=E(Z)=\int_0^{n}v^t f_x(t)dt \tag{7.3.96}$$

对于 n 年期两全寿险，用 $\overline{A}^{1}_{x:\overline{n}|}$ 表示该寿险的趸缴纯保费，则

$$\overline{A}_{x:\overline{n}|}=\overline{A}^{1}_{x:\overline{n}|}+A_{x:\overset{1}{\overline{n}|}} \tag{7.3.97}$$

对于 m 年延期的终身寿险：趸缴纯保费为

$${}_{m|}\overline{A}_x=\int_m^{\infty}v^t f_x(t)\,\mathrm{d}t \tag{7.3.98}$$

$$=\int_0^{\infty}v^t f_x(t)\,\mathrm{d}t-\int_0^{m}v^t f_x(t)\,\mathrm{d}t$$
$$=\overline{A}_x-\overline{A}^{1}_{x:\overline{m}|} \tag{7.3.99}$$

如果令 $t=m+y$，代入式（7.3.98），则

$$\begin{aligned}{}_{m|}\overline{A}_x&=\int_0^{\infty}v^{m+y}\Big(-\frac{l'_{x+m+y}}{l_x}\Big)\mathrm{d}y\\&=\int_0^{\infty}v^{m+y}\cdot\frac{l_{x+m}}{l_x}\Big(-\frac{l'_{x+m+y}}{l_{x+m}}\Big)\mathrm{d}y\\&=v^m\cdot\frac{l_{x+m}}{l_x}\int_0^{\infty}v^y f_{x+m}(y)\,\mathrm{d}y\\&=v^m\;{}_mP_x\cdot\overline{A}_{x+m}\\&=A_{x:\overset{1}{\overline{m}|}}\cdot\overline{A}_{x+m}\end{aligned} \tag{7.3.100}$$

同理有下列公式

$${}_{m|}A^{1}_{x:\overline{n}|}=A_{x:\overset{1}{\overline{m}|}}\cdot\overline{A}^{1}_{x+m:\overline{n}|} \tag{7.3.101}$$

$$=\overline{A}^{1}_{x:\overline{m+n}|}-\overline{A}^{1}_{x:\overline{m}|} \tag{7.3.102}$$

$${}_{m|}A_{x:\overline{n}|}=A_{x:\overset{1}{\overline{m}|}}\cdot\overline{A}_{x+m:\overline{n}|} \tag{7.3.103}$$

$$=\overline{A}_{x:\overline{m+n}|}-\overline{A}^{1}_{x:\overline{m}|} \tag{7.3.104}$$

3. $\overline{A}$ 与 A 的关系

保险实务中寿险多为立即给付型，但因连续的死亡函数在实际中很难找到，因此，往往

把 $\overline{A}$ 近似换算成 A 计算。

在 UDD 假设下

$$
\begin{aligned}
\overline{A}_x &= \int_0^{\infty} v^t f(t)\,\mathrm{d}t \\
&= \sum_{k=0}^{\infty}\int_k^{k+1} v^t f(t)\,\mathrm{d}t \\
&= \sum_{k=0}^{\infty}\int_k^{k+1} v^t \left(-\frac{l'_{x+t}}{l_x}\right)\mathrm{d}t \\
&= \sum_{k=0}^{\infty}\int_k^{k+1} v^{k+y} \left(-\frac{l'_{x+k+y}}{l_x}\right)\mathrm{d}y \qquad (0\leqslant y\leqslant 1) \\
&= \sum_{k=0}^{\infty} v^{k+1}\cdot\frac{l_{x+k}}{l_x}\int_0^1 v^{y-1}\left(-\frac{l'_{x+k+y}}{l_{x+k}}\right)\mathrm{d}y \\
&= \sum_{k=0}^{\infty} v^{k+1}\ {}_kp_x\int_0^1 v^{y-1} f_{x+k}(y)\,\mathrm{d}y \\
&= \sum_{k=0}^{\infty} v^{k+1}\ {}_kp_x\int_0^1 v^{y-1} (yq_{x+k})'\,\mathrm{d}y \\
&= \sum_{k=0}^{\infty} v^{k+1}\ {}_kp_x q_{x+k}\int_0^1 v^{y-1}\,\mathrm{d}y \\
&= \frac{i}{\delta}\sum_{k=0}^{\infty} v^{k+1}\ {}_{k|}q_x \\
&= \frac{i}{\delta}A_x \qquad (\delta=\ln(1+i))
\end{aligned}
\tag{7.3.105}
$$

同理

$$\overline{A}^{1}_{x:\overline{n}|} = \frac{i}{\delta}A^{1}_{x:\overline{n}|} \tag{7.3.106}$$

所以

$$
\begin{aligned}
\overline{A}_{x:\overline{n}|} &= \overline{A}^{1}_{x:\overline{n}|} + A_{x:\overline{n}|}^{\ \ 1} \\
&= \frac{i}{\delta}A^{1}_{x:\overline{n}|} + A_{x:\overline{n}|}^{\ \ 1}
\end{aligned}
\tag{7.3.107}
$$

这样，我们可以利用生命表计算死亡即付寿险趸缴纯保费。

【例 7.14】 35 岁的男性购买一份保 50 000 元的终身寿险，求下列给付时寿险趸缴纯保费（$i=2\%$）。（1）死亡年末给付；（2）死亡立即给付。

解： ①

$$
\begin{aligned}
50\,000A_{35} &= 50\,000\frac{M_{35}}{D_{35}} \\
&= 50\,000\times\frac{215.971114}{490.967853} \\
&= 21\,994.425\ \text{元}
\end{aligned}
$$

②

$$50\,000\overline{A}_{35} = 50\,000\cdot\frac{i}{\delta}A_{35}$$

$$=\frac{0.02}{\ln(1+0.02)}\times 21\,994.425$$

$$=22\,213.674\text{ 元}$$

【例 7.15】 现年 35 岁的男性，购买一份定期寿险，该保单规定：被保险人于第一个保单年度内死亡，则给付 1 000 元，在第二个保单年度内死亡，则给付 1 100 元，依此递增，每年递增100 元，直到60 岁止。假设给付在死亡年末，$i=0.02$，求该寿险的趸缴纯保费。

解： 该寿险趸缴纯保费可分解为如下两个寿险趸缴保费之和。

$$900A^{1}_{35:\overline{25|}}+100(IA)^{1}_{35:\overline{25|}}$$

$$=900\frac{M_{35}-M_{60}}{D_{35}}+100\frac{R_{35}-R_{60}-25M_{60}}{D_{35}}$$

$$=900\times\frac{215.971114-184.040576}{490.967853}+100\times\frac{8399.194273-3499.240813-25\times 184.040576}{490.967853}$$

$$=119.420\text{ 元}$$

4. A 与 $\ddot{a}$ 的关系

首先讨论 A_x 与 $\ddot{a}_x$ 的关系。

因

$$\begin{aligned}M_x&=\sum_{k=0}^{\infty}C_{x+k}\\&=\sum_{k=0}^{\infty}v^{x+k+1}d_{x+k}=\sum_{k=0}^{\infty}v^{x+k+1}(l_{x+k}-l_{x+k+1})\\&=\sum_{k=0}^{\infty}(vD_{x+k}-D_{x+k+1})\\&=vN_x-N_{x+1}\end{aligned}$$

所以

$$\begin{aligned}A_x&=\frac{M_x}{D_x}\\&=v\frac{N_x}{D_x}-\frac{N_{x+1}}{D_x}\\&=v\ddot{a}_x-a_x\end{aligned}\qquad(7.3.108)$$

因为年初的 v 元等价于年末的 1 元，因此 $v\ddot{a}_x$ 与 a_x 在 x 岁的人死亡之前的一系列支付相抵，而死亡当年，v 元已支付，1 元尚未支付，所以 $v\ddot{a}_x-a_x$ 之差等于死亡年末未给付的 1 元的现值 A_x。

同理可得

$$A^{1}_{x:\overline{n|}}=v\ddot{a}_{x:\overline{n|}}-a_{x:\overline{n|}}\qquad(7.3.109)$$

因为

$$a_{x:\overline{n}|} = \sum_{k=1}^{n} v^k {}_k p_x$$
$$= \ddot{a}_{x:\overline{n}|} - 1 + A_{x:\overline{n}|}^{\ \ 1} \tag{7.3.110}$$

所以

$$A_{x:\overline{n}|} = A_{x:\overline{n}|}^1 + A_{x:\overline{n}|}^{\ \ 1}$$
$$= 1 - d\ddot{a}_{x:\overline{n}|} \tag{7.3.111}$$

由式（7.3.104）我们还可得到

$$A_x = v\ddot{a}_x - (\ddot{a}_x - 1)$$
$$= 1 - d\ddot{a}_x \tag{7.3.112}$$

对于延期年金

$${}_{m|}\ddot{a}_x = \ddot{a}_x - \ddot{a}_{x:\overline{m}|}$$
$$= \frac{1 - A_x}{d} - \frac{1 - A_{x:\overline{m}|}}{d}$$
$$= \frac{A_{x:\overline{m}|} - A_x}{d} \tag{7.3.113}$$

同理

$${}_{m|}\ddot{a}_{x:\overline{n}|} = \frac{A_{x:\overline{m}|} - A_{x:\overline{m+n}|}}{d} \tag{7.3.114}$$

（二） 死亡寿险的年缴纯保费

1. 死亡年末给付寿险的年缴纯保费

(1) 全期缴费。保费在保险期按年金的方式缴纳，保险金给付在死亡年末。

对于终身寿险：

设年缴纯保费为 P_x，由收支平衡原理

$$P_x \cdot \ddot{a}_x = A_x$$

所以

$$P_x = \frac{A_x}{\ddot{a}_x} \tag{7.3.115}$$

因为

$$A_x = 1 - d\ddot{a}_x$$

所以

$$P_x = \frac{1}{\ddot{a}_x} - d \tag{7.3.116}$$

$$= \frac{dA_x}{1 - A_x} \tag{7.3.117}$$

用换算函数表示

$$P_x = \frac{M_x}{N_x} \tag{7.3.118}$$

对于 n 年定期寿险：

设年缴纯保费为 $P^1_{x:\overline{n}|}$，则

$$P^1_{x:\overline{n}|} \cdot \ddot{a}_{x:\overline{n}|} = A^1_{x:\overline{n}|}$$

所以

$$P^1_{x:\overline{n}|} = \frac{A^1_{x:\overline{n}|}}{\ddot{a}_{x:\overline{n}|}} \tag{7.3.119}$$

用换算函数表示

$$P^1_{x:\overline{n}|} = \frac{M_x - M_{x+n}}{N_x - N_{x+n}} \tag{7.3.120}$$

（2）h 年限期缴费。保费在 h 年内按年金方式缴纳，保险金给付在死亡年末。

对于终身寿险：

用${}_hP_x$ 表示终身寿险的年缴纯保费，则

$${}_hP_x \cdot \ddot{a}_{x:\overline{h}|} = A_x$$

所以

$${}_hP_x = \frac{A_x}{\ddot{a}_{x:\overline{h}|}} \tag{7.3.121}$$

$$= \frac{M_x}{N_x - N_{x+h}} \tag{7.3.122}$$

对于 n 年定期寿险，用${}_hP^1_{x:\overline{n}|}$ 表示该寿险的年缴纯保费，则

$${}_hP^1_{x:\overline{n}|} \cdot \ddot{a}_{x:\overline{h}|} = A^1_{x:\overline{n}|}$$

所以

$${}_hP^1_{x:\overline{n}|} = \frac{A^1_{x:\overline{n}|}}{\ddot{a}_{x:\overline{h}|}} \tag{7.3.123}$$

表 7 -2 给出部分寿险年缴纯保费的公式。

表 7 -2　寿险年缴纯保费公式

险种	缴费期	保费公式	换算公式
终身寿险	全期	$P_x = \frac{A_x}{\ddot{a}_x}$	$P_x = \frac{M_x}{N_x}$
	h 年限期	${}_hP_x = \frac{A_x}{\ddot{a}_{x:\overline{h}|}}$	${}_hP_x = \frac{M_x}{N_x - N_{x+h}}$

续表

险种	缴费期	保费公式	换算公式
n 年定期寿险	全期	$P^1_{x:\overline{n}\rvert}=\dfrac{A^1_{x:\overline{n}\rvert}}{\ddot{a}_{x:\overline{n}\rvert}}$	$P^1_{x:\overline{n}\rvert}=\dfrac{M_x-M_{x+n}}{N_x-N_{x+n}}$
	h 年限期	${}_hP^1_{x:\overline{n}\rvert}=\dfrac{A^1_{x:\overline{n}\rvert}}{\ddot{a}_{x:\overline{h}\rvert}}$	${}_hP^1_{x:\overline{n}\rvert}=\dfrac{M_x-M_{x+n}}{N_x-N_{x+h}}$
n 年期两全寿险	全期	$P_{x:\overline{n}\rvert}=\dfrac{A_{x:\overline{n}\rvert}}{\ddot{a}_{x:\overline{n}\rvert}}$	$P_{x:\overline{n}\rvert}=\dfrac{M_x-M_{x+n}+D_{x+n}}{N_x-N_{x+n}}$
	h 年限期	${}_hP_{x:\overline{n}\rvert}=\dfrac{A_{x:\overline{n}\rvert}}{\ddot{a}_{x:\overline{h}\rvert}}$	${}_hP_{x:\overline{n}\rvert}=\dfrac{M_x-M_{x+n}+D_{x+n}}{N_x-N_{x+h}}$
m 年延期的终身寿险	全期	$P({}_{m\rvert}A_x)=\dfrac{{}_{m\rvert}A_x}{\ddot{a}_{x:\overline{m}\rvert}}$	$P({}_{m\rvert}A_x)=\dfrac{M_{x+m}}{N_x-N_{x+m}}$
	h 年限期	${}_hP({}_{m\rvert}A_x)=\dfrac{{}_{m\rvert}A_x}{\ddot{a}_{x:\overline{h}\rvert}}$	${}_hP({}_{m\rvert}A_x)=\dfrac{M_{x+m}}{N_x-N_{x+h}}$
m 年延期的 n 年定期寿险	全期	$P({}_{m\rvert}A^1_{x:\overline{n}\rvert})=\dfrac{{}_{m\rvert}A^1_{x:\overline{n}\rvert}}{\ddot{a}_{x:\overline{m}\rvert}}$	$P({}_{m\rvert}A^1_{x:\overline{n}\rvert})=\dfrac{M_{x+m}-M_{x+m+n}}{N_x-N_{x+m}}$
	h 年限期	${}_hP({}_{m\rvert}A^1_{x:\overline{n}\rvert})=\dfrac{{}_{m\rvert}A^1_{x:\overline{n}\rvert}}{\ddot{a}_{x:\overline{h}\rvert}}$	${}_hP({}_{m\rvert}A^1_{x:\overline{n}\rvert})=\dfrac{M_{x+m}-M_{x+m+n}}{N_x-N_{x+h}}$
m 年延期的 n 年期两全寿险	全期	$P({}_{m\rvert}A_{x:\overline{n}\rvert})=\dfrac{{}_{m\rvert}A_{x:\overline{n}\rvert}}{\ddot{a}_{x:\overline{n}\rvert}}$	$P({}_{m\rvert}A_{x:\overline{n}\rvert})=\dfrac{M_{x+m}-M_{x+m+n}+D_{x+m+n}}{N_x-N_{x+n}}$
	h 年限期	${}_hP({}_{m\rvert}A_{x:\overline{n}\rvert})=\dfrac{{}_{m\rvert}A_{x:\overline{n}\rvert}}{\ddot{a}_{x:\overline{h}\rvert}}$	${}_hP({}_{m\rvert}A_{x:\overline{n}\rvert})=\dfrac{M_{x+m}-M_{x+m+n}+D_{x+m+n}}{N_x-N_{x+h}}$

【例 7.16】 30 岁的男性投保 10 000 元的 30 年期两全保险（查 CL3 换算函数表），保额在死亡年末给付，$i=2\%$。

试求：

（1）全期缴费的年缴纯保费。

（2）10 年限期缴费的年缴纯保费。

解：（1）$P_{30:\overline{30}\rvert}=10\ 000\cdot\dfrac{A_{30:\overline{30}\rvert}}{\ddot{a}_{30:\overline{30}\rvert}}$

$$= 10000 \cdot \frac{M_{30} - M_{60} + D_{60}}{N_{30} - N_{60}}$$

$$= 10\,000 \times \frac{203.357127 - 178.672322 + 281.397715}{17504.391003 - 5238.995084}$$

$= 249.550$ 元

（2）${}_{10}P_{30:\overline{30|}} = 10\,000 \cdot \dfrac{A_{30:\overline{30|}}}{\ddot{a}_{30:\overline{10|}}}$

$$= 10\,000 \cdot \frac{M_{30} - M_{60} + D_{60}}{N_{30} - N_{40}}$$

$$= 10\,000 \times \frac{203.357127 - 178.672322 + 281.397715}{17504.391003 - 12512.209985}$$

$= 613.134$ 元

2. 半连续型寿险年缴纯保费

保险实务中，保费按年金方式在期初缴纳，保险金在死亡后立即给付。

设被保险人死亡服从 UDD 假设：

对于终身寿险，用 $P(\bar{A}_x)$ 表示该寿险的年缴纯保费，则

$$P(\bar{A}_x) = \frac{\bar{A}_x}{\ddot{a}_x} \tag{7.3.124}$$

$$= \frac{i}{\delta} \frac{A_x}{\ddot{a}_x} \tag{7.3.125}$$

$$= \frac{i}{\delta} P_x \tag{7.3.126}$$

对于 n 年期两全寿险：用 $P(\bar{A}_{x:\overline{n|}}$ 表示该寿险的年缴纯保费，则

$$P(\bar{A}_{x:\overline{n|}}) = \frac{\bar{A}_{x:\overline{n|}}}{\ddot{a}_{x:\overline{n|}}} \tag{7.3.127}$$

$$= \frac{i}{\delta} \frac{A^{1}_{x:\overline{n|}}}{\ddot{a}_{x:\overline{n|}}} + \frac{A_{x:\overline{n|}}^{\ \ 1}}{\ddot{a}_{x:\overline{n|}}} \tag{7.3.128}$$

$$= \frac{i}{\delta} P^{1}_{x:\overline{n|}} + P_{x:\overline{n|}}^{\ \ 1} \tag{7.3.129}$$

对于 h 年限期缴费的终身寿险：用 ${}_hP(\bar{A}_x)$ 表示该寿险的年缴纯保费，则

$${}_hP(\bar{A}_x) = \frac{\bar{A}_x}{\ddot{a}_{x:\overline{h|}}} \tag{7.3.130}$$

$$= \frac{i}{\delta} \cdot \frac{A_x}{\ddot{a}_{x:\overline{h|}}} \tag{7.3.131}$$

$$= \frac{i}{\delta} \cdot {}_hP_x \tag{7.3.132}$$

这样，我们可以通过生命表及换算函数表计算半连续型年缴纯保费。

三、人寿保险附加费用的确定

附加费用的确定对总保费的确定有重要作用，保险机构的费用情况一般较为复杂，我们可作如下分类：

1. 按寿险业务分类

按寿险业务分类，可以把附加费用分为：

（1）新契约费。如代理人佣金、广告费用、体检费用等。

（2）维持费用。收取保费的费用、保单内容变更费用等。

（3）理赔费用。理赔调查的辩护费、给付手续费等。

（4）一般费用。研究开发新险种、工资、办公费、税金、办证等费用。

2. 按相关性分类

按相关性分类，附加费用分为：

（1）与保单数量有关的费用。一般为固定费用，如分摊到每份保单上的办公费用、给付费用等。

（2）与保费相关的费用。用百分比表示，如销售费用、税金、佣金等。

（3）与保额相关的费用。用百分比表示，如保单维持费等。

3. 按费用发生时间分类

按费用发生时间分类，附加费可分为：

（1）第一年费用。保险实务中，各年发生的费用是不均匀的，一般情况，第一年发生的费用较高，后续各年费用较低，较为平均。

（2）后续各年费用。

另外，为计算方便，一般视费用支出在年初，但理赔费用除外，因只有保险人向被保险人支付保险金时，才发生理赔费用。所以，往往理赔费用与保险金给付连在一起。

四、人寿保险总保费的确定

总保费的计算有几种方法，我们介绍其中两种方法。

1. 比例系数法

按总保费的一定比例提取附加费用。这一方法实务中较常使用。

设年缴总保费为 G，P 为年缴纯保费，附加费用占年缴总保费的比例为 α，则

$$G = P + \alpha G$$

所以

$$G=\frac{P}{1-\alpha} \tag{7.3.133}$$

2. 实际费用法

根据费用实际发生的时间、额度，利用收支平衡原理计算总保费：

年缴的总保费精算现值 = 年缴纯保费的精算现值 + 附加费用精算现值。

【例 7.17】30 岁的男性投保 30 年期离散型两全保险（查 CL3 换算函数表），保额 10 000

元。$i=2\%$，附加费用如下：

第一年：固定费用为10元，比例费用占40%。

后续各年：固定费用为2元，比例费用占10%。

求：（1）年缴纯保费；（2）年缴毛保费。

解：(1)
$$10\,000P_{30:\overline{30}|}=\frac{A_{30:\overline{30}|}}{\ddot{a}_{30:\overline{30}|}}\times 10\,000$$
$$=10\,000\cdot\frac{M_{30}-M_{60}+D_{60}}{N_{30}-N_{60}}$$
$$=10\,000\times\frac{203.357127-178.672322+281.397715}{17\,504.391003-52\,38.995084}$$
$$=249.550\text{元}$$

（2）由收支平衡原理

$$G\ddot{a}_{30:\overline{30}|}=10\,000P_{30:\overline{30}|}\cdot\ddot{a}_{30:\overline{30}|}+10+0.4G+2_{1|}\ddot{a}_{30:\overline{29}|}+0.1G_{1|}\ddot{a}_{30:\overline{29}|}$$
$$=10\,000P_{30:\overline{30}|}\cdot\ddot{a}_{30:\overline{30}|}+8+2\ddot{a}_{30:\overline{29}|}+0.3G+0.1G\ddot{a}_{30:\overline{30}|}$$

所以

$$G=\frac{10\,000P_{30:\overline{30}|}\ddot{a}_{30:\overline{30}|}+8+2\ddot{a}_{30:\overline{30}|}}{0.9\ddot{a}_{30:\overline{30}|}-0.3}$$

而

$$\ddot{a}_{30:\overline{30}|}=\frac{N_{30}-N_{60}}{D_{30}}=\frac{17\,504.391003-5\,238.995084}{543.580480}$$
$$=22.440238$$

所以

$$G=284.116\text{元}$$

【例7.18】30岁的男性购买保险金额为10 000元的终身寿险，该保单的第一年费用为50元加上毛保费的30%，续年的费用为10元加上毛保费的10%，发生死亡给付时理赔费用为100元，保费在10年缴清，$i=2\%$，求年缴毛保费（查CL1换算函数表）。

解：
$$G\ddot{a}_{30:\overline{10}|}=(10\,000+100)A_{30}+40+0.2G+10\ddot{a}_{30}+0.1G\ddot{a}_{30}$$
$$G=\frac{10\,100A_{30}+40+10\ddot{a}_{30}}{\ddot{a}_{30:\overline{10}|}-0.1\ddot{a}_{30}-20}$$

因为
$$A_{30}=\frac{M_{30}}{D_{30}}=\frac{218.295570}{544.540259}=0.400880$$
$$\ddot{a}_{30}=\frac{1-A_{30}}{d}=30.5592$$
$$\ddot{a}_{30:\overline{10}|}=\frac{N_{30}-N_{40}}{D_{30}}=\frac{16\,638.479115-11669.938476}{544.540259}=9.12429$$

所以
$$G=748.842\text{元}$$

第四节　健康保险和人身意外伤害保险费的确定

一、健康保险费的确定

影响健康保险费率的因素较多，保险实务中，保险公司可以根据实际情况来厘定费率。通常健康保险费率的厘定有四种：

（一）统一费率法（The flat－rate Method）

如果被保险人的年龄等因素对保险赔付影响较小，保险的期限较短，可以采用统一费率，即不同年龄的人，保险费率相同。

（二）阶梯费率法（The Step－rate Method）

通常，年龄因素对个人健康的影响是非常重要的，大多数健康保险费率的厘定会考虑被保险人的年龄因素，阶梯费率法是把不同年龄的人群细分成不同的年龄段，在同一年龄段的人，购买健康保险时费率相同，超过这一年龄段会增加费率。

表 7－3　住院医疗保险保费表　　单位：元

年龄	3～4岁	5～9岁	10～19岁	20～29岁	30～39岁	40～49岁	50～59岁	60～64岁
一档	75	51	33	117	172	223	430	809
二档	148	100	63	229	326	393	725	1300
三档	221	148	94	341	483	570	1037	1831
四档	294	197	124	453	639	747	1349	2361
五档	366	245	154	564	793	918	1645	2852

（三）一年定期法（One－year Term Method）

一年定期法对年龄的要求更高，不同岁数的人费率不同，通常年龄越大，健康状况越差，费率会越高。一年定期法对应的保险期为一年，一年后被保险人要继续购买健康保险，费率会增加。该法对年龄大的投保人不利。

（四）均衡保险费率法（Equilibrium of Premium Rate Method）

考虑到阶梯费率法、一年定期费率法对年龄大的投保人产生很大的影响，保险实务中开发了长期的健康保险，并采用与长期寿险类似的均衡保费的缴费方式，即均衡保险费率法。该费率的厘定需要考虑投保人的年龄、利率、疾病率、公司费用率等因素的影响。计算公式如下：

$$\text{年缴毛保费的现值}=\text{净保费的现值}+\text{附加保费的现值}$$

采用均衡保险费率时，需要建立责任准备金。

二、人身意外伤害保险费的确定

意外伤害保险的保费由两部分组成。一是纯保费，收取的保费用于发生保险事故时保险金的赔付；二是附加保费，这一部分的保费用于保险公司的经营费用支出。

（一） 意外伤害保险纯保费的确定

保险事故的发生是一个随机事件，保险金的给付是随机的。设保险金的给付为 X，意外伤害保险的保险金额为 s，则：$0 \leqslant X \leqslant s$，用 $E(X)$ 表示 X 的数学期望值，P 表示被保险人投保时应缴纳的纯保费，由收支平衡原理有：

$$P = E(X) \tag{7.4.1}$$

又设每次保险金的给付为 x_j，其发生的概率为 p_j，则

$$P = E(X) = \sum_{j=1}^{n} x_j p_j \tag{7.4.2}$$

意外伤害保险实务中，由于保险公司各年度的保额损失率可能不同，因此，计算纯保险费率时，是根据不同年份、并已经发生的保额损失率来计算纯保险费率。实际中，计算纯保险费率的方法有三种：

1. 一元线性回归法

当保额损失率呈线性趋势变化时，用一元线性回归法较合适。其方程为 $y = a + bx$，其中：x 为时间变量，y 为年度的保额损失率。

2. 移动平均法

当保额损失率不呈线性变化，且有一定的波动时，可采用移动平均法或加权移动平均法来确定保险费率。

3. 正态分布法

如果把年度保额损失率看成是一个服从正态分布的随机变量，正态分布法就是根据各年度发生的保额损失率来估计下一年度的保额损失率小于某一数值的概率。

（二） 意外伤害保险附加保费的确定

以保险附加费率为基础收取的保费，主要用于保险公司的营业费用、利润等各项开支。

$$附加保险费率 = \frac{附加费用总额}{保险金额总额} \times 1\,000‰$$

专栏7－2

精算师、精算师协会及精算师资格考试

精算师是分析风险并量化其财务影响的专门职业人员。一般情况下，精算师需要参加精算师资格考试，获得其从业资格。精算师在数学、统计、财务、组织及分析方面具有广泛的技能，他们运用精算知识从事评估承保风险、厘定保险费率、提留准备金、安排分保额和进行偿付测试等工作。传统上精算专业大多运用于保险公司和参与社会保障体系的设计，而今天精算师被定位于更广泛的领域，如商业银行、金融中介、长期资本项目等。凡是需要处理风险的领域，精算师都能发挥作用。与会计师、律师和医生等职业相比，精算师是一项人数不多、专业性更强的职业。

不同的国家都有不同的精算师资格考试体系，一般由该国精算学会建立精算师资格认证和考试体系。以北美精算学会、英国精算学会和中国精算学会为例介绍如下：

北美精算学会（Society of Actuaries，SoA）的前身是 Actuarial Society America，于 1889 年 4 月在纽约建立。1900 年产生了第一个由考试产生的精算师。现在，北美精算学会已经发展成为一个国际性的精算教育和研究机构及其会员的一个学术团体。北美精算师资格分为正式精算师（FSA）资格和准精算师（ASA）资格。申请者要得到准精算师的资格，需要通过P－概率论、FM－利息理论、IFM－金融衍生品定价、LTAM－寿险精算、STAM－财险精算、SRM－统计建模、PA－预测分析、3 门 VEE 认证，以及 FAP－精算实践基础。正精算师阶段的考试分为五个方向，可以根据自己的需要选择不同的方向：公司风险管理方向、金融与量化投资方向、寿险与年金方向、财险方向、养老金方向。

英国精算师协会（The Institute and Faculty of Actuaries ，IFoA），前身是英格兰的精算协会和苏格兰的精算学会。IFoA 成立于 1848 年，是全球第一家精算协会，最早开启世界精算教育。伴随精算行业的发展，英国精算师资格考试体系也在不断调整，2000 年以前，英国精算师资格考试分为五个系列。2000 年之后改革为四个阶段：CT、CA、ST、SA。2019 年英国精算师考试又进行一次改革，要获得英国精算师资格认证，准精算师和正精算师两大步骤需要通过的科目为：CS1、CS2、CM1、CM2、CB1、CB2、CB3（Core Principles 系列 7 门），CP1、CP2、CP3（Core Practices 系列 3 门），并拥有一年以上的工作经验，可申请成为英国准精算师；通过 Core Principles 系列 7 门、Core Practices 系列 3 门，SP（Specialist Principles 系列）选 2 门，SA（Specialist Advanced 系列）选 1 门，并拥有三年以上的工作经验，可申请成为英国正精算师。

中国精算师协会（China Association of Actuaries，CAA）成立于 2007 年 11 月 30 日，现为国际精算协会（IAA）正式会员。主要职能：拟订精算师执业准则，拟订并执行行业自律制度；组织中国精算师资格考试，组织实施精算从业人员的培训及后续教育工作；开展会员的职业道德及执业纪律的教育、监督和检查；组织业务交流，开展理论研究；协调行业内、外部关系，维护会员合法权益；组织国际交流活动等。中国精算师资格考试从 1999 年开始实施。2000 年 12 月，中国精算师协会首次面向社会举办了中国精算师资格考试（准精算师部分）考试中的六门课程考试。2008 年中国精算师协会对中国精算师资格考试认证体系进行调整，并于 2011 年实施。2018 年停止中国精算师资格考试。

本章小结

新产品的开发有利于保险公司业务的拓展和规模扩张，提高公司的竞争力，但开发新产品时，应注意风险，遵守人身保险产品的开发原则，灵活运用产品的开发策略。

寿险保费的计算应该掌握“一二三”，即一个原理；两个基础；三个要素。一个原理是指收支平衡原理，也称等价原理，两个基础是生命表和利息理论，三个要素是指预定的利率、预定的死亡率、预定的费用率。我们还应该掌握利用换算函数计算保费，它使得保费的计算更加快捷。正确分析费用的构成是计算毛保费的关键，一般把费用分为第一年费用和续年费用，再分解为比例费用和固定费用。

意外伤害保险费率的计算应注意实务中是用保额损失率来推断保险纯费率，有三种方法计算保险纯费率：一元线性回归法、移动平均法和正态分布法。

健康保险费率的厘定有四种：统一费率法、阶梯费率法、一年定期费率法、均衡费率法。

本章关键词

新产品　产品开发　技术策略　组合策略　时机策略　生命表　选择表　终极表
精算现值　纯保费　毛保费　趸缴纯保费　年缴纯保费　附加保费　保额损失率

本章思考题

1. 分析人身保险产品开发的原则。
2. 分析人身保险产品开发的策略。
3. 怎样看待人身保险产品的创新？
4. 计算人寿保险费率应考虑哪些因素？
5. 生命表有哪些种类？
6. 已知：$i=0.06$，求下列各值：

$$\ddot{a}_{\overline{20|}} \qquad a_{\overline{20|}} \qquad \ddot{S}_{\overline{20|}}$$

$$_{10|}\ddot{a}_{\overline{8|}} \qquad (I\ddot{a})_{\overline{64|}}$$

7. 某人在第一年初存款 1 000 元，以后每年初存款比上一年增加 200 元，共存 10 年，$i=10\%$，求该年金的现值。
8. 已知：$q_{70}=0.05$，$d_{70}=4\ 328$，求 l_{71}。
9. 已知：$q_{55}=0.01$，$d_{56}=50$，$d_{57}=56$，$d_{58}=62$，$d_{59}=69$，$l_{60}=5\ 260$，求 l_{55}。
10. 已知：$q_{50}=0.02$，$q_{51}=0.025$，$q_{52}=0.027$，求 $_2p_{51}$ 和 $_{2|}p_{51}$。
11. 在 UDD 假设下，证明：（1）$\bar{A}_x=\frac{i}{\infty}A_x$；（2）$\bar{A}^1_{x:\overline{n|}}=\frac{i}{\delta}A^1_{x:\overline{n|}}$。
12. 现年 40 岁的男性购买一份 5 年期两全保险，保险金为 50 000 元，死亡保险金在死亡年末给付。$i = 2\%$，试用生命表和换算表计算该寿险的趸缴纯保费。
13. 现年 35 岁的男性，购买一份终身寿险。规定若被保险人在 15 年内死亡，则给付 30 000元，15 年以后死亡，则给付 10 000 元，$i=6\%$，死亡保险金在死亡年末给付。求该寿险的趸缴纯保费。

14. 已知：$A_{55}=0.7$，$D_{55}=520$，$D_{56}=500$，$i=0.06$，求 A_{56}。

15. $i=2\%$，在 UDD 假设下，利用 CL1 换算函数表求：(1) $\bar{A}_{20:\overline{10}|}$，(2) $\bar{A}_{20}$。

16. 设被保险人现年为 x 岁，第一保单年度内保额为 a 元，此后每年增加 b 元，直至终身，死亡年末给付保险金，试证：该保险的趸缴纯保费为 $\dfrac{aM_x+bR_{x+1}}{D_x}$。

17. $i=4\%$，利用 CL6 换算函数表求：

$$\ddot{a}_{30},\ \ddot{a}_{30:\overline{10}|},\ (I\ddot{a})_{30:\overline{20}|},\ (I\ddot{a})_{30},\ a_{30:\overline{20}|},\ {}_{10|}\ddot{a}_{35}。$$

18. 某男现年 30 岁，此人应缴纳多少保费，才能在其生存期内每年年初获得1 000元的生存年金？$i=4\%$。

19. 已知：${}_{10}P_{30}=0.04$，$P_{30:\overline{10}|}=0.06$，$A_{40}=0.5$，求：$P^{1}_{30:\overline{10}|}$。

20. 已知：$P^{1}_{45:\overline{15}|}=0.004$，$P_{45:\overline{15}|}=0.03$，$P_{60}=0.04$，$d=0.05$，求：$\ddot{a}_{45}$。

21. $i=2\%$，利用 CL1 换算函数表求：

$$P_{35:\overline{10}|}\quad P^{1}_{35:\overline{30}|}\quad P_{35}\quad P(\bar{A}_{35})$$

22. 30 岁的男性投保 30 年定期死亡保险，保额为 20 000 元，$i=2\%$，求：(1) 30 年期缴费的年缴纯保费。(2) 10 年期缴费的年缴纯保费。(3) 若改为两全保险，保额不变，试求 10 年期缴费的年缴纯保费。

23. 某 40 岁的男性，购买了保额为 1 000 000 元的 20 年期的两全保险，毛保费在每年初支付，保险金在死亡年末给付，$i=2\%$，费用情况如下：

初年费用：佣金为毛保费的 50%，固定费用为 1 000 元；

续年费用：佣金为毛保费的 10%，固定费用为 100 元；

死亡给付的理赔费用为 1 000 元，$i=6\%$，求毛保费。

第八章
人身保险营销

章首语：人身保险营销是保险经营中的重要环节。营销既是一种理念，也是一种流程，需要理念和技术的结合。互联网时代，新技术正在改变传统的营销。本章从市场营销的界定入手，分析人身保险营销的必要性、意义、主要模式及其流程，阐述人身保险营销中的售前、售中和售后服务的内容，展望人身保险营销的创新及发展趋势。本章学习的重点是掌握人身保险营销模式、流程及具体内容。

第一节　人身保险营销概述

一、人身保险营销的内涵

（一）市场营销与人身保险营销

“市场营销”一词译自英文“Marketing”，人们对市场营销的理解并未完全统一。西方学者和相关机构从不同角度给出了市场营销的定义。美国密西根大学教授杰罗姆·麦卡锡（E. Jerome McCarthy）从宏观角度定义市场营销为“一种社会经济活动过程，其目的在于满足社会或人类需要，实现社会目标”。美国西北大学教授菲利普·科特勒（Philip Kotler）认为“市场营销是与市场有关的人类活动。市场营销意味着和市场打交道，为了满足人类需要和欲望，去实现潜在的交换”。1960 年，杰罗姆·麦卡锡又从微观角度给出市场营销的定义：市场营销是企业经营活动的职责，它将产品及劳务从生产者直接引向消费者或使用者以便满足顾客需求及实现公司利润。并提出了产品（Product）、价格（Price）、促销（Promotion）、渠道（Place）这一经典的营销四要素理论（4P's 理论），4P's 理论简化了营销理论并方便记忆和传播。人们对市场营销的认识不断更新，市场营销要素理论也在不断丰富。菲利普·科特勒于 1984 年从微观角度定义市场营销：市场营销是指企业的这种职能，“识别目前未满足的需要与欲望，估量与确定需要量的大小，选择本企业能最好地为其服务的目标市场，并且决定适当的产品、服务和计划，以便服务于市场”。菲利普·科特勒教授对市场营销的微观解释得到了广泛认同，他在 2013 年出版的《市场营销原则》（第 15 版）中，再次更新了他对市场营销的认识：市场营销是通过为顾客创造价值来构建可获利的顾客关系并从中获取价值回报的过程。简言之，营销就是经营可获利的顾客关系。2013 年，美国市场营销协会（AMA）给出新的市场营销定义：市场营销就是创造、沟通、交付和交换对顾客、客户、合作伙伴以及社会有价值的市场供应物的活动、系列制度和过程。

人身保险营销即人身保险市场营销，就是经营人身险的公司为了充分满足人们对人身风险保障的需要、欲望和需求而在人身保险市场开展的一系列活动。它包括：在调查与预测人身保险市场、分析营销环境、研究投保人行为等的基础上，进行新险种的开发、费率的厘定、保险营销渠道的选择、保险产品的推销以及售后服务等一系列活动。也可以说，人身保险营销就是经营人身保险的公司通过为顾客创造价值来构建可获利的顾客关系，并从中获取价值回报的过程。简言之，人身保险营销就是经营可获利的人身保险顾客关系。

（二） 人身保险营销与人身保险推销

人身保险推销和营销的对象都是人身保险商品，二者的最终目的都是通过满足人们对人身风险保障的需求，从而实现保险公司的经济效益。正是由于对象和目的的一致性，容易让人将人身保险营销与人身保险推销混为一谈。实则不然。

一是人身保险营销较人身保险推销的内涵广泛。人身保险营销包含推销，更重要的是还包括调查与预测人身保险市场，在营销环境和投保人行为分析的基础上，细分人身保险市场，选择人身保险目标市场，开发与目标市场匹配的人身保险产品，选择合适的营销渠道，制定科学的营销策略，将人身保险产品推向市场。

二是人身保险营销注重的是企业长远利益，重在树立企业市场形象，提升企业内涵价值，打造企业品牌。人身保险推销则偏重于企业发展的短期目标，重保费规模，轻承保质量。

三是人身保险营销重点在于了解、把握和激发投保人的需要，营销活动必须围绕满足投保人的需要而展开。人身保险推销则是为了销售人身保险产品而进行的活动，其关注点并非消费者的需要，而是产品本身，体现的是生产观念、产品观念的经营哲学。

四是人身保险营销是整体营销，即从搜寻人身保险市场的需求开始直到将适合的险种推向市场，并提供售前、售中和售后服务等一系列活动。人身保险推销则主要采用促销的手段和方法将已有险种推销给消费者，其活动的时空范围相对狭窄。

五是人身保险营销具有人身保险推销所不具有的功能。人身保险推销的主要功能是保证经营人身险的公司业务经营稳定。而人身保险营销除应具备该功能外，还应具备满足消费者现实需求，挖掘消费者潜在需求的功能。

二、人身保险营销的必要性及意义

（一） 人身保险营销的必要性

1. 人身保险营销是由人身保险产品的特殊性决定的

人身保险产品所提供的是对被保险人未来人身风险的保障，“未来”可能是一年，也有可能是几年、几十年，这种对未来需求的保障特征，强化了人们对人身保险商品的潜在需求。而要将潜在的需求转变为现实的需求，需要开展营销活动，以唤醒和激发人们的保险需求。

2. 人身保险营销是由人身保险经营的特殊性决定的

人身保险经营应严格遵循大数法则的要求，广泛争取社会大众投保，在尽可能大的空间、尽可能长的时间范围内，集中和分散人身风险，以保证公司经营的稳定性。

3. 人身保险营销是由经营人身保险的公司为应对市场激烈竞争决定的

随着人身保险市场主体的增加，保险消费者的日益成熟，尤其是在人身保险市场全面开放的条件下，外资保险公司蜂拥而入，竞争手段日益多样化，服务竞争日趋白热化，经营人身保险的公司必须树立营销理念，深入开展营销活动。

（二） 人身保险营销的意义

1. 人身保险营销有利于提高人身风险保障质量

人身保险营销始终以客户为中心，围绕着如何使客户获得更大程度的满意而展开的活动，所以公司在进行现有产品的销售时，要不断发现和挖掘客户潜在需求，设计、开发出能更好满足客户需要的险种。新险种的开发不但提高了人身保险产品本身的质量，也提高了人身风险保障质量。

2. 人身保险营销有利于提升人们对保险的认识

人身保险商品是无形的服务性商品，它所提供的是对被保险人人身安全的保障。这种无形商品给消费者带来的效益不能立刻体现出来，投保人在投保后得到的只是一纸承诺，所以人们往往会产生对人身保险的疑惑和不信任，保险公司的营销活动要通过细致的解释和周到的服务，消除消费者的顾虑，提升人们对保险的认识。

3. 人身保险营销有利于降低人身保险公司的经营风险

人身保险营销战略的实施将不断改进产品质量、降低原有产品成本，有利于保险公司合理厘定费率、增加业务量。人身保险公司只有订立足够多的保险合同，集聚尽可能多的同质风险，才能把保险事故发生率控制在预定范围内，降低保险公司的经营风险。

4. 人身保险营销有利于提高全民风险和保险意识

随着社会经济结构的变化，人口老龄化、高龄化成为重要的社会问题，而人身保险能较好覆盖未来的不确定性带来的问题。人身保险营销对于激发全社会的风险和保险意识具有重要意义。

随着人身保险业转型发展，人身保险公司竞争的加剧，全面理解营销的本质和内涵，认识营销的必要性和意义，树立营销理念，有利于保险公司在激烈的市场竞争中立于不败之地。

三、人身保险推销

推销是营销的重要内容，人身保险推销是人身保险营销活动的关键环节，在人身保险营销中具有重要作用。

（一） 人身保险推销及其特点

人身保险推销就是通过保险推销员的推销工作，把人身保险商品介绍给社会大众，以便客户获得必需的保障。具体而言，人身保险推销工作就是不断地寻找客户，通过拜访、说明、设计人身风险管理及人身保险方案，将人身保险产品推销给客户。

人身保险商品的特点决定了人身保险推销具有以下特点。

1. 服务性

人身保险商品的无形性特点决定了这种商品难以引起人们的注意、兴趣和主动的购买欲望，需要推销人员作耐心细致的宣传、解释、动员、说服工作。人身保险商品的同质性特点又决定了推销员在推销工作中必须以高昂的工作热情、高品质的服务和全心全意为顾客服务的情怀投入其中，方可奏效。因此，推销人身保险商品是一项服务性的工作。具体表现为：在顾客购买之前，推销人员应根据顾客的需求，帮助其设计人身风险管理与人身保险方案，选择适当的险种；顾客购买之后，根据顾客人身保险需求的变化和新险种的迭代，帮助顾客及时调整人身保险方案，确保其财务稳定；保险事故发生或期限届满时，主动帮助顾客索赔或提供相关咨询服务。

2. 专业性

人身保险既是一纸合同，也是一种家庭理财规划。它涉及法律、税务、医学、投资、社会学等多学科知识，在推销人身保险产品时要综合考虑客户家庭情况、收入状况、未来的家庭经济计划和投资方向以及客户的心理状态和消费习惯，这就需要销售人员掌握多学科知识。

3. 灵活性

人身保险推销工作可以由推销员根据自己的情况选择工作时间、工作对象以及工作地点，按照个人的计划自由调整安排；人身保险推销员通常是无底薪的，其报酬与推销业绩挂钩。

（二） 人身保险推销的程序

人身保险的推销对象包括团体和个人两类。在此重点介绍个人的推销程序。

1. 寻找客户

人身保险推销的第一个环节就是寻找客户。推销员的推销工作能否成功，很大程度上取决于寻找客户的多少。一般来说，寻找的客户越多，工作成绩越卓越，相应的工作报酬也越多。

2. 接洽客户

接洽客户是推销工作的第二个环节。在寻找客户的过程中，如果准客户已经被确认，接下来就要主动地去接洽客户，让客户对与你面谈产生兴趣，并约定面谈时间，向客户解释你能提供的服务。

3. 销售面谈

推销的第三个环节就是与客户进行销售面谈。在销售面谈中，通过有效沟通和交流，使顾客切实感受到自己面临的人身风险，认识到人身保险是帮助其处置人身风险的有效途径和办法，进而引起客户的兴趣，使其期待着你为他设计投保计划和方案。

4. 成交面谈

推销员在推销过程中所作出的全部努力将在这一阶段取得收获。在成交面谈中，要向客户介绍自己精心准备的建议书，使其认识到需要购买人身保险并协助其作出购买的决定。

5. 处理异议

人身保险产品具有较强的专业性，销售过程中难免出现异议。顾客提出异议未必是对推销员或推销的产品或公司不满，需要推销员认真分析和正确回应客户提出的异议，善用技巧化解异议，促使交易的顺利完成。

6. 售后服务

售后服务将在本章第三节专门讨论。

四、人身保险营销模式

（一） 人身保险营销的模式

人身保险营销模式一般分为直接营销模式和间接营销模式两种。

1. 直接营销模式

直接营销模式指保险公司与投保人之间直接进行保险产品交换的过程，无须经过任何中间环节。直接营销模式以保险买卖双方的直接沟通为特点，见图 8－1。

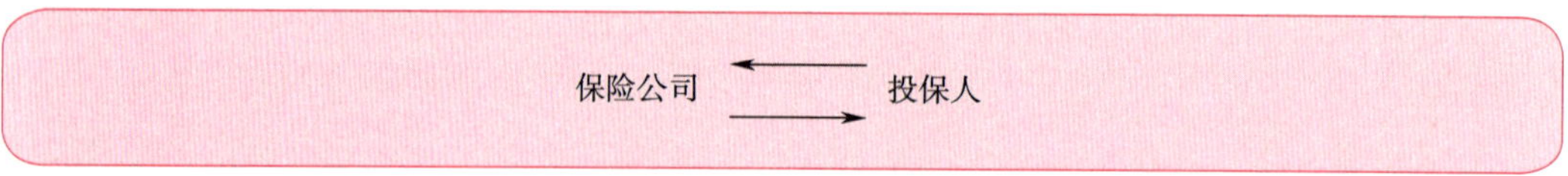

图 8－1　直接营销模式

在这种营销模式中，人身保险公司通过自己的员工和销售体系完成人身保险产品的销售活动。

2. 间接营销模式

间接营销模式是相对于直接营销模式而言的，是指需经过若干中间环节才能使保险产品从保险公司到达投保人手中的营销模式。在这种营销模式中，保险产品并不直接到达投保人手中，而是途经中间环节后，再到达投保人手中。其中，营销渠道的中间环节可以是一个，也可以是多个。这种营销模式见图 8－2。

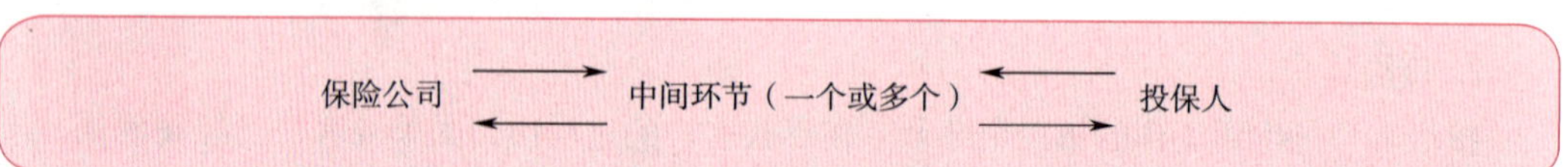

图 8－2　间接营销模式

根据中间环节的不同，又可将间接营销模式分为不同的类型：

（1）以保险代理人为中间环节的营销模式。在这种模式下，保险公司首先通过合同的形式明确其代理人，并授权其代理人，代理其进行保险产品的销售。而投保人则直接与保险代理人发生关系，直接向保险代理人购买保险产品。保险代理人可以是专业的保险代理人，它包括以自然人身份存在的保险营销员（个人保险代理人）、以机构形式存在的保险代理公司；保险代理人还可以是兼业的保险代理人，如银行、邮局、航空公司、旅行社等。

(2) 以保险经纪人为中间环节的营销模式。在这种模式中，投保人首先向保险经纪人表明自己的保险需求以及投保意向，并委托保险经纪人代为寻找合适的保险公司和适合的保险产品，完成投保行为。

（二） 选择人身保险营销渠道应考虑的因素

1. 人身保险商品的特点

人身保险商品的特点是选择营销渠道的一个重要因素。不同的险种，其承保对象的范围、责任及费率水平都不同，所要求的营销渠道也不同。一般来说，对于承保对象范围极广的险种，宜选择间接的营销渠道；对于责任范围较为特殊且不常见的险种，应选择直接的营销渠道。

2. 人身保险市场因素

经营人身保险的公司对市场营销渠道的选择，在很大程度上是为了能够适应与满足市场的要求。因此，市场因素对营销渠道的选择也是至关重要的。市场范围的大小、保险消费者的集中与分散、市场的需求情况以及竞争者的营销渠道等都可能影响营销渠道的选择。

3. 竞争者营销渠道的选择情况

保险公司在选择营销渠道时，还要分析竞争对手所采用的营销渠道，以保证自身的营销渠道优于竞争对手的营销渠道。

4. 保险公司自身的因素

保险公司规模的大小、人员配置状况、资金状况等也会影响营销渠道的选择。

对于经营人身保险的公司而言，选择营销渠道十分重要。如果选择适当，营销费用低，销售率高，能使保险商品顺畅高效到达投保人手中；反之，则使保险商品难以销售，影响企业经营目标的实现。因此，保险公司在选择营销渠道时应全面考虑所面临的各种影响因素，选择最佳的营销渠道和考虑多种营销渠道的组合。

第二节　人身保险营销流程

人身保险营销活动有其固有的流程和内在的规律。人身保险营销流程包括人身保险营销环境分析、投保人行为分析、市场细分及目标市场选择以及人身保险营销策略的制定等环节。

一、人身保险营销环境分析

任何经济活动都离不开特定的环境，同样，人身保险营销活动也是在一定的社会环境条件下进行的。这些社会环境条件影响、制约着保险公司的营销活动。保险公司只有认真分析和研究自身所处的市场营销环境，并努力使保险公司的经营目标和市场营销环境各因素保持协调、平衡，才能保证企业营销目标和经营目标的实现。

人身保险营销环境由外部环境和内部环境构成。保险公司的外部环境是指企业赖以生存，影响保险企业发展的，企业自身不能改变的客观环境。从宏观角度而言，包括经济、政治、法律、社会文化、人口、自然等环境；从微观角度来看，保险公司的外部环境包括投保人、竞争对手、市场营销渠道、公众等。保险公司的内部环境是指企业可以改变的环境，如企业自身的经营目标、经营水平、财务状况等，这些因素会影响营销活动的结果。

（一） 外部环境

1. 外部宏观环境

（1）经济环境。经济环境包括社会经济制度、经济发展水平以及收入水平等因素。

社会经济制度。要分析人身保险市场营销环境，必须先对这个国家或地区的宏观经济环境进行分析，其中最重要的是经济制度。其一，在不同经济制度下，人身风险的承担方式有一定的差异。计划经济制度下，人们依赖国家承担风险；只有在市场经济条件下，经济单位和个人成为了风险承担的主体，必须理性面对和正确处置风险。其二，人们对转嫁人身风险的方式选择有不同的偏好。比如，英国拥有成熟的保险经纪人和保险代理人制度，而英国居民更偏好通过保险经纪人来购买寿险。法国是银行保险的起源地，在相对宽松的银保监管制度环境下，银保渠道更受公众青睐，同时，银保渠道也是法国民众获得税优保险的主要途径①②。

经济发展水平。人身保险是经济发展的产物，并随商品经济的发展而不断发展。分析人身保险市场营销环境，离不开对经济发展水平的分析。不同的经济发展水平有着不同的市场营销环境。对于经济发展水平各阶段的划分，比较有代表性的是美国学者罗斯顿（W·W·Roston）的“经济成长阶段理论”将经济发展归纳为五个阶段：即传统经济社会、经济起飞前的准备阶段、经济起飞阶段、迈向经济成熟阶段和大量消费阶段。凡属前三个阶段的国家为发展中国家，属于后两个阶段的国家为发达国家。不同发展阶段的国家，其人身保险市场营销活动的外部经济环境也不尽相同。

收入水平。人身保险交换活动的实现，不仅取决于人们对人身保险的自然需要，更主要的还取决于由收入水平决定的人身保险的有效需求。收入水平可从两个方面来分析：一方面是指国民收入水平。如国民收入水平提高，那么可以用作保费的来源也会相应增加，即企业和个人人身保险的有效需求在一定程度上得以增强；另一方面是居民个人可支配收入，这是影响人身保险购买力的最重要、最直接的因素。居民个人可支配收入的增加，可直接导致对人身保险有效需求的增加。反之，则会减少居民对人身保险的有效需求。

---

① 唐金成，唐思．发达国家保险中介市场比较及经验借鉴［J］．西南金融，2017（2）：71－76.

② Paige Fields L，Fraser D R，Kolari J W. Is bancassurance a viable model for financial firms?［J］. Journal of Risk and Insurance，2007，74（4）：777－794.

（2）政策、法律环境。经营人身险的公司作为社会的一个经济组织，其营销活动必定要受到政策、法律环境的影响和制约。国家通过制定大政方针和政策，不仅规定了国民经济的发展方向、规模和速度，同时也影响社会购买力及市场消费需求的变化。尤其是与行业密切联系的税收政策、产业政策、金融政策等直接影响人身保险业的发展。新旧“国十条”[①] 的发布给人身保险营销带来系列重大政策利好，需要行业、公司进行系统研究。国家正在推行的精准脱贫、乡村振兴等战略和“一带一路”倡议都蕴含着人身保险营销的重大机遇，需要积极发现并深度挖掘。

2020 年 5 月 28 日，全国人大审议通过了《中华人民共和国民法典》（2021 年 1 月 1 日起实施）。人身保险作为社会经济和风险管理的制度安排，进行的是一种特殊的民事经济活动，因此，人身保险与民法典的关系十分密切，民法典将对我国人身保险的发展产生深刻影响，人身保险也将为民法典的全面实施保驾护航。人身保险行业要充分利用民法典实施的机会，强化行业的社会服务意识与能力，促进行业的转型与发展。可以预见，《中华人民共和国民法典》的实施不仅将规范公司的行为，而且还将影响公司内部险种结构的变化、新险种的开发以及发展速度等。因此，公司的各项营销活动，必须顺应国家宏观经济政策的变化，严格遵守国家的法令、法规。同时，也要随着国家相关政策或法律法规的调整而调整公司的营销目标和策略。

（3）社会文化环境。每个人都生活在一定的社会文化环境中，个体思想和行为都要受到特定社会文化环境的影响和制约。社会文化环境是指人们生活在特定的社会形态下而形成的一种特定的文化。它包含全社会文化教育水平、宗教信仰、传统习俗、价值观念、生活方式等。

一个国家（地区）的文化教育水平，不仅代表该国家（地区）所进行文化教育的广度，而且还反映文化教育的深度。人身保险营销实践表明，对人身保险的认识和了解以及接受程度与文化教育水平的层次成正相关的关系，即层次越高的人，越易接受人身保险，而层次越低的人，越不易接受人身保险。因此，人身保险市场营销要根据社会文化教育的广度和深度开展。

除此之外，宗教信仰、生活方式也对人身保险营销有一定的影响和制约作用。不同的宗教信仰会导致人们对世界的不同看法和认识，即可导致人们对各种自然界的风险以及人自身所可能遭遇的风险认知的不同，从而影响、制约人身保险的需求。不同生活方式下的群体，由于他们之间存在着种种差异，对自身风险保障的要求也不尽相同。

专栏 8－1
营销环境：宗教冲突下的伊斯兰保险

宗教是人身保险营销必须要考虑的文化因素，由于伊斯兰宗教教义中对赌博、放债取利

① 2006 年国务院发布《关于保险业改革发展的若干意见》（国发〔2006〕23 号），俗称旧“国十条”。2014 年国务院发布《关于加快发展现代保险服务业的若干意见》（国发〔2014〕29 号），俗称新“国十条”。

的禁止，19 世纪以前伊斯兰法律文献从未提及“保险”，这就为保险业进入伊斯兰世界造成了巨大的障碍。随着保险对分摊家庭风险、促进社会稳定的作用日渐突出，伊斯兰世界的法学家也试图努力处理保险业务与教义之间的冲突，使保险在伊斯兰世界合法化。时至今日，伊斯兰国家既没有绝对禁止保险活动，也没有全部放开保险活动。现实中的伊斯兰保险（阿拉伯语为 Takaful）是一种基于互助和抚恤金概念的，反映集体责任、合作、互利性质的经济关系。

伊斯兰保险一般都要遵循商业运营、利润分享、代理和捐助原则。在商业运营中，伊斯兰保险的资金不能投资于教义禁止的行业，如猪肉制品、赌博、单纯基于利息的金融行业等。在利润分享模式下，保险公司要与投保人分享经营利润，参保人有权决定分配方式。伊斯兰保险资金的运作方只能收取险资运用的管理费，险资运用产生的利润全部返回给参保人。“捐助”性质是伊斯兰保险最有代表性的特征，投保人的保费划分为储蓄部分与捐助部分，储蓄部分用于保值增值，而捐助部分用于对受损投保人进行补偿。2008 年金融危机后，伊斯兰保险互助经营模式逐渐为其他国家所接受，并成为了传统保险业务的替代品。

资料来源：[1] 马玉秀. 伊斯兰保险业初探 [J]. 世界宗教研究，2014（03）：151－159.

[2] Akhter W，Pappas V，Khan S U. A comparison of Islamic and conventional insurance demand: Worldwide evidence during the Global Financial Crisis [J]. Research in International Business and Finance，2017，42：1401－1412.

（4）人口环境。人口是构成人身保险市场的一个基本因素，影响人身保险营销的主要人口因素有人口总量、人口结构、人口地域分布以及人口流动性。

人口总量。通过分析一个国家或地区的人口总量以及国民收入水平，或者调查一个国家或地区的人口总量和居民可支配的实际货币量，就可以大致了解人身保险市场容量的大小以及有效需求的大小。

人口结构。人口结构主要是指人口的年龄结构，它和人口的出生率的升降以及老龄化的程度有密切关系。人群中年龄差别的存在，就必然对人身保险产生不同的需求，形成各具特色的市场。

人口地域分布。人口地域分布的不同决定了人们所面临的不同风险，因而各自所要求保障的内容也不同，对险种的选择有所不同。而人身保险营销则需要根据各种不同的需求，推出具体的险种以适应各个市场的需求。

人口的流动性。人身保险营销必须注意人口的流动性，即人口的迁移活动，如人口由农村流向城市，由城区流向郊区，由发达地区流向不发达地区等。人口的流动在一定程度上改变了原有市场，有些可能导致人身保险市场规模的扩大，有些也可能导致人身保险市场规模的减小。

（5）自然环境。自然环境对人身保险营销的影响主要表现为各种自然资源禀赋对人身保险营销的影响和制约作用。

值得注意的是，上述各种环境因素并非固定不变。人身保险营销活动就是要把握环境的变化，从中发现并抓住有利于企业营销的机会，避开或减轻不利于营销的威胁，化危为机，在危机中育新机，于变局中开新局，适应环境变化，实现营销目标。

2. 外部微观环境

（1）投保人。投保人是人身保险市场营销环境中最重要、最关键的因素。从营销层面讲，投保人是人身险公司的服务对象，投保人既是人身险公司营销服务活动的出发点，又是营销服务活动的落脚点。人身险公司营销实践也证明，投保人对人身险公司的信任和支持是人身险公司营销取得成功的必要条件。因此，人身险公司的营销活动，应从投保人入手，研究投保人的动机、需求特点、需要保障的大小以及喜好的投保方式等，以保证人身险公司的营销活动取得预期的效果。

（2）竞争对手。商品经济的发展必然导致竞争，任何企业都处在不同的竞争环境中，人身险公司也不例外。有竞争，才有发展，在竞争中求生存、求发展，这是发展的必然规律。任何一家人身险公司想要在竞争中立于不败之地，就必须首先研究竞争对手，把竞争对手的策略同自己的策略进行详细地比较，做到知己知彼，开发新的优于竞争对手的险种或对原策略进行完善和改进，维持原有投保人，吸引新的投保人。

（3）营销渠道。从市场分工角度看，人身险公司应该加强与掌握营销渠道资源的其他企业合作。掌握营销渠道的企业主要包括：专业、兼业保险代理公司、保险经纪公司、广告商、保险咨询机构等。究竟选用什么营销渠道，怎样组合营销渠道，前文已有介绍，在此不再赘述。

（4）公众。公众，是指对人身险公司经营活动有着实际或潜在的兴趣与影响的团体或个人。人身险公司的营销活动会影响到周围的公众利益，公众也可以促进或阻碍人身险公司营销目标的实现。所以，人身险公司的市场营销活动，不仅要立足于满足投保人的需要，而且还要积极回应其他社会公众的关切，采取切实可行的措施，协调与周围公众的关系，发挥公众对其营销活动的促进作用。

（二）内部环境

1. 人身险公司经营目标

经营人身保险业务的保险公司的经营目标就是盈利。人身险公司要根据影响企业的外部环境因素以及内部可以利用的条件，确定企业近期和远期经营活动的目标。

2. 人身险公司经营水平

人身险公司经营水平的高低，直接关系到人身险公司营销活动的成败。人身险公司经营水平包括：承保水平，营销费用、广告费用的承受能力，风险选择水平，营销渠道状况以及售后服务水平。人身险公司应该根据自身的经营水平确定适合的经营目标。

3. 人身险公司财务状况

人身险公司财务状况是人身险公司经营效益的集中反映。人身险公司的财务状况反映的是人身险公司的资产负债状况、赔付率、投资收益率等状况，要通过分析人身险公司的财务状况，发现对企业营销有利或不利的因素，帮助公司制定正确的市场营销策略。

二、人身保险投保人行为分析

1. 分析投保人行为的方法

分析投保人行为的方法主要有经济分析法和心理分析法。前者强调由投保人的客观经济需求而产生的投保行为；后者则强调投保人源于其心理认知需求的驱策力，前者基于新古典经济学“理性人”假设的分析，后者基于行为经济学对人的认知过程对决策影响的分析①②。科学、正确地分析投保人的行为，有助于人身保险公司较为全面地了解市场现有的以及潜在的需求状况，并采取相应的营销策略，吸引更多的投保人。

2. 投保人的行为过程

投保人的行为过程极其复杂，通常是指投保人从萌发投保需要到完成投保行为的一系列动态组合。多数学者认为，人们的投保需求是由需要经由欲望产生的，而影响人们对人身保险需要的因素纷繁复杂，需要从经济学、心理学、社会学和行为学等多学科视角分析。也有学者将其过程详细地概括为五个阶段：（1）态度，即认识保险，产生保险需要。人身保险的投保人对保险的需要是通过外界和内在的刺激形成的。如某汽车司机目睹了别的汽车司机因车祸丧生给家人带来的困难和痛苦，就会产生投保的需要。（2）动机，动机是由需要的推动而产生的，但同时，动机的产生还必须有外界的刺激。只有外部刺激与个体的需要这两个因素同时存在，才会产生投保的动机。如上例，某司机有投保的需求，但如果保险公司没有此业务或从不宣传此业务，那么不管驾驶员投保的需要多么强烈，都不会产生投保动机。（3）学习与感受，即投保动机产生以后，投保人通过对有关信息的搜集、比较来分析投保的利弊。（4）投保决策，投保人的投保决策包括决策阶段与执行阶段。在决策阶段，投保人根据学习与感受所得到的体会，决定是否投保。投保人如果认为投保弊大于利，他就会作出不投保的决策；反之，则作出投保的决策。投保人作出投保决定后，就要着手解决投保的实际问题，即投保的种类和投保的方式。这就是执行决策阶段。（5）投保后的感受，投保人投保行为完成后，自身的信息反馈，即投保的效果如何，这就是投保后的感觉。它包括投保人所体会到的投保手续是否方便、保险企业是否恪守信用等细节。投保人投保后的感觉，是一次行为的结束，又可能成为下一次投保行为的开始，并影响着下一次投保行为。上述投保人行为的各个阶段是相互联系、相互影响、相互作用的。

影响投保人投保行为的因素既有非市场因素也有市场因素。非市场因素主要有政治因素、环境因素、文化水平、社会阶层、心理因素等。市场因素包括费率水平、险种设计、保

---

① 完颜瑞云，锁凌燕．保险消费决策行为分析——一个行为保险学的研究框架［J］．保险研究，2016（1）：15－29.

② Richter A，Schiller J，Schlesinger H. Behavioral insurance：Theory and experiments［J］. Journal of Risk and Uncertainty，2014，48（2）：85－96.

险服务情况及保险网点设置等。

总之，人身保险公司应全面、科学地分析投保人购买保险的行为过程，只有准确把握了投保行为的梗阻点，方可有的放矢的开展精准营销。

三、人身保险市场细分及目标市场选择

（一）人身保险市场细分

1. 人身保险市场细分的概念和意义

人身保险市场细分就是通过区分人身保险投保人的不同需求，按照一定的标准，把人身保险市场划分为不同的人身保险消费者群，每一个消费者群就是一个细分的市场。在不同的人身保险细分市场之间，人身保险的需求存在着明显的差别。市场细分的目的是选择适当的目标市场，并为不同的目标市场制定和实施不同的营销策略。市场细分有助于人身险公司发掘最佳的营销机会，调整险种结构以及制定适当的营销策略。

2. 人身保险市场细分的标准

人身保险市场细分的标准就是影响人身保险消费需求差异性的诸多因素，主要有地理因素、人口因素、经济收入因素和行为因素。根据不同的标准可将人身保险市场划分为不同的子市场。如根据经济收入可将人身保险市场细分为高收入阶层市场、高薪金阶层市场和工薪阶层市场。每个细分市场之间消费需求的差异都很明显。对于高收入阶层市场的消费者而言，注重的是他们的收入如何通过人身保险保值增值并留给后人，而对于工薪阶层市场的消费者而言，他们关心的是生老病死这些基本的人身风险的保障。当然，市场细分的标准也不是一成不变的，人身险公司应树立动态观念，根据市场的变化进行调整，同时，市场细分也可将多种标准结合起来进行市场细分。

（二）选择目标市场

1. 评估细分市场

对细分市场的评估包括对细分市场的人身保险需求总量、市场潜力以及市场占有率进行评估，以此确定人身险公司应该选择哪些细分市场。人身保险市场需求总量是指在一定的细分市场上，在一定的时期内，消费者可能购买的某一险种的保障总量或支付的保费总量，是一个受各种条件综合影响的变量。市场潜力是指某险种在一定时期内，在消费者愿意支付的费率水平下，经过一定的营销努力，所有潜在购买者对该险种的需求。市场占有率是指保险企业提供的某一险种的数量总额占该险种市场总需求量的比率，它在很大程度上取决于内外部各种环境因素。

2. 选择目标市场

人身险公司在市场细分的基础上，根据企业自身状况来选择最适合本企业的目标市场，其选择方式可利用“险种—市场方格图”进行。例如，某公司准备进入重疾险市场，利用方格图可以发现有 12 个细分市场可供选择，见图 8 – 3。

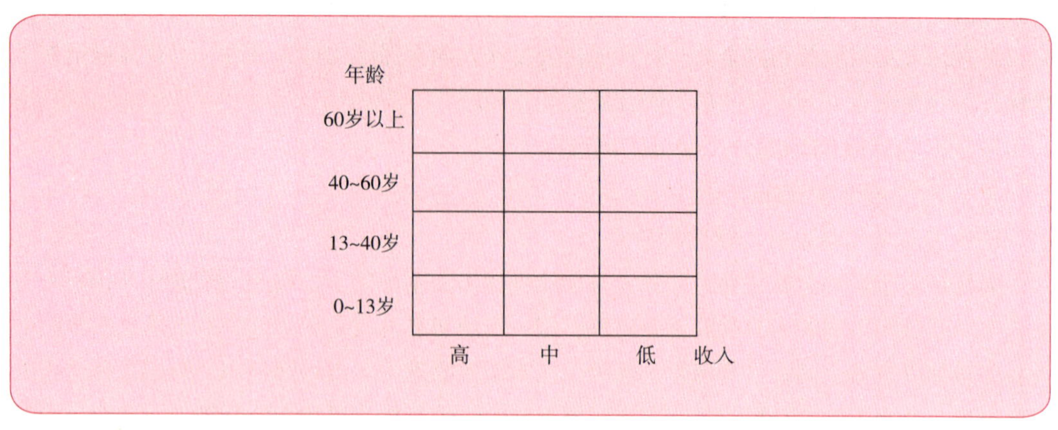

图 8 – 3　险种—市场方格图

人身险公司应根据这 12 个细分市场的有关资料、竞争对手的情况以及自身条件来选择其中一个或几个细分市场作为自己的目标市场。

3. 确定目标市场战略

（1）无差异市场战略。即把整个市场作为一个大目标市场而不管每个细分市场的差异。这种战略只求满足大多数保险消费者的共同需要。

（2）差异性市场战略。即在细分市场的基础上，选择一个或几个细分市场作为本企业的目标市场，并针对每个细分市场的需求特征，分别设计不同的营销方案。

（3）集中战略。即选择某个或几个子市场作为目标市场，制定一套营销方案，集中力量争取在这些子市场上占有大量份额，而不是在整个大市场上占有较小的份额。

目标市场战略的选择通常需要考虑下列因素：一是企业的资源状况。当企业的资源能力不足，无力占领整个市场或几个市场时，最好选择集中战略。二是险种特点。对于差异性较小的险种，可实行无差异营销战略，反之则应实行差异性或集中战略。三是市场特点。同质市场可实行无差异市场战略，异质市场则实行差异性市场战略。四是险种生命周期。对新险种可实行无差异营销战略或针对某一特定细分市场实行集中性战略。五是研究竞争对手的战略。

四、人身保险营销策略制定

人身保险公司营销策略的制定是实现营销目标的前提。根据传统营销要素理论，人身保险营销策略一般包括以下四个维度。

1. 险种策略

人身保险公司应进行充分的市场调查、分析和预测，设计适销对路的人身险险种，同时应根据市场需求的变化调整险种结构，推出新险种，改良旧险种。

2. 渠道策略

人身保险公司应选择最有效、最经济的渠道推销险种。

3. 费率策略

费率策略也叫价格策略。费率的高低关系着保险合同双方的经济利益，也关系到人身保险的销售及产品策略、渠道策略、促销策略的实施。一般而言，较低的保险费率可以快速打开市场，但会对日后的公司偿付能力和营业利润带来较大压力，较高的费率能保证公司的经营目标，但产品的吸引力会下降。人身保险产品费率制定应建立在人身保险精算的基础上，并使费率的竞争控制在合理的范围内。人身保险涉及公众利益和社会安定，费率的过度竞争必定影响保险企业的偿付能力。

4. 促销策略

促销策略即为促进销售而采取的各种激励措施和方法，包括人员推销、广告、宣传和公关等。促销策略通常可分为推式策略和拉式策略。推式策略是以派员推销为主，把人身保险商品推进目标市场。拉式策略是采取广告宣传等方法，唤起人们的需求，并使其主动产生购买人身保险的行为。人身保险商品具有抽象无形、分散多样等特点，人身险公司在促销策略上应以推式策略为主，辅之拉式策略。

险种、费率、渠道及促销策略都是人身保险营销的局部策略。人身险公司应根据目标市场的需求，全面考虑公司的任务、目标、资源和外部环境，科学组合营销要素，适时调整营销策略。

专栏 8－2 巧用朋友圈推销保险

中宏人寿保险有限公司是国内首家中外合资的人寿保险公司，由加拿大宏利旗下的宏利人寿

图片来源：http：//www. skytech. cn/uploadfile/2018/0828/20180828052213310. jpg。

保险（国际）有限公司和中化集团财务有限责任公司合资组建。中宏保险成立于 1996 年 11 月，现拥有近 16 000 名员工和营销员，为 160 余万客户提供专业的金融保险服务。2018 年，中宏保险主动携手 NBA 在国内举办“5V5 篮球挑战赛”，并利用朋友圈投放上海“NBA 5V5 总决赛”广告，以“看球，见球星，玩现场”来吸引爱打篮球的年轻用户，随后，在活动现场邀请 NBA 球星安德烈·德拉蒙德与现场观众互动，获得现场观众广泛好评。

中宏保险这一营销策略的设计给我们带来以下启示：第一，公司注意到人们对健康生活的追求和 NBA 赛事在我国热度不减，主动携手 NBA 举办“5V5 篮球赛”并将总决赛地点设在上海，邀请 NBA 球星亲临现场，以吸引广大中青年人群。第二，考虑受众人群年龄特征，使用微信“朋友圈”广告的社交方式，契合潜在投保人群的日常生活。第三，细分市场，利用微信定位功能，精准投放宣传广告，进一步吸引有经济实力的上海年轻人亲临现场。第四，中宏保险通过设计公司、观众、NBA 球星三方互动，拉近公司与潜在投保人之间的距离，在借助宣传“健康”“运动”理念的同时宣传保险，增强公司在上海民众心中的知名度和美誉度。

资料来源：NBA 中国官方网站：https：//nbachina. qq. com。

第三节　人身保险营销中的客户服务

人身保险产品是一种服务性商品，服务质量至关重要。人身保险营销中的客户服务贯穿人身保险经济活动的全过程，它是一项全方位、立体化的服务，时点上看，它包括售前服务、售中服务和售后服务。

一、人身保险营销中的售前服务

（一） 提供资讯服务

人们在投保之前，需要了解有关人身保险的信息，例如公司情况、所推出的险种、保险条款等。

1. 人身保险公司提供的资讯服务

（1）通过广告传递人身保险资讯。通过广告方式传递人身保险信息，是满足顾客对人身保险资讯需求的重要手段。人身保险资讯信息有三类：第一类是理念信息，即有关保险的功能作用以及人身险公司的企业精神、经营宗旨等。第二类是服务信息，包括服务项目和服务内容、险种信息、服务方式等。第三类是视觉信息，即有关公司名称、数量、办公条件、员工服饰等方面的信息。

广告传递上述三类信息需达到的目标有三个：一是以告知为目标的服务，把人身险公司名称、推出的新险种、重大人身保险事故理赔情况及时准确地告诉顾客。二是以说明为目标的服务，向顾客说明人身保险企业的历史、现状和未来；说明人身保险企业的经营宗旨、组织机构、管理特色、服务项目、人员素质；说明险种的保险对象、保险期限、保险金额、保险费率、保险责任、除外责任、保险金申请等。三是以提高声誉为目标的服务，宣传人身保险公司重合同、守信用，及时赔付、热心社会公益事业的实例。

（2）开展公关活动传递人身保险资讯。人身险公司通过举办相关新闻发布会、摄影宣传、赞助活动等公关活动，加深顾客对人身险公司的了解，提高人身险公司的知名度和信誉度。

2. 营销员提供的资讯服务

营销员个人提供的资讯服务比公司提供的资讯服务更直接、详尽、有效。一般来说，人身险公司通过媒体向公众传递的是比较宏观、综合的人身保险信息，它对于普及人身保险知识、增强人们的人身保险意识、诱发公众购买人身保险能起到一定的作用。但打算购买人身保险的顾客迫切需要了解的是有哪些险种，哪一种适合自己，以及保险责任、缴费标准、投保手续等信息，这些资讯一般是无法通过人身险公司的广告获得，必须由营销员提供。

营销员向顾客提供的资讯服务大都在拜访顾客时进行，即通过陌生拜访、缘故推销法、多米诺骨牌法、群体开拓法、上街咨询法、人力协助法、借用他人的影响和信用法、随机拜访法等准保户开拓方法与准保户相约会谈传递上述信息。

（二）风险规划与管理服务

1. 帮助顾客识别家庭风险

人的一生面临各种风险，例如地震、台风、洪水、战争、瘟疫、冲突、伤害、疾病、年老等。风险的发生，不仅会造成财产损失，同时也会危及我们的身体和生命，造成生活不便和经济困难。然而，许多顾客面对风险可能熟视无睹，或者根本没有意识到自己面临的风险，或者坚信风险事故不会落在自己头上。为此，营销员需从顾客的切身利益出发，本着对顾客负责的态度，帮助其识别家庭风险，以寻求风险转移的对策。

2. 帮助顾客作好家庭财务规划

人的一生通常要经历出生、成长、结婚、育儿、中年、老年等若干人生阶段，尽管每个阶段会有不同的变化，但有一种情形是不变的，这就是家。无论是单身贵族，还是子孙满堂的大家族，家庭对人的影响是巨大的。要维护一个家庭的正常运转自然离不开经济基础，因此，帮助顾客作好家庭财务规划是极其必要的。

上述工作完成之后，就要为顾客进行人身保险的筹划，即为顾客设计人身保险计划书。

二、人身保险营销中的售中服务

（一）投保服务

投保中的服务集中体现在投保单的填写上。投保书是人身保险合同的重要组成部分，为了体现顾客的真实投保意愿，维护顾客的利益，避免理赔纠纷，顾客如实填写投保单非常重要，人身保险业务人员有责任和义务指导顾客正确填写投保单。在此以传统的投保单的填写为例加以说明。

1. 一般投保规则

（1）填写投保单必须字迹清晰，字体工整。

（2）投保单采用钢笔填写，不允许用铅笔、圆珠笔填写。

（3）投保单应保持整洁。如果投保人、被保险人、受益人姓名和证件号码等由于笔误发生更改，则需投保人盖章或签名后方为有效，否则视为无效投保单处理。

（4）完整填写投保单，不得漏项。在投保人资料中，投保人姓名必须与有效证件姓名一致，所提供的证件必须是在法律上有效的证件，常用的有效证件包括军人证、护照、出生证、身份证。如果身份证丢失或待领时，应随保单一起附上户口簿复印件或户口所在地派出所证明。出生日期必须与本人身份证一致。被保险人、受益人的资料与投保人资料的填写具有同样的要求。

投保时，应提请投保人注意有关限制，主要包括以下限制：缴费方式的限制。各家保险公司提供的缴费方式可能有多种，比如趸缴、年缴、半年缴、月缴等，对此投保人只能选一种，当然，在缴费期间征得保险公司同意可以改变缴费方式。人身保险金额的限制。有的险种按保额填写，有的险种按份数填写，二者都有最高和最低限制，投保者必须在允许的范围内选择；投保地区的限制；投保年龄的限制；投保附加险的限制。投保的主险和附加险必须填全称，附加险的投保年期不得超过对应的主险交费年期，附加险交费方式也必须与主险一致。

2. 填写投保单应注意的事项

（1）必须履行如实告知义务。在填写投保书时，保险公司为了防止逆选择，要求投保人如实告知被保险人（或投保人）健康状况和财务状况，若投保人不能如实告知有关情况，会导致保险公司判断和风险预测上的失误，使保险公司蒙受损失，同时也会给自己造成损失。为此，人身保险营销人员对投保人应讲清楚不如实告知的后果，并尽力帮助投保人按投保要求如实填写投保单。

（2）明确受益人。

（3）被保险人必须亲笔签名。依据《保险法》的相关规定，除了父母为其未成年子女投保人身保险外，以死亡为给付人身保险金条件的合同，未经被保险人书面同意并认可人身保险金额的，合同无效。

（4）营销人员应尽快传递单证。签单收费后，营销人员应将填写好的投保单、收据等及时交公司核保部门。

（二）核保服务

1. 详细解释人身保险条款

对人身保险条款中规定的告知义务、契约解除权、除外责任等进行详细解释，并耐心回答顾客的疑问，让顾客对其要选择的险种有一个基本的了解。

2. 深入了解顾客有关情况，排除道德风险

通过询问，对投保目的、投保历史、被保险人的既往症、现症、家庭史、收入资产等进行全方位了解，以初步确定被保险人是否符合投保条件。

3. 正确引导保户利用“冷静期”，也叫“犹豫期”

指投保人在购买人身保险之后的一段时间内，可以改变自己的初衷而不会遭受任何损

失。被保险人在冷静期内提出退保，保险公司应退还全部保费，保户并不因此遭受经济上的损失。

三、人身保险营销中的售后服务

人身保险是一种长期性的商品，它为客户提供的是长期的风险保障，因此，完成交易并非推销工作的完结，而恰恰是新一轮服务的开始——售后服务。售后服务是一个极其重要的环节。客户在投保之初，对推销员及其所推销的产品和人身保险有一定的信心；若在投保后，推销员便一去不回头，难免使客户产生不安，往往会造成保单失效。这样不但使客户失去保障，而且推销员也会面临一定的损失，包括失去原有的客户和从原有客户中获得新客户的机会，使推销工作前功尽弃。因此，售后服务是整个推销过程中必不可少的一个环节。

（一） 售后服务的意义

1. 有利于维护客户信心，使客户更好地享用保单的服务功能

良好的售后服务，使客户能有效的享用保单的服务功能。例如，可以运用“保单贷款”借款以应急用，还可以利用“自动垫缴保费”的方法运用保单的现金价值来垫缴保费，使人身保险契约的保障功能持续有效。

2. 有利于树立业务员和公司的形象，拓展和挖掘客户群

良好的售后服务，有助于树立良好的口碑，使保户对人身保险充满信心，若能如此，客户容易认同人身保险业务员的设计或建议，并愿意介绍新的客户。因此，售后服务的完善与否对于人身保险业务的拓展具有重要意义。

（六） 售后服务的功能

1. 客户方面

人身保险大多属于长期性合同，保户的情况可能发生变化。如果推销员能经常与保户保持联系，就能在保户对保险保障的需求发生变化时，及时地根据保户的情况调整合同，如原订合同的保额不足以满足保户的保障需要时，及时建议增加保额；保户在经济上出现暂时的困难时，也可灵活运用垫缴保费或保单贷款等方式，协助保护维护合同的效力。

2. 推销员方面

一名成功的人身保险推销员，一定是乐于服务且懂得如何服务的人。这种服务不仅表现在推销过程中，也表现在推销之后，完善的售后服务有助于推销员走向成功。因为：（1）售后服务可增加保户信心，提高续保率。有些客户购买人身保险后，难免产生动摇和怀疑，甚至后悔。如果推销员没有完善的售后服务，就难以使这些人继续交纳续期保费，使合同中途失效。（2）售后服务可增强对保户的了解，提高业绩。推销员与保户保持密切的联系，就能使原有保户在收入提高、保障需求增加时及时增加保障。（3）售后服务可获得客户主动介绍新客户的机会。客户满意你的服务，自然愿意为你介绍新客户。著名的保险推销员乔·葛多佛说：一流的推销员80%的销售成绩来自客户的推荐购买及重复购买。这也就是市场营销学中的“口碑效应”理论。从图8－4中我们可以看出完善的售后服务对发展新客户的重要性。

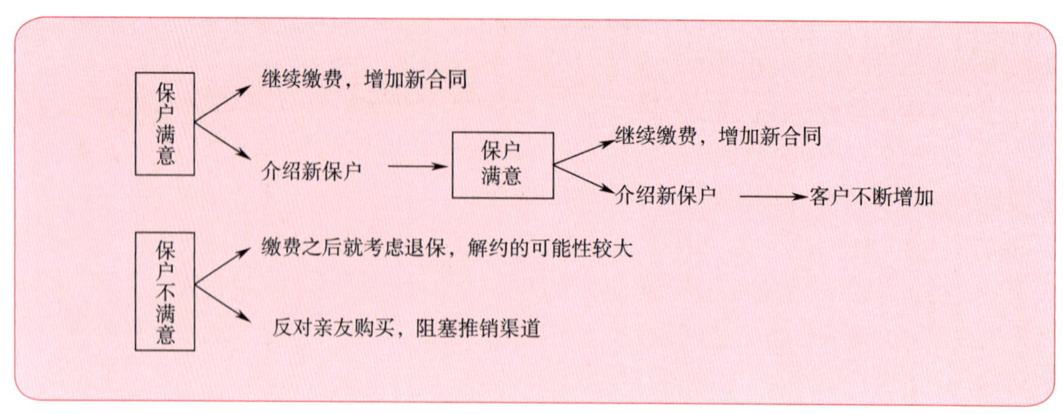

图 8－4　售后服务

专栏 8－4
美国百万圆桌协会

美国百万圆桌协会(Million Dollar Round Table，MDRT)，成立于 1927 年。最初由 32 家业绩非凡的保险公司发起成立，1927 年他们的销售业绩已经超过 100 万美元。协会设立的初衷是培养高水准、职业化的寿险销售和服务的人才。他们相信通过销售理念的交流一定能提高销售技能提升销售业绩。他们的信念就是："要想收获，就要先给予。" 今天 MDRT 已经成为以寿险为基础的金融服务业的一个国际型协会，它形成了分享经验、技能与知识的传统，对整个寿险业都有着积极的影响。成为 MDRT 会员并保持该资格对优秀的寿险代理人来说都是一种激励。MDRT 会员资格代表着成功与荣耀，是会员职业生涯的里程碑。MDRT 为他们开启了通向知识、动力和专业化新世界的大门。

MDRT 的宗旨：鼓励所有的人寿保险从业者在专业发展、技术竞争力、销售业绩诸多方面发挥出最大的潜力，提升人寿保险销售人员的专业标准与职业声望。

MDRT 的使命：MDRT 作为最优秀的人寿保险销售人员的国际会员组织，旨在提升会员的专业技能、服务品质、职业道德及其生活品质。

目前，MDRT 已成为一家全球公认的由优秀寿险与金融服务从业人员组成的国际性协会组织。现有会员 25 000 人，来自全球 66 个国家的 475 家公司。会员主要是财政货币管理、投资咨询、人寿保险、伤残保险、不动产计划、退休保险等行业的精英分子。MDRT 资格是国际寿险业的至高荣誉，它表明会员在寿险及金融服务领域拥有渊博的知识和最高的职业道德。

MDRT 每年都会挑选新会员，除了保费收入达到 63 000 美元这一硬性业绩标准之外，能严格遵守 MDRT 道德守则才具有申请资格。MDRT 每年还对其成员进行资格认证，认证标准有两条：一是在工作中业绩突出，二是必须达到 MDRT 道德规范中规定的标准。费尔曼强调 "在任何时代，即使是技术当家时代，寿险营销最好的方式仍旧是面对面，人的因素永远要放在第一位。"

MDRT 是全球寿险精英的最高盛会。1998 年，中国还仅有一位 MDRT 会员，目前已升至 766

人，至今还有逾千份来自中国保险营销精英的申请正在审批中。

资料来源：根据网络资料整理：https：//baike. baidu. com/item/百万圆桌会议/1618847；https：//www. mdrt. org/。

第四节　人身保险营销创新与发展趋势

一、人身保险营销创新

18 世纪中叶以来，人类历史上先后发生了三次工业革命，我们正处于第三次工业革命向第四次工业革命交替的时代。第一次工业革命所开创的“蒸汽时代”（1760—1840 年，也叫机械化时代），标志着农耕文明向工业文明的过渡，是人类发展史上的一个伟大奇迹；第二次工业革命进入了“电气化时代”（1840—1950 年），使得电力、钢铁、铁路、化工、汽车等重工业兴起，石油成为新能源，并促使交通的迅速发展，世界各国的交流更为频繁，并逐渐形成全球化的国际政治、经济体系；两次世界大战之后开始的第三次工业革命，更是开创了“信息化时代”（1950 年至今，又叫自动化时代），全球信息和资源交流变得更为迅速，大多数国家和地区都被卷入到全球化进程之中，世界政治经济格局进一步确立，人类文明的发达程度也达到空前的高度。第三次信息革命方兴未艾，与此同时，也造成了巨大的能源、资源消耗，付出了巨大的环境代价、生态成本，急剧地扩大了人与自然之间的矛盾。进入 21 世纪，人类面临空前的全球能源与资源危机、全球生态与环境危机、全球气候变化危机等的多重挑战，由此引发了第四次工业革命，人类将进入“智能化时代”，它以人工智能，机器人技术，虚拟现实，量子信息技术，可控核聚变、清洁能源以及生物技术为突破口的工业革命。人们正经历着第四次科技革命，互联网、大数据、云计算、区块链、人工智能等科技的发展使人类社会面貌日新月异，人类生产生活的各个领域都将智能化和数字化。

以互联网技术为代表的科学技术的迅猛发展正在深刻改变人类的生产和生活方式。互联网也逐渐渗透到保险行业的各个领域，其在保险行业中的作用和地位日益凸显。1997 年至今，我国互联网保险经历了从萌芽到成熟、从探索到爆发的过程。随着互联网、人工智能、区块链和大数据技术的发展及其在保险行业中的运用，人身保险营销也出现了一些深刻变化，主要体现在以下四个方面的创新。

（一）人身保险销售理念创新

在大数据时代，数据的可获得性、可分析性大大增强，使得人身保险营销理念的创新突出表现在消费者导向由理念转化为行动以及精准销售的产生。

1. 消费者导向由理念转化为行动

现代营销理念的重要内核是市场导向、需求导向、客户导向，一言以蔽之，以消费者为中心。要及时回应和关切消费者的需求，为消费者提供良好的客户体验。互联网和大数据技术的发展为保险公司获取并分析消费者各个维度的数据提供了便利，为真正体现客户需求导向提供了技术支持，使消费者导向的营销理念转化为提升消费者满意度的营销行动。当前，电子产品尤其是智能手机已经成为人们生活中不可或缺的一部分，从休闲到工作处处都离不开智能手机，智能手机上的各类 APP 尤其是微信等社交软件、淘宝等购物软件都可提供海量的消费者相关信息。利用互联网技术对这些消费者信息进行搜集，运用文本挖掘、模糊判断等大数据技术进行分析，保险公司可以真正做到从消费者的需求出发、了解消费者面临的真正风险种类以及消费者对保险产品的消费体验，提供消费者真正需要的心仪的保险产品和服务。

2. 精准销售

现代营销理论认为，任何一家企业不可能满足消费者无所不包、不断升级的需求。为满足消费者的需求，基于顾客满意理论，只能在市场细分的基础上，依据公司的内部条件和所处的外部环境，选择目标市场深耕细作。在大数据时代，目标市场的精细化选择必然催生精准销售，换言之，精准销售是传统顾客满意理论在现代互联网技术支撑下发展的必然逻辑。伴随海量数据的可得性增加以及大数据分析技术的发展，保险公司通过数据分析可以准确地识别适合投放某个保险产品的群体，保险公司可以对这部分人进行精准销售。相较传统的利用电视或户外做广告，精准销售不仅可以降低保险公司的成本，还可以提高销售效率。

（二） 人身保险产品创新

人身保险产品的需求与供给错配是传统人身保险产品消费中存在的一个突出问题。消费者需要的保险产品保险公司未必能提供，保险公司设计的保险产品又不能满足消费者的真正需求。互联网、大数据和云计算技术的发展为人身保险产品的供求匹配提供了技术支持。

1. 使现有保险产品的定价更准确

物联网技术的发展为人身保险的精准定价提供了可靠的参考数据。随着物联网技术尤其是高级传感技术的发展，越来越多的可穿戴设备进入了人们的日常生活，包括智能手环、手表、眼镜、鞋子等。这些可穿戴设备装上传感器，并与智能手机或其他电子产品的软件同步数据，使得人们的运动状况、作息规律、心率、血糖等各种指标都可以被轻松观测、实时记录。这些设备和技术为产品定价提供了更全面、实时性更强的数据来源，使得人身保险产品的定价更加准确。保险公司还可以根据这些数据制定新的保费收取标准。例如，在投保人意愿投保健康保险时，保险公司可以根据其平时的作息规律、运动情况以及身体的各项指标情况收取合适的保费。物联网与人身保险产品设计的结合无疑会创造双赢的局面。一方面，当数据显示客户健康出现问题时，保险公司会及时提醒客户进行健康管理，客户的健康状况会得以改善；另一方面，客户进行及时的健康管理改善自身健康状况后，保险公司的赔付率也会随之下降，保险公司也从中获益。

2. 设计与需求更匹配的产品

互联网和大数据技术的发展为解决人身保险产品供给与需求相匹配提供了可能。互联网技术的发展使得保险公司可以从更多途径获取消费者的信息，从购物到社交，从工作到休闲，人们日常生活的方方面面都被互联网技术所充斥。受益于互联网技术发展带来便利的同时，人们日常生活的轨迹也会被各种数据记录下来。保险公司可与各种平台合作，依法依规利用大数据技术收集海量数据，从中挖掘出消费者真正的保险需求，设计能够满足市场需要的保险产品，使得人身保险产品的供给与需求相匹配。

3. 开发个性化、碎片化保险产品

长尾效应，英文名称 Long Tail Effect。"头"（head）和"尾"（tail）是两个统计学名词。正态曲线中间的突起部分叫"头"；两边相对平缓的部分叫"尾"。从人们需求的角度来看，大多数的需求会集中在头部，而分布在尾部的需求是个性化的，零散的小量的需求。而这部分差异化的、少量的需求会在需求曲线上面形成一条长长的"尾巴"，而所谓长尾效应就在于它的数量上，将所有非流行的市场累加起来就会形成一个比流行市场还大的市场。开发个性化、碎片化的保险产品是长尾效应理论在保险市场的体现。精耕某一细分市场、为客户面临的独特的、小众的风险提供保障，虽然每份保险合同带来的利润较小，但互联网时代的保险产品销售成本逐渐降低，同时宽广的营销渠道使保险公司可以吸引更多客户，因此保险公司可以达到"小利润大市场"的目标，既为客户提供了切实需要的保险保障，又能实现盈利。在互联网技术发展程度较低的时候，保险公司无法准确把握每个客户的个性需求，因此保险公司提供的人身保险产品，尤其是人寿保险产品往往保障多种风险，而投保人只能被动的选择是否接受既定的保险产品。而当互联网和大数据技术发展到了较高的水平，保险公司可以通过各种途径获得客户的数据，利用大数据技术可以挖掘小众客户甚至单个客户的特殊风险需求，精确捕捉客户面临的某一方面的风险，例如女性的乳腺癌风险、男性特定疾病风险，为这些客户提供个性化、碎片化的保险产品成为现实。

（三）人身保险销售渠道创新

随着科技在保险行业的不断渗透，人身保险销售渠道也在悄然生变。一方面，随着产品的不断创新，保险公司在选择销售渠道时会考虑产品因素选择适合新产品的销售渠道；另一方面，互联网和大数据技术的发展开拓了新的渠道，保险公司可以选择适合的保险产品通过这些渠道进行销售。在互联网时代，人身保险销售渠道的创新主要包括两类：网站型平台和移动终端。

1. 网站型平台

人身保险销售渠道中的网站型平台包括保险公司官方网站、保险公司自建的电子商务平台、网络商城以及与第三方电子商务平台合作的渠道。利用这些网站型平台，保险公司可以通过文字、图片和视频等多种方式详细介绍公司的基本信息和保险产品的信息，为客户提供深入了解保险公司及保险产品信息的平台，增强客户对公司及产品的信任度。保险公司还可以据此获取客户的点击率、在网站内搜索的关键词频率以及停留的时长等数据，运用大数据技术进行分析挖掘，发现问题并不断改进平台功能。

2. 移动终端

智能手机上的保险公司的 APP 和微信公众号、微博和微信等社交软件都为人身保险的销售提供了新的渠道。通过智能手机上的 APP 或者保险公司的微信公众号，消费者既可了解有关保险公司和产品的各种信息，也可以通过评论、留言的方式将自己的意见传递给保险公司。保险公司与客户的双向信息交流有利于保险公司不断改进产品和服务，为客户提供更适合的保险产品和更高质量的保险服务。微信、微博等社交软件也是互联网时代人身保险销售的新渠道。目前，我国微信的使用人数已高达十亿，因此微信渠道有着巨大的潜力。保险公司与微信合作，收集用户的动态、关注的公众号等数据并用大数据技术进行深入挖掘，刻画每个微信用户的风险和保险需求特征，定向通过微信朋友圈向用户推送其可能需要的保险产品。这种兼具人文关怀和精准营销的创新性销售渠道受到社会公众尤其是年轻公众的青睐。

互联网和大数据时代为人身保险销售提供了很多新渠道，保险公司在这些新渠道之间做选择时需要兼顾保险产品的特色和效率目标的实现。例如，在保险公司官方网站上更适合销售受众较广的人身保险产品，而在微信朋友圈的广告中更适合销售针对某类客户的个性化、特色化的人身保险产品。

（四） 人身保险营销策略创新

制定和选择合适的营销策略是保险营销的重要一环。人身保险的营销策略除了前文从营销要素维度述及的营销策略外，在互联网和大数据时代，也有学者认为营销策略包括竞争策略、产品策略、价格策略、促销策略以及关系营销策略等。

1. 竞争策略

各家保险公司在资本规模、产品类型、客户资源等方面都各有优劣，一家保险公司无法做到各方面都领先于其他公司，必须根据自身的优势选择合适的竞争策略。根据迈克尔波特（Michael Porter）一般竞争战略理论，企业竞争战略主要包括总成本领先战略、差异化战略和目标集中战略。在互联网时代，保险公司可以根据海量的数据和各种新科技选择最合适的竞争策略。通过互联网进行保险营销节省了通过保险代理人营销所需的佣金、设立实体经营机构的相关费用，大大减少了保险公司的投入。因此利用互联网技术在成本控制方面较为突出的保险公司可以采取总成本领先战略；互联网、人工智能和大数据技术为保险公司深度挖掘客户保险需求提供了便利，便于保险公司开发差异化的产品和服务。因此借助互联网技术在品牌知名度、客户忠诚度方面有优势的保险公司可以选择差异化战略；保险公司可以运用大数据和云计算技术将客户按需求划分为不同的群体，针对某个客户群或者保险产品的一个细分市场进行营销，这种竞争策略即为目标集中策略。选择目标集中策略的保险公司可以利用互联网技术专攻特定的人群或保险产品，用更高的效率为小范围客户提供保险产品及服务。

2. 产品策略

互联网时代保险公司可以通过多种渠道获取客户数据，捕捉客户的保险需求从而对产品进行改进，不断挖掘和拓展保险产品组合的深度和宽度，更好地满足客户的风险转移需求。例如，保险公司可以对某一保险险种针对不同的群体设计不同的产品，如按收入的不同等级设计不同的人身保险，以满足不同收入群体的需要。此外，与人身保险产品相关的服务也是产品策略的重要内容，保险公司可以充分利用公司官方网站、微信公众号、APP 等多种手段为客户提供更加优质和贴心的附加服务，这将直接影响消费者对保险公司及产品的印象，从而增强消费者黏度和忠诚度。

3. 价格策略

价格策略是指保险公司分析保险产品的需求和供给成本，并结合理论和实际经验确定保险产品价格，以吸引客户、实现企业利润最大化的策略。一方面，可穿戴设备等科技产品的出现、微信等社交软件的流行以及大数据技术的发展为保险公司获取客户的数据，挖掘掌握客户的保险需求提供了便利。另一方面，保险公司需要在初期投入资金才能运用新科技手段进行营销，这些营销渠道建设完成之后，每销售一份人身保险产品的边际成本就会很小。在厘定人身保险产品的价格之前，保险公司需要广泛获取并分析该保险产品的需求，估计开发的成本，据此确定客户愿意支付同时保险公司也可从中获利的最优价格。

4. 促销策略

保险产品的促销是指保险公司通过各种途径向消费者传递有关保险公司和产品的信息，吸引消费者购买该公司保险产品的活动。保险促销策略是保险公司进行非价格竞争的重要策略之一。保险产品促销最重要的目的就是让消费者对公司及产品的信息有更详细的了解，将本公司产品与其他公司产品的差异展示给消费者，而互联网技术的发展为此提供了便利。通过官方网站、微信公众号等工具，保险公司可以将本公司产品的详细信息用生动有趣的方式展示和推送给消费者、与消费者进行更便利的沟通，加深消费者对该公司保险产品的特色和优势的了解，激发消费者的购买行为。

5. 关系营销策略

在营销活动中，客户关系需要关注。人身保险产品大多是长期产品，保险公司与客户之间的关系也要持续较长时间，因此保险公司更需要维护好与客户的关系。维护保险公司与客户良好的关系不仅可以降低保险公司吸纳新客户的成本，还可以通过留住低风险的优质客户从而降低保险公司的经营风险。互联网技术的发展为保险公司维护客户关系提供了更多、更便捷的平台，客户只需要一部智能手机就可以从公司官方网站、微信公众号、APP 等多种渠道与保险公司进行信息沟通。利用这些互联网工具，保险公司可以更加便捷地为客户提供服务、建立并维持良好的客户关系。一旦保险公司在客户心目中建立了良好的形象，那么客户不仅自己日后有保险需求时会继续选择该公司的产品，还会向身边的人推荐该公司的保险产品，与客户不熟悉的其他消费者也可以通过这些互联网平台上的评论和留言了解保险公司的形象和声誉，增加其购买该公司产品的可能性。

二、人身保险营销发展趋势

随着区块链、大数据、云计算、人工智能以及生物监测等技术的进一步发展及其在保险行业中更广泛、更深入的渗透，人身保险营销将会出现一些新的趋势。为更好开展保险营销活动，我们必须把握趋势，顺应潮流。

（一） 物联网技术将不断派生人身保险营销场景

物联网使得人身保险公司可以获取客户多维度信息，数据的精准度、时效性都将有较大提高。公司可以运用物联网技术嵌入营销场景，运用大数据技术分析客户海量数据，捕捉客户真实需求，提供适合的保险产品。公司还可以与可穿戴设备的生产商合作，共同开发针对可穿戴设备用户的健康管理平台，为客户提供专业化、定制化的健康管理服务。在健康管理过程中，公司还可以针对不同客户的健康状况推销合适的保险产品。

（二）基因测序技术将呼唤个性化、差异化人身保险产品

随着基因测序技术的日益成熟和人们接受度的提升，选用基因测序技术的消费者将不断增加。人身保险公司可以与基因测序机构合作，从选用基因测序的消费者入手，针对其结果推销相应的健康和医疗保险产品。基因测序之后的消费者对于自身的各项疾病发生风险会有更加清楚的认识，也会更清楚自身的保险需求，保险公司向其推销个性化、差异化人身保险产品契合了消费者的需求。选用基因测序的消费者对自身健康风险的管理意识会更强，这些人群对人身保险产品的认知和需求度也会更高，保险公司只需要向其销售最合适的人身保险产品即可。人身保险公司还可以通过与基因测序机构的合作获取消费者更详细的健康信息，有助于细分人身保险市场的产品创新。

（三）人工智能技术将在人身保险营销中发挥突出作用

目前人工智技术在保险行业中的运用主要集中在保险服务的后端，即数据分析和决策制定。随着人工智能技术的不断发展，其对保险营销及服务的影响将逐步扩大。人工智能技术，尤其是语音交互、图像识别、生物识别等技术使得人机交互愈加便利和人性化，在人身保险营销中，保险公司可以使用机器人与客户进行交互，让机器人代替保险代理人向客户推介保险产品，力求为客户提供良好体验的同时还可以降低保险公司的人工成本。虚拟个人助理（VPA）将是人工智能未来发展的具体成果，它拥有超强的学习能力，可以感知人的情绪变化，因此可以与人建立情感交互甚至是信任关系，这对于人身保险营销有着重要意义。未来人身保险销售中的客户关系管理将更多依靠个人虚拟助理。个人虚拟助理还可从其对客户信息的分析中挖掘客户保险需求，为客户提供最需要的风险保障，为公司提供新的业务增长点。

（四）增强现实（AR）、虚拟现实（VR）技术将对人身保险营销方式产生巨大变革

运用AR和VR技术可以建立人身保险事件发生场景，让用户置身于风险场景中，真切感受保险事件发生给个人带来的生理和心理上的冲击，提高用户对风险的认知程度，增强其风险与保险意识，促使其主动投保。AR和VR技术还可以使用户与虚拟的保险专家进行沟通，只需要戴上VR设备，用户就可以向虚拟保险专家咨询其关心的保险问题，在有趣的交谈中了解和认识自身的风险状况和保险需求。AR和VR技术为用户提供了更加便捷、个性化的服务。

（五）区块链技术的运用将简化保单处理流程、减少保险欺诈

运用区块链技术可以建立智能合约，即使需要为用户订立个性化的保险合同也十分方便。智能合约将大大简化保单处理程序，降低成本，提高效率。区块链技术还可以用来建立客户信息系统，对个人信息进行数字化管理。区块链数据不可篡改可以使保险公司清晰、准

确了解客户的历史健康状况和信用情况等，降低信息不对称程度，减少保险欺诈的发生。

（六） 重视客户体验者得天下

在互联网时代，消费者不只是信息接受者，也是信息创造者。消费者可以主动地通过保险公司官方网站、APP等渠道了解保险产品、获取保险服务，他们还可以通过评论等形式将自己的体验和感受传递给其他消费者，影响其他消费者的消费决策和消费行为。互联网时代，万物互联，万事互通，客户即用户，客户满意度即用户满意度，保险公司要用心、用情服务好每一位客户，为客户提供优质服务，注重客户在各环节中的体验。可以预言，谁重视客户体验，谁将占领市场，谁将赢得天下。

本章小结

1. 激烈的市场竞争催生了营销。人身保险市场的激烈竞争催生了人身保险营销。除此之外，人身保险营销也是由人身保险产品的特点以及人身保险需求的特殊性决定的，人身保险营销是人身保险经营的重要环节。其效果取决于人身保险营销人员能否按照人身保险营销流程和现代技术全面分析公司面临的营销环境，审慎分析投保人行为，科学细分人身保险市场，正确选择目标市场。

2. 服务是保险营销的主线。人们购买人身保险产品不仅看重其财务功能，更看重其提供人身风险管理方案的服务功能，售前、售中和售后服务是体现人身保险服务性的重要体现。

3. 互联网时代，我们要把握人身保险营销的发展趋势，充分运用互联网技术，不断变革人身保险营销理念，创新人身保险营销方法。

本章关键词

市场营销　保险推销　人身保险营销　营销要素　直接营销模式　间接营销模式
营销环境　市场占有率　市场细分　目标市场　产品策略　价格策略　促销策略
渠道策略

本章思考题

1. 简述人身保险营销与人身保险推销的区别。
2. 简述人身保险营销的意义。
3. 简述人身保险营销模式的优劣。
4. 简述我国人身保险的营销环境。

5. 试论述人身保险的营销策略。
6. 试论述人身保险公司的服务创新。
7. 试论述如何通过保险营销流程的再造提升人身保险营销的效率?
8. 简述投保人行为分析的理论框架和基本假设?
9. 简述人身保险营销的创新。
10. 简述人身保险营销的发展趋势。
11. 怎样看待互联网条件下的“去中介化”? 你怎样看待保险中介的发展?

第九章
人身保险承保

章首语：人身保险承保是人身保险经营活动的重要环节。本章介绍人身保险承保的概念和流程，阐述了人身保险核保的内涵、依据、程序和核保的具体内容。本章学习的重点是人身保险核保的内容。

第一节　人身保险承保概述

一、人身保险承保的含义

保险经营活动包括保险产品开发、展业、承保、分保、防灾、理赔、投资等环节。在这些环节中，承保是指保险人审核投保单并就保险合同的内容与投保人协商一致、签订保险合同的过程。广义承保包括投保、核保、签单、收费、出具保险合同等全过程。狭义承保可以理解为签单、出具保险合同的行为。

人身保险承保（Life Insurance Underwriting/Personal Insurance Coverage）是指人身险公司审核人身保险投保单并就人身保险合同的内容与投保人协商一致、签订人身保险合同的过程。广义人身保险承保包括投保、核保、签单、收费、出具人身保险合同等全过程。狭义人身保险承保可以理解为签单、出具人身保险合同的行为。从法律上理解狭义人身保险承保则是人身保险合同订立过程中的承诺。签单并出具人身保险合同意味着人身保险合同承保工作的完成，但人身保险合同的起保日期（保险责任开始时间）通常为签单次日或在保险合同中明确约定，人身险公司需要对进入起保日期的人身保险合同履行约定的保险责任。

人身保险承保是人身保险经营的重要环节，承保质量高低直接关系到人身险公司经营的稳定性与经济效益的好坏，同时也是人身险公司经营管理水平的重要标志。

二、人身保险承保的流程

就广义人身保险承保而言，传统承保流程包括：接单初审、收费、扫描、录入、问题件处理、核保、保单签发、保单打印及缮制、送达保单、保单回执处理等。随着信息技术的发展，信息化大大简化了人身保险的承保流程，信息化条件下人身保险的承保流程简化为：投保信息收集和审核、核保、扣费/缴费、保单缮制/电子保单发送等。具体来看：

1. 投保信息收集和审核

承保前主要通过公司外勤人员或代理人与投保方（投保人、被保险人、受益人）进行沟通，收集了解相关风险信息，前移风险控制关口，加强对风险较大个体或团体的风险控制。

承保中的投保信息审核包含投保审核、检验。人身保险投保审核指审核投保单的内容（含投保人名称、投保日期、被保险人名称、保险责任、投保金额、保险期限、受益人等）以及相应的投保资料（如个人证件、企业相关证件等）；人身保险的检验包括医务检验和事务检验。医务检验主要是检查被保险人的健康状况；事务检验主要是对被保险人的工作环境、职业性质、生活习惯、经济状况等方面的情况进行调查了解。

2. 核保

核保是人身险公司决定是否承保和以什么条件和费率承保。核保的目的在于通过评估和刻画客户风险程度，将人身险公司实际风险事故发生率维持在精算预计的范围以内，从而规避风险，保证公司稳健经营。核保是保险承保的关键环节，将在第二节之后详细介绍。

3. 扣费/缴费

理论上讲核保通过后，投保人应及时缴纳保费或者按照合同约定方式扣费。但在实务中，人身保险缴费通常是在客户填写投保单之后，由业务员当即收取投保人缴纳的首期保费。

4. 签单并缮制单证或签发电子保单

人身保险核保通过且缴费（扣费）完成后，保险人会正式签单并缮制单证或签发电子保单。保险单或保险凭证是载明保险合同双方当事人权利和义务的书面（电子）凭证，是被保险人或受益人向保险人索赔的主要依据，纸质保单和电子保单具有同等法律效力。

三、人身保险续保

续保指在原保险合同（一般是一年期及一年期以下的短期保险合同）即将期满时，投保人在原保险合同的基础上向保险人提出的延续原保险合同的保险责任和保险期限的申请，保险人继续原合同内容或对原合同内容稍加修改而继续签约承保的过程。人身保险的续保指一年期及一年期以下人身保险合同在期限届满前，投保人向保险人提出的延续原人身保险合同保险责任和保险期限的申请，保险人对此事项进行审核并签单承保的过程。

一般情况下，人身保险续保应注意以下问题：一是及时对保险标的进行再次审核，以避免保险期间中断；二是要针对保险标的危险程度的变化适时调整保险费率；三是保险人应根据上一年的经营状况调整承保条件与费率；四是应考虑通货膨胀等因素的影响，适时调整保险金额。

专栏9－1

某公司人事专员小林的感慨：买团体保险真不是给钱那么简单！

小林是某科技公司的人事专员，负责办理员工的社会保险。近几年来，公司效益越来越好，但员工的离职率却居高不下。为了降低公司的离职率，公司采取了多种措施。小林也潜心钻研，从书上看到商业保险在提高企业的向心力、降低员工离职率方面成效显著，因此小林特向公司提议通过为员工购买保险降低离职率的方法。保险方案取得了公司的认同，公司特批了购买保险的专项资金：人均500元。小林联系了当地几家大型保险公司。但出乎小林意外的事情屡屡发生：

1. 初次接洽：保险公司工作人员虽然都很热情，但都先不谈钱和方案，而是先通过小林了解企业、企业员工的信息以及公司购买保险的动机、保险需求和资金预算。

2. 预核保报价：保险公司的工作人员找小林要了详细的公司资料和被保险人的信息，经公司审核、测算，完成预核保后给出报价。

3. 方案报价：小林发现几家公司的保险方案和报价差别很大。几家公司的基本险种都一样，附加险有差异，保险金额也有差异；还有保险公司对公司员工做了层级划分，对不同层级、不同职业类别的人群设置了不同的保障内容。

4. 方案洽谈：小林有购买个人保险的经历，很少享受优惠，这次团体保险的价格经历两次谈判后保险公司表示还可以再优惠，保险方案也可以再调整。经过与多家保险公司的多次谈判，公司选择了其中的一家投保。

5. 投保资料准备：小林发现，团险投保资料要求规范，除公司必须提供的资料外，部分年龄较大或者保额较高的员工必须提供个人亲笔签名的健康告知书。投保单的填写务必准确，公司的证件资料必须提供齐全，人名清单必须完整且都需要加盖公章。

6. 问题件处理：所有投保资料按要求递送后小林以为可以坐等承保了，可是在投保资料审核的时候保险公司又发现了一些问题：投保人身份证信息有误，部分人员健康声明中有既往病史，有的需要提供病历等证明材料，围绕对应的问题，小林配合保险公司工作人员提供了相应资料，信息补充完整，对既往病史人员进行了免责、加费或特约处理。

7. 缴费：投保资料和问题解决后，保险公司的销售人员送来了缴费通知书，并告诉小林保费到账后出具正式保单。

8. 保险公司内部承保：投保单和完整投保资料递送之后，保险公司内勤人员完成扫描录入、系统（人工）核保、签单、打印保单等程序。

9. 保单送达：在完成缴费后的第三天保单送达公司，保险公司工作人员要求小林签收回执并盖章。

经历了本次团体保险承保过程后，小林感慨：买团体保险真不是给钱那么简单！

第二节 人身保险核保的内涵及其方法

一、人身保险核保的内涵及意义

（一）人身保险核保的内涵

核保也称为风险选择，是评估和刻画客户风险的过程。通过核保，人身险公司决定是否承保和以什么条件和费率承保。核保的目的在于通过评估和刻画客户风险程度，将人身险公司实际风险事故发生率维持在精算预计的范围以内，从而规避风险，保证公司稳健经营。核保是广义承保的重要一环，也是狭义承保的前提和条件，其在承保中的重要性不言而喻。

人身保险核保是人身保险承保的核心内容，直接关系到承保业务的质量和风险的控制。核保的必要性表现在贯彻保险的风险选择原则。因为客观存在的风险和标的并非都可以承保，可保风险和保险标的是有条件和范围的。且对于承保的风险和标的，由于风险性质和客观环境的差异，其风险发展的频率和损失状况不同，所以，必须加强审核，区别对待，使承保风险同质化。虽然保险经营活动客观上要贯彻风险大量原则，即需要承保大量保险标的，但并非是无条件的承保。保险经营对业务既有量的要求，也有质的要求，二者不可偏废。

（二）人身保险核保的意义

1. 防止逆选择和道德风险，稳定保险经营

逆选择也称为不利选择或不利于人身险公司的选择，指遭受损失可能性大于平均机率的人投保或继续寻求保险保障的倾向。如体弱或年老者愿意投保死亡保险，健康恶化的人比健康状况不变的人以更高的续保率续保。道德风险的产生则可能有两种情况，一是投保人基于欺诈的需要而订立保险合同；二是在保险合同订立后，被保险人或受益人蓄意制造保险事故以骗取赔款。无论是逆选择还是道德风险，都将使人身险公司的赔付率超出预定的赔付率，对人身险公司的经营活动都会带来重要的影响。而通过严格的核保，把好人身保险业务的质量关，可以有效防范逆选择和道德风险，提高业务质量，稳定保险经营。

2. 核保是实现保险经营承保利润的有效手段

以盈利为目的是商业人身险公司的基本经营特征，人身险公司的经营利润主要来源于承保利润和投资利润。人身险公司的承保利润是精算师确立的费率结构的组成部分。虽然核保人员没有参与保险费率的厘定，但在产生与精算师的死亡率预测相符的实际死亡率的结果上起着重要的作用。通过核保对风险的选择和控制，能使总体业务的实际死亡率等于或低于预定死亡率，保险人借此可以获得稳定的承保利润。在此基础上，保险人有条件降低保险费率来争取更多的保险业务，从而获得更多的利润。

3. 核保是达成公平合理费率的有效途径

保险费计算与收取的公平合理是保险经营的原则之一。保险费的公平合理包括两个方面，一方面是保险费率的厘定合理，另一方面是保险费率的适用合理。前者是费率如何厘定

的问题，后者是对厘定的保险费率如何运用的问题。核保是评估和划分客户风险程度的过程，通过核保使每一个投保人根据人身险公司对其承担风险的大小支付相应的保险费。从人身险公司的角度而言，应在标准费率的基础上，对被保险人的风险程度进行评估和分类，使每一张保险单收取的保险费能反映被保险人的风险程度，以体现对全体被保险人的公平。

二、人身保险核保的方法

人身保险核保的理论基础在于风险的同质性和公平合理的经营原则。一方面，保险经营过程是分散风险和分摊损失的过程，保险所承保的风险应是同质风险，才能科学计算和测定保险费率，使人身保险的经营建立在科学的基础上。另一方面，人身保险以人的寿命或身体为保险标的，人具有自然和社会的双重属性。作为自然人，具有生、老、病、死及性别差异等客观属性；作为社会人，有大到人种、民族、国家的区别，小到职业、阶层、受教育程度、工作居住环境、经济收入等社会属性的不同。基于此，人身险公司在制定保险费率时，除依据大数法则，对同一年龄、同一性别的客户使用同一保险费率外，还应根据客户的身体健康状况和生活、工作环境等区别对待，即对由于身体健康状况和生活工作环境不良等原因使死亡风险超出标准死亡率的那部分人，在标准费率的基础上，根据超出标准死亡率的程度，加收保险费，以体现公平合理的原则。

人身保险核保方法就是在人身保险发展实践之中逐步完善的。现代人身保险的核保采用了“事务查定法”、“医务查定法”“数理查定法”等核保方法，每种核保方法在实践中不断发展完善，并在人身保险的核保实践中根据实际需要加以运用。

“事务查定法”出现于 17 世纪末。当时具有近代组织特征的保险经营者，已开始尝试根据客户的年龄、健康来选择客户。到了 18 世纪初，人寿保险的经营者除对被保险人的年龄进行限制外，还要求客户对其健康状况提出声明，经营者对客户的体格、健康状况和社会地位等进行外在的观察，并对保险金额和保险期限进行限制。1762 年在英国成立的公平人寿保险公司，第一次采用均衡保险费的理论计算保险费，对不符合标准条件的保户另行加收保险费，将人身保险费率的计算建立在科学的基础上。

“医务查定法”始于 19 世纪初。1811 年，在人身保险发展史上第一次采用由医生对客户体检。1824 年，保险公司对体检时身体健康状况不良者，一律加收 10% 的保险费。此后，这种通过体检来避免逆选择的方法被寿险经营者普遍接受。

“数理查定法”出现于 19 世纪中叶以后，美国纽约人寿保险公司的核保医师和精算师合作创立的，它是以健康群体的死亡率为标准死亡率——100%，将身体健康状况不良者，依其所患疾病而超过标准死亡率的数值，分别确定加费期限和加费费率，使加费由过去的针对群体变为针对个体。“数理查定法”的确立，使医务查定的功能得到真正发挥，也使加收保险费建立在科学基础之上。从此，“数理查定法”为各国寿险经营者普遍沿用至今。

最初的核保人员几乎没有作为风险评估基础的数据，他们完全依赖自己的经验和判断，来决定哪些风险可以接受。渐渐地通过收集与各类风险有关的统计数据，尤其是死亡率的统计数据，使核保人员对风险的判断有了客观的依据，使他们的工作变得相对简单而科学。随着数据可靠性的增强，公司的精算师、医生、核保员能够识别一些可能增加死亡率或发病率的因素，根据这些知识，公司就能建立人寿保险和健康保险的核保准则。通过使用这些准则，那些没有核保经历的核保人员也能经过培训，学会评估死亡率或发病率。伴随现代信息技术的发展，大数据、区块链技术在现代人身险公司核保中的应用将使核保效率得以提高。

第三节　人身保险核保依据及程序

一、人身保险核保资料的依据

为了有效地进行核保，人身保险公司必须获得有关投保人和保险标的的各种资料和信息，以作为核保的依据。一般来说，核保资料主要来源于以下几个方面。

（一）投保单

投保单也称要保书，是投保人申请投保的书面要约，是保险合同的重要组成部分。一般由保险人在上面印制其需要了解的有关保险标的情况的内容，投保人按照要求进行填写。投保单是核保的第一手资料，也是最原始的保险记录。保险人从投保单上可以得到重要的核保资料：(1) 投保人、被保险人和受益人的重要信息和资料。如年龄、性别、职业、居住地以及投保人和被保险人、被保险人和受益人之间的关系等。(2) 投保人的告知事项和健康声明事项。(3) 投保人和被保险人的签章。

（二）体检报告书

人身保险公司可以根据投保人投保的险种、投保的保额和被保险人的年龄、健康告知等信息决定是否要对投保人或被保险人进行体检，体检可以在人身保险公司内部进行，也可以在人身保险公司委托的医疗体检机构进行，体检报告书一般会直接邮寄或发送到人身保险公司。

在实务中，人身保险公司并不要求每个投保人或被保险人体检，一般是保额或年龄达到了人身保险公司规定的界限或根据客户告知情况决定是否体检，体检报告书一般不包含“详细病例”，通常根据人身保险公司要求的体检项目出具结果。

（三）生存调查报告/契约调查报告

由于部分投保人对重大的告知事项有可能隐瞒，或保险人认为需要对投保人或被保险人的有关情况作进一步的了解，在此情况下，有时需要生存调查员（Survival Investigator）/契约调查员（Contract Investigator）对客户进行生存或契约调查。调查方法有两种：直接正面调查和间接侧面调查。通过调查了解客户的职业、住所、病史、生活状况及财务状况。

（四）医疗信息局

当然，客户资料和信息也可以从相关专业机构获取。在美国，核保员需要了解的一些信息可以从医疗信息局（MIB）获得。MIB 是人寿和健康保险行业医疗信息获取的重要渠道，MIB 行使以下两大职能：

一是保留有关客户的健康损害和其他风险的信息，这些信息是在核保过程中发现或经客户自己承认的、以前由 MIB 成员公司呈报的。

二是根据成员公司的请示提供这类信息。人身保险公司向 MIB 求取信息，以找出客户是否有重大伤害或其他风险，这些损害或风险原先曾由客户承认或被其他人身保险公司发现，而在当前投保时没有告知。但成员公司要索取此人的信息须经被调查人书面同意确认 MIB 为其授权的信息来源。

现举例说明人身保险公司如何利用 MIB 提供的信息。假设某投保人向 A 人身保险公司为自己申请投保寿险，人身保险公司体检发现该投保人有严重的心脏疾病，该人身保险公司便拒绝承保并向 MIB 报告该投保人的情况。该投保人以后又向 B 人身保险公司投保，但没有提及心脏状况。根据从 MIB 获取的信息，B 人身保险公司就可以了解到这一情况，MIB 对客户各种损害和测试结果均采用代码。只有经授权的 MIB 成员公司的医务人员、核保员和理赔员才能存取 MIB 代码信息。如果公司发现 MIB 代码信息不一致时，公司有义务更新 MIB 记录。此外，客户也有权更正自己在 MIB 中的信息。人身保险公司从 MIB 中获取的任何信息都需要严格保密。

在我国，目前还并没有设立类似“医疗信息局”的机构，人身保险公司一般是根据内部数据和外部数据对客户的告知信息进行判断。

（五）其他补充核保资料

人身保险公司可以根据客户的告知情况，要求客户补充提供有利于作出核保结论的材料，如各类就诊记录、病例、检查报告、疾病问卷、财务问卷等。这些也是人身险核保的重要信息。

在实务中，提交补充资料一般由核保员在审核客户提供的投保单信息，特别是发现有异常告知信息时作出的要求。该过程可以理解为人身保险合同订立的反要约。

专栏 9－2
老太太的惊叹！

2017 年 7 月 10 日，原中国保监会公布了《保险销售行为可回溯管理暂行办法》，相关销售机构要通过录音录像等技术手段采集视听资料、电子数据的方式，记录和保存保险销售过程关键环节，以便实现销售行为可回放、重要信息可查询、问题责任可确认。

小林在保险代理人朋友的推荐下，准备为自己和妈妈各买一份重疾保险。她约了代理人到家里拿资料签字投保。可是投保过程却让林妈妈连连惊叹：

惊叹一：买保险还要录音录像?!

因小林选择的保险产品可以附加投保人豁免责任，所以小林决定和妈妈互为投保人。保险代理人了解到林妈妈已经 62 岁了，告诉她们必须对林妈妈进行双录，并且讲解了原因。录音录像过程如下：

保险代理人首先出示本人的有效身份证明；

保险代理人出示投保提示书、产品条款和免除保险人责任条款的书面说明，并做了讲解；

保险代理人告知投保人所购买产品为保险产品，以及承保保险机构名称、保险责任、缴费方式、缴费金额、缴费期间、保险期间和犹豫期后退保损失风险等；

保险代理人要求小林的母亲对其说明和告知的内容作出明确肯定答复。

小林母亲签署投保单、投保提示书、免除保险人责任条款的书面说明等相关文件过程全程录音录像。

惊叹二：投保流程太迅速了！

投保过程采用科技化手段，十分高效便捷。

在 PAD 上完成投保单和健康告知书的填写，投保人电子签名；投保资料实时上传；因小林的健康告知无任何问题，系统核保通过；而小林妈妈的健康告知说有高血压，且年龄超过 60 岁，刚好林妈妈近期刚做过体检，有体检报告，代理人上传了她的体检报告，等待人工核保。第二天代理人告知小林，林妈妈的高血压在合理范围内，核保通过。

小林的妈妈感叹说多年前购买保险，所有资料需要手工填写并且要提供纸质证件，保单也要等好长一段时间才能拿到，现在投保居然这么便捷，只用签个名就可以了。小林笑着告诉妈妈：现在是科技时代，有很多保险产品不仅投保实现了无纸化，连保单都电子化了呢。

二、人身保险核保的程序

核保是风险选择的过程，风险选择需要经过一定的程序。当人身保险公司的外勤人员或代理人与客户一起填写投保单时，核保过程即开始了。投保单送入公司核保部门后，在核保员评估之前，还可以接受复审。有些投保单采用快速核保或电脑核保。

（一） 人身保险公司外勤或保险代理人核保

人身保险公司外勤或保险代理人寻找客户和进行销售活动即为风险选择过程的开始，这通常称为“外勤核保”。人身保险公司外勤或保险代理人对客户作初步的审核，它包含大量的筛选、挑选行为。当人身保险公司外勤或保险代理人收集客户的有关信息并记录于投保单上时，外勤核保就发生了。于是，投保单就成为风险选择决策的一个重要因素。由于人身保险公司外勤或保险代理人直接与客户打交道，因此他们对保险标的的初步选择和向人身保险公司的核保人员提供的信息在核保过程起着重要的作用。但是，无论是人身保险公司外勤还是保险代理人，由于他们的收入主要取决于签单的数量，他们更偏重于销售保险单的数量，其核保往往是有限的和不彻底的。

（二） 投保单处理和初审

公司收到投保单，通常要在投保单上一一标上号码，这些号码起初是为了便于管理，如果此保单后来可以签发，该号码便成为此保单的保单号码。投保单及其证明材料要经过复审以确保文件完整。核实以后，还要在公司的记录中查找客户的其他信息。如果客户已在公司购买了健康险或其他人身险，核保员便可以查阅诸如健康险索赔档案或以前的人身保险投保单上的信息。现在许多公司通常通过电脑进行初审、寻找客户信息，然后形成一份工作记录单。

经过处理和初审的投保单并非全部都需要送给核保员进行核保，在许多人身保险公司，投保单和工作记录单送到核保员手上之前，投保单先要经过快速核保或电脑核保。这样可以极大地提高公司的核保效率。

（三）快速核保和电脑核保

1. 快速核保

许多人身保险公司拥有从事快速核保的人员，如果投保单符合一定的严格定义的标准，快速核保人员或快速核保部门就能批准这一投保单，并立即签单。快速核保往往在以下情况下采用：

（1）客户必须在一定年龄范围内；

（2）投保金额不能超过一定数额，具体金额规取决于投保人的年龄和所投保的人身保险公司；

（3）对投保单的相关问题作出了回答；

（4）客户必须无明显健康问题；

（5）公司记录和医疗信息局报告必须没有对客户不利的信息；

（6）客户的身高和体重必须在可接受的标准之内；

（7）客户的职业必须是可接受的。

通过快速核保可以降低核保成本，因为有经验的核保员无须复审所有投保单。采用快速核保的公司能够迅速同意承保和签单，这样有助于提升承保效率。如果投保单没有达到立即签单标准，就要传送到核保员手中评估。

2. 电脑核保

电脑核保是使用自动化系统进行简单的核保。它不需要核保员、核保实习生或者甚至快速核保人员，而是由人身保险公司按照必要的标准为电脑编程进行核保。在一些人身保险公司，代理人将投保信息直接从终端设备传入总部电脑。在另一些人身保险公司，信息是在总部收到投保单时输入的。在收到投保单和处理投保单关键信息时，电脑根据既定标准评估投保单。经电脑承保的投保单可以立即打印保单，或者将它递交给核保员进行复审。电脑核保大大减轻了核保人员的工作负担，利用电脑核保比人工成本低、错误少、迅速有效且无偏见。

目前我国人身保险公司基本都实现了电脑核保，投保单处理和初审以及快速核保基本已成为历史。随着互联网和人工智能技术的发展，人工智能在人身保险核保中将发挥更大的作用。

（四）专职核保员的核保

专职核保员是人身保险公司承保部门的专业技术人员，他们根据承保的业务权限和规范化的核保制度，凭借自己的专业知识与经验从事核保工作，以控制承保业务质量，其核保具有权威性。人身保险公司的核保员有各种不同的职权等级，如初级核保员、核保员、高级核保员、首席核保员、核保总监等。不同等级的核保人员反映了他们的经验和所受专业训练水平的不同，以及他们的权力层次。职权越高的核保员可以不经过其他核保员的复审，基于一定的标准可以承保客户的保险金额也就越大。此外，等级较高的核保员不经其他核保员的同意或复审，就可以加费承保或拒保。

专栏 9－3

寿险核保核准权准则示例

标准签单的核准权

投保额	有效限额	独立核准者
0～50 000 美元	150 000 美元	初级核保员
50 001～100 000 美元	250 000 美元	核保员
100 001～200 000 美元	500 000 美元	高级核保员
200 001～350 000 美元	无限制	首席核保员
350 001 美元以上	无限制	核保总监

所有拒保必须由首席核保员或核保总监复审，任何特定金额的核准权意味着对权限较低的核保者有否决权。任何特定面额的核准权意味着对相等金额的特殊保险的核准权。

加费或修正签单

（金额与标准签单核准权相同）

初级核保员	必须得到首席核保员的复审
核保员	必须得到核保总监的复审
高级核保员	可以对身体因素导致的每千元 7.50 美元的额外保费独立决策。超过这个范围，不管是身体原因还是其他任何原因，都要由核保总监复审。

资料来源：根据《人寿、健康保险公司的运作》（诺曼考试教材）整理。

第四节　人身保险业务核保的内容

不同的人身保险业务，其核保业务的重点各不相同，本节以个人人寿保险、个人健康保险、团体人寿保险和团体健康保险核保的主要内容为例进行介绍。

一、个人人寿保险的核保

（一）核保的风险因素

许多因素影响客户反映的死亡风险程度，核保员的任务是确定这些因素是否已表现出来以及它们对风险的影响程度。寿险的风险选择中的主要因素之一是年龄。在其他条件均相同，一个 60 岁的人的死亡风险显然要大于 30 岁的人。除了年龄，许多其他因素也影响着死亡风险。此外，还有一些非死亡率的风险因素。这些因素我们可以划分两大类：影响死亡率的相关因素和非死亡率因素。

1. 影响死亡率的相关因素

（1）年龄。年龄是影响死亡率的首要因素。除婴儿外，一般而言年龄越大死亡率越高，即年龄与死亡率成正比。一般核保时将客户分成四类人：儿童（0～14 岁）、年轻人（15～40 岁）、中年人（41～60 岁）、老年人（60 岁以上）。由于前两类人的死亡率相对较低，一般只需要考虑所投保险种、保险金额或收入即可决定是否承保。从中年开始，年龄越大健康问题越严重，人的死亡率会逐步上升，年龄成为人身保险公司核保时需关注的重要因素。在实务中，保险人对客户可以投保的最高金额要加以限制，65 岁以上者一般不能参加保险。

（2）性别。一般来说，女性的平均寿命要长于男性。在实务中，对相同年龄的男女，女性的保险费率较男性要低。

（3）体格。体格是身高和体重。医学上的统计证明，过于肥胖者或过于瘦弱者的死亡率比一般正常人高，如果投保单显示客户最近短期体重减轻很多，核保员通常要通过调查来确定是否是由疾病引起体重减轻。

（4）健康状况及病史。健康状况是一个人的脉搏、血压、心跳及身体其他器官的机能状况，健康状况对人的死亡率有直接的影响，是核保时要考虑的重要因素。病史是客户生病的门诊及住院记录，客户病史有时意味着其具有高于平均水平的死亡风险。譬如，一个有过心脏病的人，在其他因素均相同的情况下，更可能比没有心脏病的人寿命短。还有如高血压、肾病、心脏或肺功能失调或糖尿病等许多其他疾病也会产生高于平均水平的死亡率。

（5）家庭病史。在识别现有的和潜在的死亡风险因素时，客户的家庭病史也是很重要的。如果家庭病史也在客户身上以某种形式表现某一特征，则通常看作是一重要因素。如果这种状况存在，核保员就有可能加费承保。

（6）职业。某些职业在本质上较其他的职业具有较高的危险性，例如，高空作业工人和矿工作为一个群体，其死亡率就要高于办公室职员。上班时与危险物质（如石棉或硅粉）接触的工人，要比其他人有较高的疾病发生率。即使不同的危险职业，其死亡风险也不同，因此如何对危险职业进行分类、如何确定保险金额，是核保中要考虑的问题。一般的人身保险公司订有危险职业的最高保险金额及附加危险保险费明细表，以作为承保的依据。

（7）嗜好。研究表明，吸烟会大大增加死亡风险。现在，许多人身保险公司对吸烟者要加收保险费。客户风险的另一重要方面是饮酒或使用毒品。过量饮酒称为酗酒，它和使用毒品一样会损害人体健康，从而增加死亡风险。酗酒或使用毒品者比不酗酒或使用毒品者有更高的突发死亡率。另外，酗酒或使用毒品也表明存在道德风险因素。

（8）居住地和环境。客户居住地的卫生设备、空气、水源及离医疗机构的远近均会影响其死亡率，是核保中要考虑的因素。

（9）业余爱好。一些高风险业余活动会增加客户的死亡风险。例如，业余赛车手或以岩洞探险或做特技跳伞为爱好的人，他们的死亡风险高于平均水平。

2. 非死亡率因素

个人人寿保险核保时除考虑影响客户的死亡率因素外，核保人员还要考虑以下非死亡率因素。

（1）道德风险因素。对客户道德风险因素的分析一方面要考虑其过去已知的历史，如以前的犯罪记录、嗜赌成性、毒品交易等都是道德风险的典型例子，对有些公司而言，在确定道德风险时还要考虑客户的个人财务史（如最近发生的破产或信用级别低等）以及近期是否在其他人身保险公司有集中投保高额保险的行为等。这些可能使人身保险公司基于已知的道德风险来加费承保或拒保。另一方面，还要考虑客户是否存在道德风险因素，如客户故意隐瞒或误告信息以导致不利承保决策的风险，或客户是否存在欺诈的可能性。

（2）可保利益。投保人对保险标的具有可保利益是保险合同生效的前提条件。同时，可保利益的存在可以防范道德风险和避免赌博行为的发生。核保员必须评估每张投保单是否具有可保利益。人们对自己的生命有无限可保利益；当投保人和被保险人不是同一人时，可保利益尤为重要。可保利益的存在通常运用下面的一般原则来确定：如果被保险人继续生存能比他死亡更使投保人获益，那么可保利益就存在。各国在法律上对可保利益问题一般有具体的规定。没有可保利益存在，保险合同自始无效。如果核保时发现投保人对被保险人没有可保利益，那么就应该拒保。

（3）逆选择。逆选择也称为不利选择或不利于人身保险公司的选择，指遭受损失可能性大于平均机率的人投保或继续寻求保险保障的倾向。逆选择不仅在投保时发生，保单签发后仍可能发生。逆选择之所以发生，是因为投保人对自己的了解要比其向代理人或核保员提供的要多。基于他们自己的个人认识，投保人可能隐瞒重要信息，并为自己选择最有利的保险金额和计划。由于逆选择的存在，核保员必须分析投保人的信息，控制逆选择行为。

（4）财务。客户财务状况是核保时要考虑的一个因素，核保员要考虑投保人的保险愿望是否与他（她）的保险需要相符以及投保单的保险金额是否与其收入相符。如果投保单的保险金额相对投保人的收入过高，有时会加剧道德风险。此外，对投保人财务状况核保的另一方面是投保人是否担负得起保险费。

（二）个人人寿保险的风险划分

在审查了客户所有有关信息后，核保员便将客户纳入相应风险等级。风险等级是指相对一家人身保险公司而言，一组被保险人表现出来的一些基本类似的风险。人身保险公司最常使用的风险等级有标准组、次标准组和不可保组。

1. 标准组

处在标准组的人称为标准体，其表现出平均死亡风险，并支付标准保险费。许多被保险人被划入标准风险组。

2. 次标准组

次标准组称为弱体或次标准体，处于该组的人有健康或非健康损害因素，使其死亡率高于平均水平，人身保险公司对次标准风险的投保人依据其所面临的特别风险程度收取高于标准保险费率的保险费。

3. 不可保组

处于该组的人称为拒保体，其早亡风险高，核保员对这类风险的投保人拒绝承保。

每家人身保险公司都有各自划分风险的标准。被一家公司划为次标准风险的人可能被另一家人身保险公司划为标准风险，被一家公司纳入不可保组的人可能被另一家公司归为次标准组。有些公司采取保守的风险划分，而有些公司则采用宽松的风险等级划分。公司愿意接受的风险程度是公司的基本经营决策。如果公司的风险划分太严格，可能减少死亡费用，但它也可能失去一些盈利性业务。另外，如果公司的风险划分太宽松，则可能增加死亡费用，危及公司财务状况。

（三）核保手册和数字评级系统

核保人员收集了客户的信息资料后，要对其风险状况进行评价，划分风险等级，需要借助人身保险公司的核保手册和数理查定系统。

1. 核保手册

核保手册是指各家人身保险公司用于评估风险的总准则。它为核保员提供核保损害因素的背景信息，当各种损害因素出现时，它作为建议性的核保措施准则。手册主要讨论普通的健康损害因素。对于列出的每条损害因素，手册提供详细的描述和加费的建议。许多手册还包括症状术语和医学名词汇编，同时也列出医学和保险缩略语和定义，以帮助核保员理解投保单文件中的健康信息。此外，核保手册还可列明损害因素的症状和衍生词汇索引，以及化验结果部分，列明基本的化验测试结果最常用的化验正常数值范围。

2. 数字评级系统

人身保险公司对客户的风险划分要借助数字评级系统。它建立在以下假设基础上：(1) 风险因素是影响死亡率的因素和非死亡率因素的组合；(2) 每种这样的风险因素对死亡率的影响可以通过已受影响的人群统计研究来确定；(3) 根据每种风险因素对死亡率的影响确定一个数值。

在数字评级系统中，多数公司给平均风险设定一个 100 的数值或标准死亡率的 100%。有利的因素定为负值，称为积极值。不利的因素定为正值，称为消极值。积极值是在基本数值基础上扣减，消极值是增加。基本数值（如 100）、“积极值”和“消极值”三者总和即为客户所代表的风险数值。

（四）弱体的承保

依照上面的风险评定方法，客户的风险程度可以依照人身保险公司所厘订的标准保险费率来承保的称为标准体；如果不能用标准保险费率来承保但可以用特别条件来承保的，称为次标准体或弱体。

1. 额外风险的种类

弱体风险超出标准体风险的部分称为额外风险，而弱体死亡率超出标准体的部分称为额外死亡率。额外风险一般分为以下三类：

（1）固定型额外风险。随着年龄的增加，风险因素保持不变。例如，部分耳聋或部分眼盲。

（2）递减型额外风险。随着年龄的增长，风险因素减少。比如通过成功的外科手术，疾病得到治愈。

（3）递增型额外风险。随着年龄的增长，风险因素增加。如肥胖、高血压、糖尿病等。

2. 弱体的承保方法

（1）年龄增加法。有额外风险的被保险人被认为死亡率相当于年龄大 n 岁的标准体时，则可以按实际年龄加 n 岁，依据加算后的年龄收取保险费。此方法适用于递增型或固定型的额外风险。

（2）保险费加成法。在各年龄的死亡率以一定比例增高的假定下，另外算出保险费的方法。此方法适用于递增型额外风险。

（3）定额附加保费法。此方法适用于额外风险是不变的或是暂时的情形。核保员对每一固定的保险金额评估一个特定的额外保费。这个额外保费不随客户年龄的改变而改变。当高死亡率的主要原因是由职业和爱好造成的意外事故时，定额附加保费法尤为适用。这种方法通常不适用于涉及多种健康损害因素的额外风险承保，因为这种风险很少保持不变。

（4）保险金削减法。订约后约定期间内发生保险事故时，依一定比例削减保险给付的方法，此方法适用于递减型风险。也就是说，保险人对额外风险不另外加收保险费，而是视风险的大小在理赔环节减少保险金。

二、个人健康保险的核保

本质上，寿险和健康险的核保程序并无太大的差异，但由于险种的不同，使得健康保险在核保上与人寿保险存在一些差异。

（一） 健康保险风险因素的评估

健康保险核保主要考虑的是残疾率而非死亡率。残疾率是指特定期间内健康个体的残疾发生率。因此，核保人员应特别注意投保人的病史、可能复发的病症及危险职业。

1. 职业

职业因素在健康保险核保中的地位远高于人寿保险。每家人身保险公司对健康保险的核保尤其注重对职业进行分类，关注增加意外事故或疾病风险的任何类型的职业，以作为核保的依据。如划分最小风险职业（如办公室职员，如律师、秘书和会计员等）、有风险的职业（如房屋油漆工、管道工、木匠；用机动车辆运送乘客的人，如出租车司机和公共汽车司机）、最高风险的职业（建筑钢材工人和锅炉工等）、不可保风险职业（试飞员和战声通讯员等）。

2. 逆选择和道德风险

投保人对自己的健康状况往往比核保人员更了解，健康保险容易产生逆选择现象；投保人也可能产生故意隐瞒或误述有关信息的风险。为了防止逆选择和道德风险，健康保险的承保条件一般比寿险要严格，对疾病产生的风险因素需要进行严格的审查，一般是根据投保人的病历或对其进行体检来判断。另外，为防止投保人带病投保，保险单中通常规定了观察期（等待期），观察期内因疾病支出的医疗费及收入损失，保险人不承担赔付责任。

3. 财务状况

健康险核保员要审查投保人有没有购买超过其必需的保险，如当残疾发生时，投保人所损失的收入是多少，或其所增加的额外医疗费用的负担有多少。核保员必须确定客户的现有收入，目的是不向客户销售残疾后提供的保险金高于残疾前其所赚得收入的保单。为避免超额保险情况，核保员还必须确定该客户是否拥有残疾收入保障。

（二）健康险中弱体的承保

同寿险核保员一样，健康险核保员可对弱体承保，其方法通常有以下几种：缩短保险金给付期；降低保险给付金额；延长被保险人在保险金给付前必须等待的时间；对特定健康损害风险因素进行免责或限制保障；增收额外保险费。以上方法也可以混合采用。

三、团体人寿保险和健康险核保

由于团体险和个人险的根本区别，绝大多数人身保险公司将团体险核保从个人险核保中分离出去。对于个人险，核保员只要关注单个的客户。相反，团体保险风险选择的对象是整个团体而非团体中某一个人。基于此，团体险核保并不重视每一团体成员的个人健康、死亡、疾病风险或任何其他因素，团体险核保员对其作为一个整体来对风险进行评估。

如果采用个人险核保标准，任何团体中总会包含因健康风险因素使其成为次标准或不可保风险的个人，团体险核保员主要关注客户团体呈现优质风险分布，即大量健康人的存在抵销了不健康成员的索赔经验影响。由于几乎没有团体大到足以提供完全可预测的经验，人身保险公司就试着为尽量多的团体提供保障，以便使被保险人的累积数量能提供可预测性。当团体要求续保时，核保员通常需要每年对团体风险进行重新评估。

（一）初次投保的核保

对第一次参加保险的团体，核保人员应考虑以下重要因素。

1. 保险利益

保险利益是保险合同生效的前提条件，团体保险的投保同样要符合保险利益原则，即投保时投保单位对参保人员应具备保险法确定的可保利益。

2. 团体的性质

保险人为了防止逆选择，对团体投保有严格的规定，要求投保团体有其自身的专业活动，购买保险应该是从属性活动。如果购买保险保障变成团体存在的主要目的，那么逆选择的可能性就会很大。这是由于在此情况下高风险的人会自然地被吸引成为其团体成员，而标准风险的人就几乎没有兴趣加入或继续留在该团体中。

3. 团体成员年龄分布

合格团体的另一重要标准是期望有足够多的年轻成员加入。需要有年轻的成员替代离开该团体的人，以维持团体年龄分布的稳定。如果许多年都没有年轻的新成员加入，那么团体原有成员年龄的增长将不利于团体年龄分布，团体索赔率就会上升。反之，如果年轻的新成员连续不断地加入团体，团体年龄分布和预期索赔率将更加稳定。

4. 团体成员参保比例

为了减少逆选择可能性，团体保险要求参加保险人数必须达到一定的比例。因为健康状况差的人比健康状况好的人有着更高的积极性投保，如果健康状况比平均水平差的参与者的比例高于平均比例，最终会导致团体保障的保费较高，从而不利于健康者的参与。人身保险公司通过规定参与计划的雇员数的一定最低比例来减少逆选择风险。规定的百分比可以随团体规模而不同，较小团体需要更高投保比例。

5. 保险金额

团体内属于同一保障类别的单个成员不允许选择保险金额。由于被列入次标准风险的人比那些列为标准风险的人更有可能寻求较高保障，所以，此规定可防止逆选择。

在实务中，投保团体保险的个别高管人员和部分特殊人员是可以调整保险金额的。

6. 职业风险

投保团体保险的职业风险高，则保险费较高；反之，则较低。团体意外保险是投保比例最高的险种之一，团体的职业风险是核保人员考虑的最重要的因素。实务中，公司按照《职业分类表》对不同职业的风险等级进行划分，并作为定价和核保的重要依据。

7. 团体规模

团体规模指投保单位参保人员的总体规模，团体规模决定了整个业务保费规模和风险的稳定状况。同等职业类别下，团体规模越大费率越低，反之则较高。

8. 管理与环境状况

管理状况指投保单位自身的作业流程、实务操作等安全生产环节的管理状况，环境状况指参保人员所处的工作场所，含时间和空间，管理与环境状况直接影响意外和疾病的发生与出险率。

9. 地域风险

地域风险是指投保单位所在地特有的高于平均风险的风险。特定地域事件和疾病的发生率影响团体风险、费率的确定。

10. 男女比例

男女比例指投保单位参加人员男女占比。男女寿命、疾病发生特点等均存在差异，男女比例影响整个团体的风险水平，因此男女比例通常也是团体保险考虑的因素之一。

11. 经验数据

经验数据指投保单位既往的承保与赔付数据。既往经验数据是团体风险评估和费率厘订的重要依据。

（二）续保时的核保

当团体寿险或健康险保单签发时，费率通常只保证一年。一年后，核保员必须重新评估合同，重新评估至少要考虑两个因素：团体索赔经验和参与程度。

如果前一年的索赔经验是理想的，来年的费率可以降低。如果索赔经验不理想，核保员可以在下一年提高费率。

核保员要核准团体成员的参与程度，确保有足够高的参与程度以减少逆选择的可能性。如果参与程度降至可接受水平以下，核保员可以在合同续保前要求增加参与程度。

专栏 9－4

核保师资格认证

国际认证：北美核保师资格证书。北美核保师协会（the Academy of Life Underwriting，ALU）作为一个国际性的核保教育和研究机构，在全球核保界享有极高地位和荣誉，北美核保师资格是寿险核保师最高级别的国际资质认证。2008 年全球仅有 238 人通过北美核保师资格考试，目前中国大陆地区人身保险公司中拥有北美核保师资格的会员仅十余人左右。

国内认证：中国人身保险核保师。连续从事核保、核赔专业工作 5 年以上，原则上应该获得所在公司首席或首席助理核保、核赔作业授权。对于已获得北美核保师协会（ALU）核保师或国际理赔师资格的人员，可由所在公司直接申请核保师、核赔师候选人资格。考试合格后，由资格考试评审委员会评审并报保监会备案、审批，合格人员将由中国保险行业协会颁发资格证书。

本章小结

1. 人身保险承保是人身保险经营的重要环节，也是人身保险承保的前提和条件。人身保险核保是评估和刻画客户风险程度的过程。根据风险程度，人身保险公司决定是否承保和以什么条件和费率承保。通过核保，将风险事故发生率维持在精算预计的范围以内，从而规避风险，保证人身保险公司稳健经营。

2. 人身保险核保实践产生的理论基础在于风险的同质性和公平合理的经营原则。在人身保险的发展过程中，核保方法经历了事务查定法、医务查定法、数理查定法等发展过程。

3. 人身保险核保的意义：防止逆选择和道德风险，稳定保险经营；实现保险经营承保利润的有效手段；达成公平合理费率的有效途径。

4. 人身保险公司必须获得有关投保人和保险标的的各种资料和信息，以作为核保的依据。核保资料来源于投保单、体检报告书、生存调查报告（契约调查报告）和其他专业机构。

5. 核保是风险选择的过程，风险选择需要经过一定的步骤。核保首先是人身险公司外勤或保险代理人对投保单等投保文书进行审核，再由人身险公司核保部门对投保文书进行审核和处理，经审核后一部分业务可以进入快速核保和电脑核保流程，另一部分业务则需要送达专职核保员核保。

6. 专职核保人员是人身保险公司承保部门的专业技术人员，他们根据承保的业务权限和规范化的核保制度，凭借自己的专业知识与经验从事核保工作，以控制承保业务质量。

7. 个人人寿保险的核保风险因素包括影响死亡率的相关因素和非死亡率因素。在对客户的风险因素进行评估后，核保员便将客户纳入相应风险等级。人身保险公司将风险等级一般分为标准组、次标准组和不可保组。

8. 核保人员要对客户的风险状况进行评价，将其划分为风险等级中的某一个等级，往往要借助人身保险公司的核保手册和数字评级系统完成。

9. 健康保险核保主要考虑的是残疾率而非死亡率，核保人员应特别注意被保险人的病史、可能复发的病症及危险职业，特别要注意控制逆选择和防范道德风险。

10. 团体保险风险选择的对象是整个团体而非团体中某一个人。基于此，团体险核保并不重视每一团体成员的个人健康、死亡、疾病风险或任何其他因素，而是要考虑团体的性质、团体成员的参与程度、保险金额、年龄的分布、业务性质、团体的大小等因素。

本章关键词

承保　事务查定法　医务查定法　数理查定法　逆选择　道德风险　体检报告书
生存调查报告　医疗信息局　快速核保　电脑核保　专职核保员　风险等级
标准体　弱体　拒保体　核保　核保手册　积极值　消极值

本章思考题

1. 人身保险承保与人身保险核保的联系与区别有哪些？
2. 人身保险核保有何意义？
3. 人身保险核保资料主要来源于哪些方面？
4. 人身保险核保要经过哪些主要程序？
5. 个人人寿保险的核保要考虑哪些风险因素？
6. 个人人寿保险中的弱体如何承保？
7. 个人健康保险核保所考虑的风险与人寿保险有何差异？
8. 团体保险的核保应考虑哪些风险因素？
9. 如何看待保险科技发展给人身保险核保带来的变化？
10. 基因测序等医疗技术的发展将如何影响人身保险核保？

第十章
人身保险理赔

章首语： 人身保险的理赔是人身保险经营的重要环节之一，本章在界定理赔与人身保险理赔内涵的基础上，结合我国《保险法》的规定，分别对人身保险理赔的原则、机构、程序和内容进行介绍。本章学习重点是全国认识和了解人身保险理赔的理论与实务。

第一节　人身保险理赔概述

一、理赔与人身保险理赔的含义

（一） 保险索赔与理赔

保险索赔是保险事故发生后，被保险人或受益人依照保险合同约定向保险人请求赔偿或给付保险金的行为。索赔是被保险人或受益人享有的保险合同基本权益。

保险理赔是保险人在保险期间内对保险标的因保险事故而受的损失或被保险人发生的灾害事故进行处理并赔付保险金的活动。即被保险人或受益人提出赔偿或给付请求后，保险人收集索赔材料，对材料进行认定、审核、调查，做出赔付或者拒赔决定的过程。保险理赔是保险人履行保险合同责任的具体表现。投保人购买保险的目的就是为了在发生保险事故时能够得到赔偿或给付，因此保险事故发生后，保险人应及时履行赔偿、给付保险金的责任。

（二） 人身保险的理赔

人身保险是以人的寿命和身体为保险标的的保险，如果被保险人在保险有效期限内因保险事故而受到损害或者被保险人在保险期满时仍生存，保险人都要承担赔付保险金的责任。因此人身保险的理赔就是保险事故发生或保险期满，保险人根据保险合同的约定，对被保险人、保单持有人或受益人的索赔予以受理立案，对事故原因和损害程度进行确认并予以赔付保险金的整个过程。由于人身保险的保险标的是人的寿命和身体，保险金的给付大都是约定给付，因此确定人身保险的保险金赔付相对财产保险而言要简单一些。人身保险保险金的赔付和财产保险的赔偿一样：必须符合保险合同约定的相关赔付条件，否则，保险客户的索赔或给付保险金的申请将会遭到保险公司的拒绝。

二、人身保险理赔的意义及其原则

（一） 人身保险理赔的意义

1. 体现人身保险的作用

从保险金的给付来看，其来源于每个投保人所交付的保险费，又被返还给了发生保险事故的投保人。这表明了人身保险是集合众多投保人的力量来抵御各种人身风险事件发生的科学手段。人身保险的理赔是人身保险经营的主要环节之一，是人身保险基本职能的具体体现。

2. 人身保险的理赔关系到保户的利益和保险公司的声誉

人身保险理赔是维护保险消费者权益、检验承保质量、促进人身保险业务发展的重要手段，世界各国的保险公司无不高度重视人身保险理赔。人身保险理赔不仅与保险公司的眼前利益（赔付率）直接有关，而且也与保险公司的未来发展直接相关。以事实为基础，以法律和保险合同为依据，以一定的程序为手段，以公平维护保险双方的利益为目的，对于保险公司妥善处理保险赔付案件至关重要。因此人身保险理赔质量的高低不仅关系到保险消费者的利益，而且关系到保险公司的声誉和保险公司业务的持续发展。

（二） 人身保险理赔的原则

保险理赔是保险人在保险期间内对保险标的因保险事故而受的损失或被保险人发生的灾害事故进行处理并赔付保险金的活动。被保险人发生的损失或灾害事故，有的属于保险合同约定的保险责任，有的不属于保险合同约定的保险责任，即被保险人所遭受的损失或发生灾害事故不一定都能得到保险人的赔偿和给付。因此，保险理赔应当遵循下列原则，以确保保险合同双方当事人的利益。

1. 重合同、守信用

重合同、守信用是人身保险理赔的基本原则。保险人和被保险人之间的权利和义务关系是通过保险合同建立起来的，处理赔案是保险人履行合同中所约定的赔偿或给付义务的过程。保险合同对保险责任、赔偿处理及保险人的义务等作了原则性的规定，保险人应遵守条款，恪守信用。保险公司以与投保人签订的保险合同及有关保险法规作为处理理赔案件的直接依据。因此，对保险公司而言，在理赔的过程中，凡应该承担的责任，保险公司不能拒绝；不应该承担的责任，在拒绝时也应向投保人解释清楚。既不“惜赔”，也不“滥赔”。

2. 主动、迅速、准确、合理

“主动、迅速”是指保险公司在处理赔案时积极主动，及时深入现场进行查勘，对属于保险责任范围内的灾害损失要迅速估算损失金额，及时赔付。“准确、合理”就是保险人应正确找出致损原因，合理估计损失，科学确定是否赔付以及赔付额度。任何拖延赔案处理的行为都会影响保险公司在投保方心目中的声誉，从而影响、抑制其今后的投保行为，甚至造成不良的社会影响和后果。因此，保险人在理赔时，应主动了解受灾受损情况，及时赶赴现场查勘，分清责任，准确定损，迅速而合情合理地赔偿损失。

为了保护被保险人的利益，我国《保险法》第二十三条规定："保险人收到被保险人或者受益人的赔偿或者给付保险金的请求后，应当及时做出核定；情形复杂的，应当在三十日内做出核定，但合同另有约定的除外。保险人应当将核定结果通知被保险人或者受益人；对属于保险责任的，在与被保险人或者受益人达成赔偿或者给付保险金的协议后十日内，履行赔偿或者给付保险金义务。保险合同对赔偿或者给付保险金的期限有约定的，保险人应当按照约定履行赔偿或者给付保险金义务。"第二十四条规定："保险人依照本法第二十三条的规定做出核定后，对不属于保险责任的，应当自做出核定之日起三日内向被保险人或者受益人发出拒绝赔偿或者拒绝给付保险金通知书，并说明理由。"第二十五条规定："保险人自收到赔偿或者给付保险金的请求和有关证明、资料之日起六十日内，对其赔偿或者给付保险金的数额不能确定的，应当根据已有证明和资料可以确定的数额先予支付；保险人最终确定赔偿或者给付保险金的数额后，应当支付相应的差额。"

3. 实事求是

被保险人或受益人提出的索赔案千差万别，案发原因也错综复杂。对于某些损失发生的原因交织在一起的赔案，有时根据合同条款很难做出是否属于保险责任的明确判断，加之合同双方对条款的认识和解释上的差异，会出现赔与不赔、赔多与赔少的纠纷。在这种情况下，保险人应既要严格按照合同条款办事，又不违背条款规定，还应合情合理、实事求是地对不同案情的具体情况进行具体分析。

三、人身保险理赔的机构

人身保险理赔的机构体系包括保险公司内设的理赔部门和保险中介核赔机构。

（一） 保险公司内设的理赔部门

每家保险公司都有自己的理赔部门和理赔岗位人员。其主要职责是负责接收保险事故通知、受理保险金申请、审核确定是否给付保险金、给付保险金的比例及给付保险金。理赔人员要熟悉相关业务，在审定保险责任时，还必须熟悉国际和国内条款、有关法律和规章、公约等。

以一个大型寿险公司省级分公司理赔岗为例，规定以下职责：(1) 执行公司理赔政策制度、分公司理赔细则，确保各项管理规定得到有效执行。(2) 在权限范围内做好理赔案件受理、立案、初审等工作，做好客户沟通解释工作，维护客户和公司的利益。(3) 协助解答、处理支公司理赔作业中的问题，确保理赔案件得到及时处理。(4) 参与拟订与实施理赔人员专业培训，提高理赔队伍的专业技能。(5) 协助测试、推广实施理赔业务操作系统的优化功能，跟踪、总结理赔业务操作系统实施情况，控制理赔操作风险。(6) 定点医院的管理、维护，加强医疗风险管控。

理赔调查岗位的职责：(1) 执行公司调查工作管理规程及工作细则，监控辖内各项规定的执行情况，以提升调查作业品质。(2) 协助实施公司调查人员业务知识培训，提高辖内调查人员的业务技能。(3) 参与重大疑难案件、突发公共事件的调查，参与协调省内、外协查的开展，保证调查效果。(4) 参与制作调查报表，统计调查数据，为公司调整完善调查工作提高决策依据。

（二） 保险中介机构

指保险人委托保险中介机构进行相关核赔事项。这些中介机构主要有：

1. 理赔代理人在保险实务中，核赔代理多用于财产保险。

一般而言，人寿保险为定额保险，保险金给付依照保险合同确定的金额支付，手续比较简单。但随着国际旅游业的发展，旅游人身意外保险发展很快，这种保险的被保险人在旅游途中发生意外伤亡的保险金给付处理往往都由代理人办理。因为这类保险的出险地往往与保险公司相距遥远。公司自己的核赔人员不熟悉出险地的法律、法规及惯例，很可能降低核赔工作的质量，甚至可能出现误赔、多赔等情况，不利于保险公司的稳定经营，同时也不利于树立保险公司的良好形象。况且，如果保险公司对每一个赔案都直接派专员前往，或者在每一个承接业务的地方都派核赔人员，则必然增加保险公司运营的固定成本，这是不经济的。英国的劳合社检验理赔代理人遍布世界各地。美国也有像独立理算师、理算所、公共理算师这样的专业理算机构。

2. 理赔服务机构

这种机构是指在同一地区的保险公司联合组织的一个机构，专门为各公司办理理赔业务。在美国，这种联合组织被称为理赔局。理赔局在区内的各地设立分支机构，类似于我国的理赔合作组织。

此外，在核赔运作中，保险公司的理赔机构或理赔代理人仍需要依靠一些中介组织或个人提供的服务来处理各种保险给付案。它们主要有：

（1）检验机构。由于保险标的的复杂纷繁，不论是保险公司还是保险客户，均难以做到对保险标的的损失作出十分准确的判断。这样，对保险标的的损害评估与鉴定，就通常需要有专业的、中立的、权威的检验机构来完成。检验机构作为一个公证技术机构，其出具的有关保险标的的检验报告具有法律效力，往往作为法院判决的重要依据。在人身保险中，人身伤害的性质与损害程度，也需要由有关事故鉴定机构和医疗检验机构鉴定，等等。由此可见，检验机构对事故性质、人身伤害程度的鉴定直接影响到保险公司的经济利益。

（2）保险公证行。公证行是经政府审核批准成立的专为保险公司做公证的私人机构。设立保险公证行的目的是使在处理保险核赔时使保险双方得到公平的裁判。公证行作为保险核赔中的另一种形式的保险中介，多拥有一批与保险业务密切相关的专门人才。与理算人员不同，保险公证行不代表保险中的任何一方，它最后没有决定权或裁决权，只是作出公证，这种公证可以作为诉讼依据。在香港的保险市场上，保险公司除接受损失报告与支付赔款时与保险客户联系外，基本上不与保险客户接触，而将验损和理算工作交由公证行处理。公证行的公证费用一般由保险公司按赔款总数的一定比例（香港为2% ~5%）支付。

（3）律师行。在各国保险市场上，律师行是不可或缺的机构。因为保险关系是以保险合同的形式存在的，对保险条款的解释需要法律机构作出法律解释，保险诉讼活动也离不开律师的参与，因此，保险律师是保险法律及条款方面的专家，没有一家保险公司的业务经营可以离开律师的服务。当然，律师行是民间机构，律师是民间自由职业者，律师的意见并无法律效力，律师的职能只是依照法律为委托人出庭辩护，其作用在于维护保险法律并依据法律、保险合同来维护委托人（保险公司或保险客户）的利益。律师介入保险案例的劳务佣金，无论是由被告聘请的律师，还是由原告聘请的律师，其费用一般由败诉一方负担。

四、人身保险理赔体系的完善

由于保险理赔可能涉及除了保险人和被保险人之外的第三人，如理赔中介机构等，使得理赔过程中可能出现道德风险，例如谎报事故、夸大事故、被保险人与中介机构相勾结、涂改材料等行为，严重影响了保险公司的经营稳定性，对于这种不诚信的行为，我国《保险法》有相应的规定进行约束。我国《保险法》第二十七条规定："未发生保险事故，被保险人或者受益人谎称发生了保险事故，向保险人提出赔偿或者给付保险金请求的，保险人有权解除合同，并不退还保险费。投保人、被保险人故意制造保险事故的，保险人有权解除合同，不承担赔偿或者给付保险金的责任；除本法第四十三条规定外，不退还保险费。保险事故发生后，投保人、被保险人或者受益人以伪造、变造的有关证明、资料或者其他证据，编造虚假的事故原因或者夸大损失程度的，保险人对其虚报的部分不承担赔偿或者给付保险金的责任。"这些法律条文对保险人的权利起到了一定的保护作用。但是，对于保险公司来说，要提高理赔质量，规范理赔过程，防止人身保险欺诈行为的发生，除了相应的法律条文支持以外，必须要从根本上建立健全人身保险的理赔体系，健全理赔制度。

1. 建立科学的理赔程序，提高理赔人员素质

保险公司必须有一批高素质的核赔人员，必要时应借助核赔代理人的服务，以此来提高核赔质量，降低核赔成本。

2. 建立核保核赔制度，实行核赔监督

建立核保核赔制度，实行核赔监督，是保险公司企业内部控制的重要环节之一，是落实企业管理制度的一个具体体现。

3. 建立理赔管理的专业组织体系——理赔人制度

理赔人制度有利于提高保险公司的理赔质量，降低经营成本，提高企业经营效益。

4. 加快理赔管理的规范化、制度化和现代化建设

我们应该多借鉴国外理赔管理的先进经验，充分利用理赔代理人等的专业服务，降低保险欺诈发生的可能性，加快理赔管理的规范化、制度化和现代化。

5. 加强理赔管理的风险控制机制建设

理赔风险可能来源于被保险人或第三方，保险人应当建立一套有效的风险控制机制。例如，美国一家保险公司以年薪 50 万美元聘请了反保险欺诈专家小组，粗略计算此举每年可为公司减少保险金赔付近 400 万美元。

6. 重视理赔的信息管理，加强理赔统计资料的搜集、整理和分析工作

信息管理是现代企业管理的重要特征。保险信息是保险企业的重要资源。实践证明，将与保险有关的资料进行收集整理，对于加强保险公司之间的业务联系，防止保险欺诈的发生有明显效果。

第二节 人身保险理赔程序及其内容

人身保险理赔，从保险事故的发生到保险人做出赔款决定以及被保险人或受益人领到保险金的整个过程，需要经过一系列工作环节和处理流程。在通常情况下，一个索赔案件的处理一般要经过接案，立案，初审，调查，核定，复核、审批，结案、归档七个环节。在每个环节都有不同的处理要求和规定，以保证理赔有序和高效地进行。

一、接案

（一） 报案

报案是指保险事故发生后，投保人或被保险人、受益人通知保险人发生保险事故的行为。《中华人民共和国保险法》第二十一条规定：“投保人、被保险人或者受益人知道保险事故发生后，应当及时通知保险人。故意或者因重大过失未及时通知，致使保险事故的性质、原因、损失程度等难以确定的，保险人对无法确定的部分，不承担赔偿或者给付保险金的责任，但保险人通过其他途径已经及时通知或应当及时知道保险事故发生的除外”。

1. 报案的方式与受理

报案人向保险公司报案，可以通过保险公司客服电话、微信公众号、官方网站、保险业务员等。保险公司电话岗/理赔员受理后，客户信息检索确认、出险信息登录、报案提醒、紧急或重大案件通报。报案信息的准确录入，生成报案号，向报案人发送报案短信，主动告知客户索赔须知。

2. 报案的内容

报案人应在保险条款规定的时间内，及时将有关的重要信息通知保险公司的接案人。报案时需要提供的信息包括：投保人的姓名、被保险人或受益人的姓名及身份证件号码、被保险人的保单号、险种名称、出险时间、地点、简要经过和结果、就诊医院、病案号、联系地址及电话等。

（二） 索赔申请

索赔是指保险事故发生后，被保险人或受益人依据保险合同向保险人请求赔偿损失或给付保险金的行为。客户报案只是履行将保险事故及时通知保险公司的一项义务，但并不等同于保险索赔。报案是投保人、被保险人或受益人的义务，索赔是保险事故发生后，被保险人或受益人的权利。

1. 对索赔申请人资格的要求

索赔申请人是对保险金具有请求权的人，如被保险人、受益人。例如，人身保险身故保险金给付应由保险合同约定的身故受益人提出申请。没有指定受益人时，则由被保险人的法定继承人作为申请人提出申请；如果受益人或继承人系无民事行为能力者，则由其法定监护人提出申请。人身保险中被保险人在生存状态下的保险金给付申请，如伤残保险金给付、医疗保险（津贴）给付、重疾保险金案件，受益人均为被保险人本人，应由被保险人本人提出申请，如被保险人系无民事行为能力者，则由其法定监护人提出申请。

2. 索赔时效

保险事故发生后，被保险人或受益人必须在规定的时间内向保险人请求赔偿或给付保险金，这一期间称为索赔时效期间。在索赔时效期间内，被保险人或受益人享有向保险人索赔的权利。超过索赔时效期间以后，被保险人或受益人向保险人索赔的权利丧失，保险人对索赔不再受理。《保险法》第二十六条对索赔时效作了规定："人寿保险以外的其他保险的被保险人或者受益人向保险人请求赔付或者给付保险金的诉讼时效期间为二年，自其知道或应当知道保险事故发生之日起计算。人寿保险的被保险人或者受益人向保险人请求给付保险金的诉讼时效期间为五年，自其知道或应当知道保险事故发生之日起计算。"

二、立案

立案是指保险公司核赔部门受理客户索赔申请，进行登记和编号，使案件进入正式的处理阶段的过程。

1. 索赔资料的提交

申请人按一定的格式要求填写《索赔申请书》，并提交相应的证明和资料给保险公司；如果申请人不能亲自到保险公司办理，而是委托他人代为办理，受托人还应提交申请人签署的《理赔授权委托书》。

2. 索赔资料受理

保险公司的受理人员在审核材料后，在一式两联的《理赔资料受理凭证》上注明已接收的证明和资料，注明受理时间并签名，一联留存公司，一联交申请人存执，以作为日后受理索赔申请的凭据；受理人如发现证明材料不齐，应向申请人说明原因，并通知其尽快补齐证明材料。

3. 立案条件

对要进行立案处理的索赔申请，必须符合如下条件：保险合同责任范围内的保险事故已经发生；保险事故在保险合同有效期内发生；在保险法规定时效内提出索赔申请；提供的索赔资料齐备。

4. 立案处理

理赔人员审核理赔材料，根据案情提请前置调查、抄单补录，立案上送营运中心。生成赔案号、发送立案短信、制作影像扫描资料。对经审核符合立案条件的索赔申请，进行立案登记，并生成赔案编号，记录立案时间、经办人等情况，然后将所有资料按一定顺序存放在案卷内，移交下一工作环节。

三、初审

初审是指核赔人员对索赔申请案件的性质、合同的有效性初步审查的过程。初审的要点如下。

1. 审核出险时保险合同是否有效

初审人员根据保险合同、最近一次交费凭证或交费记录等材料，判断申请索赔的保险合同在出险时是否有效，特别注意出险日期前后，保险合同是否有复效或其他变动的处理。

2. 审核出险事故的性质

初审人员还应该审核出险事故是否在保险责任条款约定的事故范围之内，或者出险事故是否属于保险合同责任免除条款或是否符合约定的免责规定。

3. 审核申请人所提供的证明材料是否完整、有效

（1）根据客户的索赔申请和事故材料，判断出险事故索赔申请的类型，例如医疗给付、残疾给付等；（2）检查证明材料是否为相应事故类型所需的各种证明材料；（3）检查证明材料的效力是否合法、真实、有效，材料是否完整，是否为相应的机关或部门如公安、医院等所出具。

4. 审核出险事故是否需要理赔调查

初审人员根据索赔提供的证明材料以及案件的性质、案情的状况等信息判断该案件是否需要进一步理赔调查，并依据判断结果分别做出相应处理。对需要调查的案件，提出调查重点、调查要求，交由调查人员进行调查；待调查人员提交调查报告后，再提出初审意见。对不需要调查的案件，提出初审意见后，将案件移交理算人员作理赔计算的处理。

四、调查

理赔调查在核赔处理中有着重要的意义，对理赔处理结果有决定性的影响。调查就是对客观事实进行核实和查证的过程，理赔调查时需要注意以下几个方面：调查必须本着实事求是的原则；调查应力求迅速、准确、及时、全面；调查人员在查勘过程中禁止就理赔事项做出任何形式的承诺；调查应遵循回避原则；调查完毕应及时撰写调查报告，真实、客观地反映调查情况。

五、核定

保险公司对索赔案件做出给付、拒付、豁免处理和对给付保险金进行计算的过程。理赔人员对案卷进行理算前，应审核案卷所附资料是否足以做出正确的给付、拒付处理。如资料不完整，应及时通知补齐相关资料；对资料尚有疑义的案件，需通知调查人员进一步调查核实。理赔人员根据保险合同以及类别的划分进行理赔计算，缮制《理赔计算书》和《理赔案件处理呈批表》。具体地说，核定的内容包括：

1. 给付理赔计算

对于正常给付的索赔案件的处理，应根据保险合同的内容、险种、给付责任、保额和出

险情况等计算出给付的保险金。例如，身故保险金根据合同中的身故责任进行计算；伤残保险金则根据伤残程度及鉴定结果，按规定比例计算；医疗保险金则根据客户支付的医疗费用进行计算。

2. 拒付

对应拒付的案件，理赔人员作拒付确认，并记录拒付处理意见及原因。对于由此终止的保险合同，应在处理意见中注明，并按条款约定计算应退还保费或现金价值以及补扣款项及金额；对于继续有效的保险合同，应在处理意见中注明，将合同置为继续有效状态。

3. 豁免保费计算

对于应豁免保费的案件，理赔人员应作豁免的确认，同时将合同置于豁免保险费状态。

4. 理赔计算的注意事项

理赔计算的结果直接涉及客户的经济利益，因此必须保证给付保险金计算的准确无误；同时理赔计算中涉及到补扣款的项目，需一并计算。在理赔计算时应扣款的项目包括：在宽限期内出险，应扣除欠交保险费；客户有借款及应收利息，应扣除借款及利息；有预付赔款应将预付赔款金额扣除；其他应扣除的项目。应补款项目包括：预交保险费；未领取满期保险金；未领取红利、利差等其他应补款项目。

六、复核、审批

复核是核赔业务处理中一个具有把关作用的关键环节。通过复核，能够发现业务处理过程中的疏忽和错误并及时予以纠正；同时，复核对核赔人员也具有监督和约束的作用，防止核赔人员个人因素对核赔结果的影响，保证核赔处理的客观性和公正性，也是核赔部门内部风险防范的一个重要环节。对案件进行全面复核，对有问题的案件返回初审重新处理；合格件审核通过进入结案环节；对超权限案件出具意见逐级上报上级公司。

七、结案、归档

结案人员根据理赔案件呈批的结果，缮制《给（拒）付通知书》或《豁免保险通知书》，并寄送申请人。

（1）拒付案件应注明拒付原因及保险合同效力终止的原因。如有退费款项，应同时在通知书中予以反映，并注明金额及领款人，提示前来领款。

（2）给付案件应注明给付金额、受益人姓名，提示受益人凭相关证件前来办理领款手续。领款人凭《给付通知书》和相关证件办理领款手续，保险公司应对领款人的身份进行确认，以保证保险金正确支付给合同规定的受益人。领款人一般通过现金支票、银行转账或其他允许的方式领取应得款项，并由保险公司的财务部门按规定支付相应金额的款项。

（3）结案人员根据保险合同效力是否终止，修改保险合同的状态，并作结案标识。

（4）结案人员将已结案的理赔案件的所有材料按规定的顺序排放，并按业务档案管理的要求进行归档管理，以便将来查阅和使用。

寿险理赔过程和某寿险公司理赔所需资料分别见图 10－1 和表 10－1。

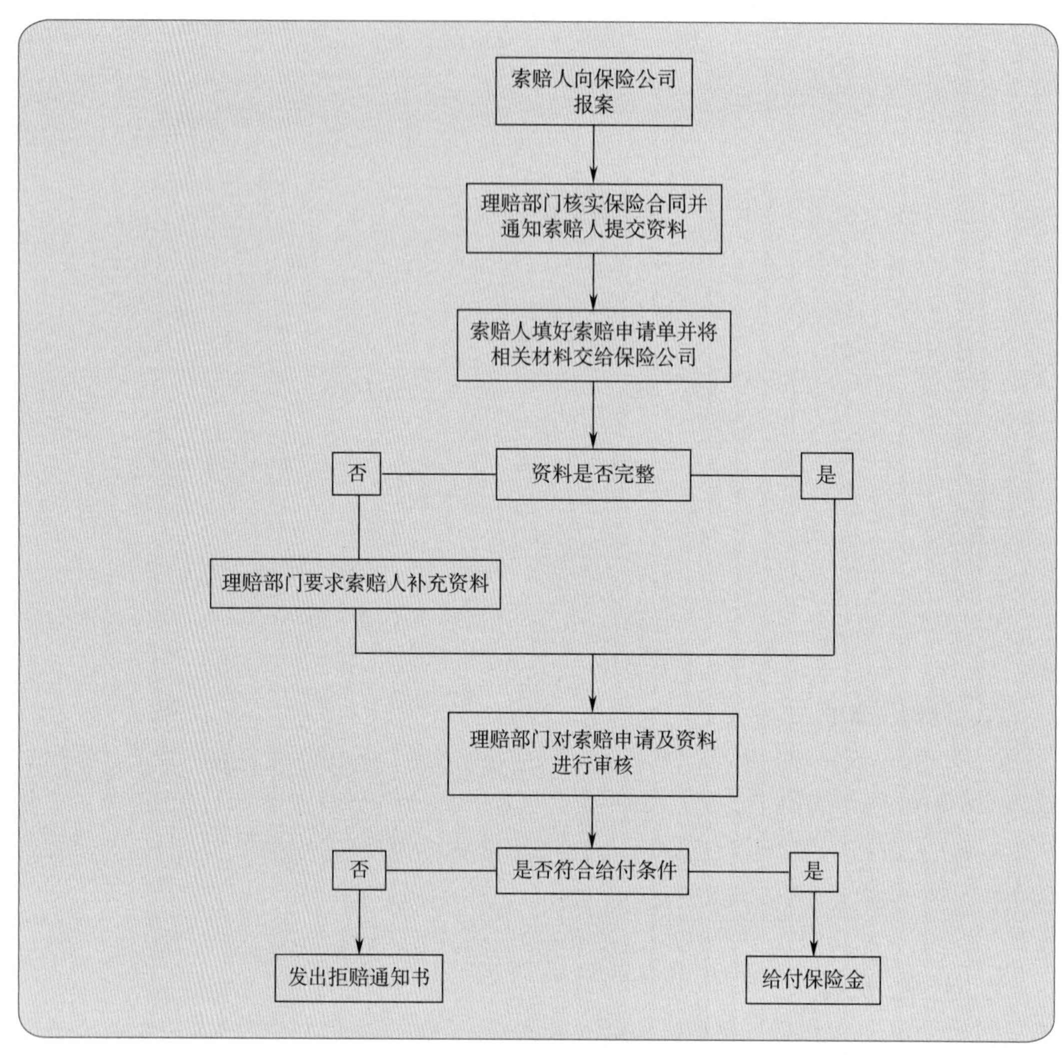

图 10－1　寿险理赔过程的简单示意图

表 10－1　某寿险公司理赔所需资料一览表

理赔所需资料	意外身故	疾病身故	残疾	重大疾病	生命末期	豁免保费	意外医疗给付	住院补偿	住院补贴	手术补贴
保险合同原件	●	●	●	●	×	×	×	×	×	×
被保险人/投保人身份证复印件	●	●	●	●	●	●	●	●	●	●
身故受益人身份证、户口簿复印件	●	●	×	×	×	×	×	×	×	×
被保险人注销户口的户口簿复印件	●	●	×	×	×	×	×	×	×	×
死亡诊断/推断书	●	●	×	×	×	×	×	×	×	×
法医检验鉴定或伤残评定书	□	□	●	×	×	□	□	×	×	×

续表

	意外身故	疾病身故	残疾	重大疾病	生命末期	豁免保费	意外医疗给付	住院补偿	住院补贴	手术补贴
门诊病历原件	●	●	●	●	●	●	●	●	●	●
诊断证明书原件或复印件	□	□	□	●	●	□	□	●	●	●
出院小结原件或完整复印件	□	□	□	□	□	□	□	●	●	●
医疗收据原件	×	×	×	×	×	×	●	●	●	●
门诊/住院费用清单	×	×	×	×	×	×	●	●	□	●
病理报告书原件或复印件	×	□	×	●	□	□	□	□	□	□
检查、检验报告书原件或复印件	□	□	□	●	●	□	□	□	□	□
其他单位报销凭证或证明（已有其他单位或保险公司报销者）	×	×	×	×	×	×	●	●	×	×
《×××事故认定书》（凡事故有警方处理者）	●	×	●	●	●	●	●	●	●	●
法院判决书	□	×	□	×	□	□	□	□	×	×

注：1. ●——必须递交；□——如果有，必须递交；×——可以不必提供。

2. 若受益人为未成年人，除提供未成年人户口簿或出生证明复印件外，还需提供监护人身份证复印件。

3. 其他未提及的资料，请参照合同条款约定。

4. 上述一览表仅供参考，本公司有权视客观情况，根据《保险法》规定及合同约定，要求客户提供其他相关资料。（以下空白）

第三节　人身保险理赔实务与案例

一、人身保险理赔实务

作为保险人履行合同义务的最终体现，理赔不是自动发生的，而是对投保方索赔的回应和受理。索赔是具有保险金请求权人，在保险事故发生后，根据合同约定请求保险人履行赔付保险金义务的行为。

（一）人身保险合同的索赔主体

人身保险分为人寿保险、健康保险和人身意外伤害保险三大类。定期寿险和终身寿险保险责任为被保险人身故或全残赔付；年金保险的保险金赔付是被保险人到一定年龄或合同到一定期限时，保险人对被保险人进行给付。意外伤害保险的基本保险责任为被保险人身故、全残或按残疾等级赔付。健康保险在国内保险市场的主要险种是重疾险和医疗保险。终身重疾险保险责任有重疾赔付或身故赔付；医疗保险的保险责任是保险人对合同约定被保险人住院等医疗行为发生的费用，按照合同约定的条件进行补偿。

人身保险合同的索赔主体：

第一，被保险人本人。生存保险金由被保险人索赔，比如重大疾病保险的重疾保险金、寿险全残保险金、意外伤害保险伤残保险金或医疗费、医疗保险的保险金、年金保险的保险金等。

第二，保险合同指定的身故保险金领取人——受益人，比如人寿保险合同被保险人身故、意外伤害保险合同被保险人因意外伤害身故，构成保险责任赔付条件，保险人向受益人赔付。

第三，被保险人是未成年人，发生保险身故由被保险人的监护人向保险人索赔。

第四，被保险人的法定继承人。根据《中华人民共和国保险法》第六十四条的规定：被保险人死亡后，遇有下列情形之一的，保险金作为被保险人的遗产，由保险人向被保险人的继承人履行给付保险金的义务：（1）没有指定受益人的；（2）受益人先于被保险人死亡，没有其他受益人的；（3）受益人依法丧失受益权或者放弃受益权，没有其他受益人的。

（二）保险公司拒赔的常见情形

1. 约定责任免除事由

约定责任免除事由是指保险合同责任免除条款或特别约定中保险人可以不承担保险责任的事由。

任何一个保险合同的保险责任都有约定的保险责任范围，也有具体的责任免除事项。不在保险责任范围内的事故，不构成赔付条件。比如，人身意外伤害保险对保险事故原因有严格要求；重大疾病保险赔付，需被保险人发生合同上约定的疾病并达到约定的程度条件。因此，无论是个人及其家庭还是团体购买人身保险，在保险费预算约束的前提下，都需要通过专业规划合理配置产品，才能覆盖好人身风险并建立较好的保险保障。

2. 法定责任免除事由

法定责任免除事由是指依据相关法律规定，可以免除保险人承担保险金给付责任的法定事由，主要包括：（1）投保人故意不履行如实告知义务，保险人对于解除保险合同前发生的保险事故不承担保险金给付责任；（2）投保人因重大过失未履行如实告知义务，对保险事故发生有严重影响；（3）投保人虚构保险标的，被保险人或受益人虚构未发生的保险事故，投保人、被保险人、受益人编造伪造虚假事故原因；（4）投保人、被保险人故意制造保险事故；（5）被保险人故意自杀、自残行为导致其伤残或死亡，保险人不承担保险金给付责任（被保险人自杀时为无民事行为能力人的除外）。但以死亡为保险金给付责任的合同自合同成立或复效之日起满2年，被保险人自杀的，保险人应按照保险合同约定给付保险金；（6）被保险人犯罪或者抗拒依法采取的刑事强制措施导致其伤残或者死亡的，保险人不承担给付保险金的责任。

3. 保险合同无效

下列保险合同为无效保险合同：（1）投保时投保人对被保险人无保险利益且未经被保险人同意；（2）为无民事行为能力的人投保以死亡为给付保险金条件的人身保险（父母为其未成年子女投保除外）；（3）以死亡为给付保险金条件的人身保险未经被保险人同意并认可保险金额。父母为其未成年子女投保除外，但死亡给付保险金额总和不能超过保险监督管理委员会规定的限额；（4）以欺诈胁迫手段订立的保险合同等。

某寿险公司理赔申请书示例

保险合同编号：　　　　　　　　　　　　　　　　　　　　理赔编号：

<table>
<tr><td rowspan="5">* 受益人</td><td>与出险人关系</td><td colspan="8">口本人　口配偶　口子女　口父母　口其他____________</td></tr>
<tr><td>姓名</td><td></td><td>性别</td><td></td><td>国籍</td><td></td><td>工作单位</td><td></td><td>职业</td></tr>
<tr><td>证件类型</td><td></td><td>证件有效期</td><td colspan="2"></td><td>证件号</td><td colspan="3"></td></tr>
<tr><td>联系电话</td><td colspan="3"></td><td>详细地址</td><td colspan="4"></td></tr>
<tr><td>户名</td><td></td><td>开户行</td><td colspan="2"></td><td>银行账号</td><td colspan="3"></td></tr>
<tr><td rowspan="4">出险人</td><td colspan="9">提示:若受益人为出险人本人，则无需填写本栏。</td></tr>
<tr><td>姓名</td><td></td><td>性别</td><td></td><td>国籍</td><td></td><td>工作单位</td><td></td><td>职业</td></tr>
<tr><td>证件类型</td><td></td><td>证件有效期</td><td colspan="2"></td><td>证件号</td><td colspan="3"></td></tr>
<tr><td>联系电话</td><td colspan="3"></td><td>详细地址</td><td colspan="4"></td></tr>
<tr><td rowspan="2">* 出险情况</td><td>出险原因</td><td colspan="2">口疾病　口意外</td><td>出险时间</td><td colspan="2"></td><td>出险地址</td><td colspan="2"></td></tr>
<tr><td colspan="9">详细经过：(如曾住院，请填写住院资料，如:医院名称、起始日期、疾病诊断名称等。)</td></tr>
<tr><td>* 索赔项目</td><td colspan="9">口身故　口全残　口伤残　口重大疾病　口轻症　口豁免　口医疗　口特种疾病　口失能
口其他____________</td></tr>
</table>

反保险欺诈提示

诚信是保险合同基本原则，涉嫌保险欺诈将承担以下责任：

【刑事责任】进行保险诈骗犯罪活动，可能会受到拘役、有期徒刑，并处罚金或者没收财产的刑事处罚。 保险事故的鉴定人、证明人故意提供虚假的证明文件，为他人诈骗提供条件的，以保险诈骗罪的共犯论处。

【行政责任】进行保险诈骗活动，尚不构成犯罪的，可能会受到 15 日以下拘留、5000 元以下罚款的行政处罚；保险事故的鉴定人、证明人故意提供虚假的证明文件，为他人诈骗提供条件的，也会受到相应的行政处罚。

【民事责任】故意或因重大过失未履行如实告知义务，保险公司不承担赔偿或给付保险金的责任。

现委托____________证件类型：____________证件号：________________________联系电话______________，与委托人关系________________代为办理本次理赔申请相关事宜，代理事项为______________(请填写以下编号，可多选)。

①办理理赔申请；②受领理赔结论通知；③签订理赔协议；④受领给付款项；⑤其他____________。

因本委托引起的任何法律及经济纠纷与华夏人寿保险股份有限公司无关。

委托期限自________年________月________日开始，至________年________月________日终止。

委托人签名：__________________　受托人签名：__________________　委托日期：__________________

授权与声明

1. 本人声明所陈述、填写及提交的所有相关资料内容均真实可信，且已阅读并知晓《反保险欺诈提示》。

2. 本人同意自行负责因银行转账信息包括账号提供错误导致转账不成功的后果。

3. 本人授权华夏人寿保险股份有限公司向医疗机构及其他有关单位和个人调阅、摘抄、复印与本理赔申请相关的资料(如医疗病历、医学检查报告，公安部门或法院资料等)，本人愿承担由此产生的一切法律后果(此授权书的复印件亦具有同等效力)。 签名前请确认所填信息是否正确!

* 受益人签名：　　　　　　　　　　　　　　　　　　　　* 申请日期：

受理人签名：　　　　　　　　　　　　　　　　　　　　受理日期：

说明：带“* ”号为必填项。

二、人身保险理赔案例

案例

人身意外伤害保险合同理赔纠纷案①

2016 年 10 月 15 日，江苏恒源物业管理有限公司作为投保人，以高某等人为被保险人在新华人寿投保了华平团体意外伤害保险一份，保险期间自 2016 年 10 月 15 日 0 时起至 2017 年 10 月 14 日 24 时止，保险金额为意外伤害每人 160 000 元，意外住院津贴每人 21 000 元。

保险合同签订后，高某于 2017 年 4 月 25 日 22 时 30 分左右，驾驶电动自行车经过盐城市亭湖区青年路盛世华城住宅区南门时摔倒，后路人呼叫“120”急救车，高某被送至盐城市第一人民医院，后抢救无效于次日死亡。高某在盐城市第一人民医院抢救过程中，该院诊断其有“高血压病病史多年，具体服药及血压控制情况不详，4 年前有胃穿孔术后治病史，6 年前有左下肢骨折病史，具体部位不详”，对其头颅 CT 检查显示“左侧基底节区脑出血破入脑室，有铸行及中线移位”，该院急诊处理并联系神经外科医生会诊后建议手术治疗，但高某家属拒绝并要求内科保守治疗。该院出具的死亡医学证明记载高某死亡原因为脑出血。事后，张甲、张乙作为高某的子女向新华人寿申请支付身故保险金未果，遂诉至法院。

新华人寿华平团体意外伤害保险条款第 2. 3 条保险责任约定，在保险期间内被保险人因遭受意外伤害导致残疾或身故的，保险人依照下列约定给付保险金。第 2. 3. 2 条意外伤害身故保险责任约定：被保险人自意外伤害发生之日起 180 日内因该意外伤害身故的，保险人按该被保险人的保险金额给付意外身故保险金，对该被保险人的保险责任终止。第 6. 4 条对意外伤害的释义为“以外来的、突发的、非本意的、非疾病的客观事件为直接且主要原因导致的身体伤害，猝死不属于意外伤害。”

本案的争议焦点是被保险人高某死亡是意外伤害还是自身疾病致死、是否属于新华人寿保险责任赔偿范围。对此法院认为，首先，因监控录像无法显示高某摔倒时的具体细节，亦无其他证据证实高某摔倒瞬间的详情，盐城市公安局交通警察支队向盐城市盛世华城住宅区保安所作的调查也仅能证实高某摔倒后被“120”急救车送走抢救的经过，因此无证据证实高某摔倒系外力作用或者是其避让他人而引发碰撞等情况导致。交警部门的处警记录对该起事故记载为“高某驾驶电动自行车在盐城市亭湖区青年路盛世华城南门发生单方交通事故摔倒”，但处警记录不能等同于交通事故认定书，高某未碰撞任何物品而意外摔倒，非等同于交通事故，被告提出高某摔倒属于交通事故证据不足。其次，高某入盐城市第一人民医院抢救过程中，前面有具体的医院诊断和治疗过程描述。医学认为其脑出血是指原发性非外伤性脑实质内的自发性出血，多发生于 50 岁以上人群，多伴有高血压病史。盐城市第一人民医院对高某的医学检查显示，高某并无任何外伤或颅脑损伤，因此高某脑出血可以排除系外力作用所致。最后，现有证据能够证明高某意外摔倒被送

---

① 案例来源：中国法官学院、最高人民法院司法案例研究院编．国家法院 2020 年度案例——保险纠纷［M］．中国法制出版社，2020。作者做了适当简化。

至医院抢救无效死亡的事实，虽然摔倒原因无法查明，但摔倒不是致死的直接原因，导致高某死亡的真正原因是其脑出血。张甲、张乙未提供充分的证据证实高某脑出血系外力所致，应承担举证不能的法律后果，故新华人寿辩称高某脑出血死亡不属于外来的意外事件死亡原因，法院予以采信。江苏省盐城市盐都区人民法院依照《中华人民共和国保险法》第十四条、第二十四条之规定，判决：驳回张甲、张乙的诉讼请求。

专栏 10－1
国内保险公司服务评级

银保监会旗下的“银保信”，作为官方渠道，定期对保险公司进行服务评级并公布。

1. 评级指标及其权重。(1) 理赔服务时效（20%）；(2) 理赔获赔率（15%）；(3) 保单 15 日送达率（15%）；(4) 投诉率（亿元保费投诉量、千张保单投诉量）（总 15%，各 7.5%）；(5) 犹豫期内电话回访成功率（10%）；(6) 保全时效（10%）；(7) 投诉件办理及时率（10%）；(8) 电话服务人工接通率（5%）。

理赔服务最重要：前两项都和理赔相关，占比是最高的，合计达到 35%，也是大家最关心的服务。投诉率也很重要：投诉率的高低，也能侧面反映用户在服务上体验的好坏，相关占比也达到了 25 %。

2. 服务等级。最后将每项得分相加，根据分数分为 10 级：AAA 级、AA 级、A 级、BBB 级、BB 级、B 级、CCC 级、CC 级、C 级、D 级。

专栏 10－2
国内保险消费者权益保护机构

1. 保险监管机构设立保险消费者权益保护局。拟订保险消费者权益保护的规章制度及相关政策；研究保护保险消费者权益工作机制，会同有关部门研究协调保护保险消费者权益重大问题；接受保险消费者投诉和咨询，调查处理损害保险消费者权益事项；开展保险消费者教育及服务信息体系建设工作，发布消费者风险提示；指导开展行业诚信建设工作；督促保险机构加强对涉及保险消费者权益有关信息的披露等工作。

2. 开通“12378”保险消费者投诉维权热线。2012 年 4 月 26 日，中国金融监管部门首个全国性统一投诉维权热线——中国保险监督管理委员会“12378”保险消费者投诉维权热线正式开通。“12378”热线在原中国保监会设总中心，36 个保监局设分中心。根据《保险消费投诉处理管理办法》（保监会令 2013 年第 8 号）规定，按照属地管理、分级负责原则，“12378”热线主要接受保险消费者的维权投诉，对消费者的投诉事项快速接收、快速转办、快速处理。“12378”热线成为保险消费者表达诉求的重要渠道（消费者投诉处理流程见下图）。

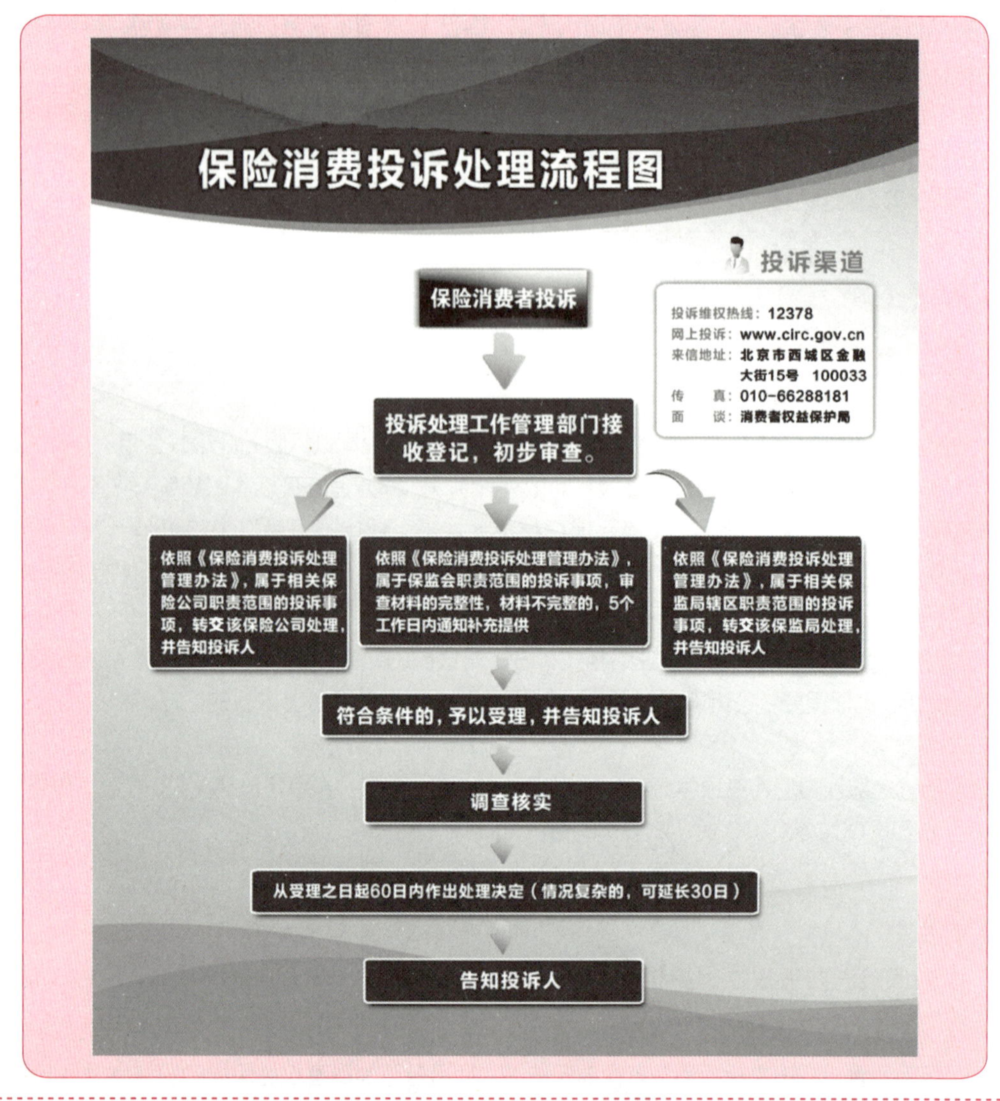

本章小结

1. 人身保险的理赔就是保险事故发生或保险期满，保险人根据保险合同的约定，对被保险人、保单持有人或受益人的索赔予以受理立案，对事故原因和损害程度进行确认并予以给付保险金的整个过程。由于人身保险的保险标的是人的寿命和身体，保险金的给付大都是约定给付。人身保险理赔体现了人身保险的作用并关系到保户的利益和保险公司的声誉。

2. 人身保险理赔的机构主要是保险公司内设的理赔部门，有理赔岗和调查岗等，保险公司有严格的岗位职责和理赔管理制度。此外，保险公司可能委托相关保险中介机构处理一些核赔事项。

3. 人身保险理赔的原则是重合同、守信用；主动、迅速、准确、合理；实事求是。理赔必须遵循这些原则，以维护合同双方的利益。

4. 人身保险理赔，从保险事故的发生到保险人做出赔款决定以及被保险人或受益人领到保险金的整个过程，需要经过一系列工作环节和处理流程。在通常情况下，一个索赔案件的处理一般要经过接案，立案，初审，调查，核定，复核、审批，结案、归档七个环节。保险公司在每个环节都有具体的处理要求和规定，以保证理赔有序和高效地进行。

5. 人身保险合同的索赔主体包括：被保险人、身故受益人、被保险人的监护人、被保险人的法定继承人等。主要是根据保险责任的不同、被保险人是否有完全民事行为能力以及身故受益人是否指定等情况来确定。

本章关键词

人身保险理赔　理赔程序　报案　索赔　调查　核定

本章思考题

1. 简述人身保险理赔的概念及其意义。
2. 人身保险理赔的原则是什么?
3. 人身保险理陪的程序包括哪些?
4. 简述人身保险理赔机构及其职责。
5. 如何完善人身保险理赔体系?
6. 分析案例：吴先生（母亲在世）给吴太太（母亲在世）买了一份保险金额为200万元的终身寿险，指定受益人是儿子小吴（已结婚，育有一子）。在一次空难中，吴先生、吴太太、小吴三人一起遇难，不能确定死亡的先后顺序。谁将最终领到这笔保险金?

第十一章
人身保险资金运用

章首语：保险业的资金运用是现代保险企业重要的利润来源，也是全方位发挥现代保险业在经济社会发展中重要作用的体现。本章主要介绍人身保险资金运用的一般理论和中国人身保险资金运用的情况。本章学习重点是系统掌握人身保险资金运用的原理，能理论联系实际地分析中国人身保险资金的运用。

第一节　人身保险资金运用概述

一、人身保险资金及其运用的含义

保险资金运用又称保险投资，是人身保险公司的基本业务之一。人身保险资金运用，又称人身保险投资或人身保险资产业务，是指寿险公司为扩充保险补偿能力、分享社会平均利润而将暂时闲置的保险资金，包括自有资金和外来资金（主要为责任准备金），在金融市场上进行各项资产的重组、营运以使资金增值的活动。在此过程中，寿险公司是保险投资的主体，保险资金及其投资对象则是人身保险投资活动中的客体，而保险投资的结果便是投资收益（盈利或亏损）。人身保险公司进行保险投资的目标是通过保险资金的营运，获得稳定的高额投资回报率以创造出最大的投资价值。人身保险投资是由人身保险（主要指寿险）长期性和储蓄性的特征、保障和融资的双重功能所决定的，是寿险融资功能的具体实现形式。

按投资的运用方式，保险投资可分为直接投资和间接投资两大类。直接投资是指将保险资金直接进行投资项目的建设或购置以形成固定资产和流动资产的投资，如合资入股、直接经商办厂、购置不动产等。间接投资则是保险公司通过购买有价证券，以获取一定预期收益的投资，比如在证券市场买卖有价证券、向企业或个人发放贷款等。两者相比而言，直接投资的投资风险较大且变现能力较差，因此在寿险公司投资总额中所占的比例不大；而间接投资的流动性较高，故而成为保险投资的主要方式。近年来，随着商品经济、信用制度的发展和证券市场的不断完善，世界人身保险业的保险投资逐渐出现了证券化趋势，证券市场已经成为保险投资的主要场所。

人身保险公司相比于财产保险公司在资金运用方面所面临的压力相对更大。人身保险（主要指寿险）具有补偿与储蓄的双重功能，特别是对于那些新型寿险产品而言，人身保险投资必然会追求较高的投资收益率。相比于财产保险保单责任的短期性，寿险的保单期限一般在一年以上，可运用资金的占用时间一般较长，特别是对于趸缴保费部分；财产保险的保险标的所面临的风险种类更多元和复杂，遭受意外损失的不确定性相对较大，因此，财产保险资金运用大多偏向于短期投资，且对投资收益率的要求不高。而人身保险投资可以进行长期运用，可投资于有较高收益的高风险资产，对投资部门的要求更高。此外，2019 年，我国寿险业保费收入占保险业保费收入的 70% 左右，且寿险业资产规模占保险业资产规模的比重超过 70%，我国寿险业对保险业的影响远远高于财产保险业。因此，通常所说的保险资金运用，多数是指人身保险，尤其是寿险资金运用。

二、人身保险资金运用的特点

人身保险资金特别是人寿保险资金因为具有负债性和长期稳定性，故其资金运用既不同于银行的资金运用也不同于财产保险的资金运用。人身保险资金运用主要有以下特点。

（一） 资金主要来源于保险基金的暂时闲置部分

保险公司可运用的资金除资本金以外，主要来源于保险基金的暂时闲置部分，包括：总准备金或公积金，责任准备金和未决赔款准备金的一部分；可运用的责任准备金，其比例主要取决于保险人的赔付率或给付率，可运用的未决赔款准备金的数量主要取决于保险事故发生到实际做出保险赔付的时间间隔或期限。保险基金来源于全体被保险人按损失分摊原则预交的保险费，用于补偿少数保险人可能遭受的经济损失，在总量上，保险基金与保险损失和期望给付之和相等。由于保险公司经营的连续性和保险事件发生的随机性，保险人在保险业务经营过程中总会有一部分保险资金处于暂时闲置状态，这种处于暂时闲置状态的资金构成了保险人的可运用资金。保险人可运用资金是其负债的一部分。保险资金可运用的规模直接由保险基金规模决定，受保险业务结构、未决赔款准备金等因素的影响。

（二） 人身保险资金可用于长期投资

人寿保险和长期健康保险的共同特点是保险期限长，养老年金保险更是终生寿险，保险费一般按月、季或年定期缴付，而被保险人从投保到受领保险金短则要经过几年，长则要几十年才能实现。虽然从动态上说，寿险资金每年、每月甚至每日都要流进流出，但相当部分保险资金被沉淀下来并处于长期闲置状态；同时，由于寿险公司不像财产保险的风险那样集中（个案保单的保险金额可能高达亿元、数十亿元），因此，寿险公司责任准备金部分的保险资金可供长期投资，从而获得长期收益。而财产保险投资的保险资金多属于短期资金，对流动性的要求要高于寿险投资，主要用于短期投资。

（三） 资金运用监管严格

保险人是保险基金的组织者和管理者，保险资金运用不当必然影响保险人的经济赔付职能的发挥，影响社会安定。因此，世界各国对保险资金运用的方式、运用于不同方式的保险基金的数量占其总资产的比例等内容作了严格的规定和监督。保险资金运用方式一般包括：

债券、股票、投资基金、抵押放款、不动产及金融衍生品等。保险公司按照监管部门规定的要求，根据自身的特点和需要选择的投资方式，按照安全性、流动性、收益性、社会性原则建立投资组合，对保险资金进行运用。

三、人身保险公司可运用资金的来源

寿险公司的本源业务是保险业务，但由于其保费收取在前、保险金支付在后导致的时间差，以及人身保险负债结构的特殊性，使得运用人身保险资金进行投资成为人身保险业重要的衍生业务。保险公司的资金来源对保险投资具有如下影响：一是资金来源的规模在客观上决定着保险投资的规模；二是资金来源的特点及其相互间的关系影响着保险投资的形式和结构。例如，长期闲置的资金可用于长期投资，而短期的资金所形成的短期负债则不能用于长期投资或只宜进行短期投资。对于寿险公司与财产保险公司来说，前者的资金来源具有稳定性和长期性特点，而后者的资金来源具有短期性和相对流动性特点，因此，寿险公司的资产结构与财产保险公司的资产结构有一定差异，其资金运用亦有区别，寿险公司的资金更是各国资金市场上举足轻重的资金供应者。正因为寿险公司经常拥有大量的货币资金并能够在资本市场上运营这些货币资金，所以寿险公司已成为资本市场机构投资者的主体力量之一。对于寿险公司来说，也并非所有资金都能运用。这是因为保险事故的发生具有随机性和不确定性，寿险公司在任何时候都必须保留相当数额的存款资金以供赔付之用；同时，公司的各项营业费用（如工薪支出）、税收等亦须经常动用资金。因此，各国保险法律与政策规定，保险公司只能运用其总额货币资金中的一部分，主要包括资本金的绝大部分、保险总准备金与各种责任准备金。

（一） 资本金

资本金是寿险公司的开业资金，也是备用资金，是公司成立之初由股东认缴的股金或政府拨款的金额以及个人拥有的实际资本。各国政府一般会对寿险公司的开业资本金有一定数额的规定。在我国，2015 年修订的《保险公司管理规定》规定：投资人承诺出资或者认购股份，拟注册资本不低于人民币 2 亿元，且必须为实缴货币资本。

对于保险企业来说，资本金的主要功能在于确保保险公司开业之初可以正常运营；同时作为保险公司的自有资金，资本金属于企业的所有者权益部分，因此还可以预防公司偿付能力的不足，即在发生特大自然灾害或危险事故后各种准备金不足以支付保险金时，寿险公司可以动用资本金来承担责任。但在一般情况下，保险公司的资本金除按规定上缴部分保证金外，绝大部分处于闲置状态，从而可以成为保险投资的重要来源。

（二） 资本保证金

人寿保险公司在成立之后，要按照其注册资本总额的一定比例提取资本保证金，并存入监管当局指定的银行。寿险公司除用于清偿债务外，不得动用该部分资金。在我国，资本保证金可以以存款形式专户存储在保险监管机构指定的银行。

（三） 各种准备金

各种准备金是保险公司为履行其未来赔偿或给付责任而从收取的保费中提存的资金，因保险业务种类不同，准备金的期限特点也各不相同，因此可以进行相应的投资业务。人身保险业务提存的准备金中占主体的是寿险责任准备金、长期健康险责任准备金、未到期责任准备金和未决赔款准备金四种。其中，短期人身保险业务提存的准备金包括未决赔款准备金和未到期责任准备金，长期人身保险业务提存的准备金包括寿险责任准备金和长期健康险责任准备金。

（四）留存收益

留存收益包括保险公司的资本公积和盈余公积、总准备金以及未分配利润。

1. 资本公积和盈余公积

保险公司的资本公积用于弥补公司亏损、扩大公司业务经营规模或转为增加公司资本金。盈余公积金包括法定盈余公积金、法定公益金、任意盈余公积金等。

2. 总准备金

总准备金是寿险公司在提足各项准备金后，向投资者分配利润之前，经公司董事会及监管当局批准，按一定比例从税后利润中提取的资金，是保险公司为周期较长、后果难以预料的巨灾和巨额风险而提取的准备资金。

3. 未分配利润

未分配利润是保险公司每年用于积累的资金，是股东权益的一部分。这部分资金通常随着保险公司经营规模扩大而逐步增长，除某些年份因保险费不抵偿付而用于弥补之用外，一般可以长期运用。

四、人身保险资金运用的原则

由于人身保险业务主要是长期性业务，现在收取保费所建立的保单责任准备金要能够满足将来对保单持有人的给付责任，必须使资金保值和增值。因此，保险公司对人身保险资金的运用显得尤为重要。要使人身保险资金得到有效运用，必须遵循以下基本原则。

（一）安全性原则

安全性原则是指保险公司的资金运用必须保证其本金安全返还的原则，这是资金运用的基本原则。因为人身保险可运用资金的绝大部分是保险人对全体投保人的负债，要在保险合同期满或保险事故发生时履行给付义务，必须保证资金的安全返还，否则，将影响保险公司的偿付能力。

为保证保险资金运用的安全性，应尽量增加投资的种类，使投资种类多样化，使风险得以分散，盈亏互相弥补。其分散的方法，可将资金投资若干产业，而不集中于某一产业；分散投资于若干项目，而不集中于某一项目。

（二）流动性原则

人身保险大部分业务的缴费期限，从保险费的初次缴纳到给付保险金，中间间隔长达数十年。因此，这部分资金的运用对流动性的要求要低一些。尽管如此，寿险公司的保险基金还必须具有支付不同时期赔付的能力，一旦发生赔付，能够立即将资产兑现，而且必须保证资产不会产生价值的损失。寿险公司在经营中还可能出现特殊情况，如可能产生大量保户退保的现象，在这种情况下，要求寿险公司有较强的兑付能力。从以上分析可看出，虽然人身保险资金的运用对流动性的要求比财产保险低一些，但也必须适当考虑，长期性的资金来源不能只作长期性投资，而应有中短期投资相互补充。

（三） 收益性原则

寿险公司收取的保险费，是在考虑了一定的预定利率因素之后的保险商品价格现值。资金的运用必须超过此预定利率，才能保证在预定赔付率下的保险偿付。人寿保险公司开展投资活动的直接目的是增加收益即通过投资而盈利。实际中，投资收益越大，意味着风险越大。如何兼顾安全性与收益性需要专业投资人员利用各种工具寻找一个相对合适的平衡点。从结果来看，平衡点是否合适，对资金运用成果的影响十分巨大。

（四） 社会性原则

社会性原则是寿险公司运用保险资金追求效益的同时也应考虑的因素之一。人身保险资金长期性特征决定了投资于某些公共事业的可能性，而投资于发挥社会或经济最大效用的各项事业，比如交通事业、全民卫生保健事业等，也是一个重要的方面。贯彻这一原则，可以增进公众的福利，扩大保险的社会影响，提高保险业的声誉，但这种投资当然是以不妨害投资的安全性、收益性等原则为前提的。

总之，寿险资金的运用必须遵循以上四大原则，才能保障被保险人利益，才能取得资金运用的最大收益。但在实际操作中，要使每一项投资业务同时满足以上四大原则并非易事。在一定条件下，考虑安全性、流动性和社会性可能影响收益性，反之，考虑收益性可能会危及安全性、影响流动性以及社会性。因此，如何根据以上原则将资金在不同的领域进行运用，以达到最佳的投资组合，是寿险公司投资部门的一项重要工作。

第二节　人身保险资金运用的模式

一、人身保险资金运用的模式

不同的寿险公司，其规模实力、业务结构、资金运用能力和经验都不相同，因此保险资金运作的组织模式即保险投资的执行系统也不相同。总的来说，主要可以分为公司内设投资部门投资模式、专业化控股投资模式、集中统一投资模式、外部委托独立的金融信托机构投资模式等四种。

（一） 公司内设投资部门

公司内设投资部门的人身保险投资模式是指在人寿保险公司内部设立专门的投资部、财务部或资金运用部，具体从事投资方面的选择、投资计划的出台以及具体投资工作的开展。在人寿保险公司，投资部是十分重要的部门，经常办理巨额投资事务，全部公司业务是否顺利进行与投资是否适当是密切相关的。所以许多人身险的投资部门通常是由总经理直接控制，或是由某一副总经理亲自领衔。寿险公司内设投资部门投资模式的最大优点在于，由于投资部门仅仅是公司内设的一个部门，因此保险公司可以直接掌握并控制保险投资活动，易于监控，能够较好地贯彻执行公司的投资战略，有利于成本控制且保证投资资金的安全性。而缺点是内设投资机构进行资金运用，收益率一般偏低，且往往容易产生内部黑箱操作，风险较大。

（二）专业化控股投资

世界上一些大规模保险公司（集团）设有专门的投资公司或集团，也就是在一个保险集团或控股公司之下设立产险子公司、寿险子公司和投资子公司等，其中投资子公司专门负责接受产险子公司和寿险子公司的委托进行保险投资活动，从而可以认为投资子公司是代产险子公司和寿险子公司理财的，而集团或控股公司则只负责日常资金安全与正常运作的计划、协调和风险控制。这种组织设置更加专业化，而且可以得到更高的投资收益。

一般来说，在专业化控股投资模式中，投资子公司与各保险子公司在业务上相互独立、各司其职，在财务上独立核算、自负盈亏。两者就保险资金的投向、投量、收益及双方的权利和义务等达成协议后，由投资公司根据协议规定，自主运用保险资金，并定期向保险公司报告有关资金投资状况。保险公司可根据自身业务需要，向投资公司提出要求，调整资金的投资方向和金额。

专业化控股投资模式的优点在于能够有效防范投资风险，较好地贯彻执行公司投资战略，有利于建立集团或控股公司总部的双重双层风险监控体系；在投资经营方面的透明度高，对市场变化的反应快，资金进出速度高，子公司之间独立核算、独立运作亦可以防止内部黑箱操作和关联交易，保证其工作效率和投资收益率。但缺点是对集团或控股公司总部的控制力度有较高的要求，在这种模式下，保险公司与投资公司之间的关系相对于集中统一投资模式而言，显得较为松散。

（三）集中统一投资

集中统一投资模式是指在一个保险集团或控股公司下设产险子公司、寿险子公司和投资子公司，其中产险子公司和寿险子公司均将保险资金统一上划到集团或控股公司，再由集团或控股公司将保险资金下拨到专业投资子公司，专业投资子公司将产险、寿险子公司的资金分别设立账户，独立进行投资。

集中统一投资模式的优点与专业化投资组织模式有相似之处，且有利于形成较大的投资规模，利于稳健经营，提高规模效益，更重要的是对不可控制风险的防范；其不足之处是对技能、人才等的要求较高，还要求有优秀的电脑资讯系统等。

（四）外部委托独立的金融信托机构投资

外部委托投资模式是指保险公司自己不进行投资和资产管理，而是将全部的保险资金委托给外部的专业投资公司进行管理，保险公司则按照保险资金的规模向受委托的投资公司支付管理费用等。

随着金融全球化、自由化的发展，许多知名的跨国金融机构应运而生，这些机构的业务范围从投资咨询评估、信托投资、证券投资，到项目投资分析考核、资产管理等金融投资业务，无所不能，无所不包。这也正适合那些资金实力和投资管理经验有限且投资业务量不大的中小保险公司的保险投资需求，因此许多中小保险公司采取了委托独立的金融信托机构进行保险资金投资的模式。外部委托投资模式的优点是可以将保险资金交给专业的投资公司进行有偿运作，使保险公司能够集中力量开拓保险业务；同时还可以节约投资成本，享受专家理财的好处。其缺点是外部委托投资模式的风险很大，因为保险人选择外部委托将无法控制这些金融信托投资机构的经营活动，保险人不仅要承担投资失败的风险，而且还要承担第三者即外部投资公司的操作风险，包括交易作弊及非法挪用资金等风险，保险公司无法保证资金运用的安全性。这种投资组织模式很容易使其他行业、其他性质的风险波及到保险公司。

从西方保险投资活动的发展进程来看，上述四种投资组织模式各有其优缺点，是保险投资活动中较常见的模式。只是由公司内部设立投资部门来负责保险投资和委托外部机构进行投资管理属于比较初级的投资组织模式，而专业化控股投资模式和集中统一投资模式则属于较为高级的投资管理模式。保险投资组织模式的多样化以及各自具有的优缺点，决定了寿险公司在选择投资的组织模式时，需要根据资本市场的情形和公司的自身情况而定。

二、人身保险资金运用的形式及其投资组合

（一）人身保险资金运用的形式

人身保险的投资并不是完全由寿险公司决定。为保护保单持有人的利益，避免资金运用的集中，以及鼓励资金运用能配合社会需要与经济发展，各国保险法规对资金运用皆有限制。寿险公司要在符合法律法规的前提下，才能运用保险资金。根据《中华人民共和国保险法》第一百零六条规定：保险公司的资金运用必须稳健，遵循安全性原则。保险公司的资金运用限于下列形式：（一）银行存款；（二）买卖债券、股票、证券投资基金份额等有价证券；（三）投资不动产；（四）国务院规定的其他资金运用形式。保险公司资金运用的具体管理办法，由国务院保险监督管理机构依照前两款的规定制定。一般而言，寿险公司的投资对象有以下几种。

1. 存款

存款，即把保险资金存入银行或其他信贷部门。这种运用方式对于保险资金来说，具有较强的安全性和流动性。但也有不足之处，即在通货稳定的情况下，利息率较低；在通货膨胀时，又很难维持货币的实际价值。所以，这种投资方式不适于保险公司采用，更不能作为保险公司资金运用的主要方式。在国外，保险公司的资金用于存款的比例非常小。

2. 债券

债券包括国家债券、地方债券、公共团体债券和金融债券等。债券的特点是：第一，投资具有安全性、长期性，利率具有稳定性，债券本身具有流动性。第二，私人债券如公司债券的安全性和流动性低于国家债券，但私人债券的收益性比国家债券高。第三，即使在经济萎缩时期，债券持有人也能获得固定的利率。由于债券具有以上特点，这对于保险公司投资来说是有利的。因此，购买债券一直是保险资金运用的主要方式。但债券也有不足之处，例如在通货膨胀时，债券投资获得的收益虽然在数量上不会发生变化，但实际价值却减少了。

又如在经济萎缩时期，虽然债券投资能获得较为固定的利息，但由于市场利率提高，导致债券价格下跌。

3. 股票

股票通常分为普通股和优先股两种。普通股就是一般股份有限公司发行的基本股票。普通股没有固定的股息，其收益随股份有限公司经营状况变化而变动。但普通股持有人有权参与公司的经营管理，并有可能获得丰厚的利润。优先股是普通股的对称，它与普通股不同：优先股可以获得固定的收益，即不论股份公司经营的状况如何，每年均可得到事先规定的股息收入。优先股的风险较小，其收益也低于普通股。股票投资的特点是：第一，在经济繁荣时期，各项投资增加，股票的变卖性较好。第二，在通货膨胀时，股票的流通性较强。第三，风险最大。但投资者如果判断、预测准确，处理果断，获得的投资效益也最大。

由于股票投资的收益较高，西方发达国家的保险公司一直把购买股票作为现代保险资金运用的内容之一。股票市场对于政治、经济形势及其他种种因素极为敏感，股票价格的变动也很难准确预测，因此，股票投资的安全性最差。

4. 贷款

贷款是指保险公司向社会各行业发放贷款（包括以寿险保单为抵押的贷款）。保险公司发放贷款与其他金融机构一样，都要求贷款单位有财产作为抵押担保。从债权安全性和利率来看，贷款对保险公司是有利的。它不仅能使贷款投资者获得丰厚的利润，而且还有助于贷款投资者与其他行业建立广泛的业务联系，有利于保险展业和续保。因此，对外贷款在西方国家的保险资金运用中所占比重也比较大。

5. 不动产

不动产投资是指保险公司将资金直接投向房地产、土地等并从其经营中赚取收益的投资活动。目前，保险不动产投资主要有直接购买、使用销售和租回两种方法。如房地产公司将建成的大楼出售给保险公司，再立即租回，保险公司只收租金，而维修、管理、税金、保费均由承租人承担。

不动产投资的保值程度高，随着土地价格的上涨，不动产价值一路上升，它成了抵御通货膨胀的一种好方法。但不动产投资的投资期限长，风险较大，在国际上已有因不动产投资太多致使保险公司倒闭的先例。因此，不动产投资要慎重，一般采取限额投资，以免风险过度集中。

6. 其他类型资产

在我国，寿险资金可以投资于国务院保险监管机构规定的其他类型资产，主要包括基础设施项目、股权投资以及其他金融产品。基础设施项目投资具有投资收益稳定、期限长的特点，主要投资于符合国家产业政策的交通、能源、市政、环保等项目。寿险公司利用保险资金，建立非保险企业，直接投资于其生产和经营，并通过其经营活动获取投资收益。项目投资建立的是独立的企业，具有独立于保险公司之外的法人资格，其经济效益要接受市场的检验。因此，在选择项目时应选择那些市场潜力大的项目，保证保险资金的安全性。股权投资是保险资金的一种创新投资方式，可以获得高额回报，改善保险资金的负债匹配度。此外，中国保监会于 2012 年批准拓宽投资范围，保险资金可投资于境内依法发行的商业银行理财产品、银行业金融机构信贷资产支持证券等，近年来，寿险资金运用其他类型资产的投资领域也在逐步扩展。

（二） 人身保险资金运用的投资组合

由于保险业自身的特殊性，世界各国对保险业都实行严格的监管，其中对保险业投资的监管是国家对保险业管理的一个重要组成部分。受人身保险公司负债经营的特点、资本市场的发展程度和政府对人身保险投资等因素的制约，人身保险投资风格一贯以“稳健”著称。传统的人身保险投资形式以期限长、风险低的固定收益债券和抵押贷款为主。随着寿险产品的创新，利率敏感型寿险和年金产品的开发，来自其他寿险公司和金融机构竞争的加剧以及金融市场的发展，现代人身保险投资的形式越来越多样化；同时保险投资的证券化趋势也日益明显，风险高但收益大的股权投资比重不断上升。在金融市场健全的国家，单个寿险公司保险投资形式的选择要考虑两个关键因素：一是公司负债经营的性质；二是政府监管当局对保险投资形式的限制。然后，寿险公司再根据自身的风险偏好，选择盈利能力、风险水平和流动性适当的投资形式进行适当的资产组合。

1. 人身保险组合与资金运用结构

投资风险和收益之间存在正向的替换关系，因此投资者在进行投资时必须考虑其所能承受的风险水平，或者其所想获得的收益水平。由于人身保险的特点和国家监管当局对人身保险投资的限制，寿险公司一般都将安全性列为保险资金投资的首要要求；同时由于人身保险投资直接关系到公司的偿付能力，关系到保户的利益，因此各国保险监管当局对人身保险投资都进行了一定程度的干预，主要体现在对人身保险投资形式和投资数量的限制上。但对寿险公司而言，在保证保险金如期支付的同时还希望进一步提高投资收益从而提高公司利润，以便降低保费，提高市场竞争力。所以，人身保险投资在安全第一的基础上，还要追求高收益，从而寿险公司在选择投资形式时，除了选择风险较小、收益较稳定的固定收益投资工具外，还会适当选择一些风险较大但收益较高的投资工具。

为了分析一家寿险公司的投资组合情况，我们可以通过对保险资金运用结构的分析来了解。保险资金的运用结构是指保险资金运用投向的构成及其数量的比例关系。随着市场经济高度发展和金融资产多样化，保险公司的投资形式也日益增多。多样化的投资形式，一方面适应了社会经济发展的需要，另一方面也降低了保险资金的投资风险。

在人身保险投资组合中，各种投资形式投资额所占比重的不同，形成了不同的保险资金运用结构。在实务中，往往通过计算各种运用形式的投资额占资产总额的比例来反映保险资金运用结构。从资产负债表中各项资产的比例，便可了解该公司的资金运用结构，再加以分析就能够对该公司当前的经营业绩做出评价或提出建议。由于各国经济发展和管理上的差别。各国人身险保险公司在资金运用结构上也不尽相同。研究人身保险资金运用结构问题的宗旨就是要实现结构最优——使各种资产搭配形成最佳组合，实现资金运用结构的合理化。

保险资金运用客观上需要按照保险资金运用原则，在兼顾收益、流动、风险的条件下，合理进行确定和调整运用结构，以提高保险资金的使用效果。保险资金运用结构的确定和调整，除受国家保险管理机关和有关法令法规的制约外，还取决于社会经济发展、资金市场情况、保险基金结构等诸多因素的影响。

2. 人身保险投资组合的发展

寿险公司进行保险投资的历史表明，随着资本主义市场经济的发展和保险市场竞争的日趋激烈，保险投资逐渐发展成为关系到寿险公司生存与发展的重要手段和各国资本市场举足轻重的力量。从理论上讲，人身保险投资可以选择任何一种投资形式，但实际的保险投资组合往往是多种因素综合的结果。国际上人身保险投资组合经历了从被动、保守的以债券和抵押贷款等固定收益投资形式为主的“债券贡献”投资组合到积极进取的以债券和股票等证券化资产为主的投资组合的演变。

1762 年英国创立了世界上第一家科学经营的寿险公司——公平人寿保险社（Society for Equitable Assurance of Life's and Survivorship's）。随着生命表和均衡保费经营方式的采用，寿险公司积累了大量的责任准备金。1798 年，公平人寿保险社抵押贷款投资总额就已超过 40 万英镑。不过，在这一时期，股票、债券等可转让证券投资与抵押贷款、短期贷款等构成了保险公司的早期投资结构，各保险公司几乎均不考虑不动产投资。到 19 世纪，保险投资的重要性进一步为英国各保险公司所认识，保险公司的投资规模随着人寿保险业务的增长而有所扩大，如1870 年以后的英国寿险公司用于投资的金额超过 1 亿英镑。在投资种类上，寿险公司更加重视抵押贷款，同时开始了不动产投资。进入 20 世纪以后，各国寿险公司不仅大举进入国内资本市场并赢得了极高的地位，同时还开拓了海外投资市场。股票、公司债券和政府债券的多样化使得人身保险投资工具增加，人身保险投资组合的选择增多。但从总体来说，此时的人身保险投资都以固定收益的投资工具为主组成固定收益资产组合，如债券和抵押贷款等。

真正能反映寿险公司投资活动本质的则是进入 20 世纪 70 年代尤其是 80 年代以后。这时，人身保险业的经营环境已发生了很大的变化，利率自由化使得利率不断上扬、通货膨胀不断加剧，金融自由化使得寿险公司和其他金融机构竞争激烈。寿险公司为了提高竞争力，不断进行产品创新，推出了如万能寿险、变额寿险、分红保险等创新型产品，传统的简单的“债券贡献策略”已不能再满足寿险公司资产和负债的匹配要求。人身保险业的结构性变迁大大提升了寿险公司在金融市场上的地位，在西方国家，寿险公司和养老基金、共同基金已并列成为金融市场上三大重要的机构投资者，由此寿险公司的投资组合也发生了深刻的变化。

第一，各国寿险公司对保险投资收益的要求上升，投资组合策略也更为积极。为了提高人身保险产品与其他金融产品的竞争力和吸引力，寿险公司从灵活性和收益性出发纷纷进行险种创新。为使这些新产品能提供和其他金融产品一样乃至更高的实质性收益，寿险公司就必须采取更为积极的投资组合策略。与此同时，这些新险种的购买者更多追求的是短期投资收益，与此相关的本金和利息支付期限的缩短，都要求寿险公司在制定投资组合策略时更为注重资产的流动性和短期收益性。

第二，寿险公司的投资组合出现了证券化趋势，一些高风险投资工具，如部分衍生金融产品，包括期货、期权、货币和利率互换等也经常出现在人身保险投资组合中。一方面，由于创新型险种对寿险公司投资组合的流动性和收益性要求上升，而各种形式的证券流动性强，收益率高，因此高风险高收益的债券、各种抵押贷款支持的证券、股票等均已成为寿险公司的主要投资方式。人身保险投资组合中增加了收益高、流动性强的投资工具使得寿险公司的投资组合普遍出现了明显的证券化趋势。另一方面，一些垃圾股票和垃圾债券因其可能的高收益也开始进入一些寿险公司的投资组合；而衍生金融产品的风险虽大，但其可以缓冲某些内在金融风险的作用也使得许多寿险公司将其作为人身保险投资的风险管理手段。此外，由于保险业的国际化，寿险公司资金来源的国际化要求人身保险投资资产组合的国际化，因此寿险公司的海外投资比重上升，从而既可分享国际金融市场的收益，也可增加投资组合在地域上的风险分散程度。

第三节　我国人身保险资金的运用

一、我国人身保险资金运用的历程回顾

1984 年，国务院批准保险公司收取的保险费中，扣除赔款、赔款准备金、费用开支和税金，余下的可根据规定进行投资。自此，保险资金运用开始起步。由于当时寿险与非寿险混业经营，使资产与负债的期限结构不能匹配，影响了保险投资的成效，也产生了大量的风险。直至 1995 年 10 月 31 日，《中华人民共和国保险法》（以下简称《保险法》）正式颁布，规定保险业必须实施产险和寿险分业经营。伴随着分业经营的开始，寿险和非寿险公司也按照各自的经营原则分别进行资金运用。

（一）逐步规范阶段（1995—2002 年）

《保险法》的实施为中国保险资金投资业务提供了法律依据。《保险法》对保险资金运用的范围和形式等都做了严格的规定，如：资金运用的形式限于银行存款、买卖政府债券、金融债券和国务院规定的其他资金运用形式。保险企业的资金不得用于设立证券经营机构和向企业投资。1999 年 10 月，国务院批准保险公司可以通过证券投资基金间接进入证券市场，保险资金运用有了实质性进展。2002 年 10 月，我国保险法进行首次修订，并相继出台了相应管理办法，为保险资金直接入市铺平了道路。在这个阶段，各保险公司依据《保险法》将原有的一些不符合规定的资金运用项目进行了规范，并与下属的信托投资公司和证券公司进行脱钩，保险公司资金运用逐步规范。

（二）有序开放阶段（2003—2017 年）

2003 年 1 月，中国保监会提出，要把保险资金运用与保险承保业务发展放到同等重要的

地位上，鼓励大型保险企业设立保险资产管理公司。因此，许多大型保险公司纷纷建立了内设投资部管理模式。2004 年 4 月，中国保监会批准中国人寿、中国人保分别发起设立了保险资产管理公司，同年批准保险资金可以投资中央银行票据。2004 年 2 月，中国保监会发布《关于保险资金股票投资有关问题的通知》，允许保险公司投资股票，但须列明投资品种，标志着人身保险资金运用进入有序开放阶段。2010 年 8 月，中国保监会公布《保险资金运用管理暂行办法》，股票类投资及基础设施债权计划的投资比例上限进一步提高。2014 年，《国务院关于进一步加快发展现代保险服务业的若干意见》中提出稳步推进保险公司设立基金管理公司试点，允许保险公司设立夹层基金、并购基金、不动产基金等私募基金。2014 年 5 月，《保险资金运用管理暂行办法》修订版出台，这意味着中国人身保险公司资金运用的业务范围的进一步拓宽，保险资金配置空间与弹性不断增加，基本实现主要金融资产的全覆盖。2016 年 8 月，《保险资金间接投资基础设施项目管理办法》指出，在防范风险的前提下，放宽保险资金可投资基础设施项目的行业范围，增加政府和社会资本合作（PPP 模式）等可行投资模式。

（三）重监管、控风险新阶段（2018 年至今）

随着保险资金运用范围逐渐放开，人身保险公司资金运用过程中出现了诸如险资频频举牌资本市场、保险业脱离保障功能等新问题，风险因素不断累积。针对监管机构和市场对保险投资的新要求，2018 年 1 月 24 日发布的《保险资金运用管理办法》的出台标志着保险资金运用进入到了“重监管、控风险”的新阶段。该办法相比于以往的变化主要体现在：其一，细化拆分保险资金的构成，不同类别的投资可以使用的保险资金不同。例如，购置自用不动产、开展上市公司收购或者从事对其他企业实现控股的股权投资，只能使用保险资金中的自由资金；直接非控股型股权投资，可以运用自由资金、责任准备金及其他资金等。其二，新增两个保险资金运用基本原则。一个是保险资金运用必须以服务保险业为主要目标，另一个是保险资金运用应当坚持独立运作，不受股东违规干预。其三，允许保险资金投资新三板挂牌企业等。

随后，人身保险资金运用在合法、合规、控风险的背景下有序进行。寿险公司围绕“保险姓保”制定保险资金运用的战略规划，积极参与国家重大项目和服务民生工程、投资新技术、新业态和新产业，在服务实体经济发展中发挥显著作用。

专栏 11－1

新“国十条”推动保险资金运用进入新的发展阶段

2014 年，《国务院关于加快发展现代保险服务业的若干意见》（即新“国十条”）公布，标志着我国保险资金运用进入新阶段。保险业新“国十条”强调“充分发挥保险资金长期投资的独特优势，促进保险市场与货币市场、资本市场协调发展，推动保险服务经济结构调整，加大保险业支持企业走出去的力度”，对我国保险资金运用提出了较高的要求。

此外，保险业新“国十条”首次明确指出：保险资金可涉足投资领域，鼓励设立不动产、基础设施、养老等专业保险资产管理机构，允许专业保险资产管理机构设立夹层基金、并购基金、不动产基金等私募基金。与2006年的保险业旧“国十条”中“鼓励保险资金直接或间接投资资本市场、逐步提高投资比例”相比，新“国十条”为保险资金在资本市场和货币市场的发展提供了新的空间。

二、我国人身保险资金运用的现状

（一）保费收入和保险资金规模

我国保险市场保费收入快速增长。如图11－1所示，我国保险市场保费收入从2009年的1.114万亿元上涨至2020年的4.526万亿元，其中人身险保费收入从2009年的0.826万亿元上升至2020年的3.333万亿元，一直占据保险市场保费收入的大部分。2020年，人身保险保费收入占总保费收入的比重高达73.64%。

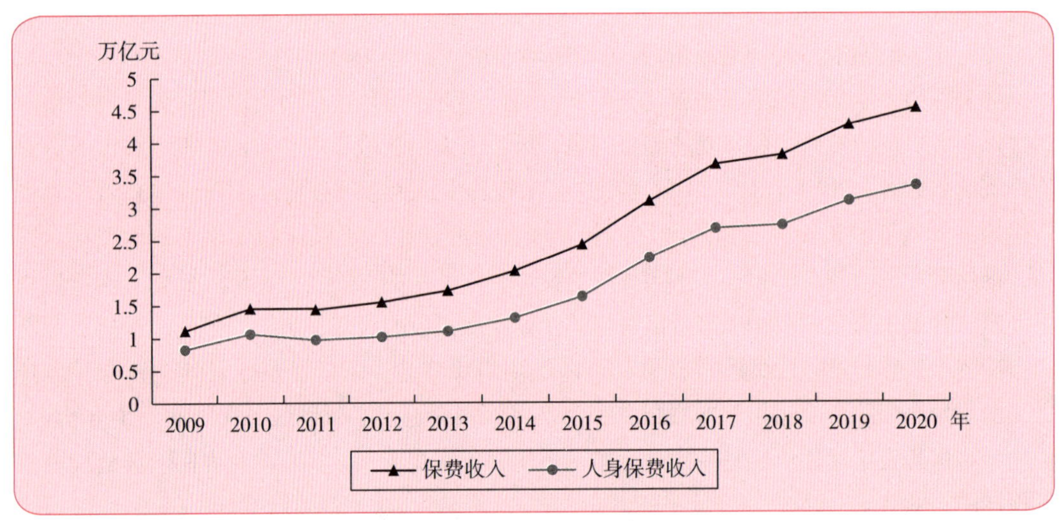

图11－1　2009—2020年中国保险市场保费收入

（资料来源：根据中国银行保险监督管理委员会网站数据整理）

此外，如图11－2所示，我国保险资产总额也在逐年攀升。2009年我国保险市场资产总额为4.0635万亿元，截至2020年底，我国保险资产总额增加至23.298万亿元。

（二）保险资金运用情况

1. 保险资金运用收益水平

图11－3显示了2013—2019年我国保险资金投资收益率的变化趋势。我国保险资金投资收益率水平整体波动较大，这与我国资本市场高度相关。2013—2015年，我国保险资金投资收益率逐年上升，从5.04%增加至7.56%；2015年以后，保险资金投资收益率总体呈现下跌态势，2016年降至5.66%；2017年投资收益率又小幅上升至5.77%；2018年受国际贸易

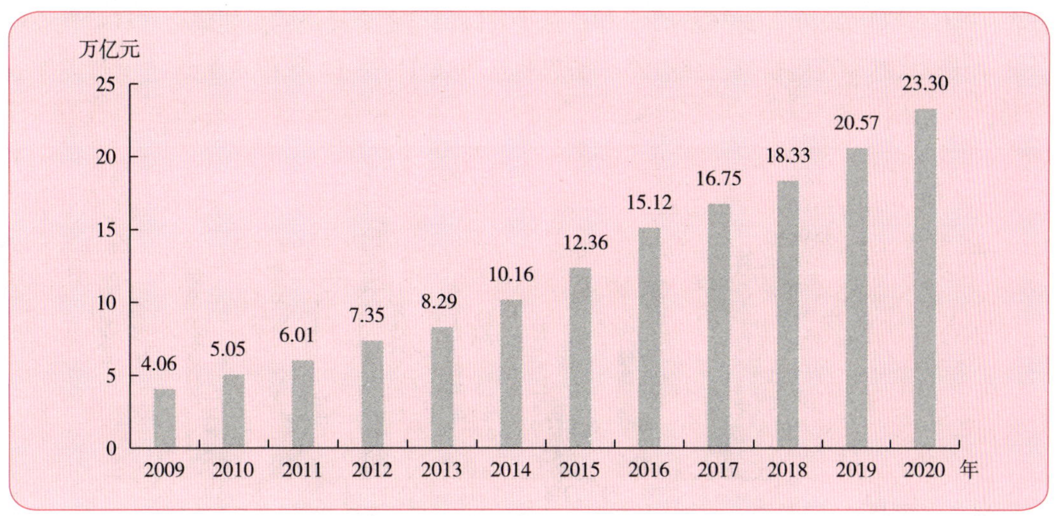

图 11－2　2009—2020 年中国保险市场资产总额

（资料来源：根据中国银行保险监督管理委员会网站数据整理）

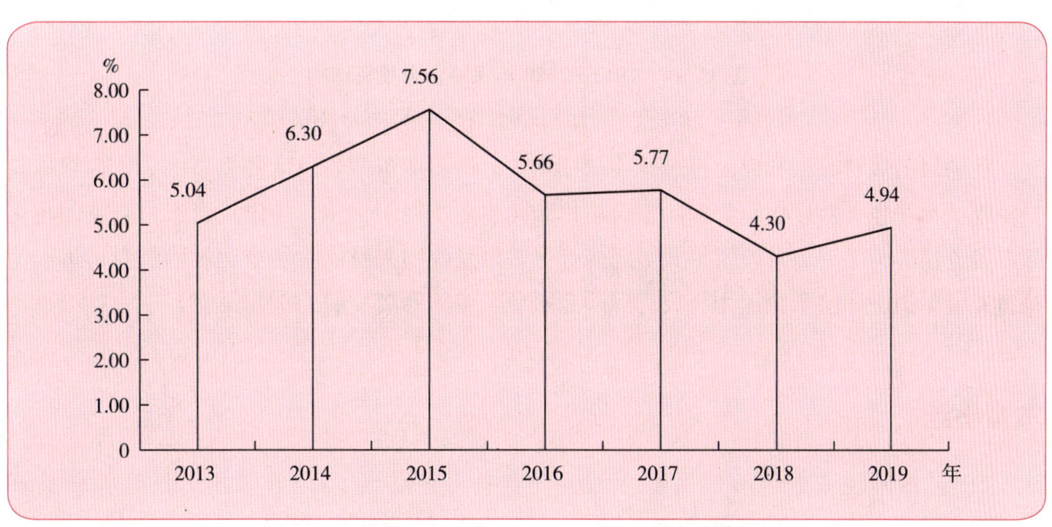

图 11－3　2013—2019 年保险资金投资收益率变化

（资料来源：根据中国银行保险监督管理委员会网站数据整理）

摩擦和产业链争夺升级对经济基本面带来的冲击，又有防范金融风险和资管新规等对业务边界带来的约束等多重因素叠加的影响，保险资金投资收益率水平从 5.77% 下降至 4.30%，2019 年保险资金投资收益率略有上升至 4.94%。

2. 保险资金投资结构

近年来，我国保险资金运用渠道发生了显著变化。银行存款作为我国保险资金投资的传统型渠道已从 2013 年的 29.45% 下降至 2020 年的 11.98%；债券投资占比逐步下降，从 2013

年的43.42%降至2020年的36.59%，但仍然是我国保险资金投资的重要渠道。权益性投资比例呈波动状态，其他投资占比有增长的趋势（见图11－4），保险资金运用结构更加多元化。

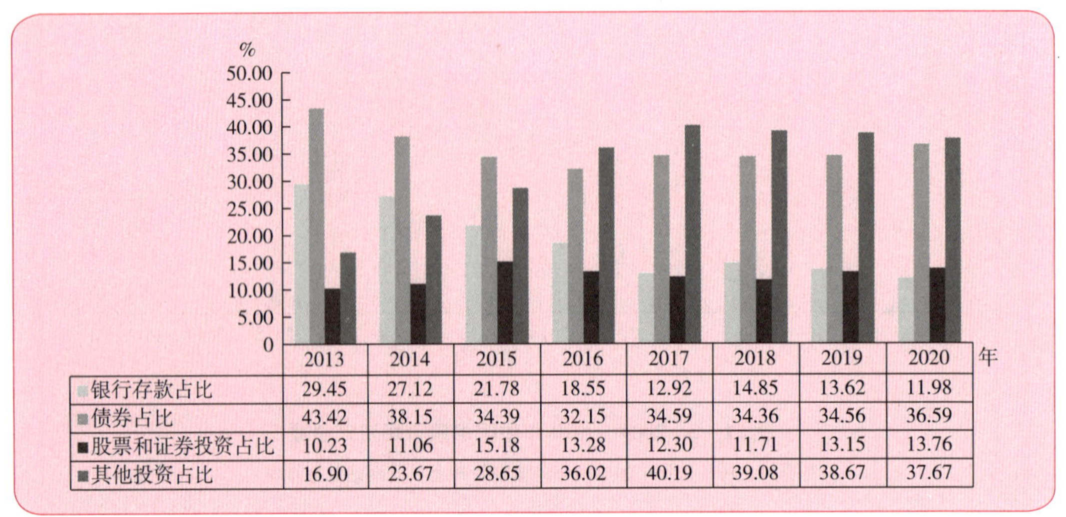

	2013	2014	2015	2016	2017	2018	2019	2020
银行存款占比	29.45	27.12	21.78	18.55	12.92	14.85	13.62	11.98
债券占比	43.42	38.15	34.39	32.15	34.59	34.36	34.56	36.59
股票和证券投资占比	10.23	11.06	15.18	13.28	12.30	11.71	13.15	13.76
其他投资占比	16.90	23.67	28.65	36.02	40.19	39.08	38.67	37.67

图11－4 2013—2020年保险资金投资结构

（资料来源：根据中国银行保险监督管理委员会网站数据整理）

我国目前保费收入和保险资金规模持续增长，保险业蕴藏着巨大的发展潜力，而且保险投资收益水平也大幅度提高。保险资金运用结构也逐年得到优化，由以投资银行存款为主转向以投资债券为主，而且投资形式日趋多样化。但是我国人身保险资金运用仍然有待进一步拓宽投资渠道。保险资金运用将成为保险业服务于实体经济发展的重要渠道。

本章小结

1. 人身保险资金运用是保险公司核心竞争力的体现，其运用方式分为直接投资和间接投资两大类。人身保险资金既可以短期投资，也可以长期投资，资金运用方式多样化对人身保险资金运用的管理尤为重要。

2. 人身保险可运用资金来源于资本金、资本保证金、各种准备金、留存收益、保险保障基金等。对这些资金的运用必须遵守安全性原则、流动性原则、收益性原则和社会性原则。

3. 目前存在的人身保险资金运用的模式有公司内设投资部门模式、专业化控股投资模式、集中统一投资模式、外部委托独立的金融信托机构投资模式。这四种投资组织模式各有其优缺点，人寿保险公司在确定自己的投资组织模式时，需要根据资本市场的情形和公司的自身情况进行选择。

4. 保险资金运用的形式多种多样，在人身保险投资组合中，各种投资形式投资额所占比重的不同形成了不同的保险资金运用结构。保险资金运用结构的确定和调整，除受国家保险管理机关和有关法令法规的制约外，还取决于社会经济发展、资金市场情况、保险基金结构等诸多因素的影响。

5. 我国保险资金运用经历了三个阶段的发展，目前保险资金规模持续增长，保险投资收益水平相对稳定。保险资金结构也得到优化，投资形式日趋多样化。

本章关键词

保险资本金　资本保证金　保险准备金　留存收益　保险资金运用　投资组合
资金运用结构　多元化投资

本章思考题

1. 什么是人身保险资金运用?
2. 人身保险资金运用有哪些特点?
3. 寿险公司可运用的资金由哪些部分构成?有什么特征?
4. 中国寿险公司保险资金运用的原则及方式有哪些?
5. 寿险公司为什么要进行保险资金运用?
6. 寿险公司有哪些资金运用的渠道可供选择?
7. 中国人身保险资金运用的发展经历了哪几个阶段?
8. 如何看待我国人身保险资金运用?
9. 人身保险资金运用中如何进行组合投资?
10. 为什么要对人身保险资金运用进行监管?

第十二章
人身保险市场

章首语：本章介绍人身保险市场的内涵及其特征，人身保险市场经营主体的组织形式及其业务范围，人身保险市场供给与需求及其影响因素。本章的学习重点是掌握人身保险市场的特征、人身保险市场经营主体不同组织形式及其特征、影响人身保险市场供求关系的因素，了解我国人身保险市场的发展。

第一节　人身保险市场概述

一、人身保险市场的概念

（一）保险市场

保险市场有广义和狭义之分。“狭义的保险市场是保险商品交换的场所；广义的保险市场是保险商品交换关系的总和。”① 依据不同的分类标准，可以将保险市场划分为不同的类型。

按保险业务承保的不同，保险市场分为原保险市场和再保险市场。原保险市场，即直接业务市场，是保险人与投保人之间通过订立保险合同而直接建立保险关系的市场。再保险市场，即分保市场，是原保险人将已经承保的直接业务通过再保险合同转分给再保险人的方式形成保险关系的市场。

按照保险业务性质不同，保险市场分为人身保险市场和财产保险市场。人身保险市场，是专门为社会公众提供各种人身保险商品的市场。财产保险市场，是从事各种财产保险商品交易的市场。

按保险业务活动的空间不同，保险市场分为国内保险市场和国际保险市场。国内保险市场，是专门为本国境内组织或个人提供各种保险商品的市场，按经营区域范围又可分为全国性保险市场和区域性保险市场。国际保险市场是国内保险人经营国外保险业务的保险市场。

---

① 王绪谨主编．保险学（第三版）［M］．北京：经济管理出版社：354.

（二）人身保险市场

人身保险市场是专门为社会公众提供人身保险商品的市场。狭义的人身保险市场主要是指人身保险供求双方交换保险商品和提供保险服务的场所，是人身保险产品提供与人身保险服务同时进行的保险市场。广义的人身保险市场是指人身保险供求双方关于产品交换与服务的各种关系的总和。在人身保险市场上，保险公司提供人身保险产品，人身保险的投保人支付一定的对价取得人身保险产品，双方交易的对象是保险人为保险消费者提供的人身保险产品。

按人身保险市场的竞争程度不同，人身保险市场分为完全垄断型、寡头垄断型、垄断竞争型、自由竞争型人身保险市场。

完全垄断型人身保险市场，是指只有一家保险公司的人身保险市场。在完全垄断型人身保险市场上，价值规律、供求规律、竞争规律受到极大限制，市场上没有竞争，没有可替代产品，没有可供选择的保险人。

寡头垄断型人身保险市场，是指只存在少数相互竞争的保险公司的人身保险市场。在这种模式的市场中，保险业经营依然以市场为基础，但保险市场具有较高的垄断程度，保险市场上的竞争是保险垄断企业之间的竞争，形成相对封闭的保险市场。

垄断竞争型人身保险市场，是指存在大量的保险公司，并且大、中、小型公司并存，竞争激烈，少量大型保险公司在保险市场中分别具有某种业务的局部垄断地位的人身保险市场。市场上有大量的人身保险产品供给者和需求者，各公司出售的人身保险产品略有差异，能够在一定程度上影响产品价格。目前世界上大多数国家的人身保险市场属于此类。

自由竞争型人身保险市场，是指人身保险市场上存在数量众多的保险人和投保人或被保险人、保险商品交易完全自由、价值规律和市场供求规律充分发挥作用的保险市场。市场呈开放状态，外国保险公司基本可以较自由地进入。保险监管相对宽松，保险行业协会在市场管理中发挥重要作用。

在新中国成立之初，我国人身保险市场仅有中国人民保险公司一家公司，因此属于完全垄断型人身保险市场。随着保险市场主体的增多，我国的人身保险市场转型为寡头垄断型人身保险市场。根据《中国保险年鉴（2002）》和中国银保监会官网数据，2001 年，我国的人身保险市场中，前四家人身险公司的保费收入合计占总保费收入的 96. 9% 。而 2020 年，我国的人身保险市场中，前四家人身险公司的保费收入合计占总保费收入的 46. 0% 。我国的人身保险市场由高集中度市场逐渐转变为中集中度市场。

二、人身保险市场的特征

（一）人身保险市场的产品属性具有特殊性

人身保险产品具有“约定性”。即人身保险市场产品的保险金额以“约定”为主。人身保险产品的标的是人的生命或身体。财产保险可以根据其生产成本、变现价值、重置价格等方法来确定其价值，从而根据保险价值确定保险金额。而人的生命或身体是无价的，无法依据其保险价值来确定保险金额，只能依据被保险人的需求和投保人的缴费能力来约定。因此，不存在超额保险、重复保险、不足额保险等问题。

人身保险产品具有“给付性”。即人身保险市场产品的赔偿以“给付”为主。除健康保险和意外伤害保险中的医疗费用体现的是“损失补偿”外，多数人身保险产品体现的是定额给付或储蓄性。因此，除健康保险、意外伤害保险中所需的医疗、护理费用以补偿的方式给付外，大多数人身保险产品采取约定给付方式，不遵循补偿原则。

人身保险产品的保险利益以“人与人的关系”来确定。我国《保险法》规定投保人必须对保险标的具有法律上承认的经济利益。由于人身保险以人的生命或身体为标的，其价值或利益无法用货币计量，因此，不能把经济利益作为判断投保人对被保险人是否具有保险利益或者具有多大保险利益的唯一衡量标准，人与人的关系是确定保险利益的重要依据。

（二） 人身保险市场的经营风险具有隐蔽性

人身保险市场的经营风险主要是资产风险和利率风险，发生亏损时不会在短期内表现为现金净流量的急剧减少及支付困难，而是在较长一段时期内才能反映出来，因而其经营风险具有隐蔽性。不像财产保险市场，一次巨灾事故造成的巨额赔款支出所引起的亏损，在短期内表现为现金净流量的剧烈减少，并发生支付困难，因而其风险不可能长期被掩盖。

人身保险市场的经营风险与人身保险资金的中长期性及其与资本市场的互动有密切关系。大多数人身保险产品提供中长期的保障功能，产品的长期性决定了人身保险公司经营的中长期性，决定了保险人对被保险人负债的中长期性，利率与通货膨胀对人身保险经营产生重要影响。产品的长期性，也决定了其很大一部分资金来源具有长期性，对资金的流动性要求相对较低，这就使得它可以将大量的资金运用于资本市场的长期金融工具，寿险投资与寿险的资产负债管理在人身保险经营管理中十分重要。

（三） 人身保险市场的保险需求具有较大的弹性

人身保险产品面对的是人自身的风险。人身保险需求受年龄、经济收入、保险意识、社会保障程度、文化、宗教、保险价格等多种因素影响；人身保险商品本身具有“非渴求性”“隐性消费”等特征；人身保险商品种类繁多，相互之间大多具有同质性、可替代性等，任何一种因素的变化都可能使某种人身保险产品的需求发生重大变化。

（四） 人身保险市场的供给及监管具有特殊性

人身保险市场的供给对经济与社会的贡献度具有特殊性。人身保险市场兼有保险保障功能、储蓄与投资功能、社会管理功能。经济环境的变化对寿险产品投资、资产负债管理等产生重要影响，而巨额的寿险投资也反作用于经济。人身保险市场对经济的贡献度，决定了人身保险市场在一国经济中的重要地位。人身保险市场为社会公众面临的人身风险提供保障，对于社会的稳定起着重要作用。人身保险市场对社会的贡献度，决定了人身保险市场在社会管理功能中的重要地位。

人身保险市场的监管，相对于财产保险市场而言具有特殊性。人身保险市场涉及社会公众的生、老、病、死、残等多种风险保障，各国对人身保险市场均有特殊的监管规则。在我国，2015 年修订的《中华人民共和国保险法》第八十九条规定：保险公司因分立、合并需要解散，或者股东会、股东大会决议解散，或者公司章程规定的解散事由出现，经国务院保险监督管理机构批准后解散。经营有人寿保险业务的保险公司，除因分立、合并或者被依法撤销外，不得解散。保险公司解散，应当依法成立清算组进行清算。第九十二条规定：经营有人寿保险业务的保险公司被依法撤销或者被依法宣告破产的，其持有的人寿保险合同及责任准备金，必须转让给其他经营有人寿保险业务的保险公司；不能同其他保险公司达成转让协议的，由国务院保险监督管理机构指定经营有人寿保险业务的保险公司接受转让。

三、人身保险市场的要素

（一）人身保险市场的主体

人身保险市场的主体是指人身保险市场交易活动的参与者，主要包括投保人、保险人、保险中介人。

投保人是人身保险市场的需求方，包括保险市场上所有现实的和潜在的人身保险商品的购买者。根据人身保险消费者不同的需求特征，可以把人身保险市场的需求方划分为个人投保人、团体投保人。根据保险需求的层次还可以把人身保险市场的需求方划分为现实投保人、潜在投保人、未来的投保人等。

保险人是人身保险市场的供给方，是指在保险市场上，提供各类人身保险商品，承担、分散和转移被保险人风险的各类保险人。如国有保险人、私营保险人、合营保险人、合作保险人、个人保险人。

保险中介人是为人身保险商品交易提供中介服务的人，包括保险代理人、保险经纪人、保险公证人等。

（二）人身保险市场的客体

人身保险市场的客体是指人身保险市场上供求双方交易的对象，这个交易对象就是各类人身保险商品。如各类寿险产品、健康险产品、意外伤害险产品。人身保险商品本身是一种特殊形态的商品，它具有无形性、非渴求性和隐型消费等特征。正因为它是无形商品，消费者看不见，摸不着，所以保险人的诚信十分重要；又因为它是一种“非渴求商品”，保险消费是一种隐形消费，所以提升消费者保险意识，进行保险宣传特别重要。

人身保险商品的价格即保险费率。由于费率厘定的复杂性，人身保险商品的费率一般由保险公司通过精算原理厘定，并报经保险监管部门审查批准（或备案）。所以，人身保险商品的定价，不像一般商品那样，可以由保险市场主体各方协商而定，因此，亦有学者把保险价格作为保险市场的一个独立要素①。

（三）人身保险市场的供给主体

1. 按照组织形式分类

按照组织形式的不同，人身保险市场的供给主体可以分为公司制供给主体和非公司制供

① 王绪谨. 保险学（第三版）[M]. 北京：经济管理出版社，2004：354.

给主体。

公司制供给主体是指人身保险产品的供给主体采取公司制的组织形式，如股份有限公司和国有独资公司等。非公司制的供给主体是指人身保险产品的供给主体采取非公司制的组织形式，如相互保险社、保险合作社等。

由于社会经济制度、经济管理体制和历史传统等方面的差异，对于保险市场供给方的经营组织形式，各国都有特别的限定。例如日本规定保险组织形式是株式会社（股份有限公司）、相互会社（相互公司）以及互济合作社三种。美国规定保险组织形式是股份有限公司和相互公司两种。

（1）公司制供给主体。

①国有独资公司。国有独资的人身保险公司是指由国家授权的投资机构或国家授权的部门单独投资设立的人身保险有限责任公司，股东是国家。如改制上市前的中保（集团）人寿保险公司，就是国有独资的人身保险公司。

②股份有限公司。股份制人身保险公司是一种法人保险组织，股东有法定最低人数限制，但股东的身份没有限制，任何出资人都可以成为股东。股东对公司以出资额承担有限责任。股份制保险公司的注册资本有最低额限制，但无最高额限制。它的财务状况必须公开。如改制上市后的中国人寿保险股份公司，就是股份制人身保险公司。

③相互人寿保险公司。相互人寿保险公司是由其保单所有人所有、公司的部分经营利润以保单红利的方式分配给保单所有人的人身保险经营实体。它是保险业特有的公司组织形式。2017 年 5 月 11 日，我国成立了第一家相互制人寿保险公司，即信美相互人寿保险公司，这也是目前我国人身保险市场上唯一一家相互制人寿保险公司。中国银保监会官网数据显示，2020 年，信美相互人寿保险公司全年共实现原保险保费收入 33.79 亿元，同比增长 68%，增长态势明显。

相互人寿保险公司在内部组织机构设置、保险业务拓展、保险费率拟订、保险基金运用等方面，都遵循了保险股份公司的一般原则。但与股份制保险公司相比，相互人寿保险公司有以下特点：

一是公司所有人的身份不同。股份公司的所有人是股东，股东不限于投保人。相互人寿保险公司的所有人是社员，并且只能是投保人。投保人只要缴纳保险费，就可以成为公司成员，而一旦解除保险关系，其成员资格也随之消失。

二是公司经营资金的来源不同。股份公司成立时必须有资本金，股东以缴纳的资本金为限对公司承担有限责任，或者参与红利分配。相互人寿保险公司成立时没有资本金，它以各社员缴纳的保险费形成公司的责任准备金，来承担全部保险责任，也以缴纳的保险费为依据，参与公司盈余分配或承担亏空责任。

三是公司产品费率定价机制不同。股份公司产品多采取定额保费制，而相互人寿保险公司的产品大多采用不定额保费制。股份公司经营成果有剩余时计入经营利润，而相互保险公司经营的盈余部分，一般采取可摊还方式，当出现亏损或资金不足时，可临时向社员征收。

四是公司的权力机构不同。股份公司的权力机构为股东大会。股份公司的董事与监事只限于股东。相互人寿保险公司的权力机构为会员大会或会员代表大会，由会员代表大会选举董事会，由董事会任命公司的高级管理人员。随着公司规模的扩大，董事会和高级管理人员实际上控制着公司的全部事务，现在已演变成委托具有法人资格的代理人营运管理，负责处理一切保险业务。

专栏 12－1

2015 年我国《相互保险组织监管试行办法》（节选）

第二条　本办法所称相互保险是指，具有同质风险保障需求的单位或个人，通过订立合同成为会员，并缴纳保费形成互助基金，由该基金对合同约定的事故发生所造成的损失承担赔偿责任，或者当被保险人死亡、伤残、疾病或者达到合同约定的年龄、期限等条件时承担给付保险金责任的保险活动。

本办法所称相互保险组织是指，在平等自愿、民主管理的基础上，由全体会员持有并以互助合作方式为会员提供保险服务的组织，包括一般相互保险组织，专业性、区域性相互保险组织等组织形式。

第八条　设立专业性、区域性相互保险组织，应当具备下列条件：

（一）具有符合本办法规定的主要发起会员和一般发起会员，一般发起会员数不低于 100 个；

（二）有不低于 1 000 万元的初始运营资金；

（三）在坚持会员制和封闭性原则基础上，针对特定风险开展专门业务或经营区域限定在地市级以下行政区划；

（四）其他设立条件参照一般相互保险组织。

资料来源：保监发〔2015〕11 号。

（2）非公司制供给主体。

①相互保险社。相互保险社是保险组织的原始形式，但在当今欧美各国仍然相当普遍，其经营范围也十分广泛，涉及海上、火灾、人寿及其他险种。它是由一些对某种危险有同一保障要求的人组成的一个集团。当其中某个成员遭受损失时，由其余成员共同分担。人寿保险方面有英国的“友爱社”、美国的“同胞社”。与相互人寿保险保险公司相比，相互保险社有以下特点：

一是相互保险社无股本，其经营资本的来源仅为社员缴纳的分担金，一般在每年年初按暂定分摊额向社员预收，在年度结束时计算出实际分摊额后，再多退少补。而相互人寿保险公司的经营资本来源于社员缴纳的保险费。

二是相互保险社的保险费采取事后分摊制，事先并不确定。而相互人寿保险公司保险费事先缴纳，只是在有盈余或亏空时，才进行摊还或补征。

三是相互保险社是群众自发组织的保险初级形式，它的最高管理机构是社员选举出来的管理委员会，而相互人寿保险公司采用公司制管理形式，是规范的法人组织，其最高机构是社员选举出来的会员大会。

②保险合作社。保险合作社是由一些对某种风险具有同一保障要求的人自愿集股设立的保险组织。一般属于社团法人，非营利机构，它以较低的保费来满足社员的保险需求，社员与投保人基本上是一体的。目前全球具有影响力的保险合作社有以健康保险业务为主的美国的蓝十字（Blue cross）与蓝盾（Blue shield）协会、以人身保险业务为主的日本的“全劳济”、新加坡的“职总英康”。与相互保险社、相互人寿保险公司相比，保险合作社有以下特点。

一是社员必须缴纳一定金额的股本，其权利以其认购的股金为限。

二是在保险费率上，保险合作社采用确定保险费制，事后不再补缴。

三是保险合作社的业务范围仅局限于合作社的社员，只承担合作社社员的风险。

四是保险合作社的资金来源于社员的股金和向非社员借入的基金。保险关系的建立必须以社员为条件，但社员不一定必须建立保险关系，保险关系的消灭也不影响社员关系的存在。

2. 按照经营业务范围分类

按照业务范围的不同，经营人身保险业务的公司可以分为综合性保险公司、人寿保险公司、专业健康或专业养老保险公司。

综合性保险公司既经营人身保险业务，又经营财产保险甚至其他金融业务；人寿保险公司经营人寿保险业务，一般还经营健康、意外伤害保险业务；专业健康保险公司只经营健康险业务；专业养老金保险公司只经营养老保险业务。

（1）综合性保险公司。综合性保险公司经营的业务范围不局限于人身保险业务，它包括两种情况：一是既经营保险业务，如人身保险业务，又经营非保险业务，如其他金融业务，谓之兼业；二是既经营人身保险业务，又经营财产保险业务，谓之兼营。

为保障广大被保险人的利益，绝大多数国家均通过立法确立商业保险专营的原则，未经国家主管机关批准，擅自开办保险业务的法人或个人属非法经营，国家主管机关将勒令其停业并予以经济上及至刑事上的处罚。同样，保险人也不得经营非保险业务，如银行业务、信托投资业务、房地产业务等，甚至不得从事未经核准的其他性质的保险业务，如社会保险业务。在许多国家还规定保险合作社或保险互助共济组织不得经营非社员或会员业务。但商业保险专业经营原则也有例外，如英国规定从事其他商业业务的公司，经批准也可以从事与其有关的保险业务，作为其对顾客提供的额外服务；美国有法律规定，当美国本国的银行位于少于5 000人的小城镇时，联邦法律允许它出售人寿保险。另外，在康涅狄州、马萨诸塞州和纽约，储蓄银行可向个人和团体销售所谓的储蓄银行人寿保险（Saving bank life insurance）和年金，这些保险产品往往是通过银行柜台销售的，美国每个州的法律都规定了一个人可以购买的SBLI的最高限额，并且只有在该州生活或工作的人才可购买该产品。

由于财产保险与人身保险经营的技术基础、承保手续、保费计算方式、准备金的计提方式以及保险金给付条件和方法等诸方面迥然不同，为避免业务上的混乱与经营庞杂，保证保险业的偿付能力，保护被保险人的权益，各国保险法都规定保险公司实行人身保险和财产保险分业经营。但是也有例外。英国政府对保险经营的范围基本上没有限制，保险公司可以会计独立为条件，同时兼营人身保险和财产保险业务（英国《保险法》称为长期业务和普通业务）；美国各州一般都规定实行分业经营，但多数情况下健康保险可由寿险公司和财产保险公司同时兼营；日本原本采取分业经营原则，但在1996年颁布的新《保险业法》中修正为：保险公司可以通过设立子公司形式兼营保险业务。

我国恢复国内保险业务的初期，采取财产保险业务和人身保险业务混业综合经营。1995年《保险法》实施，实行严格分业经营模式，即同一保险人不得同时兼营财产保险业务和人身保险业务，保险公司不能产寿险混合经营。2002年《保险法》修订，准许财产保险公司经营短期的健康保险业务和意外伤害保险业务。

21世纪以来，金融业内部的相互融合加速，金融产品的不断创新，金融机构为提高市场竞争力不断组建金融控股公司，综合经营再次成为发展趋势。目前的综合经营模式分为混业综合经营模式和分业综合经营模式。混业综合经营模式也称为专业公司控股模式①。在专业公司控股模式下，经营财产保险或人身保险的保险公司作为母公司全资拥有人身保险公司子公司或财产保险子公司。母公司在经营具体业务的同时还对子公司进行资产管理，但母公司和子公司都是独立的法人，独立对外承担法律责任。

分业综合经营模式也称集团控股模式②，它是集团控股，子公司分业经营，集团不经营具体业务，而是集中精力研究制定战略规划、投资管理、组织架构和风险控制等重大问题，加强对人身保险和财产保险子公司的风险监控与管理。如中国人民保险集团股份有限公司，下设有中国人民财产保险股份有限公司、中国人民人寿保险股份有限公司、中国人民健康保险股份有限公司、中国人保资产管理有限公司等。

集团控股模式的特点是：多样化的产品和服务符合客户的要求；资源充分共享，节约成本，具有价格优势；易于培养多技能人才，人才有较大的发展空间，有利于稳定人才队伍；技术投入实力雄厚，集团内技术资源共享；易于分散风险，取得规模效益；但在协调上有一定的难度。

集团控股分业模式是当前普遍被各国保险公司采用的分业模式。美国国际集团（AIG）采用的就是集团分业模式，全资拥有财产保险公司美国美亚保险公司（AIU）和人寿保险公司美国友邦保险公司（AIA）。

（2）人寿保险公司。人寿保险公司是指为承保死亡、伤残、衰老及其他健康问题等有关事件所造成的费用、损失及收入减少，向社会公众提供保障的保险公司。由于各国对保险业

① 江生忠．人身保险市场与营销［M］．北京：中国财政经济出版社，2004：56.

② 江生忠．人身保险市场与营销［M］．北京：中国财政经济出版社，2004：56－57.

务的分类不同，因此，即使在实行分业经营的国家，人寿保险公司的业务范围也不相同。如西欧国家的保险法一般将保险业务分为两大类，即寿险和非寿险。寿险是指狭义的人寿保险，包括生存保险、死亡保险、生死两全保险；非寿险则包括火灾保险、海上保险、意外伤害保险等。美国立法中将保险分为两大类，一类是火灾保险、意外保险；另一类为人寿保险、健康保险。

（3）专业健康保险公司和专业养老金保险公司。专业化包括两方面：一是行业专业化，即公司专注于某一个行业内经营；二是业务专业化，即公司专注于行业价值链中某一环节的业务。

保险机构的专业化发展不仅仅在我国，在西方很多保险业较为发达的国家也是一种流行趋势，尤其是对一些中小保险机构。在很多西方国家保险市场上，既有大型的跨国保险集团，又有众多中小规模的专业化保险公司，在市场上形成了保险主体的多层次、有序化发展，各类经营主体各具特色。对于保险公司来说，根据自身特点、自身优势的不同走专业化发展道路更有利于自身的生存和发展，有利于自身核心竞争力的提高；对于消费者来说，专业保险公司的成立以及保险服务的专业化经营，将使保险市场呈现产品多样化和服务差异化的局面，消费者可从中得到更多的实惠。

专业健康保险公司是指专门经营健康保险业务的公司。健康保险业务一般包括疾病保险、医疗保险、失能收入损失保险和护理保险等。2004 年成立的中国人民健康保险股份有限公司，是我国第一家专业健康险公司。中国人民健康保险股份有限公司是由中国人保控股公司（原中国人民保险公司）、DKV 德国健康保险股份公司、中国华闻投资控股有限公司、首都机场集团公司和广西新长江高速公路有限责任公司五家中外资企业发起设立。推出的产品包括医疗费用保险、重大疾病保险、意外伤害保险、社会医疗补充保险、健康管理产品等。

专业养老金保险公司是指专门经营养老保险业务的公司。养老保险公司与普通的寿险公司的不同在于其不仅具备更加专门的从事养老方面业务的能力，如养老保险产品、企业年金计划等的设计能力和销售能力，养老金资产管理和养老金发放等方面的能力，而且还在养老金资产运作方面具有较高的独立性。我国第一家专业养老保险公司为 2004 年 12 月成立的平安养老保险股份有限公司，其业务范围为团体养老保险及年金业务、团体人寿保险及年金业务、团体长期健康保险业务、个人养老保险业务等。

第二节　人身保险市场供给

一、人身保险市场供给的内涵

人身保险市场供给是指在一定费率水平上，保险市场上各家保险企业愿意并且能够提供的人身保险商品的数量。人身保险市场供给可以用保险市场上的承保能力来表示，它是各个保险企业对人身风险的承保能力的总和。

二、影响人身保险市场供给的因素

（一）保险需求

一定意义上，供给决定需求，需求反过来又决定供给。在价格一定的情况下，需求越多，供给也相应越多。某种程度上，人身保险市场供给是以人身保险市场需求为前提的，因此，人身保险市场需求是制约人身保险市场供给的基本因素。

（二）保险费率

在市场经济条件下，保险费率是决定人身保险市场供给的最主要因素，人身保险市场供给与人身保险费率呈正相关关系，保险费率上升，会刺激人身保险市场供给的增加；而保险费率下降，会使保险公司减少该险种的供给。但是，由于人身保险产品的特殊性，通过精算原理厘定的保险费率上下浮动的幅度很小。

（三）政府的监管与政策

由于人身保险行业的特殊性，需要政府对其进行监管。政府对人身保险行业的信贷政策、税收政策、审批政策、法律环境等直接影响保险公司的经营成本、经营利润、保险经营的稳定性和保险市场的竞争状况。政府为了实现某一特定目标，可能会对有关人身保险商品制定优惠政策，使保险供给增加；或者政府采取限制性政策，在此情况下，即使保险费率上升，人身保险供给也难以扩大。

（四）市场的规范程度

人身保险市场竞争的结果，会引起保险公司数量上的增加或减少，从而影响人身保险供给。一般地，竞争无序的市场会抑制人身保险需求，从而减少人身保险供给；而有序、规范的竞争，能够促使保险人改善经营管理，提高服务质量，开辟新险种，从而扩大人身保险供给。同时，有序、规范的竞争会使保险市场信誉提高，从而刺激人身保险需求，扩大人身保险供给。

（五）互补品、替代品的价格

人身保险商品之间的相关性有互补和替代两种情况。互补品与人身保险供给呈正相关关系，当互补品价格上升，导致人身保险需求减少，人身保险费率提高，使人身保险供给增加；反之，人身保险费率下降，人身保险供给减少。替代品与人身保险供给呈负相关关系，当替代品价格上升，人身保险需求增加，人身保险费率下降，使人身保险供给减少；反之，人身保险费率上升，人身保险供给增加。人身保险商品的互补品有诸如资产评估业、医疗卫生业、风险管理咨询业等行业提供的产品；保险商品的替代品有诸如银行业、证券业、行业自保、社会保险等所提供的产品。

（六）保险技术和保险资本规模

人身保险的专业性、技术性很强，有些险种很难设计，因而即使有市场需求，也难以形成供给。因此，保险技术影响人身保险的供给。

人身保险供给是由经营人身保险业务的保险公司和其他保险组织所提供，而保险公司经营人身保险业务必须具有一定数量的经营资本。在一定时期内，社会性总资本的量是一定的。因而能用于经营人身保险的资本量在客观上也是一定的。因此，这个有限的资本量在客观上制约着人身保险供给的总规模。在一般情况下，可用于经营人身保险业务的资本量与人身保险供给成正比关系。

除上述所列因素外，一国的经济发展程度、法律环境、金融市场的发育程度、金融市场利率水平和利率政策、国民素质的高低与社会的诚信水平等均会给人身保险市场供给带来重大影响。

三、我国人身保险市场的供给

保险供给主体不断增加。1949 年 10 月新中国成立了第一家保险公司——中国人民保险公司，1979 年恢复国内保险业务时，当时的中国人民保险公司只经营人身保险业务，从 1996 年开始分业经营之后，我国的人身保险公司从几家发展到 2020 年的 90 多家，经营的主体由国有独资保险公司、股份制保险公司为主，发展到现在的国有（控股）保险公司、股份制保险公司、中外合资保险公司、相互保险公司、保险合作社等多种经营主体并存。

保险费收入持续增加，保险市场集中度不断降低。1979 年恢复国内保险业务以来，伴随着保险市场的开放，人身保险保费收入持续增加，1982 年恢复人身保险业务，保险费当年收入 0. 016 亿元，2020 年收入 33 329 亿元，年均增长率在 19% 以上。我国的人身保险市场的集中度逐步降低，前四家人身保险公司的市场份额逐年减少。中国银保监会官网和《中国保险年鉴（2002）》数据显示，2020 年，我国的人身保险市场中，前四家人身险公司的保费收入合计占总保费收入的 46. 0%，较 2001 年我国的人身保险市场中前四家人身险公司的保费收入合计占总保费收入的 96. 9% 下降 50. 9%。

人身保险产品种类多，结构不断优化。我国在恢复国内人身保险业务后，人身保险产品不断丰富，1982 年至 1991 年，主要是以简易人身险为主；1992 年至 1999 年，主要是以普通型寿险为主；2000 年至 2013 年，主要是以分红险为主，其次为投资连结险，万能险也占据一定份额，普通型寿险占比下降；2014 年至 2016 年，主要是万能险和普通型寿险并行时期；2017 年至 2020 年，主要以普通寿险为主，保险公司回归保障产品，寿险产品结构不断优化。

第三节　人身保险市场需求

一、人身保险市场需求的内涵

人身保险市场需求是指在一定的费率水平下，保险消费者从保险市场上愿意并且有能力购买的人身保险商品数量。人身保险市场需求是在各种不同的费率水平上，消费者愿意并有能力购买的人身保险商品总和。它是消费者对所有人身保险保障的需求量，可以用投保人投保的保险金额总量来计量。人身保险需求既表现在约定的人身风险事故发生并导致损失时，能获得经济补偿或给付，也体现在通过转移人身风险，消除精神上的紧张和不安，获得心理上的慰籍。

二、影响人身保险市场需求的因素

（一） 风险因素

“无风险，无损失，无保险”，风险的客观存在是人身保险产生、存在与发展的前提条件。风险程度越大，可能导致的损失越大，人身保险需求就会相应增加。

（二） 保险费率

保险费率对保险市场需求有一定的约束力，两者一般呈反方向变化。受投保人缴费能力的限制，从总体上讲，人身保险费率上升会带来人身保险需求的减少，人身保险费率下降，则会导致人身保险需求的增加。但是，费率对人身保险需求变化的影响与人身保险类型有关，一些必需品类型的人身保险产品对费率的敏感性较低，而非必需品类型的人身保险产品对费率的敏感性较高。

（三） 互补品与替代品的价格

在人身保险市场上，互补品价格越低，人身保险需求就越高，反之会引起人身保险需求降低。例如一些附加险是主险的互补品，当附加险价格降低时，消费者会增加对主险的保险需求，反之会减少。

在人身保险市场上，替代品价格越低，人身保险需求就越低，反之会引起人身保险需求增加。一些人身保险商品特别是人寿保险商品是储蓄的替代品，当储蓄利率上升时，人寿保险商品的需求就会减少，反之则会增加。

（四） 保险消费者收入水平

从购买力的角度看，消费者的货币收入直接关系到其购买能力的大小。当国民收入增加时，作为人身保险商品的消费者——个人的货币收入、企业利润也会随之增多，会有更强的缴费能力，保险需求也就随之扩大。因而，保险消费者的货币收入是影响保险需求的主要因素之一。

（五） 文化传统

人身保险需求在一定意义上受人们风险意识的直接影响，而人们的风险意识又是受特定的文化环境影响的。比如在养老风险保障上，中国老年人长期受到“养儿防老”观念的影响，把养老保障寄托在子女身上，养老保险需求就相应较低。有一些有宗教信仰的消费者宁愿求助于神的保佑，也不接受保险保障，从而抑制了保险需求。

（六） 人口因素

人身保险业的发展与人口状况有着密切的联系。人口因素包括人口总量和人口结构。人口总量与人身保险需求成正比，在其他因素一定的条件下，人口总量越大，对人身保险需求的总量也就越多；反之，人口总量越少，对人身保险需求的总量也就越少。人口结构包括年龄结构、职业结构、民族结构、文化结构。由于不同的年龄、不同的职业面临不同程度和类型的风险，而不同的民族习惯和不同的文化程度使人们的保险意识不同，因此，对人身保险商品的需求也就不同。

（七） 经济法律环境

不同的经济体制会影响人身保险需求。市场经济条件下，相对于计划经济而言，个人与企业面临更多的风险，会增加对人身保险的需求。

社会保险与商业保险之间的替代效应影响人身保险需求。在社会保险，特别是社会养老保险和社会医疗保险的保障程度高、覆盖面广的情况下，消费者对商业养老保险与医疗保险的保险需求降低，反之保险需求增加。

税收政策影响人身保险需求。如税法规定被保险人或受益人所获得的保险金免缴个人所得税，消费者可以通过购买人身保险而合理避税，因此增加对人身保险的需求。

与人身保险相关的其他法律也影响保险需求。如政府可以通过强制保险的办法，人为地扩大人身保险需求。

（八） 利率与通货膨胀水平

人身保险，特别是储蓄、投资型人身保险的保险需求受利率和通货膨胀水平的影响比较大。利率上升时，人身保险需求量一般下降；利率下降时，人身保险需求量一般上升。而通货膨胀水平对人身保险需求可以有正反两方面的影响。通货膨胀水平高时，一般物价上升的比例高于收入上升的比例，但人们可能发生“货币错觉”，认为实际收入增长了，从而导致保险需求的增加；反之保险需求下降。

三、我国人身保险市场的需求

从人口的自然结构变化情况来看，根据历年的人口普查结果，我国人口从1949年的5.4亿人增加到2020年的14.1亿人，平均寿命从1949年的35岁左右提升到2020年的77岁左右。截至2020年末，60岁以上的人口占比达到了18.70%。养老保险与医疗保险需求显著增加。

从人口的收入和消费结构变化情况来看，根据国家统计局公告，1949年至2020年，我国居民人均可支配收入从69.29元增加到32 189元，而物质消费所占比重呈现下降趋势，服务消费所占比重呈现上升趋势。根据历年《中国保险年鉴》的统计，其中对人身保险的消费大幅度上升。

从人口的文化结构变化情况来看，我国社会公众的文盲率从1949年的80%以上下降到了2020年的4%以下。教育文化程度高低深刻影响着人们对自身保险需求和保险产品的认识，文化素质的提高有助于人们把理性分析的保险需求转变成现实的保险需求，从而促进保险业的发展。

我国已于2017年超越日本成为仅次于美国的全球第二大保险市场。2020年我国有3亿人购买长期人身险保单，教育被保险人接近6亿人，商业人身保险覆盖面达到42.7%，风险保障总额超过1 000万亿元。

四、人身保险市场供求平衡

（一） 人身保险市场产品 “过剩”

人身保险市场产品“过剩”是指在社会公众对保险的有效需求一定的条件下，人身保险市场的保险供给量超过了社会公众对保险的有效需求量。

过剩意味着供给者想要出售他们的产品，但是他们不能按照现行价格卖掉他们所愿卖出的东西。图 12－1 中现行价格是 P_1，高于均衡价格 P_0，在这个较高的价格上，供给超过需求；在表示数量的横轴上，供给数量是 Q_2，需求数量是 Q_1，两者之间的差额就是“过剩”。

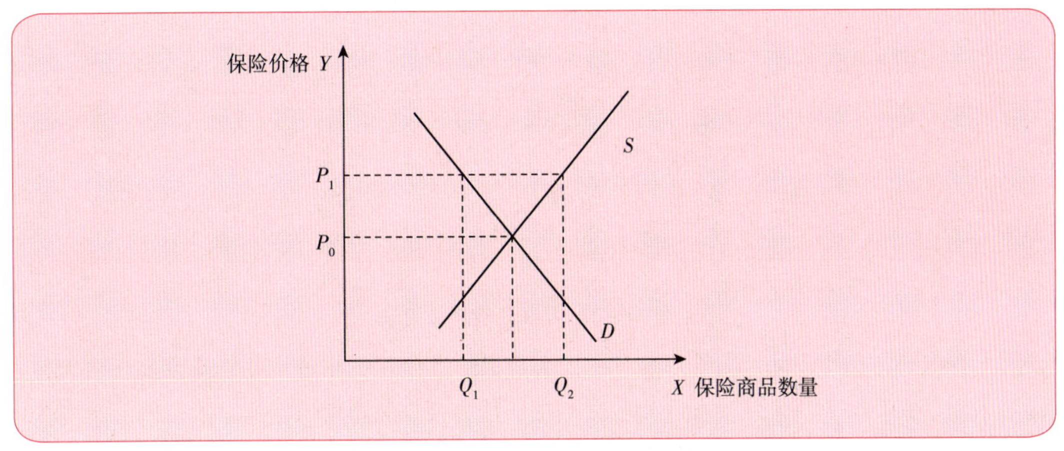

图 12－1　人身保险产品过剩

人身保险市场的供给过剩体现在两个方面，一是人身保险市场的保险供给总量过剩，如保险公司主体相对过多，人身保险服务的中介机构过多，人身保险产品供给过多。二是人身保险市场的结构失衡引起的过剩，如保险产品结构不合理，各大保险公司之间保险产品同质性较强，导致保险主体间的竞争不是差异化产品与服务的竞争，而是同质性产品在费率上的恶性竞争。

在较为充分的竞争市场上，人身保险市场的供给过剩通过充分的竞争机制，可以使保险费率降低，进而使社会公众的保险需求相对增加，使人身保险市场的供求趋于相对平衡。在垄断竞争或寡头垄断的人身保险市场中，人身保险供给过程本身可能是由于供给主体的保险费率过高（垄断定价）造成的社会公众的人身保险需求减少，而在由供给主体的垄断定价中所形成的供给过剩中，导致社会保险需求量减少，社会公众的福利水平降低。

（二）人身保险市场产品“短缺”

人身保险市场产品“短缺”是指在社会公众的人身保险需求总量超过社会所能提供的人身保险供给总量的趋势或状态。

短缺意味着人们想要买某些东西，但他们却不能按照现行价格来买到这些东西。图 12－2 中现行价格是 P_1，低于均衡价格 P_0，在这个较低价格上，需求超过供给；在表示数量的横轴上，需求数量是 Q_2，供给数量是 Q_1，两者之间的差额就是“短缺”。

人身保险市场的产品短缺同样有总量短缺和结构失衡引起的短缺。人身保险产品总量的短缺可以通过扩大该国家或地区人身保险供给总量来进行，而人身保险产品结构造成的人身保险产品短缺，可以通过调整供给的产品结构或需求结构（产品结构、社会公众不同需求者的层次结构）来进行。

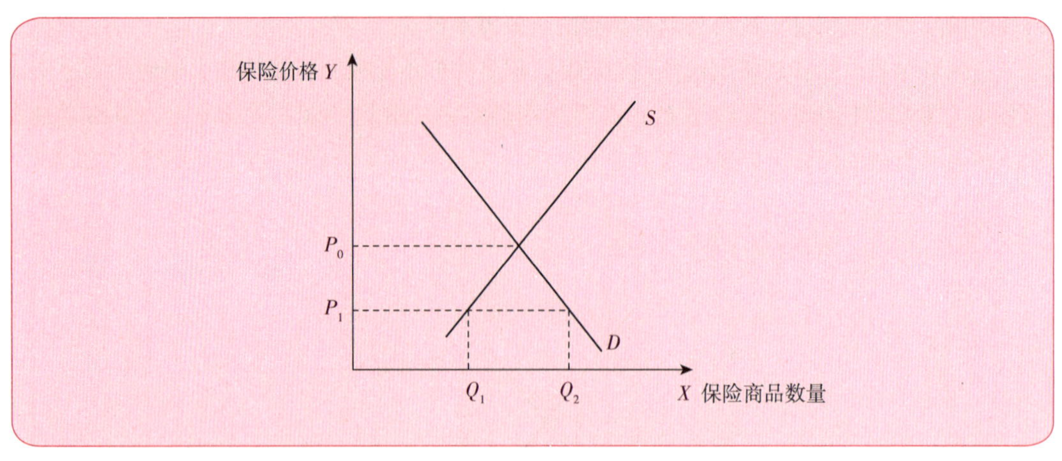

图 12－2　人身保险产品短缺

人身保险市场的产品短缺既可能是由于人身保险供给总量相对不变，社会公众由于种种动因增加了人身保险需求（比如人均收入增加、社会公众保险意识提高、社会保障制度变化使保障水平降低、社会保险制度私有化改革、人身保险市场功能发生变化——投资功能与税收优惠等），也可能由于该国家或地区的人身保险供给增加速度低于人身保险需求增加的速度所致。不同的形成机制表明不同的保险产业政策或保险结构调整。

在竞争机制的人身保险市场中，产品短缺在短期可以通过价格的调整等方式来促进人身保险供求的平衡，在中长期可以通过增加人身保险供给主体，比如增加民营保险组织形式，使互助保险组织形式、外资保险公司进入，也可以通过增加人身保险中介机构满足社会公众的保险需求。如果是结构性因素导致的产品短缺，可以通过增加短缺类人身保险产品的供给。而在垄断型人身保险市场中，由于保险供给的垄断性，表现为保险机构进入的限制，保险开发技术的滞后性，市场信号本身失灵，保险供给主体可以通过提高保险价格获得一定的垄断利润。

（三）人身保险市场的供求平衡

人身保险市场供求平衡，是指在一定费率水平下，人身保险市场的产品供给恰好等于人身保险市场的产品需求的状态，即人身保险市场供给与需求达到均衡点（图 12－3 供求曲线的交汇点即为市场的均衡点）。

图 12－3 中均衡价格为 P_0，在这个较低价格上，需求等于供给；在表示数量的横轴上，需求数量和供给数量都是 Q_0，两者相等。供求平衡，意味着当价格确定在能使需求等于供给时，以至于任何人可以在该价格上买到他所要买的东西，并且任何供给者可以在该价格上卖掉他所要卖的东西，市场处于出清的状态。

保险市场供求均衡应包括供求的总量平衡与结构平衡两个方面，而且平衡是相对的。所谓保险供求的总量平衡，是指保险供给规模与需求规模的平衡。所谓保险供求的结构平衡，是指保险供给的结构与保险需求的结构相匹配，包括保险供给的险种与消费者需求险种的适

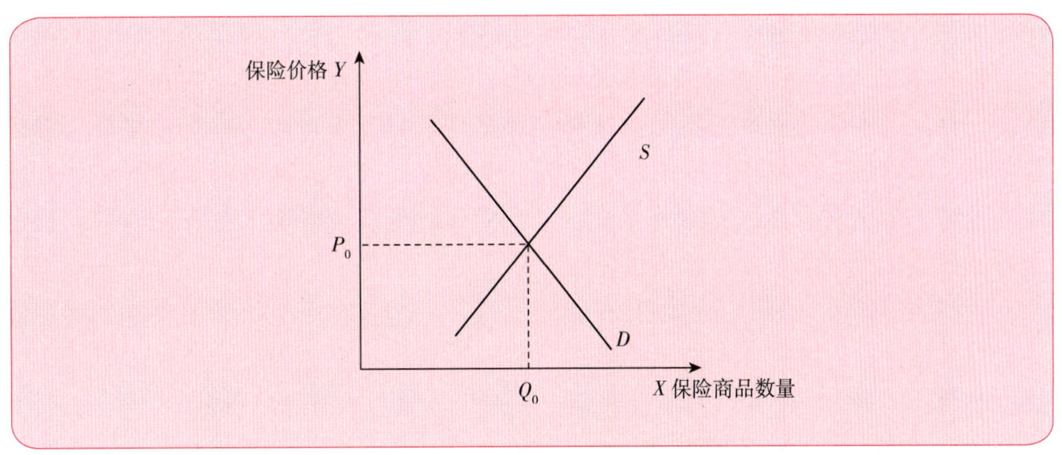

图 12-3　人身保险产品供求平衡

应性、费率与消费者缴费能力的适应性以及保险产业与国民经济产业结构的适应等。人身保险市场供求平衡，受市场竞争程度的制约。市场竞争程度决定了人身保险市场费率水平的高低。人身保险市场供需平衡是一个动态的调整过程，人身保险市场供需平衡的调整程度的时间取决于市场的竞争机制或人身保险市场模式。

在相对自由竞争的人身保险市场中，如果人身保险市场处于供大于求的状态，可以通过调整保险费率的方式进行。在供大于求的情况下，费率降低，使一些经营成本较高的人身保险经营主体退出市场，供给主体减少，进行到一定程度时，人身保险市场的供需达到平衡。当然，如果社会公众的人身保险需求增加，在人身保险供给不减少的情况下，或者在人身保险供给减少与人身保险需求增加同时进行的动态过程中，实现人身保险市场的供需平衡。

实际的人身保险市场供需平衡是暂时和相对的，人身保险市场供需总是处于由均衡—不均衡—均衡的变化过程中，在这一过程中，凡是影响人身保险市场供给与需求的因素都可能导致人身保险市场的供需变化，进而使人身保险市场的供需变动复杂化。在寿险经营与寿险产品发展中，单纯地追求静态的均衡意义不大，重要的是避免市场供求长期严重不均衡的状况出现。

本章小结

1. 人身保险市场是专门为社会公众提供各种人身保险商品的市场。狭义的人身保险市场是指人身保险供求双方交换保险商品和提供保险服务的场所。广义的人身保险市场是指人身保险供求双方对于产品交换与服务的各种关系的总和。按人身保险市场的竞争程度不同，可以把人身保险市场分为完全垄断型、寡头垄断型、垄断竞争型、自由竞争型人身保险市场。

2. 人身保险市场具有以下特征：产品属性具有特殊性、经营风险具有隐蔽性、保险需求具有较大的弹性、供给及监管具有特殊性。

3. 构成人身保险市场的基本要素有两个：人身保险市场主体、人身保险市场客体。人身保险市场的主体是指人身保险市场交易活动的参与者。一个完整的人身保险市场，其市场主体包括投保人、保险人、保险中介人。人身保险市场的客体是指保险市场上供求双方具体交易的对象，这个交易对象就是各类人身保险商品。如各类寿险产品、健康险产品、意外伤害险产品。

4. 人身保险市场供给主体按照组织形式的不同，可以分为公司制供给主体和非公司制供给主体；按照业务范围的不同，经营人身保险业务的公司可以分为综合性保险公司、人寿保险公司、专业健康保险公司和专业养老金保险公司。

5. 人身保险市场供给是指在一定费率水平上，保险市场上各家保险企业愿意并且能够提供的人身保险商品的数量。影响人身保险市场供给的因素有保险需求、保险费率、政府的监管与政策、市场的规范程度、互补品、替代品的价格、保险技术和保险资本规模。

6. 人身保险市场需求是指在一定的费率水平上，保险消费者从保险市场上愿意并且有能力购买的人身保险商品数量。影响人身保险市场需求的因素有风险因素、保险费率、互补品与替代品的价格、保险消费者的货币收入、文化传统、人口因素、经济法律环境、利率与通货膨胀水平。

7. 人身保险市场的产品“短缺”是指在社会公众的人身保险需求总量超过社会所能提供的人身保险供给总量的趋势或状态。人身保险市场的产品短缺同样有总量短缺和结构失衡引起的短缺。

8. 人身保险市场供求平衡是暂时和相对的，人身保险市场供求总是处于均衡—不均衡—均衡的变化过程中，在这一过程中，凡是影响人身保险市场供给与需求的因素都可能导致人身保险市场的供需变化，进而使人身保险市场的供需变动复杂化。在人身保险经营与人身保险产品发展中，单纯地追求静态的均衡意义不大，重要的是避免市场供求长期严重不均衡的状况出现。

本章关键词

人身保险市场　人身保险市场主体　人身保险市场客体　人身保险市场供给
人身保险市场需求　人身保险市场供求均衡

本章思考题

1. 人身保险市场具有哪些特征？这些特征如何影响人身保险市场营销、人身保险市场功能与地位？

2. 人身保险市场主体的组织形式有哪些？
3. 如何看待人身保险市场供给主体的多元化？
4. 为什么要对保险业实行分业经营？
5. 影响人身保险市场供给的因素有哪些？
6. 影响人身保险市场需求的因素有哪些？
7. 供求失衡包括哪些形式？为什么说人身保险市场的供求均衡只是一种相对均衡？
8. 怎样看待我国人身保险市场的发展？

第十三章
人身保险监管

章首语：为维护人身保险市场秩序，保护被保险人合法权益，促进人身保险业的健康发展，各国都对人身保险业进行严格的监管。本章从人身保险监管的内涵及特殊性、人身保险公司准入与退出监管、人身保险公司财务监管、人身保险业务监管等方面介绍人身保险监管。

第一节　人身保险监管概述

一、人身保险监管概述

（一） 人身保险监管的主体

人身保险监管的主体即享有监督和管理权利并实施监督和管理行为的政府部门或机构，也称为监管机构。不同国家的保险监管机构有不同的形式和名称。我国最开始的人身保险监管机构为中国人民银行；1998 年 11 月成立中国保险监管委员会，是国务院的直属事业单位，成为全国商业保险的主管机构，根据国务院授权履行行政管理职能，依照法律、法规统一监管中国保险市场，2018 年 3 月 13 日中国保险监督管理委员会与中国银行业监督管理委员会合并成立中国银行保险监督管理委员会，我国目前的人身保险监管机构是中国银行保险监督管理委员会。

（二） 人身保险监管的性质

人身保险监管的性质可从两方面理解：一方面，保险监管是以法律和政府行政权利为根据的强制行为。人身保险监管这种强制性的行为不同于以自愿为基础的保险同业公会对会员公司的监管，不同于以产权关系为基础的母公司对子公司的监管，也不同于以授权为根据的总公司对分支机构的监管。另一方面，在市场经济体制下，保险监管的性质实质上属于国家干预保险经济的行为。在市场经济条件下，为防止市场或市场配置资源失灵，国家具有干预经济的基本职能。对于保险市场而言，人身保险监管部门既要体现监督职能，规范保险市场行为，防止“市场失灵”，维护保险市场秩序，保护被保险人及社会公众的利益；又要体现管理职能，根据国务院授权履行行政管理职能，优化保险资源的配置，调控保险业的发展。

（三） 人身保险监管的领域、 内容和对象

人身保险监管仅限于商业保险领域，不涉及社会保险领域。

人身保险监管的内容是人身保险经营活动，除涉及保险组织的相关内容外，还包括资金运用等领域。需要指出的是，保险监管对有些保险经营活动（如保险资金运用）需要与其他监管部门协调（如证监会）来实施监管。

保险监管的对象是保险产品的供给者和保险中介人。人身保险产品的供给者是指保险人，具体包括保险公司和保险公司分支机构。保险中介人是辅助保险人和被保险人从事保险业务活动的，如保险代理人、保险经纪人和保险公估人。

（四） 人身保险监管的依据

人身保险监管的依据是有关的法律、行政法规、规章和规范性文件。在我国，法律主要是指全国人民代表大会及其常务委员会通过的法律，如《保险法》《公司法》等；行政法规是指国务院制定和发布的条例；规章是指中国银保监会和国务院有关部委制定和发布的部门规章，如原中国保监会发布的《保险公司管理规定》《保险代理机构管理规定》《保险经纪机构管理规定》等；规范性文件是指国务院、中国银保监会、国务院有关部委发出的通知、指示、命令或制定的办法。这些通知、办法虽不属于行政法规和部门规章，但具有执行效力，对保险业务的经营具有普遍的约束力，也是保险监管的依据。

二、人身保险监管的特殊性

（一） 最低注册资本金要求

保险公司注册资本的最低限额是指设立保险公司时股东应实际缴付的货币资本额。注册资本是保险公司日后积累资本的基础，也是保险公司在开业初期支付赔款或给付保险金的资金来源。我国《保险法》规定，设立保险公司时，注册资本的最低限额为人民币 2 亿元。在实务上，对经营财产保险和人身保险这两类不同业务范围的保险公司的注册资本最低限额要求是有区别的。保险公司的注册资本，经营人身保险业务的要高于经营财产保险业务的。这是因为，经营人身保险业务的公司在开业初期往往会发生亏损。

（二） 资本充足要求

保险公司的资本充足状况是指根据调整后的风险资本结果同保险公司实际资本额的比较。考虑保险公司的规模、业务类型、资产与负债的风险性质，风险资本标准可以克服最低资本限额要求的缺陷，从而为保险监管当局防止保险公司经营失败提供了充分信息。财产保险和人身保险的风险资本适用于各自的模型，各模型考虑的风险因素是不同的。财产风险资本模型考虑了资产风险、信用风险、价格风险、表外风险等风险因素；人身风险模型则考虑资产风险、价格风险、利率风险和系统风险等风险因素。

（三） 保险公司解散

财产保险公司可以经由保险监督管理部门批准而解散、关闭营业机构，停止保险业务。而经营人寿保险业务的保险公司，除分立、合并外，不得解散。之所以严格制定经营人寿保

险业务的公司的解散条款，正是为了维护被保险人长期的人寿保险利益。因分立或合并后的保险公司承接其人寿保险合同，被保险人或受益人的人寿保险利益就不至于因为保险公司的解散而受影响。经营人寿保险业务的保险公司，若被撤销或被宣告破产的，其持有的人寿保险合同或人寿保险金必须被转移给其他经营有人寿保险业务的公司，不能同其他保险公司达成转让协议的，保险监督管理部门指定经营有人寿保险业务的保险公司接受。保险公司不得以任何理由拒绝接受人寿保险合同及准备金的转让。

第二节　人身保险公司准入与退出监管

一、人身保险公司的准入

根据保险业专营原则，任何机构和个人未经政府批准不得经营保险业。纵观各国保险市场的准入，一般有两种做法。一是登记制，即法律规定进入保险市场的基本条件，申请人只要符合条件，就可以提出申请，经政府主管机关核准登记后进入市场。对于符合条件的申请，政府主管机关必须予以登记。二是审批制，即申请人不仅必须符合法律规定的条件，而且还必须经政府主管机关审查批准后才能进入市场，即使符合条件的申请，主管机关也不一定都予以批准。

加强人身保险公司的准入管理，一方面可以保证其业务活动的正常进行，保证公司有充足的偿付能力，促进人身保险业的健康发展；另一方面还可以从宏观上控制人身保险市场的规模，使人身保险业的发展与社会经济发展水平相适应。

《中华人民共和国保险法》①（以下简称《保险法》）第六十七条规定：设立保险公司应当经国务院保险监督管理机构批准。国务院保险监督管理机构审查保险公司的设立申请时，应当考虑保险业的发展和公平竞争的需要。显然，我国保险市场的准入采用的是审批制。

（一） 设立保险公司的基本条件

《保险法》第六十八条规定了保险公司设立的基本条件。设立保险公司应当具备下列条件：(1) 主要股东具有持续盈利能力，信誉良好，最近三年内无重大违法违规记录，净资产不低于人民币2亿元；(2) 有符合本法和《中华人民共和国公司法》规定的章程；(3) 有符合本法规定的注册资本；(4) 有具备任职专业知识和业务工作经验的董事、监事和高级管理人员；(5) 有健全的组织机构和管理制度；(6) 有符合要求的营业场所和与经营业务有关的其他设施；(7) 法律、行政法规和国务院保险监督管理机构规定的其他条件。

中国保险监督管理委员会2015年修订颁布的《保险公司管理规定》第七条进一步明确：

---

① 《中华人民共和国保险法》于1995年6月30日经第八届全国人民代表大会常务委员会第十四次会议通过，历经2002年、2009年、2014年、2015年四次修订，本节涉及《保险法》的相关条款依据的是2015年4月24日经第十二届全国人民代表大会常务委员会第十四次会议通过的最新修订的《保险法》。

设立保险公司，应当符合下列条件：（1）有符合法律、行政法规和国务院保险监督管理机构规定条件的投资人，股权结构合理；（2）有符合《保险法》和《中华人民共和国公司法》规定的章程草案；（3）投资人承诺出资或者认购股份，拟注册资本不低于人民币2亿元，且必须为实缴货币资本；（4）具有明确的发展规划、经营策略、组织机构框架、风险控制体系；（5）拟任董事长、总经理应当符合国务院保险监督管理机构规定的任职资格条件；（6）有投资人认可的筹备组负责人；（7）国务院保险监督管理机构规定的其他条件。

（二）设立人身保险公司的程序

在我国，根据《保险法》和《保险公司管理规定》，设立保险公司需经过筹建和开业两个阶段。

申请设立保险公司的申请人首先要向保险监督管理机构提出申请，经批准后进行筹建。筹建需要提交下列文件、资料：1. 设立申请书，申请书应当载明拟设立保险公司的名称、拟注册资本和业务范围等；2. 设立保险公司可行性研究报告，包括发展规划、经营策略、组织机构框架和风险控制体系等；3. 筹建方案；4. 保险公司章程草案；5. 国务院保险监督管理机构规定的投资人应当提交的有关材料；6. 筹备组负责人、拟任董事长、总经理名单及本人认可证明；7. 国务院保险监督管理机构规定的其他材料。筹建期间筹备机构不得从事任何保险业务经营活动，不得变更主要投资人。

筹建工作完成，经保险监管机构验收合格后，申请人可以向保险监督管理机构提出开业申请；经批准开业的保险公司，应当持批准文件以及经营保险业务许可证，向工商行政管理部门办理登记注册手续，领取营业执照后方可营业。

二、人身保险公司的退出

解散和破产都将直接导致公司从市场上退出。因为保险业务的特殊性，保险公司的解散和破产有严格的法律限制。保险公司尤其是人身险公司，承担着大量被保险人的风险保障责任：第一，被保险人的生、老、病、死或养老保障都依赖保险公司；第二，一旦保险公司解散或破产，对被保险人的生活保障甚至社会安定都将构成严重影响。基于此，各国法律要求保险公司有高度的稳定性，并对保险公司的准入与退出、组织形式和经营管理等各方面都做了严格的规定，并采取了一定的预警和补救措施。在采取各种措施之后，若保险公司仍无法继续经营则宣告破产，各国法律也都对此有相应规定，以降低被保险人的经济损失。

（一）解散

保险公司解散是指已成立的保险公司因公司章程的规定或法定事由的出现而终止公司业务经营活动，开始进行清算，处理未了结事务或者使公司的法人资格消灭的法律行为。在我国，《保险法》第八十九条规定：“经营有人寿保险业务的保险公司，除因分立、合并或者被依法撤销外，不得解散。”

（二）破产

因保险公司的财务状况严重恶化导致其不能支付到期债务，经保险监督管理机构同意，由人民法院依法宣告保险公司破产。

保险监督管理机构对保险公司的破产必须坚持防止和限制的原则。在对保险公司的经营进行监管的过程中应当注重保险公司的财务状况，随时要求保险公司保证必要的偿付能力。一旦保险公司的财务状况出现问题，应当及时采取一切可能的措施；帮助公司安排保险合同的转移和财产转让，并与财务状况良好的公司合并；在债权人提出破产请求的情况下，帮助公司与债权人达成和解，并帮助保险公司取得担保等，以帮助保险公司渡过难关，避免破产清算。

在我国，《保险法》第九十二条明确规定："经营有人寿保险业务的保险公司被依法撤销或者被依法宣告破产的，其持有的人寿保险合同及责任准备金，必须转让给其他经营有人寿保险业务的保险公司；不能同其他保险公司达成转让协议的，由国务院保险监督管理机构指定经营有人寿保险业务的保险公司接受转让。"

（三） 清算

公司因分立、合并而解散，其债权债务由分立或合并后的公司承担，不进行公司法意义上的清算。公司破产，则应按法律的有关规定执行破产清算程序。首先成立清算组，然后公告、通知债权人，清理债权债务，分配破产财产，制作清算报告并报保险监督管理机构批准，清算报告批准后，申请注销登记并予以公告。至此，公司的法人资格消灭，主体从市场退出。

第三节 人身保险公司财务监管

一、保险企业资本金和保证金

（一） 对资本金的监管

对资本金的监管是保证保险企业偿付能力的基础。保险企业创建之初如为公司组织，必须有一定金额的资本，如为相互组织，因无资本额的规定，则必须具有一定金额的基金。这些开业资本或基金用作企业初期营运及准备之需。因此各国政府对人身保险企业的设立，皆有最低资本额或基金额的规定。在我国，《保险法》第六十九条规定，设立保险公司，其注册资本的最低限额为人民币二亿元，且必须为实缴货币资本。国务院保险监督管理机构根据保险公司的业务范围、经营规模，可以调整其注册资本的最低限额，但不得低于本条第一款规定的限额。

之所以要对开业资本金加以严格规定，主要是因为开业资本既要用于支付开业费用又要用于开业之初可能发生的赔偿或给付。而开业初期承保范围有限，分保体系尚不发达，风险过于集中，容易造成责任积累，这就要求开业资本必须达到一定的规模，以使保险公司有能力应对各种可能出现的损失索赔。

（二） 保证金

为增强对被保险人利益的保障，各国保险法一般都规定人身保险公司创立时需按资本的一定比例缴存保证金，以确保其偿付能力，保护被保险人的利益。若公司经营亏损超过保证金时，则表明该保证金的担保能力已经不足，须以现金或提供其他资产予以补足。

在我国，《保险法》第九十七条规定："保险公司应当按照其注册资本总额的百分之二十提取保证金，存入国务院保险监督管理机构指定的银行，除公司清算时用于清偿债务外，不得动用"。

二、保险准备金

保险企业的经营要根据保险费率预先收取保险费，建立保险基金，以用于未来保险金的支付。因此，为确保公司将来履行给付责任的能力，必须提存适当的准备金。各项准备金用于应付各项确定给付或预期给付的债务，它等于保险人将来对被保险人承担给付责任的现值，是保险公司的负债。提存足够的保险责任准备金是保险人履行赔付责任、保障被保险人权益的重要保证，因此，世界各国都以法律、法令形式具体规定保险人必须提存准备金的种类和比例。

在我国，依据2014年修订的《企业会计准则》，保险公司应当在确认寿险保费收入的当期，按保险精算确定的金额，提取寿险责任准备金，并确认寿险责任准备金负债。保险公司至少在每年年终对寿险责任准备金进行充足性测试，对准备金的充足性测试和调整依谨慎原则采取只增不减的做法。

三、保险企业偿付能力

（一）偿付能力

偿付能力是指保险人对所承担的保险责任的经济补偿能力，即支付保险金的能力，它表现为保险人的实际资产减去负债后的数额。其衡量指标为偿付能力充足率即资本充足率，它是保险公司的实际资本与最低资本的比率。偿付能力包括两层含义：一是当保险事故发生，正常的情况下，保险人能完全承担赔偿或者给付保险金责任的能力，即最低偿付能力；二是超常年景发生损失时，保险人的赔付能力。保险人赔偿能力的有无和强弱，是影响被保险人利益的直接因素。确立偿付能力规则是保险经营组织赖以存在并维持其经营连续性的重要条件，也是维护被保险人利益的重要手段，自然就成为各国对保险业监督管理的核心内容。

（二）监管的两个层次

在我国，按照《保险法》和中国保险监督管理委员会2008年发布的《保险公司偿付能力管理规定》的规定，保险监督管理机构建立以风险为基础的动态偿付能力监管标准和监管机制，对保险公司偿付能力进行综合评价和监督检查，并依法采取监管措施。具体包含两个层次，即正常层次的监管和偿付能力额度的监管。

在第一个层次——正常层次的监管方面，主要规定如下：一是对保险条款和保险费率的规定。《保险法》第一百三十五条规定，"关系社会公众利益的保险险种、依法实行强制保险的险种和新开发的人寿保险险种等的保险条款和保险费率，应当报国务院保险监督管理机构批准"；"其他保险险种的保险条款和保险费率，应当报保险监督管理机构备案"。该条款明确了我国保险条款、保险费率的监管制度，有助于保护社会公众利益和防止不正当竞争。二是对准备金提存的规定。保险监管机构对准备金提存的方法和精算假设做了严格的规定。三是对风险自留额的规定。《保险法》第一百零三条规定，保险公司对每一危险单位所承担的责任，不得超过其实有资本金加公积金总和的百分之十；超过的部分应当办理再保险。

第二个层次——偿付能力额度的监管。这是监管部门对保险企业实施监督管理的核心内容。《保险法》第一百零一条规定："保险公司应当具有与其业务规模和风险程度相适应的最低偿付能力。保险公司的认可资产减去认可负债的差额不得低于国务院保险监督管理机构规定的数额；低于规定数额的，应当按照国务院保险监督管理机构的要求采取相应措施达到规定的数额"。《保险公司偿付能力管理规定》规定，保险公司应当具有与其风险和业务规模相适应的资本，确保偿付能力充足率不低于 100%。保险监督管理机构将根据保险公司偿付能力状况对保险公司实施分类监管。

根据《中国第二代偿付能力监管制度体系整体框架》，评价保险公司偿付能力状况的指标有三个：（1）核心偿付能力充足率；（2）综合偿付能力充足率；（3）风险综合评级。同时，分别从定量资本要求、定性监管要求和市场约束机制三个方面对保险公司的偿付能力进行监督和管理，主要规范偿付能力监管的内容、原则、方法和标准。其中，第一支柱量化资本要求具体包括：（1）保险风险资本要求；（2）市场风险资本要求；（3）信用风险资本要求；（4）宏观审慎监管资本要求，即对顺周期风险、系统重要性机构风险等提出的资本要求；（5）调控性资本要求，即根据行业发展、市场调控和特定保险公司风险管理水平的需要，对部分业务、部分公司提出一定期限的资本调整要求。第二支柱定性监管要求具体包括：（1）风险综合评级；（2）保险公司风险管理要求与评估；（3）监管检查和分析；（4）监管措施。第三支柱主要包括：（1）通过对外信息披露手段，充分利用除监管部门之外的市场力量，对保险公司进行约束；（2）监管部门通过多种手段，完善市场约束机制，优化市场环境，促进市场力量更好地发挥对保险公司风险管理和价值评估的约束作用。

四、会计报表与财务分析

（一）会计报表

会计报表是在日常会计核算资料及其他有关资料的基础上，定期编制的综合反映公司一定时期经济活动和财务状况的表格形式的书面文件。会计报表对内外投资者及宏观管理者均有重要的意义。它有助于投资者、债权人了解公司财务状况、经营成果及现金流量的变动情况，有助于公司管理者分析自身经营状况及存在的问题，有助于政府部门对公司实施宏观调控和监督管理。

1. 种类

根据保险公司会计报表制度，保险公司会计报表内容应按下列种类编制。

（1）资产负债表：是反映企业某一特定日期财务状况的会计报表，表明企业在某一特定日期所拥有或控制的经济资源、所承担的现有义务和所有者对净资产的要求权。

（2）损益表：是反映保险公司在一定时期经营成果的报表。

（3）现金流量表：是反映保险公司年度内现金的来源和运用及其增减变动情况的会计报表。

2. 编制要求

数字真实、内容完整、计算准确、编报及时，即按照保险公司会计报表制度所规定的种类、格式、内容、编报程序和方法，准确及时完整地编制会计报表。

保险公司会计报表的编制需要严格遵守最新国际、国内相关准则的要求。2020 年6 月25 日，国际会计准则理事会通过了 IFRS 17 号的修订案（2023 年 1 月执行），新准则实施后，科目之间的勾稽关系以及各种财务指标的内涵都会发生变化，需要密切关注基于 IFRS 17 号的各类会计报表编制的新规定。

3. 管理及报送制度

在我国，《保险法》第八十六条规定：“保险公司应当按照保险监督管理机构的规定，报送有关报告、报表、文件和资料。”金融监督管理部门有权检查保险公司的业务状况，财务状况及资金运用状况，有权要求保险公司在规定的期限内提供有关的书面报告和资料。保险公司依法接受监督检查。一般情况下，保险公司应当于每月月底前将上一月的营业统计报表送监督管理机构；于每一会计年度终了后三个月内，将上一年度的营业统计报告、财务会计报告及有关报表报送金融监督管理部门。对于人身保险业务，《保险法》第八十五条规定：“保险公司应当聘用专业人员，建立精算报告制度和合规报告制度。”因此，经营人身保险业务的保险公司必须聘用经保险监督管理机构认可的精算专业人员，建立精算报告制度。

（二）财务分析

财务分析是根据会计报表等核算资料，运用专门方法，对保险公司的财务收支状况、业务经营过程及其结果进行系统分析和研究的过程。通过财务分析，可以考核保险公司的财务收支计划和各项经济指标的完成情况，及时发现问题，并采取相应措施，从而确保其稳健经营。

保险财务分析主要是围绕保费收入、保险成本、保险利润等有关指标进行的。具体考核指标如下：

1. 经营状况指标

经营状况指标包括流动比率、负债经营率、资产负债率、固定资产比率。

（1）流动比率 = 流动资产/流动负债 ×100%。该指标衡量公司在某一时点偿付即将到期债务的能力。

（2）负债经营率 = 负债总额/所有者权益 ×100%。

（3）资产负债率 = 负债总额/资产总额 ×100%。该指标反映总资产中有多大比例是通过借债来筹集的，用来衡量公司在清算时保护债权人利益的程度。

（4）固定资产比率 =（固定资产净值 + 在建工程余额）/净资产 ×100%。

2. 经营成果指标

经营成果指标包括利润率、净资产利润率、成本率、费用率、赔付率、给付率、退保率、社会贡献率、上交积累率。

（1）利润率 = 净利润/营业收入 ×100%。

（2）净资产利润率 = 净利润/资产净值 ×100%。

（3）成本率 = 总成本/营业收入 ×100%。

（4）费用率 = 营业费用/营业收入 ×100%。

（5）赔付率 =（赔付支出 – 摊回分保赔款）/（保费收入 – 分出保费）×100%。

（6）给付率 =（满期给付 + 死伤医疗给付 + 年金给付）/寿险、长期健康险长期责任准备金 ×100%。

（7）退保率 = 本年退保金支出/（年初寿险、长期健康险长期责任准备金 + 本年保费收入）×100%。

（8）社会贡献率 = = 企业社会贡献总额/平均资产总额 ×100%。该指标衡量保险公司运用全部资产为国家或社会创造或支付价值的能力。

（9）上交积累率 = 上交国家财政总额/公司社会贡献总额 ×100%。该指标反映公司社会贡献总额中多少用于上交国家财政。

第四节 人身保险业务监管

一、人身保险业务范围监管

（一）保险业务的分类

保险业务的分类指的是国家保险监督管理机构对保险公司业务经营范围的分类。按不同的标准，保险业务有不同的分类。在我国，《保险法》第九十五条规定，保险公司的业务范围主要包括人身保险业务、财产保险业务以及国务院保险监督管理机构批准的与保险有关的其他业务。其中，人身保险业务包括人寿保险、健康保险、意外伤害保险等保险业务；财产保险业务包括财产损失保险、责任保险、信用保险、保证保险等保险业务。同时规定保险人不得兼营人身保险业务和财产保险业务。但是，经营财产保险业务的保险公司经国务院保险监督管理机构批准，可以经营短期健康保险业务和意外伤害保险业务。

可见，我国是按照业务的性质对保险业务进行分类的，并严格规定应当分业经营。一般而言，短期健康保险、意外伤害保险是介于财产保险和人寿保险之间的“中间地带”，既可以与财产保险归为一类，称为非寿险，又可以与人寿保险归为一类，称为人身保险。需要特别注意的是，我国现行财产保险公司经营的范围是非寿险，寿险公司经营的范围则是人身保险。

（二）人身保险业务范围

按照原中国保险监督管理委员会对保险业务的划分，人身保险公司可以经营下列全部或部分业务：（1）意外伤害保险；（2）健康保险；（3）传统人寿保险；（4）人寿保险新型产品；（5）传统年金保险；（6）年金新型产品；（7）其他人身保险业务；（8）上述保险业务的再保险业务。

（三）违规处理

在我国，《保险法》第一百六十条规定，保险公司超出批准的业务范围经营的，由保险监督管理机构责令限期改正，没收违法所得，并处违法所得一倍以上五倍以下的罚款；没有违法所得或者违法所得不足十万元的，处十万元以上五十万元以下的罚款。逾期不改正或者造成严重后果的，责令停业整顿或者吊销业务许可证。

二、人身保险产品监管

（一）对保险条款的监管

保险单是保险人和投保人之间订立保险合同的正式书面文件。保险监管部门应加强对保单基本格式和内容的审核，尤其要重视对保险条款的严格审核，以保证保险合同的公正性。

在我国，根据《保险法》第十八条的有关规定，保险合同应该包括如下项目：（1）保险人的名称和住所；（2）投保人、被保险人的姓名或者名称、住所，以及人身保险的受益人的姓名或者名称、住所；（3）保险标的；（4）保险责任和责任免除；（5）保险期间和保险责任开始时间；（6）保险金额；（7）保险费以及支付办法；（8）保险金赔偿或者给付办法；（9）违约责任和争议处理；（10）订立合同的年、月、日。

（二）对保险费率的监管

保险费是保险人对被保险人所作赔偿或给付承诺而向投保人收取的对价，这种对价的计算标准即为保险费率。费率监管是指保险监督管理部门依法对费率的合理性、公平性和适当性进行的监管。保险费率的厘订先于保险产品实际成本的确定，主要是依据对以往统计资料和经验分析来预测，所以要求费率的监管要具有科学性。

各国保险监管机构对费率的监管方法依险种不同有所区别。与社会政策紧密相关的险种，如机动车辆第三者责任险，其费率通常受到更多的管制。对于财产保险产品的费率，多数国家规定应事先由主管机关核定方可采用。对于人寿保险产品的费率，多数国家对其并不直接加以规定，而是采取间接控制的方式。例如：规定统一的生命表和预定利率，规定非分红保险预定附加费用率的上限。从而限制了寿险产品非正当的价格竞争。

在我国，《保险法》第一百三十五条规定了关于保险条款和保险费率的监管方式。该条款规定，关系社会公众利益的保险险种、依法实行强制保险的险种和新开发的人寿保险险种等的保险费率，应当报国务院保险监督管理机构批准。其他保险险种的保险费率，应当报保险监督管理机构备案。

根据以上规定，保险监管机构对费率的监管方式包括：一是核准重要险种的费率；二是接受其他费率的备案。

三、人身保险投资业务监管

保险投资是指保险企业在经济补偿过程中，将积聚的资金用于投资，使资金增值的活动。保险企业通过保险资金的运用，可以增强其偿付能力，并为降低保险费率、扩大承保面创造条件，同时也使保险公司从单纯的补偿机构转变为既有补偿职能又有金融服务职能的综合性金融机构。

保险公司可运用的资金来源包括三部分，即资本金、各项准备金和其他资金。资本金属于保险公司的所有者即股东所有，各项准备金是对保单持有人的负债，其他资金是对除上述两种资金外对其他人的负债。一般来说，资本金和各项准备金是保险公司可运用资金的主要来源。

在我国，《保险法》第一百零六条规定，保险公司的资金运用必须稳健，遵循安全性原则。安全性原则是保险资金运用的基本原则，此外还应遵循收益性、流动性和社会性的原则。

监管保险投资渠道是各国实施保险投资监管的重要内容。在不同国家，乃至在同一个国家的不同时期，由于投资环境因素的变化，各国对保险投资渠道的监管规定不尽相同。在我国，《保险法》第一百零六条规定，保险公司的资金运用限于银行存款；买卖债券、股票、证券投资基金份额等有价证券；投资不动产及国务院规定的其他资金运用形式。《保险法》颁布实施以来，保险监管部门出台了一系列有关保险业资金运用的相关办法，随着我国市场经济体制的逐步完善，相关配套市场的进一步发展以及保险公司经营管理水平的提高，保险资金的运用渠道有望逐渐拓宽。

专栏 13－1

银保监会修改保险资金运用领域部分规范性文件

为进一步激发市场主体活力，提升保险资金服务实体经济质效，有效防范相关领域风险，银保监会对部分规范性文件进行了集中修订，于2021年12月17日发布了《关于修改保险资金运用领域部分规范性文件的通知》（以下简称《通知》）。

《通知》共十四条，主要内容包括：一是取消保险机构参与证券交易的服务券商和托管人数量限制，减少投资管理能力信息披露频率，进一步鼓励保险机构自主投资标准化产品。二是允许保险资金投资由非保险类金融机构实际控制的股权投资基金，取消保险资金投资单只创业投资基金的募集规模限制，支持保险机构加强与专业股权投资机构合作，丰富创业企业长期资金来源。三是允许保险私募基金的发起人及其关联保险机构根据投资策略自主选择投资比例，简化保险公司投资保险私募基金的决策流程，提升产品市场化运作水平。四是取消保险资产管理公司设立和管理债权投资计划和资产支持计划的外部信用评级要求，增强市场主体使用外部评级的自主性。五是取消保险资金开展内保外贷业务的事前评估要求，夯实机构主体责任，防范境外融资风险。六是在现行的保险大类资产比例监管政策中，增设投资于非标准化金融产品和不动产资产的比例限制，防范非标准化资产领域投资风险。

值得注意的是，《通知》删去了《中国保监会关于保险资金投资创业投资基金有关事项的通知》第三条关于“单只基金募集规模不超过5亿元”的规定。

银保监会表示，《通知》的发布，是监管规则顺应市场发展变化的务实举措，有利于增强市场主体的投资自主权，为多层次资本市场提供长期资金来源，同时引导保险资金加大标准化产品投资，防范投资风险。下一步，银保监会将坚持稳中求进工作总基调，持续深化保险资金运用市场化改革，引导保险资金加大对重点领域的支持，提升服务实体经济质效。对于投资非标准化资产超监管比例的少数保险公司，银保监会将加强窗口指导，有序压降存量业务，推动平稳整改到位。

资料来源：人民网，2021-12-17。

本章小结

1. 人身保险机构监管包括人身保险公司准入与退出监管。在我国，设立人身保险公司应符合《保险法》和《保险公司管理规定》的条件。设立保险公司需经过筹建和开业两个阶段。《保险法》规定，人身保险公司，除因分立、合并或者被依法撤销外，不得解散。人身保险公司被依法撤销或者宣告破产的，其持有的人寿保险合同及责任准备金，必须转让给其他经营有人寿保险业务的保险公司；不能同其他保险公司达成转让协议的，由保险监督管理机构指定。

2. 人身保险公司财务监管包括对资本金和保证金、保险准备金、保险企业偿付能力、会计报表和财务分析等四个方面的监管。其中对保险公司偿付能力的监管是财务监管的核心。在我国，原中国保险监督管理委员会专门出台了《保险公司偿付能力管理规定》。依据该规定，保险公司应当具有与其风险和业务规模相适应的资本，确保偿付能力充足率不低于100%。

3. 人身保险业务监管包括对人身保险业务范围、人身保险条款和费率以及人身保险投资的监管。在我国，随着我国经济金融环境的变化，我国人身保险投资渠道日益拓宽，为保险资金的保值增值创造了条件。但保险资金在追求收益性的同时，要注意防范风险，力求在安全性与收益性之间找到最佳的平衡点。

本章关键词

保险监管　资本金　保证金　偿付能力　会计报表　保险投资　比例监管　偿二代
偿付能力充足率　最低偿付能力　实际偿付能力

本章思考题

1. 简述人身保险机构监管包括哪些内容。

2. 简述保险企业偿付能力及其监管。
3. 简述保险监管部门规定资本金的目的。
4. 简述人身保险投资管理的内容。
5. 简述“偿二代”与“偿一代”的区别。
6. 简述人身保险业务监管的内容。
7. 试述人身保险的业务范围。
8. 试述人身保险公司准入、退出监管的内容。
9. 如何理解人身保险监管的特殊性？
10. 如何理解保险费率监管？

第十四章
年金与年金保险

章首语： 年金与年金保险在提供老年生活保障中发挥着特殊的作用。本章主要介绍年金与年金保险的基本概念、特征、分类及其作用，企业年金与职业年金的发展及其特点，美国个人年金保险与企业年金的总体发展状况及其原因，中国现行的几种年金保险产品的基本情况。本章学习的目的是使读者对年金与年金保险有一个较为全面的认识，重点要求掌握年金保险的分类，年金的各种形态、作用，了解企业年金、职业年金、商业个人年金保险在中国的发展。

第一节　年金与年金保险概述

一、年金与年金保险的概念

（一） 年金

年金（Annuities）一词来自拉丁文 annus，原意是“年”，广义上是指一系列的定期支付。为与两全保险区别，通常规定连续两次年金给付的时间间隔不超过 1 年（含 1 年）。一般年金有三种，分别为社会年金、企业年金和个人年金，这三种年金对个人需求而言呈金字塔形态：社会年金是基础的保障；企业年金是企业主为员工提供退休、养老的一种保障；个人年金则是个人按己所需而购买。以上三种年金都是定期给付年金。

（二） 年金保险

年金保险是人寿保险中形式独特、地位非常重要的一类，有些国家设有专门的年金保险公司。年金保险，是指保险人采取年金的方式分期给付保险金的人寿保险，它只限于生存保险，既是一种保险也是一种年金。其中，投保人交纳的保费称为年金购进额或年金现价；定期领取年金的人称为年金受领人，受领人每次领取的年金称为年金收入。

从国际上看，就年金产品而言，早期的年金分为递延年金与即期年金两种，但以即期年金为主，占市场份额的 80% ~90% 。20 世纪 60 年代，美国保险业被允许作为信托方使用分离账户在退休金规划上与金融信托业开始竞争。1970—1990 年，定额与变额年金出现，保险商品的观念开始发生改变。第二次世界大战后，欧美国家人口老龄化问题带来老年经济安全的危险，于是对年金的需求自1970年开始急剧增加。经过20年的实践，同时也因美国、加拿大以及欧洲的经济发展停滞不前，国民年金与企业年金给这些国家政府、企业的财政造成极大的压力，此时，个人年金脱颖而出。20世纪70年代初期出现定额“相信我（递延）年金”（Trust Me Annuity），随后递延年金成为欧美个人年金市场的重点，重视递延期资金或基金的积累、理财与税收优惠功能。1970年以后，由于个人年金日趋发达，进而与团体年金一起逐渐成为养老市场的主要产品。

二、年金保险的特征

年金保险是人寿保险的一种特殊形态，其特点与人寿保险基本相同，但也有下列特殊性。

（一） 保险金给付的特殊性

年金保险给付的特殊性主要表现在以下几个方面。

1. 必须交清所有保费

通常年金受领人在开始领取年金之前，必须交清所有保费，不能边交保费边领年金，即期年金除外；年金保险可以有确定的领取期限，也可以没有确定的领取期限，但都以被保险人的生存为支付条件。在年金受领者死亡时，保险人立即终止给付。

2. 给付期限的规定

年金保险的保险期间包括交费期和给付期，有些还包括等待期。交费期指年金保险的投保人分次交纳（年金现价）保费的期间，给付期指保险人整个给付年金额的期间。例如，某人30周岁投保终身年金保险，在60周岁时开始领取年金额，交费至60周岁，即从30周岁投保开始至60周岁为交费期，60周岁至身故为年金领取期。等待期是指在开始领取年金时需等待一段时间后再进入年金的领取期，这段时间即为等待期。再如30周岁的人投保交费至50周岁，60周岁开始领取年金。50～60周岁这段时期就是等待期。

（二） 保险金给付条件的特殊性

年金保险金的给付条件是被保险人生存期间或生存超过某一规定时间后，开始支付年金给付或生存保险金，直至被保险人死亡或承保期间结束为止。

（三） 对应关系人的特殊性

年金保险的被保险人称为年金购买人，也称投资人。被保险人可以是投保人或年金购买人本人，也可以是对其具有保险利益的其他人。年金保险的投保人或购买人有权指定一个或数个受益人。

递延年金保险进入清偿期后或即期年金购买后，开始领取年金。领取年金的人又可称为年金人或年金受益人。年金领取人可以是年金购买人本人，也可以是其他人。若被保险人在累积期或清偿期的保证期间内身故，其身故保险金由受益人领取。

（四） 安全性与可靠性

从本质上讲，年金保险并不是真正意义上的保险，而是人们通过寿险公司进行的一项投资，它代表年金合同持有人同寿险公司之间的契约关系。当投保人购买年金时，保险人为其提供了一定的收益保障，当然保障的内容取决于投保人所购买的年金类型。尽管如此，实践仍然表明，投保年金保险对于年金购买者来说是非常安全可靠的一项投资。因为保险人必须按照法律规定提取责任准备金，而且保险人之间有责任准备金储备制度保证，即使投保人所购买年金的保险公司停业或破产，也会指定其他保险公司给付年金。

三、年金保险的作用

（一）提供老年生活保障

年金保险最主要的作用就是为被保险人的老年生活提供保障。人们在年轻时利用闲置资金交纳保费，年老后就可以按期领取固定数额的保险金。用年金保险的方式提供老年生活保障至少有两大优点：一是可以较低的投入保证老年生活水平。因为年金收入中不仅包括了投保人交付的本金及其利息，而且还包括了生存者的利益，即若购买了年金保险，只要生存就可以领取年金，也就是说，生存是可以得到利益的，如果生存的时间足够长，得到的年金给付总额就有可能超过之前交付的本金及利息。二是规划老年生活。用于养老所需的年金保险一般支付周期为月，每月支付一定年金额，保证生活需要，可避免被保险人老年时因生活费用规划不当，陷入生活无保障的窘境。再则人们一般是在年轻时购买年金保险，退休后开始领取年金，这也是将年轻时的即期消费延迟至年老，可谓未雨绸缪。

（二）建立子女教育基金

年金保险的另一个作用就是建立子女教育基金。例如，子女教育金保险也是一种年金保险。父母在子女年幼时投保，待子女到一定年龄（如高中或大学时）开始领取年金，直至毕业，作为子女的教育费用。这类年金保险一般支付周期为年，即每年给付一次，一般都会附加意外伤害或死亡保险。

（三）具有现金价值

年金保险保单具有现金价值。年金保险单的现金价值与普通生存保险保单的现金价值一样，随保单年度的增加而增加，到交费期结束（而非保险期满）时，现金价值达到最大值；若有等待期，则等待期结束后、第一次领取年金之前现金价值为最大值。因受不丧失现金价值条款的约束，因此有人将年金保险作为一种安全的投资方式，而且年金保险还可享受税收政策的优惠。在美国，处于高税率等级的人将投保年金保险作为一种策略，以延缓现金价值积累中利息收入的纳税。

四、年金保险的分类

按照不同的分类标准，对年金保险可以进行不同的分类。

（一）按照被保险人人数分类

按照被保险人人数分类，可分为个人年金保险、联合年金保险、最后生存者年金保险和联合及生存者年金保险。

1. 个人年金保险

个人年金保险是指以一个被保险人的生存作为年金给付条件的年金保险。

2. 联合年金保险

联合年金保险是指以两个或两个以上被保险人的生存作为年金给付条件的年金保险，这种年金的给付持续到最先发生死亡时为止。

3. 最后生存者年金保险

最后生存者年金保险是指以两个或两个以上被保险人中至少尚有一个人生存作为年金给付条件，且给付金额不发生变化的年金保险。这种年金的给付持续到最后一个生存者死亡为止。

4. 联合及生存者年金保险

联合及生存者年金保险是指以两个或两个以上被保险人中至少尚有一个人生存作为年金给付条件，但给付金额随着被保险人人数的减少而进行调整的年金保险。这种年金的给付持续到最后一个生存者死亡为止，但给付金额根据仍生存的被保险人人数进行相应的调整。

（二） 按照保险费交付方式分类

按照交费方式，可将年金保险分为趸交年金保险、期交年金保险和弹性交费年金保险。

1. 趸交年金保险

趸交年金保险是指一次性交清保费的年金保险，即年金保险费由投保人一次全部交清后，于约定时间开始，按期由年金受领人领取年金。

2. 期交年金保险

期交年金保险是指在给付日开始之前，分期交付保险费的年金保险，即保险费由投保人采用分期交付的方式，并于约定年金给付日开始，按期由年金受领人领取年金。

3. 弹性交费年金保险

弹性交费年金保险是指交费次数以及每次交费的金额都不是固定的，投保人可以根据自己当时的经济状况与意愿随时交存，只要账户有余额，即使不交费，合同也不会因此而失效。

（三） 按照年金开始给付时间分类

按照给付开始时间的不同，可将年金保险分为即期年金保险和延期年金保险。

1. 即期年金保险

即期年金保险是指被保险人从交纳首期保费之日起就开始领取年金。即期年金必须采用趸交保费方式购买。

2. 延期年金保险

延期年金保险是指保险金的给付时间必须是投保双方约定的时间，也就是在间隔一定时期后开始给付年金。延期年金的交费可用趸交方式或分期交方式。延期间隔的时间愈长，交付保险费的方式也就愈灵活。大多数个人延期年金采用分期交费方式，保险费交付持续到规定的年金给付开始日期为止，或者到年金受领者在年金给付开始日期之前死亡时为止。

（四） 按照给付方式分类

按照给付方式的不同，可将年金保险分为纯粹终身年金保险、最低保证年金保险和定期生存年金保险。

1. 纯粹终身年金保险

纯粹终身年金即为典型的年金保险，是指以被保险人继续生存为保险金给付条件，当被保险人死亡时，保险公司即行停止给付责任，既不退还保费，也不给付现金价值。由于这种生存年金为非清偿式年金，所以每一元保费能获得的保障最大，所获得的年金给付也最高。因此，通常无继承人且身体健康的人比较偏爱这类产品。但是，如果被保险人在累积期或清偿阶段开始不久死亡，可能会有大部分的保费得不到退还。

2. 最低保证年金保险

最低保证年金是为了防止年金受领人过早死亡，丧失领取年金权利而产生的一种年金保险，其又可分为确定给付年金和退还年金。确定给付年金规定了领取年金的最低保证年数，在规定期间内无论被保险人生存与否均可得到年金给付。退还年金是指当年金受领人死亡，但其年金领取总额低于年金购买价格时，保险人以现金方式一次或分期退还其差额的年金保险。

3. 定期生存年金保险

定期生存年金是指年金给付期限事先约定了一定的年限或年龄，当被保险人生存至规定的期限满或到规定的年龄时，保险人便停止年金的给付。

（五） 按照给付金额是否变动分类

按照给付金额是否变动，可将年金保险分为定额年金保险与变额年金保险。

1. 定额年金保险

定额年金保险是指被保险人每期领取的保险金固定不变的年金保险。这种年金的给付额是固定的，不随投资收益水平的变动而变动。

2. 变额年金保险

变额年金保险是指被保险人每期领取的年金按资金账户的投资收益水平进行调整的年金保险，也可以按照通货膨胀率进行调整。这种年金是针对定额年金可能遭致通货膨胀影响而使保障水平降低的缺陷设计的。

（六） 按照承保对象分类

按照承保对象的不同，可以将年金保险分为个人年金保险、团体年金保险和国民年金保险。

1. 个人年金保险

个人年金保险的承保对象为个人，通常一张保单只承保一个被保险人。根据各国保险法律的规定，通常只有经营人身保险的保险公司经营个人年金保险。

2. 团体年金保险

团体年金保险是团体寿险的一种特殊形式，是以团体为投保人与保险公司订立一份总的保险合同，为该团体符合资格的所有员工提供年金保障的保险。

3. 国民年金保险

国民年金保险是政府强制执行的针对本国全体公民的政府养老金计划，属于基本养老保险。

专栏 14－1

国民年金的起源

国民年金也称为养老保险，是工业化社会后国家的一项社会保障制度安排。养老保险的起源可以追溯到 1669 年，法国在制定的《年金法典》中，明确规定为不能继续从事海上工作的年老海员发放养老金，这是最早的有关养老保险的立法。真正具有现代意义的养老保险制度以德国 1889 年颁布的《老年、残疾和遗属保险法》为标志，这一立法正式确立了社会保险模式的养老保险制度。在第二次世界大战后，越来越多的国家（地区）纷纷效仿工业化国家相继建立自己的养老保险制度。养老保险不仅是人类社会发展的必然趋势，也是负责任政府着力推进的重大社会政策。

第二节　个人年金保险、企业年金与职业年金

一、个人年金保险

个人年金保险是指个人根据实际需要，并按照规定向保险公司投保的年金保险，在约定时间到达后由保险人分期给付保险金的一种保险。

（一）个人年金保险的特点

1. 不需要进行风险选择

在年金保险中通常不会发生道德危险，也就无需对被保险人进行核保。因为年金保险属于生存保险，在合同成立时只需要确认被保险人生存即可，不必对其职业、健康状况加以挑选。

2. 不适用寿险经验生命表

个人年金保险不适用寿险经验生命表，需要另行制订个人年金生命表。这是因为，第一，二者所关注的保险事故不同：人寿保险主要关注被保险人的死亡率；而年金保险关注的是被保险人的生存时间，即生存率。第二，按年龄来区分，人寿保险死亡率随着被保险人的年龄而增加，故其危险发生率呈递增趋势；而年金保险生存率随着被保险人的年龄增加而降低，故其危险发生率呈递减趋势。

3. 积累期与清偿期的给付责任

延期年金保险包含积累期和清偿期。积累期是指年金基金价值积累的时期，是投保人第一次交费到年金开始给付之间的一段时间。清偿期是指向年金受领者给付年金的时期。保险人对年金受领者的给付责任取决于年金受领者是在积累期内死亡还是在清偿期内死亡。据此，延期年金保险可以分为纯粹延期年金和偿还延期年金两种形式。纯粹延期年金，是指被保险人在积累期死亡时，保险人不退还保险费；而偿还延期年金则退还全部或部分年金的现金价值。因此，纯粹延期年金的保费根据积累期死亡率计算，而偿还延期年金的保费比纯粹

延期年金高。

假设被保险人在清偿期内死亡，在纯粹延期年金中，不论被保险人在清偿期内何时死亡，即使在年金开始给付不久死亡，保险人都将终止年金给付。纯粹延期年金保险所交保费用于年金受领者，不必提存偿还年金，因此每 1 元保费给出的年金收入最多，尽管如此，多数人仍不愿意购买没有偿还特征的年金保险。因此，保险公司都倾向推出偿还延期年金。同纯粹延期年金相比，偿还延期年金并未将全部保费用于向年金受领者提供年金，而是将其一部分保费用来支付保证最低年金给付金额。因此，即使被保险人在清偿期内死亡，也会得到保证数额的保险金给付。该保证最低年金给付金额的偿还特征可以用保证的分期给付次数表示，或者以退还剩余年金表示。

从理论上讲，人在年轻时生存概率高，购买偿还年金的费用比较低，而且偿还年金与纯粹终身年金给付金额的相差不大，但到了高龄，购买偿还式年金的费用十分昂贵。因此，在退休年龄之前购买偿还式年金不失为明智之举。

（二） 个人年金保险的分类

根据保险责任的不同，个人年金保险可以分为普通年金保险，养老年金保险和子女教育年金保险等。

1. 普通年金保险

普通年金保险的保险责任主要包括特别生存给付、年金给付及身故给付等。特别生存给付是指被保险人生存至保险合同约定的某个保单周年日，保险公司一次性支付的保险金，其数额为以合同基本保险金额确定的年缴费额的一定比例，合同继续有效；年金给付是被保险人生存至合同约定的年金开始领取日起，保险公司按合同约定给付年金，可以选择每年或者每月领取；身故给付是指被保险人在保险期间身故，按照合同约定的方式和数额，向身故保险金受益人给付身故保险金，合同终止。

2. 养老年金保险

养老年金保险是指以养老保障为目的的年金保险，其保险责任主要包括养老年金给付、身故给付，有的养老年金还包括祝寿金、身体全残给付等。我国规定养老年金保险中，被保险人领取生存保险金的年龄不得小于国家规定的退休年龄；相邻两次给付的时间间隔不得超过一年，养老年金可以终身，也可以在固定期间内按月或按年领取；祝寿金是指被保险人生存至保单规定的年龄时的保单对应周年日，按照保险金额或其一定比例或倍数，由保险公司额外支付给被保险人的保险金；身体全残给付是当被保险人发生身体全残事故时，按合同约定方式给付相应保险金额，其规定与身故给付类似，合同终止。

3. 子女教育年金保险

子女教育年金保险的保险责任由年金给付与身故给付两部分构成。年金给付的方式根据子女成长的不同时期，支付一定数额的教育保险金。例如，被保险人生存至 15 周岁、16 周岁和 17 周岁保单对应日，保险公司每年按基本保额的 10% 给付高中教育保险金；被保险人生存至 18 周岁、19 周岁、20 周岁和 21 周岁保单对应日，保险公司每年按基本保额的 30%

给付大学教育保险金，当被保险人21周岁保单对应日领取教育保险金后，合同终止。身故给付是在被保险人身故时，保险公司退还保单现金价值，保险合同终止。

需要指出的是，有些子女教育年金保险还规定，若投保人身故或身体高度残疾，则从投保人身故或被确定高度残疾之日起，若被保险人生存，保险公司于每年的保单对应日按基本保额的一定比例给付成长年金，直至被保险人到合同所规定的周岁生效对应日为止。若投保人身故或高度残疾发生于交费期内，则从其身故或被确定高度残疾之日起，免交以后各期保险费，合同继续有效。

专栏 14－2 美国 IRA（Individual Retirement Account）

IRA 作为第三支柱养老金计划，不仅具有养老金转账归集功能，而且还通过制度创新衍生出了第二支柱养老金计划。IRA 诞生于 1974 年美国私人养老金大法（ERISA）。IRA 诞生的初衷，是为那些没有被第二支柱养老金计划所覆盖的广大劳工提供一种养老储蓄的机会或工具，但 1981 年国会通过《经济复苏税法》，该法规定，凡是 70 岁以下所有纳税人均可开设 IRA 账户，并向 IRA 缴费，但须服从收入限制淘汰法（Phased Out）的规定。也就是说，无论是否拥有第二支柱养老金计划，都可以开立 IRA 账户，但缴费多少则因个人或家庭收入不同而不同：收入越高的人缴费越低，直至失去缴费资格；相反，收入越低的人缴费越高，直至达到美国联邦税务局（IRS）规定的上限。由于 IRA 最初没有雇主发起设立，也没有雇主缴费，因此，它是典型的第三支柱养老金产品。IRA 的制度创新使得其功能和作用发生了质的变化，并在私人养老金计划中占据了十分重要的地位。

1978 年税法（IRC）修订，专为独资、合伙、小企业、自雇者创设了 SEP IRA。这是 IRA 衍生出第二支柱养老金计划的第一个版本。1996 年，美国国会通过《小企业工作保护法案》，并为小企业创设了 SIMPLE IRA，这是 IRA 衍生出第二支柱养老金计划的第二个版本。这两个版本的 IRA，都是将“零售版”第三支柱 IRA 转化为“批发版”第二支柱 IRA 的成功案例，它有效促进了 IRA 的普及与推广。此外，立法还赋予了 IRA 十分重要的“转账”（Rollover）功能，它可以将所有第二支柱养老金个人账户归集至 IRA，而且不改变其税收优惠地位，雇员就不会因为跳槽、退休、终止计划或公司倒闭而失去已有雇主发起设立的养老金计划的税收递延资格。正是因为这一制度创新，赋予了 IRA 归集存储各类私人养老金计划的功能，这是 IRA 作用得以进一步提升的关键所在。

截至 2017 年底，在美国 28.2 万亿美元的私人养老金储备中，IRA 占了 9.2 万亿美元。但据美国养老金专家测算，在 9.2 万亿美元的 IRA 中，直接来自 IRA 缴费的部分不足 1 万亿美元，而来自第二支柱养老金转账（Rollover）的部分则超过 8 万亿美元，由此可见，IRA 的主体功能是养老金转账归集的功能，它极好地保留了私人养老金在税收递延上的政策连贯性，并促进了第二、三支柱养老金的相互融合与发展。此外，在 9.2 万亿美元的 IRA 资产中，公募基金是最受 IRA 欢迎的，基金版 IRA 占 47%，银行版 IRA 占 6%，保险版 IRA 占 5%，经纪版 IRA 占 43%。这一分布结构既是 IRA 的不同开户方式选择，也是 IRA 的不同投资方式选择。

资料来源：节选自董登新．美国第二、三支柱养老金交融发展的启示［J］．中国劳动保障报（理论版），2018－08－28．部分文字有删减。

二、企业年金

企业年金是指在政府强制实施的基本养老保险制度之外，企业根据自身的经济实力和经营状况而建立的旨在为本企业职工提供一定退休收入的养老保障制度。企业年金则既可以由保险公司来经营，还可以由企业自身来经营，也可以委托其他资产管理机构来经营。企业年金通常由企业和雇员共同交纳费用，带有明显的福利性质。

（一）企业年金的起源及我国企业年金的发展历程

早在公共养老金计划建立之前，企业年金或与其类似的互助计划就已经存在了。在英国，企业年金的历史可以追溯到 19 世纪末期。当时英国社会正处于从农耕经济转向大工业经济的伟大变革之中。受经济结构转变的影响，先前复合式的大家庭结构开始向核心家庭结构转变，主要依靠家庭提供养老的传统方式受到冲击。在这样的社会背景下，雇员们希望得到包括养老在内的各种经济支持的需求十分强烈。当时许多工人参加了各种互助组织，成员每年交纳一定的费用，期望未来生、老、病、死等不测风险发生时，能够从互助组织中得到一定的经济帮助。这些帮助的资金来自于交费积存，同时企业工会也为会员提供一些类似的服务。这些制度安排从一开始就与雇员福利相联系，同时也减轻了雇主的经济负担，得到雇主的支持。这种储金会性质的互助组织以及工会服务成为后来企业年金的雏形。世界上第一个正式的企业年金计划，是由美国运通公司于 1875 年为其雇员建立的养老金计划，但该计划只为“永久残疾”的工人支付伤残抚恤金，不面向所有雇员。

第二次世界大战后，欧洲各国纷纷建立了人人可以享受的、以税收融资方式实行的现收现付制公共养老金计划。公共养老金计划的逐渐成熟，加之公共养老金的给付水平很高，在一定程度上抑制了企业年金计划的发展。但是，公共养老金计划的实施给政府财政带来了巨大的负担，影响了经济的发展速度。与此同时，人口老龄化趋势的加快，又进一步加剧了现收现付制下养老保障制度的财政和税收负担。因此，从 20 世纪 80 年代开始，发达国家开始对传统养老保障制度进行改革，逐步减少政府所承担的公共养老金义务，鼓励私人养老金计划的发展，尝试从现收现付制转向基金制。于是，各种企业年金计划被人们当作完善养老保障体系，建立多支柱、多筹资渠道的重要手段。

中国企业年金的发展始于 1991 年企业职工补充养老保险制度。1991 年国务院颁布的《关于企业职工养老保障制度改革的决定》中，政府首次提出鼓励企业实施补充养老保险的建议；1995 年原劳动部制定了《关于建立企业补充养老保险制度的意见》，明确提出了发展企业补充养老保险的有关政策；2000 年国务院颁布了《国务院关于印发完善社会保险体系试点方案的通知》（国发〔42 号〕文件），正式将企业补充养老保险确定为“企业年金”，并在2004年，由劳动和社会保障部出台了《企业年金试行办法》；至此，中国养老保障体系由三大支柱构成：社会基本养老统筹保险金＋个人账户养老金、企业年金、个人储蓄性养老保险。2017年《企业年金办法》正式发布，进一步完善了企业年金的筹集与管理，办法规定参加企业职工基本养老保险的其他用人单位及其职工建立补充养老保险的，参照本办法执行，这一规定扩大了企业年金的适用范围，为城镇各类企业及其职工、社会组织及其专职工作人员、机关事业单位编制外工作人员等建立和参与企业年金提供了统一的制度规范。

（二） 企业年金的特点

1. 基本养老保险的补充

企业年金是对基本养老保险的补充而不是替代，是弥补基本养老保险的不足、保障职工基本生活而建立的一种补充养老保障制度，企业年金的交费与待遇水平，大多是依据基本养老保险的交费与待遇水平来确定的。

2. 基金采用个人账户管理方式

企业年金计划基于劳动关系建立，一般覆盖所有符合规定的职员，但体现职员间差别。组织机构在购买企业年金计划时，基金交费由组织机构承担或由双方承担。双方承担时，职员交费一般不超过总费用的一半，组织机构交费基金可以在一定范围内进入成本。基金实行积累制个人账户管理方式。个人账户记载每个职员所在组织机构所交费用、个人所交费用以及投资收益、利息等全部资产。企业年金个人账户全部资产归职员个人所有，不能调剂使用。

3. 具有非强制性

企业年金是基于劳动关系而产生的企业行为，由企业根据其经济效益确定是否建立企业年金制度，年金交费数额与企业经营效益、职工工资相关联。因此，企业年金计划基本上是非强制性的，由企业自主建立，计划的细节由雇主与雇员双方协商。作为企业福利计划的一部分，企业年金为企业薪酬管理中间接的劳动报酬，政府只规定实行企业年金的条件，并采取适当的政策予以鼓励和引导，对企业年金的待遇标准不做规定。

4. 是一种市场行为

企业年金基金的运营与资本市场对接，政府通过金融政策调节企业年金的运行。企业年金的交费人或收益人享有账户资金投资决策权、委托权，实行完全积累的个人账户资产可以通过市场运作达到保值增值的目的。

5. 监管的特殊性

由于企业年金享受政府税收优惠，政府需要对市场运作实施监督调控。在企业年金的监管方面，政府主要通过制定相关的法律、法规，运用金融、税收、审计等监管手段实现对企业年金的调控，并对企业年金的管理机构、托管银行、基金投资管理公司等相关机构进行严格的准入审核，为企业年金的发展创造良好环境。

（三） 企业年金的作用

企业年金是对基本社会养老保险制度的重要补充，其直接目的是为了提高职工退休后的养老金水平，为职工的老年生活提供保障。

1. 对政府的作用

（1）减轻政府的财政负担。日益严重的老龄化问题将会使政府在养老支出方面承受巨大的压力，因此，企业年金可以大大减少国家在养老方面的财政支出。

（2）有利于资本市场的发展。随着企业年金的发展，企业年金基金对金融市场的投融资体系、市场结构、运作效率、服务水平与管理创新都将产生深远而积极的影响。

此外，随着国有企业改革，现代公司治理结构的完善与发展，企业年金基金的介入，将推动国有企业、民营企业以及外资企业的公司治理结构的改善。

2. 对组织的作用

（1）为企业主节税。企业主购买企业年金所缴纳费用，可视为营业费用支出以减少营业所得税支出。

（2）改善劳资关系。在经济衰退或企业盈利减少时，雇主多会采取工资冻结的策略，进而影响雇员的经济收入，造成劳资双方关系紧张。雇主可以通过购买企业年金，增加员工福利等措施，缓解压力，改善关系。

（3）有利于吸纳、留住人才。企业年金计划也是组织机构人力资源管理战略的重要组成部分，企业年金可以吸引、留住所需人才，增强组织机构凝聚力，有利于组织机构的可持续发展。由于企业年金交费和相应待遇与工资待遇、工作年限等紧密联系，可以对员工形成一定的激励作用。

3. 对个人的作用

对于个人来说，企业年金可以弥补退休金的不足。退休金只是保障基本生活所需，为了保证职工退休后的生活品质，各组织机构可以通过为员工购买企业年金，弥补退休金不足的部分。

（四）企业年金的给付

企业年金的给付包括年金给付与身故继承两方面。

1. 年金给付

对于年金给付，一般规定交费雇员生存至约定养老年金领取年龄的生效对应日，根据企业年金账户的账户金额，按照约定的领取方式、领取标准领取养老年金。领取年金的方式主要有以下几种：

（1）一次性领取养老年金。交费雇员达到法定退休年龄、或完全丧失劳动能力，或出国（境）定居，可要求一次性领取养老年金，领取金额为其交费账户的账户金额，合同终止。

（2）按固定标准领取养老年金。交费雇员达到法定退休年龄或完全丧失劳动能力，可按固定标准领取养老年金，每月或分次领取，直至身故，保险合同终止。

（3）交费账户的金额转换为年金。交费雇员可以根据需要将个人账户资金全部或者部分购买商业养老保险产品，依据保险合同领取待遇。

2. 身故继承

参与企业年金的员工，其身故后，年金个人账户余额可以继承。

专栏 14－3

美国401K 计划

401K 计划因美国 1978 年《国内税收法》新增的第 401 条 K 项条款而得名，适用于私人盈利性公司，是一种由雇员和雇主共同缴费建立起来的完全基金式的养老保险安排，属于交费确定型年金计划，依据 401K 条款相关规定享受税收优惠政策，是美国补充养老保险制度的重要组成部分。

该计划始于 20 世纪 80 年代初，1979 年得到法律认可，1981 年又追加了实施规则。依据此计划，企业为每个雇员设立专门的 401K 独立资金账户，雇员每月从其税前工资中拿出一定比例的资金存入，而企业一般也按一定的比例（不超过员工存入的金额）进行配套。同时，企业向雇员提供多种证券组合投资基金，雇员可任选一种进行投资，投资的收益纳入个人资金账户，损失也由自己承担。雇员离职，其个人账户资金可转入新入职企业的 401K 计划或者 IRA（Individual Retirement Account）——美国人管理退休金的另一常用账户类别，或采取缴纳一定罚款的方式来提取余额等。雇员退休时，可以选择一次性领取、分期领取和转为存款等方式使用。401K 计划并不是政府主导的全民福利性质的社会养老保险，私人企业雇主和雇员可以自由选择是否参与此计划，然而税收优惠、企业配套、个人账户可携带性以及雇员拥有投资自主权等优点激励了企业和雇员参与的积极性，在 20 世纪 90 年代以后得到了迅速发展，成为了美国主流的退休福利年金计划。

三、职业年金

广义的职业年金是指包含企业在内的各类组织在参加国家基本养老保险制度之外建立的补充养老保障制度，是一个比企业年金适用对象更为广泛的概念。在我国实践中，职业年金仅指机关事业单位及其工作人员在参加机关事业单位基本养老保险的基础上，建立的补充养老保险制度①。各国的职业年金制度不同，以美国的 403（b）计划和我国的职业年金为例介绍如下。

（一）美国的 403（b）计划

美国的 403（b）计划主要应用于美国的非营利组织或机构，主要包括学校、医院、教堂等税收豁免非营利组织，类似于我国的职业年金计划，在它诞生的最初 30 多年时间里，一直属于第三支柱的个人养老金产品，由个人自主投保缴费，类似于我国的个税递延商业养老保险。20 世纪 80 年代中后期转为第二支柱。

403（b）计划的诞生最早可追溯至 20 世纪 40 年代初期，当时许多美国非营利组织（即

① 国务院办公厅关于印发机关事业单位职业年金办法的通知（国办发〔2015〕18 号）。

税收豁免组织）的雇员开始自发投保个税递延商业养老保险（Tax - deferred annuities）。直至1958年美国税法（IRC）修订，才正式增设了403（b）条款，该法允许有能力的非营利组织（如学校、医院、教堂）雇员自主购买个税递延的商业养老保险。这就是最早出现的“保险版”的403（b）计划的法律依据。

1974年美国私人养老金大法（ERISA）获得国会通过，与此同时，美国税法（IRC）也进行了相应修订，并增设403（b）（7）条款，同意在现行“保险版”403（b）的基础上，进一步开放个税递延的“基金版”个人养老金产品。

由于“保险版”和“基金版”的403（b）计划的营销模式均属于“一对一”的分散零售，市场效率低下，不具有规模效应。在20世纪80年代中期，403（b）计划也开始模仿401（k）的做法，改由雇主统一发起设立，将“零售版”的403（b）转换为“批发版”的403（b），实现了403（b）计划由第三支柱向第二支柱的转身。403（b）计划从最初由非营利组织雇员自发单独参加转变成了由非营利组织雇主统一发起设立。这是一个由第三支柱养老金产品转换为第二支柱养老金计划的典型案例，大大提高了403（b）计划的覆盖面及市场效率。从2002年起，403（b）计划开始全面效仿401（k）计划的相关规则与标准，这意味着403（b）计划进一步蜕变为401（k）计划的复制版了，或者说，403（b）就是非营利组织的401（k）计划。截至2017年底，在近万亿美元资产的403（b）计划中，保险版与基金版正好各占50%份额。①

（二）我国职业年金

1. 我国职业年金制度的建立

我国高度重视多层次养老保障体系建设，经过多年不断的改革实践，企业职工多层次的养老保险体系初步建立并取得一定发展。2008年事业单位改革试点启动后的几年时间内，对建立职业年金制度进行了许多有益的尝试和探索，同时，做了大量的摸底测算工作。21世纪以后，“双轨”制造成的社会分割、贫富差距等社会问题不断加剧，为解决城镇职工基本养老保险制度不统一的突出矛盾，建立更加公平、可持续的养老保险制度，2015年，国务院制定了《关于机关事业单位工作人员养老保险制度改革的决定》，明确提出机关事业单位在改革基本养老保险制度的基础上，应当为其工作人员建立职业年金，同年出台了《机关事业单位职业年金办法》，我国机关事业单位工作人员职业年金制度由此建立。2016年，人力资源和社会保障部与财政部印发《职业年金基金管理暂行办法》，制定了职业年金基金委托管理、账户管理、受托管理、托管、投资管理以及监督管理的具体实施要求，职业年金制度进一步完善。

2. 我国职业年金特点

（1）实账积累与记账计息并用。职业年金所需费用由单位和工作人员个人共同承担，

① 资料来源：节选自董登新．美国第二、三支柱养老金交融发展的启示［J］．中国劳动保障报（理论版），2018-08-28．部分文字有删减。

单位缴纳职业年金费用的比例为本单位工资总额的8%，个人缴费比例为本人缴费工资的4%，由单位代扣。其中，个人缴费实行实账积累。对财政全额供款的单位缴费根据单位提供的信息采取记账方式，每年按照国家统一公布的记账利率计算利息，工作人员退休前，本人职业年金账户的累计储存额由同级财政拨付资金记实；对非财政全额供款的单位缴费实行实账积累。实账积累形成的职业年金基金实行市场化投资运营，按实际收益计息。

（2）个人账户资金可随工作转移。工作人员变动工作单位时，职业年金个人账户资金可以随同转移。工作人员升学、参军、失业期间或新就业单位没有实行职业年金或企业年金制度的，其职业年金个人账户由原管理机构继续管理运营。新就业单位已建立职业年金或企业年金制度的，原职业年金个人账户资金随同转移。

（3）集中委托运营管理。我国职业年金基金由单位缴费、个人缴费、职业年金基金投资运营收益和国家规定的其他收入共同组成。与企业年金直接由企业代表委托人与受托人签订受托管理合同不同，职业年金采取集中委托投资运营的方式，由中央国家机关养老保险管理中心及省级社会保险经办机构作为代理人行使委托职责，受托人则只能是受托管理职业年金基金财产的法人受托机构（企业年金受托人还可以是企业按照国家有关规定成立的企业年金理事会）。

3. 我国职业年金的作用

（1）保障机关事业单位工作人员退休后的生活水平。从本质上看，职业年金是机关事业单位职工工资的延期支付，这种延期支付的目的是为职工未来的退休养老做准备。职业年金是机关事业单位薪酬福利管理的重要组成部分，是对基本养老保险的补充，对提高公职人员养老金替代率、缓解财政压力发挥了重要作用。

（2）促进人力资源合理流动。职业年金允许个人账户资金在工作变动时随同转移，实现事业单位（或政府机关）与企业之间养老金的有效转换，有利于增强劳动力的流动性，这对完善劳动力市场、促进劳动资源的优化配置具有重要影响。

（3）进一步完善多层次养老保险体系。为解决双轨制带来的一系列问题，2015年初，国务院印发了《关于机关事业单位工作人员养老保险制度改革的决定》，要求机关事业单位在参加基本养老保险的基础上，为其工作人员建立职业年金。作为改革决定的配套措施，职业年金的建立保障了机关事业单位工作人员在改革后的养老待遇水平，有利于我国基本养老保险制度改革的平稳过渡，推动了我国多层次养老保险体系的进一步完善。

4. 我国职业年金的领取

由于职业年金适用对象的特殊性，其领取的要求也与企业年金存在一定的区别。

（1）按月领取。工作人员在达到国家规定的退休条件并依法办理退休手续后，由本人选择按月领取职业年金待遇的方式。可一次性用于购买商业养老保险产品，依据保险契约领取待遇并享受相应的继承权；可选择按照本人退休时对应的计发月数计发职业年金月待遇标准，发完为止，同时职业年金个人账户余额享有继承权。本人选择任一领取方式后不再更改。

(2) 一次性领取。出国（境）定居人员的职业年金个人账户资金，可根据本人要求一次性支付给本人。

(3) 继承。工作人员在职期间死亡的，其职业年金个人账户余额可以继承。

第三节　我国的个人年金保险产品分析

商业个人年金保险是养老体系的重要构成部分，近几年来中国保险市场上的个人年金保险产品得到了发展。本节简要介绍现行中国保险市场的几种年金保险产品。

一、平安财富鑫生年金保险

（一）一般特点

平安财富鑫生年金保险规定被保险人的投保年龄以周岁[①]计算，投保年龄为0（指出生满28天且已出院的婴儿）~60周岁，保险期间为终身；在交纳首期保险费后，必须按约定的交费日期交纳其余各期保费，如果宽限期结束之后仍未交纳保险费，自宽限期满的次日零时起合同效力中止，保险合同效力中止期间，保险公司不承担保险责任；保单要求保险事故发生后的10天内通知保险公司。

（二）保险责任

在保险合同期间内，平安财富鑫生年金保险的保险责任范围主要包括以下几个方面。

1. 特别生存保险金

自保险合同生效之日起，到第5个及第6个保单周年日被保险人仍然生存的，保险公司按合同要求在相应的保单周年日给付特别生存保险金。特别生存保险金为50%的年交保险费，年交保险费按照以基本保险金额确定的月交保险费乘以12个月计算。

2. 生存保险金

自保险合同第5个保单周年日开始，按年支付，每年到达保单周年日被保险人仍生存，按照合同基本保险金额的26%给付生存保险金。

3. 身故保险金

从保险合同生效之日起，若被保险人身故，保险公司给付身故保险金。若被保险人在第20个保单周年日之前（含第20个保单周年日）身故，则按合同所交保险费之和与被保险人身故当时保单的现金价值两者相比，取金额较大者给付“身故保险金”，合同终止，“所交保险费”按身故当时的基本保险金额确定的月交保费乘以12，再乘以交费年度数计算；若被保

① 此处的周岁以法定身份证明文件中记载的出生日期计算，自出生之日起为零周岁，每经过一年增加一岁，不足一年的不计。如2015年1月1日出生的被保险人，在2015年12月31日当天及以前算0周岁，2016年1月1日算1周岁，下同。

险人于第20个保单周年日之后（不含第20个保单周年日）身故，则按被保险人身故当时保单的现金价值给付“身故保险金”，合同终止。

（三）责任免除

关于保险责任免除的规定，各年金保险条款大同小异，以平安财富鑫生年金保险为例，其余年金保险将不再赘述。其主要除外责任包括：

（1）投保人或受益人的故意行为；

（2）被保险人故意犯罪或拒捕、故意自伤；

（3）被保险人主动吸食或注射毒品；

（4）被保险人在本合同生效（或最后复效）之日起2年内自杀；

（5）被保险人酒后驾驶、无合法有效驾驶证，或驾驶无有效行驶证的机动交通工具；

（6）战争、军事行动、暴乱或武装叛乱；

（7）核爆炸、核辐射或核污染。

发生上述第（1）项情形，导致被保险人身故的，合同终止，保险公司向被保险人继承人退还保单现金价值。发生上述其他情形导致被保险人身故的，保险公司向投保人退还保单现金价值。

（四）保险金申请与给付

若无特别指定，平安财富鑫生年金保险生存类保险金（包括特别生存保险金和生存保险金）受益人为被保险人。身故保险金的受益人则由投保人或被保险人指定，可以指定一人或同时指定多人。除另有特别安排外，若身故保险金受益人先于被保险人死亡，则保险金将作为被保险人的遗产。被保险人、受益人和被保险人继承人可以依据合同约定按程序领取保险金，保险金的申请与给付，各年金保单的规定大致相同。以平安财富鑫生年金保险为例介绍并分析。

1. 生存类保险金的申请

生存类保险金的申请需生存类保险金受益人按照保险公司的要求填写保险金给付申请书，并向保险公司提供以下证明和资料：（1）保险合同；（2）受益人的有效身份证件①；（3）被保险人的有效身份证件。

2. 身故保险金的申请

身故保险金的申请由身故保险金受益人填写保险金给付申请书，并提供下列证明和资料：（1）保险合同；（2）受益人有效身份证件；（3）公安部门或保险公司认可的医疗机构出具的被保险人死亡证明书；（4）受益人所能提供的与确认保险事故的性质、原因等有关的其他证明资料。无论何种保险金的申请，若申请人提供的证明和资料不全，保险公司应当一次性告知申请人。

---

① 有效身份证件指居民身份证、户籍证明、有效护照等由政府有关机关颁发的能够证明其合法真实身份的证明或文件等，下同。

3. 保险金的给付

保险公司在收到受益人（或继承人）的保险金给付申请书及有关证明资料后，一般 5 天内做出核定，情形复杂的 30 天内完成核定。对确定属于保险责任者，在与受益人（或继承人）达成有关给付保险金数额的协议后数天内（具体天数由各保单规定，一般是 10 天），履行给付保险金责任。对不属于保险责任者，向受益人（或继承人）发出拒绝给付保险金通知书。如被保险人在宣告死亡后生还，身故保险金受益人应于知道或应当知道被保险人生还后 30 天内向保险公司退还已给付的保险金。受益人在领取身故保险金时，可以一次性领取，也可以转换为年金领取。如果选择年金领取，领取金额按照保险公司当时提供的转换标准确定。

4. 保险金申请时效

受益人（或继承人）对保险公司请求给付保险金的权利，自其知道或应当知道保险事故发生之日起或自约定的保险金领取之日起 5 年未行使，索赔权利自行消灭。

（五） 其他规定

除以上内容外，平安财富鑫生年金保险还有关于犹豫期、保单贷款、宽限期、自动垫缴、未还款项等在其他年金保险中也常出现的条款。

1. 犹豫期

签订合同之后的 20 日内（从签订合同次日算起，不同年金保险天数略有不同），如果投保人认为合同内容不符合需求，可以提出解除合同的书面申请，自保险公司收到申请书，合同即告解除，保险公司退还所交全部保费（不计利息），对解除合同前发生的保险事故不承担保险责任。

2. 保单贷款

在约定的被保险人养老保险金领取年龄的保单周年日前，经保险公司同意，投保人可以凭保单向保险公司申请贷款。平安财富鑫生年金保险规定，贷款金额不得超过保单现金价值扣除各项欠款后余额的 80%，每次贷款期限不得超过 6 个月，贷款利率按保险公司当时确定的利率执行，并在贷款协议中载明。贷款本息在贷款到期时一并归还。若投保人到期未能足额偿还贷款本息，则投保人所欠的贷款本金及利息将作为新的贷款本金计息。当未还贷款本金及利息加上其他各项欠款达到保单现金价值时，保险合同效力自行中止。

3. 宽限期

在交纳首期保险费后，投保人应当按约定的交费日期交纳其余各期的保险费，若未及时交费，为避免非故意或特殊原因导致合同中止，可在合同中约定宽限期条款，平安财富鑫生年金保险宽限期为 60 天，若投保人在宽限期过后仍未交付保费，保险合同效力中止，在宽限期内发生保险事故的，保险公司承担保险责任，但会在给付保险金时相应扣减所欠保费。

4. 自动垫交

当宽限期过后，投保人依然无法交费时，可使用保单现金价值扣除各项欠款之后的余额自动垫交应付的保费，垫交的保费按照保单贷款利率收取利息，保险合同继续有效，直到保单现金价值为零，保险合同效力中止。

5. 未还款项

如果合同期间投保人有欠交的保险费、保单贷款或者其他各项欠款，保险公司可以按合同约定，在扣除各项欠款及应付利息后，再给付各项应付保险金、退还现金价值、返还保险费等。

平安财富鑫生年金保险及以下要介绍的各年金保险产品，在合同的成立、变更、解除、中止、失效与复效、终止等方面的规定，与大多一般寿险没有明显差别，此处不作赘述。

二、国寿个人税收递延型养老年金保险（2018 版）

为大力发展我国养老保险第三支柱，服务多层次养老保障体系建设，2018 年，我国政府相关部门相继出台了多项个人税收递延型惠民商业养老保险政策，主要包括《关于开展个人税收递延型商业养老保险试点的通知》《个人税收递延型商业养老保险产品开发指引》《个人税收递延型商业养老保险业务管理暂行办法》（以下简称税延政策）。各商业保险公司积极响应，开发了多种产品，主要分为 A 类、B 类、C 类。A 类为收益确定型，每月结算一次；B 类为收益保底型，每月或每季度结算一次；C 类为收益浮动型，至少每周结算一次。现简要介绍国寿个人税收递延型养老年金保险（2018 版）产品。

（一） 产品特点

个人税收递延即投保人用个人商业养老资金账户购买符合规定的商业养老保险产品的支出，在一定标准内税前扣除；计入个人商业养老资金账户的投资收益，暂不征收个人所得税；待个人领取商业养老金时再征收个人所得税。由于一般来说投保人投保时的工资较高，而领养老金时工资较低，税收档次降低和通货膨胀的作用，可以使个人税收递延型养老保险年金起到跨期减免投保人税收的作用。

凡符合我国个税递延政策规定，年满 16 周岁且未达到国家法定退休年龄的个人，可以本人作为投保人购买国寿个人税收递延型养老年金保险，相关投保事宜可委托其所在团体组织办理；保险期间为终身或长期，分为积累期和领取期两个阶段，积累期为投保人养老资金积累阶段，领取期为参保人领取养老年金的阶段；保险合同开始时，保险公司应为参保人建立个人商业养老资金账户，归集并记录所交保费、资金收益及资金领取等信息，该账户由纳税人指定商业银行个人专用封闭账户，与居民身份证件绑定，在中保信平台进行登记，具有唯一性。保险费交纳金额和交费方式在投保时由投保人与保险公司约定并在保单中载明，保费交纳方式可以月交或年交，交费期直到被保险人达到国家法定退休年龄，中途可申请变更交费方式。保险年金的领取方式有保证返还账户价值终身领取、固定期限十五年（或二十年）长期领取两种，可按月领取也可按年领取。参保人可在投保时确定具体领取方式，开始领取养老年金前可申请变更养老年金领取方式，开始领取后不可变更；在发生任何保险责任金给付时，均要按税延政策规定相应扣减当期应纳税款。

国寿个人税收递延年金保险没有涉及犹豫期、宽限期、保单贷款、自动垫缴、中止、复效等条款。并规定，除被保险人发生合同约定的重大疾病，投保人不得申请解除合同。因被保险人发生合同约定重大疾病申请解除合同的，若申请发生在年金开始领取日以前的，保险公司退还参保人个人年金账户价值，并扣除应缴税款。若发生在年金开始领取日以后的，保险公司按年金开始领取日参保人个人年金账户价值减去已经给付的养老金（扣税前）之和给付，并扣除应纳税款。

（二） 保险责任

国寿个人税收递延型养老年金保险的保险责任范围主要包括以下几个方面：

1. 养老年金给付

被保险人生存至合同约定的养老年金开始领取日，且合同仍然有效，保险公司将从年金领取日开始，给予养老金领取凭证，于每月（或每年）对应日①向被保险人给付年金。年金的支付按照养老年金开始领取日参保人个人年金养老账户价值、参保人与保险公司约定的养老金领取方式、及保险公司提供的养老金领取标准来确定，支付年金同时代扣税款。

2. 身故给付

被保险人如果在合同约定的养老年金给付日前身故，且同时未达到60周岁的年生效对应日，保险公司将向身故保险金受益人给付被保险人个人年金养老账户价值，注销个人年金养老账户，并按税延政策规定代扣应纳税款，合同终止，同时以个人年金养老账户价值的7.5%作为身故保险金额外给付。若被保险人在合同约定的年金给付日前身故时，已经超过60周岁年生效日（含当日），则仅给付个人年金养老账户价值，并扣除相应税款。

3. 身体全残给付

若被保险人身体全残保险事故发生在开始领取养老年金前，且未达到60周岁的年生效对应日，保险公司给付申请身体全残保险金时的被保险人个人年金养老账户价值并注销账号，扣除相应税款，合同终止，同时以个人年金养老账户价值的7.5%作为身体全残保险金的额外给付。若在开始领取养老年金前被保险人发生身体全残事故，但已经超过60周岁年生效日（含当日），则仅给付个人年金养老账户价值，并扣除相应税款。

需要说明的是，若被保险人身故或身体全残发生在养老年金开始领取以后，且已获取的养老年金之和（代扣应纳税款前）与养老年金开始领取日的个人养老年金账户价值相比较小，则保险公司在扣税后，一次性向其受益人给付差额。受益人指定及变更等程序与一般年金无异。

（三） 保险金申请与给付

国寿个人税收递延型养老年金，与平安财富鑫生年金保险的保险金申请程序基本一致，但需要提交的申请材料有所不同。国寿个人税收递延型养老金除了提供保险合同、有效身份证明、死亡证明等文件和资料外，还需要提供被保险人退休证明（申请养老年金时提供）、保险公司认可的医院或鉴定机构出具的被保险人全残鉴定书和资料（申请身体全残保险金时提供）、税务部门要求的其他材料。

---

① 年金领取对应日是指合同约定的年金领取日每月的对应日为该月年金领取对应日。

国寿个人税收递延型养老年金在给付方面的规定与平安财富鑫生年金保险相比，体现出更强的及时性。首先，在核定方面，当情形并不复杂时，国寿个人税收递延养老年金要求在收到保险金给付申请书和相应材料后应及时做出核定；其次，对已经做出核定，并属于保险公司责任，但保险金给付数额60日内尚不能完全确定的，可按已确定部分的数额先予支付，待最终确定后，再支付差额。

三、泰康宝育少儿年金保险

（一） 产品特点

泰康宝育少儿年金保险规定，被保险人投保年龄为0至12周岁（交费期满不超过15周岁）。投保人可选择趸交保费，也可以选择3年、5年、10年内分期交费。保险期间自保险合同生效至被保险人到达年龄①为28周岁时所在保单年度结束时止。合同约定基本保险金额作为年金给付和确定保费的依据。自投保人签收保险合同的次日零时起，有15日犹豫期，在犹豫期内投保人提出解除合同的，保险公司返还不计息全部保费。泰康宝育少儿年金保险没有自动垫交条款，其宽限期、保单贷款、未还款项等条款与平安财富鑫生年金保险没有明显区别，只是在宽限期结束或保单贷款期合同现金价值为零时，合同效力并不是马上中止，而是24小时以后中止。同时，泰康宝育少儿年金保险增加了减保条款，减保是指将基本保险金额和保险费按比例减少，保险责任相应调整，同时直接领取对应多出的现金价值。

（二） 保险责任

泰康宝育少儿年金保险的保险责任范围主要包括以下几个方面。

1. 成长关爱金

自合同生效满5年，且被保险人在每一个合同的年生效对应日生存，保险公司给付成长关爱金，给付对象为生存类保险金受益人，给付金额为基本保险金额。

2. 大学教育金

合同生效满5年，则在被保险人生存至年满18周岁、19周岁、20周岁、21周岁后的首个年生效对应日，分别给付大学教育金，给付对象为生存类保险金受益人，给付金额为基本保险金额的2倍。

3. 成家立业金

被保险人在合同保险期间届满时仍生存，保险公司给付成家立业金，保险合同终止。给付对象为生存类保险金受益人，给付金额为基本保险金额的10倍。

4. 身故保险金

被保险人在保险期间内身故，保险公司给付身故保险金，合同终止。身故保险金给付对象为身故保险金受益人，给付金额为至被保险人身故，投保人累计已交纳的保险费数额（不计息）。

---

① 到达年龄为被保险人投保年龄加上保单年度数减1。

5. 投保人意外身故（或高残）豁免保险费

投保人遭受意外伤害事故，且直接导致投保人在180日内身故（或高残），则保险公司豁免自身故（或高残）之日以后的各期保险费。豁免的保险费视同投保人已交纳的保险费。但在投保人意外高残豁免的情况下，若投保人有所恢复，不再符合合同定义的高残情况，则应及时通知保险公司，终止意外高残豁免。

泰康宝育少儿年金保险规定，除另有约定外，生存类保险金受益人为合同的投保人。

四、太平卓越智臻终身年金保险（分红型）

（一） 产品特点

太平卓越智臻终身年金保险（分红型）规定，被保险人的投保年龄为出生满28日～70周岁的人，保险期间为终身；保费可一次性交付或分期交付，对分期交付者，可选择交费期限有3年、5年或10年；合同犹豫期为10天，投保人在犹豫期内提出解除合同的，需保险公司收齐相关文件和资料之后，次日零时合同才能解除，解除合同需扣除少量工本费（10元）；合同生效2年后，若合同具有现金价值，投保人可申请将合同变更为减额交清保险合同，即以申请时合同的现金价值净额一次性支付降低基本保险金额后的全部净保险费，变更后投保人不再缴纳保险费，但基本保险金额相应减少，且不再享受红利分配权。其宽限期、保单贷款等与平安财富鑫生年金保险基本一致。

（二） 保险责任

太平卓越智臻终身年金保险（分红型）的保险责任范围主要包括：

1. 特别生存保险金

如果被保险人在合同的第5个保险单周年日零时仍生存，则向受益人给付特别生存保险金，特别生存保险金的计算方式为：合同年交保险费的20%×（交费年期数与保单年度数减1中的较小者）。

2. 生存保险金

自保险合同的第6个保险单周年日零时起，只要被保险人生存，则保险公司按照每个保险单周年日零时合同基本保险金额和累积红利保险金额两者之和的30%给付生存保险金，直至合同终止。

3. 祝寿金

祝寿金分为两种情况给付：第一种情况，投保时被保险人年龄不到60周岁，其生存至65周岁时；第二种情况，投保时被保险人年龄已达到60周岁，且在第6个保险单周年日零时仍然生存。祝寿金按当年保险单周年日零时合同基本保险金额和累积红利保险金额两者之和的100%给付。

4. 身故保险金

如果被保险人在保险期间身故，身故保险金受益人领取身故保险金，保险合同终止。身故保险金的数额需要比较以下两项的金额：（1）被保险人身故时保单现金价值；（2）合同的年交保险费与被保险人身故时合同的保单年度数或交费年期数（以较小者为准）的乘积；

身故保险金取两者中较大者。

以上各保险金的领取中，都涉及相关红利的处理。

（三） 红利分配

太平卓越智臻终身年金保险（分红型）是增额分红保险产品，红利分配是不确定的，保险公司根据上一会计年度分红保险业务的实际经营状况决定红利分配方案，红利分配包括年度红利和终了红利。

1. 年度红利

年度红利的分配以增加保险金额的方式实现，在合同保险有效期内，每个保险单周年日根据所确定的红利分配方案增加本合同的累积红利保险金额，增额部分也参加以后各年度的红利计算，保险公司每年至少向保单持有人提供一份红利通知书。

2. 终了红利

终了红利在以下两种情况下，根据分红保险业务的实际经营状况进行核算，来确定是否有红利分配：(1) 被保险人身故，称为体恤金红利；(2) 其他原因导致合同终止，称为特别红利。终了红利以现金方式给付。

五、年金保险计划

前面介绍了4种年金保险产品的基本条款，现实中，保险公司往往会根据市场需求的多样性，对每一产品设计一系列保险条款，以套餐方式向消费者提供保险产品计划。保险产品计划通常包括一到两个主险条款和在主险基础上的多个附加险条款。

平安人寿开发的平安财富鑫生保险产品计划，除了前面介绍的主险“平安财富鑫生年金保险”还包括“平安聚财宝（2017，Ⅱ）年金保险（万能型）”“平安附加豁免保险费（B18）重大疾病保险”“平安附加安康豁免保险费（B18）特定疾病保险”“平安附加豁免保险费（C18）重大疾病保险”、“平安附加安康豁免保险费（C18）特定疾病保险”等组合产品和附加条款。

国寿个人税收递延型养老年金保险（2018版）除以上产品基本条款之外，还有“国寿个人税收递延型养老年金保险（2018版）产品账户利益条款”A款、B1款和C款。

泰康宝育少儿年金保险计划则是“泰康宝育少儿年金保险”条款和“泰康嘉福1号终身寿险（万能型）”条款的组合。

本章小结

1. 年金保险按照不同的标准可以进行多种分类，按照被保险人人数分为个人年金、联合年金、最后生存者年金和联合及生存者年金；按照交费方式分为趸交年金、期交年金和弹性交费年金；按照给付开始时间分为即期年金和延期年金；按照给付方式分为纯粹终身年金、最低保证年金和定期生存年金；按照给付金额是否变动分为定额年金与变额年金；按照承保对象分为个人年金、团体年金和国民年金。

2. 企业年金是指各类组织在参加国家基本养老保险制度之外，根据自身经营管理水平和经济状况，由组织单独或组织与个人双方共同交费，筹资建立基金，旨在改善职工退休后的生活水平的一种补充养老保障。对政府来说，企业年金的运作机构是资本市场的重要机构投资者，并可以减轻政府的财政负担、推动企业和机关事业单位体制改革；对企业来说，它可以为企业主节税、改善劳资关系、有利于企业吸纳、留住人才；对于个人来说，企业年金可以弥补退休金的不足。

3. 中国企业年金、职业年金以及商业个人年金保险近几年得到较快发展，其中个人年金保险呈现产品多元化格局，年金与年金保险在中国养老保障体系的构建与完善中的作用日益显现。

本章关键词

年金　确定年金　生存年金　年金保险　联合年金　个人年金　定期交费年金　弹性交费年金　趸交保费年金　定期年金　延期年金　即期年金　纯粹终身年金　偿还式年金　定额年金　变额年金　职业年金　企业年金　国民年金　退休年金联合及生存者年金

本章思考题

1. 简述年金与年金保险的相关概念。
2. 简述年金保险的特征。
3. 简述年金保险的种类。
4. 简述年金保险的作用。
5. 分析个人年金与人寿保险的区别。
6. 简述我国企业年金制度的建立。
7. 简述企业年金的特点与作用。
8. 简述我国职业年金制度的建立及特点。
9. 试述你对我国个人年金保险产品的认识。
10. 怎样看待年金及年金保险在我国养老保障体系中的地位？

第十五章 社会保险

章首语：社会保险与商业人身保险是现代社会保障体系的重要构成部分。社会保险为劳动者提供人身风险的基本保障，商业人身保险一般用以满足人们在基本保障基础上的更高保障需求。本章简要介绍社会保险的基础理论、知识及我国社会保险制度发展历程与现行制度的主要内容，要求学生把握社会保险与商业保险的关系。

第一节 社会保险概述

一、社会保险的概念及特征

（一） 社会保险的概念

社会保险是政府通过立法强制实施，运用保险方式处理劳动者面临的年老、伤残、疾病、失业、生育等特定社会风险，并为其在暂时或永久丧失劳动能力、失去劳动收入时，提供基本收入保障的法定保险制度。社会保险是社会保障制度最重要的组成部分，在社会保障体系中居于核心地位。除了社会保险外，社会保障制度还包括商业人身保险、社会救济、社会优抚和社会福利等。

（二） 社会保险的特征

1. 强制性

社会保险的强制性特征主要体现为国家通过立法强制实施。一方面，凡是符合参保条件的各种组织和劳动者，必须参加社会保险，履行法律所规定的缴纳保险费等义务。另一方面，在满足一定资格条件后，社会保险经办机构也必须按照国家制定的社会保险相关法律法规的规定，使劳动者享有相应的社会保险待遇。

2. 互助共济性

社会保险按照大数法则，在整个社会的范围内统一筹集和调剂使用资金，依靠全社会的力量均衡负担和分散风险，实现互助共济。一般而言，社会保险费用由国家、单位和个人三方共同负担，并以此建立起社会保险基金，在劳动者遭遇年老、伤残、疾病、失业、生育等特定社会风险，暂时或永久丧失劳动能力时，提供基本的生活保障。

3. 基本保障性

社会保险的保障水平是满足被保险人的基本生活需求。社会保险的保障水平如果过高，则容易形成好逸恶劳的不良社会风气；保障水平过低，不能充分发挥社会保险应有的保障作用。因此，大多数国家社会保险的保障水平都以社会平均生活水平为依据确定。

二、社会保险的种类

（一） 按社会保险经营主体分类

1. 国家社会保险

国家社会保险是指由国家统一经营管理的社会保险事业，即社会保险事业由国家统一立法、统一领导、统一经营管理的一种社会保险制度。国家社会保险，实质就是国家保险的一种形式。其主要特点：（1）资金来源于国家财政；（2）由国家统一制定待遇标准和给付方式，管理机构隶属于中央政府的有关部门。

2. 地方社会保险

地方社会保险是指在国家政策和法令允许的范围内，由地方政府举办的社会保险。其特点：（1）经费主要来源于地方财政，国家可在一定范围给予少量补助；（2）保险范围、待遇标准和给付方式等均可由地方政府依照中央政府的法规原则来制定，地方政府自行管理业务。

3. 联合社会保险

联合社会保险是由若干企业或经济部门之间通过自愿、平等磋商，在约定共同条件的基础上，联合办理的社会保险联合体。其特点是：（1）参加联合办理的社会保险联合体都由雇主组织负责办理其雇员的保险业务。（2）联合办理社会保险的各经济单位之间，在经济实力、生产规模、生产特点、职工年龄结构等方面大致相同。（3）待遇标准和给付方式一般参照国家统一的规定，管理上完全自治，国家只在业务方面给予指导和监督。（4）比企业单独办理社会保险在资金来源和保险程度上更具有保障性。

4. 民营社会保险

民营社会保险是指由国家或地方政府委托保险公司举办的社会保险项目。其资金来源主要来自投保人或被保险人单方或双方共同缴纳的保险费，此种保险受到国家的鼓励，并给予部分财政补贴。

5. 企业补充社会保险

企业补充社会保险是指在国家统一制定的社会保险项目之外，企业可以根据自身的经济实力，在政府政策允许的范围内建立适合自己企业的附加保险项目。

（二） 按社会保险实施的办法分类

1. 强制社会保险

强制社会保险也称法定保险，是国家以法律的形式制定相应的社会保险制度，即国家对一些风险范围和影响劳动者利益较大的保险项目，只要是社会保险法令规定的劳动者与企业均必须参加的社会保险。大多数国家的社会保险均采用强制保险的方式。

2. 自愿保险

自愿保险是指被保险人自由选择是否加入，只要被保险人有投保意向和缴纳保险费的能力都可投保。一般只有少数国家或地区的社会保险或社会保险中的某些项目采用自愿保险的方式。

（三） 按社会保险实施的范围分类

1. 普遍社会保险制度

普遍社会保险制度是指全国公民或居民都能享受社会保险的一种制度，其保险基金的来源通常是财政拨款。

2. 职工社会保险

职工社会保险是指与工作相关联的保险制度，这种保险的实施范围只限于受雇的职工及其家属，享受年金及其他补助的权利的前提取决于是否存在雇佣关系、受雇工龄的长短，个人领取年金额的高低通常与被保险事故发生前的收入水平有关，独立劳动者因不存在雇佣关系而被排斥在职工社会保险范围之外。

3. 最低生活保险制度

对在贫困线以下的居民进行物质帮助的一种制度。

（四） 按社会保险保障的内容分类

根据保障内容的不同，社会保险一般可以分为养老保险、医疗保险、失业保险、工伤保险、生育保险等。

1. 老年、残障、遗属社会保险

社会养老保险是指国家和社会根据一定的法律法规，对劳动者到达法定退休年龄后，由社会保险机构或由指定的其他单位按规定给付养老年金的保险。残障保险是对因各种非因工原因导致无工作能力、无法自谋生活，而又无扶养人的劳动者，由政府或社区或社会保险机构按法定条件和标准给付残障年金的保险。遗属保险是指当社会保险的被保险人死亡之后，由政府或社会保险机构对其供养的直系亲属，如遗孀或鳏夫或父母及其未成年子女，定期或一次性给付遗属年金的保险。

2. 疾病和生育社会保险

疾病社会保险是指被保险人因疾病或患病而失去劳动收入时，保险机构或保险组织按规定支付医疗费和生活费的保险。生育社会保险是指被保险人因怀孕和生育需要的检查、保胎、医疗、助产而支出的医疗费用，以及在生育期间的工资收入，均由保险机构按约定条件承担给付的保险。

3. 工伤社会保险

工伤社会保险是指劳动者因工作遭受意外伤害或因职业性质造成伤残、疾病或死亡时，保险机构或保险组织给付保险金和医疗费用的保险。

4. 失业社会保险

该类保险承保投保人由于超出其本人所能控制的各种社会、经济原因造成失业，由保险组织按照规定时间、条件和标准给付保险金。失业保险可分为强制性投保和失业救助制度两种。

5. 家属津贴制度

家属津贴制度是指为减轻多子女家庭的负担，稳定职工的工作情绪，促进抑制人口或刺激人口增长政策的实施，由保险机构或政府定期为有关家庭支付一定数量的生活费用的制度。

三、社会保险发展的历程

社会保险制度是社会经济发展的必然产物。现代社会保险制度已经有一百多年的历史。回顾其发展过程，可以分为以下四个时期。

（一） 社会保险的产生阶段： 19 世纪 80 年代至 20 世纪 20 年代末

社会保险制度的产生可追索到中世纪出现的基尔特行会制度。在 17 世纪和 18 世纪，英国出现了工人举办的友谊社和工会俱乐部等私人自助机构。到 19 世纪，又相继出现了信托储蓄银行、建筑社、合作社等互助组织。这些互助组织为社会保险的产生提供了制度基础，但并不是真正意义上的社会保险。

现代意义的社会保险产生于 19 世纪 80 年代，学术界一般公认现代社会保险制度最早产生于德国，以德国 1883 年制定《疾病社会保险法》为标志，这是世界上第一部社会保险法律。1884 年德国又实行了《工伤保险法》，1889 年实行《养老、残疾、死亡保险法》，从此，社会保险体系初步建立。随后，欧美等工业化国家也相继建立起不同项目的社会保险制度。

（二） 社会保险的初步发展阶段： 20 世纪 20 年代末至第二次世界大战

20 世纪 20 年代末至第二次世界大战期间是社会保险的初步发展阶段。1929—1933 年，世界性的经济危机造成巨大社会震荡，大量工厂倒闭，大批工人失业，社会矛盾激化。人们强烈要求社会变革，获得生活保障。在这种背景下，美国国会于 1935 年 8 月通过以社会保险为主体的《社会保障法》，“社会保障”这个概念也逐渐被各国广泛使用。越来越多的国家开始建立自己的社会保险制度，如英国于 1934 年和 1936 年先后通过《失业法》《农业失业法》和《国家健康保险法》。除美、英两国外，瑞典、丹麦、挪威、芬兰、法国等国也建立起自己的社会保险制度，标志社会保险制度在发达国家得到初步发展，社会保险体系也得以初步建立。这一时期社会保险的范围尚不广泛，体系也不完整，社会保险的功能侧重“治疗”，而非“预防”。

（三） 社会保险的充分发展阶段： 第二次世界大战后至 20 世纪 70 年代

第二次世界大战后至 20 世纪 70 年代，社会保险得到充分发展。第二次世界大战期间，许多国家的社会保险政策的执行处于停滞。第二次世界大战后，随着经济的复苏，社会保险制度得到重建，并获得全面发展。这一阶段以“福利国家”的出现为标志。

最早建立“福利国家”的是英国。1946 年英国通过一系列社会保障立法，如《社会保险法》《国民卫生健康服务法》《国民工伤保险法》等，并于 1948 年 7 月开始实施。经过第二次世界大战后的重建，英国很快成为“全民皆养老、全民皆医疗”，从“摇篮到坟墓”都有保障的“福利国家”。此后，不少欧洲国家也纷纷效仿英国，西方工业化国家社会保障制度得到了空前的发展。

20 世纪下半叶，东欧社会主义国家及中国和亚洲一些社会主义国家仿照当时的苏联模式，纷纷建立了完全由国家负担的、对职工进行全面保障的“国家统筹型”的社会保险模式。与此同时，一些从殖民地独立出来的亚、非、拉发展中国家也先后建立起社会保险制度。

第二次世界大战后，社会保障制度已成为世界大多数国家的共同选择。正是在这种背景下，联合国主管劳动和社会事务的专门机构——国际劳工组织于 1952 年制定了《社会保险（最低标准）公约》（第 102 号），对退休待遇、疾病津贴、医疗护理、失业救济、工伤补偿、残疾津贴、子女补助、死亡补助，以及定期支付应遵守的最低标准进行明文规定，该公约被誉为国际社会保障事业发展的里程碑。

（四） 社会保险的改革阶段： 20 世纪 70 年代末至今

20 世纪 70 年代末至今为社会保险的改革阶段。20 世纪 70 年代后，西方世界在经历了国际货币体系的瓦解和能源、原料的危机后，出现了通货膨胀加剧、经济增长停滞等一系列经济问题。但社会福利开支却由于通货膨胀加剧，失业人口增加，人口老龄化进程加快，人民生活需求提高和社会保险“刚性”的作用仍在迅速扩大。这种超过经济承受能力的“过渡福利”政策的实施，不同程度地给各国带来了政府开支过大、财政和赋税负担过重等一系列问题。针对这些问题，从 20 世纪 70 年代末开始，欧美国家围绕减轻政府的财政压力和提高社会保险制度的管理效率展开了一系列的改革。

四、社会保险的功能

在市场经济国家，社会保险制度被誉为社会改革的“减震器”和社会经济发展的“稳定器”，其功能主要包括。

（一） 保障劳动者基本生活

劳动者在生产劳动过程中不可避免地会遇到疾病、意外伤害以及失业的威胁，影响身体健康和劳动收入，或者因年老而失去工作能力和机会，从而使劳动者的正常生活受到不同程度的影响。通过社会保险，劳动者在遭遇上述风险时可以获得必要的经济补偿和物质保障，其基本生活能够得到一定保障。

（二） 促进社会安定

在现代社会，伴随着生产的高度社会化和分工协作的发展，为数众多的劳动者在面临各种风险和损失时如果得不到及时解决，就会形成社会不安定的因素。社会保险制度的存在使劳动者获得可靠的基本生活保障，有利于化解、消除社会不安定因素。

（三） 调整消费结构， 促进社会经济发展

社会保险的筹资机制实质上是将劳动者有工作能力时的收入留存一部分，用于积累社会保险基金，在其收入中断时领用，有利于均衡消费。基金完全积累制或部分积累制筹资模式的运用，能够积累数额巨大的社会保险基金。社会保险基金的有效投资及其与资本市场的良性互动，有利于促进社会经济的发展。

（四） 通过社会财富再分配， 刺激社会需求

从某种意义上讲，社会保险就是国家依法对社会个人消费品分配实行的直接干预。这种干预的基本目标就是调节劳动者个人收入上的过大差距，使之保持在适度的水平，从而实现人们对社会分配公平的普遍要求。社会保险即国家根据法律以强制手段征缴社会保险费形成社会保险基金，再分配过程中对于收入低下或丧失收入来源的劳动者起到调节作用，也增强了低收入者的实际购买力，有利于社会总需求的增加。同时，社会保险制度的实施，可以在一定程度上消除人们的后顾之忧，有利于刺激消费增长。

五、社会保险与商业保险的关系

（一） 社会保险与商业保险的共性

1. 两者都运用了集散风险的机制

在商业保险中，投保人通过交纳保险费，将自己所面临的风险转移给保险人承担；而保险人通过将众多投保人交纳的保险费集中起来，建立专用的保险基金，在少数被保险人发生保险合同约定的事故或约定的事件时，对其进行经济补偿或给付。其实质是保险人先将众多被保险人所面临的风险进行集中，而后通过大数法则将其分散，体现的是“一人为众，众人为一”的思想。社会保险采用的也是风险集散的原理，只不过商业保险中的投保人是自愿投保的，在社会保险中变成了强制投保的经济单位及其劳动者，而保险人变成了政府设立的社会保险机构或其他组织。

2. 两者都是处理特定的风险事故可能带来的偶然性经济损失或约定给付

商业保险的主要功能是在保险合同约定的事故或事件发生时，对被保险人或其受益人进行经济补偿或给付。社会保险也是在劳动者遭遇相关社会保险法律法规所规定的生、老、病、死、残或失业等特定风险从而导致收入中断或失去劳动收入时，通过为劳动者提供维持其基本生活条件的经济保障，来发挥其应有的功能。

（二） 社会保险与商业保险的区别

1. 目的不同

社会保险的目的是为了保障公民的基本生活需求，维护公民享有的合法权益，促进社会安定，注重社会效益，不以营利为目的。商业保险经营的主要目的是为了获取利润。

2. 举办主体不同

社会保险一般由政府举办，是以社会安定为目的的非营利性保险。商业保险由专营的保险公司举办，遵循等价有偿的商业原则。

3. 实施方式不同

社会保险一般是由国家通过立法，强制公民参加，而且保障范围、缴纳保费标准、给付水平等都依法规定，被保险人无权选择，属于法定强制保险。除了少数险种（如机动车第三者责任险）外，商业保险一般是自愿保险。

4. 保费来源不同

社会保险的保险费一般由雇主、雇员、政府承担。商业保险的保险费则由投保人缴纳。

5. 保障水平不同

社会保险的保障水平是由国家统一规定的，一般只能保证基本的生活费和基本的医疗保健费用。商业保险的保障水平取决于投保人投保时确定的保险金额。人身保险的保险金额取决于投保人的保障需要和保费支付能力。

（三） 社会保险与商业保险的相互影响与相互补充

在实际运行中，社会保险与商业保险既有相互竞争、冲突的一面，又有相互促进、共同成长的一面，两者相互影响、相互融合，构成一国（地区）社会保障体系。社会保险与商业保险的相互影响，主要体现为它们在保障风险上有一定的重叠，即它们都为人的生、老、病、死、残等人身风险提供一定的保障，因而造成了他们在保障功能上的相互替代性。社会保险与商业保险的相互促进主要体现为，社会保险的发展有利于提高人们的保险意识，并在一定程度上减少商业保险赔付支出；而商业保险在市场竞争的压力下，在经营技术和经营方法上将不断创新，这些创新在推动商业保险发展的同时，也为社会保险提供了可供选择的新方法、新思维，有助于提高社会保险的经营管理水平。社会保险与商业保险的相互配合和互相补充，主要体现为他们在保障功能、保障范围和保险技术与方法上的相互配合与补充，二者都是社会保障体系的主要构成部分。

第二节　社会保险制度的主要内容

一、社会保险的筹资模式与保险费负担

（一） 社会保险的筹资模式

社会保险的筹资模式是指通过特定的方式筹集社会保险资金，以实现收支平衡和制度的稳定运行的技术机制，世界各国社会保障筹资模式主要有三种。

1. 现收现付筹资模式

现收现付模式是以当期（一年或数年）收入支付当期的保障支出，不进行基金积累。其优点是简便易行，费率较低，不必对基金进行长期管理。缺点是较长时期内可能出现因经济波动或人口结构变化造成的收支失衡。实行现收现付制筹资模式，可能会随着人口老龄化而出现社会保障资金的入不敷出，从而使财政背上沉重负担。

2. 基金完全积累筹资模式

完全积累模式就是把被保障对象在保障期内所需保障待遇总量分摊到整个投保期间来确定缴费率筹集保障金。其优点是：筹资快，较长时期内收费率保持相对稳定。缺点是：初期费率高，而且要求对社会保险基金的运作进行有效的管理，以实现保值增值，冲抵通货膨胀带来的基金贬值风险。

3. 基金部分积累筹资模式

部分积累模式即在满足当期支出的前提下，留出一定的储备以适应未来的支出需求。其

特点是：初期收费率较低，以后逐步提高，能保持相对稳定性，兼有现收现付、基金完全积累筹资模式的优点。

（二）社会保险费的征集与分担方式

1. 社会保险费的征集方式

各国社会保险通常采用以下两种保险费征集方式：（1）比例保费制。这种方式是以被保险人的工资收入为基数，规定按其一定比例（百分率）征收社会保险费。（2）均等保费制。即不论被保险人或其收入的多少，一律计收同一金额的保险费。这一制度的优点是：计算简便，易于普遍实施。采用此种方式的国家，一般也采用均等给付制，收支一律平等。但其缺陷是：低收入者和高收入者缴纳相同的保费，起不到调节国民收入再分配的作用。

2. 社会保险费的分担方式

社会保险费一般由国家、企业和个人三方负担。这三个主体的不同组合就出现了费用的不同分担方式，即使在同一个国家，不同的社会保险项目也可能采用不同的保险费分担方式：有的由国家财政独立承担保险费用；有的由雇员和雇主双方缴纳保费，政府承担最后责任；有的由雇主和财政共同分担，雇员不缴费；还有的由雇员自己负担相关费用，等等。其中最为常见的是第二种分担方式。

在雇员和雇主共摊保险费用的方法中，又可细分为几种情况：（1）费率等比分担制。在这种制度下，劳动者个人和雇主按缴费基数的同一比例交费。如奥地利 20 世纪 70 年代的失业保险实行的就是这一制度。（2）费率差别分担制。劳动者个人和雇主按不同比例交费，一般雇主承担的费率高于雇员。如我国的企业职工养老保险、医疗保险、失业保险等。（3）费率等比累进制。随着雇员收入的增加，费率相应提高，雇主的费率也同比提高。

二、社会保险的保障范围与给付结构

（一）社会保险的保障范围

社会保险的保障范围一般是由国家以立法形式确立，对不同层次保障对象进行资格限定。社会保险的保障范围受经济、政治、社会、历史传统等诸多因素的制约，其中，最为根本性的影响因素是一国经济发展的水平和程度。随着经济发展而逐步扩大社会保险保障范围，已为大多数国家社会保险发展实践所证明。

（二）社会保险的给付结构及其种类

社会保险的给付结构是指通过特定的技术机制和给付方式，为劳动者提供某一水平的社会保险待遇，一般主要包括给付范围与条件、给付程度和给付模式等。

从社会保险的给付结构种类来看，一般可将其划分为以下几大类型，主要包括按不同保险项目划分的给付结构和按期限或给付类型等其他方式划分的给付结构。按不同保险项目划分的给付结构主要包括养老保险给付结构、失业保险给付结构、医疗保险给付结构和工伤保险给付结构等。按保险期限划分的给付项目，一般分为长期性保险给付和短期性保险给付。按给付类型划分，可分为按现金形式的给付和按服务形式的给付。

三、社会保险基金及其管理

（一） 社会保险基金与社会保险基金管理的含义

社会保险基金是根据三方负担原则，在精算估计基础上依法筹集的用于实现社会保险政策目标的基金的总称。社会保险基金是社会保险运行的经济基础，是实现社会保险各项政策目标的物质保证，对社会保险制度具有至关重要的作用。社会保险基金主要来源于个人缴费、企业缴费、政府资助或补贴、基金的投资收益等四个方面。其支付方式主要包括货币、实物和服务三种形式。

社会保险基金管理是为实现社会保险的基本目标和制度的稳定运行，对社会保险基金的运行条件、管理模式、投资营运、监督管理进行全面规划和系统管理的总称，是社会保险基金制度运行的核心环节。

（二） 社会保险基金管理的模式与方式

1. 社会保险基金管理模式

社会保险基金管理模式主要有三种：(1) 社会保险信托管理模式，即将社会保险基金委托给某一专门机构（如财政部）管理，并负责基金投资营运的基金管理模式。(2) 基金会管理模式，即通过基金会形式组织管理社会保险基金。(3) 商业经营性基金管理模式，即由政府规划并授权的基金公司组织实施社会保险的基金管理模式。

2. 社会保险基金管理方式

社会保险基金管理的方式有三种：(1) 财政集中型管理，指以建立社会保障预算或直接列入财政预算的方式管理社会保险基金。(2) 多元分散型管理，指社会保险基金委托银行、信托公司、基金管理组织等金融机构管理营运，通过金融机构进行信托投资，并规定最低收益率。(3) 专门机构管理，即由相对独立的社会保险基金管理公司和社会保障银行等专门机构负责社会保险基金的管理和投资营运。

目前，我国社会保障基金由财政部管理的全国社会保障基金理事会进行管理。全国社会保障基金是指由国有股转持划入资金及股权资产、中央财政拨入资金、经国务院批准以其他方式筹集的资金及其投资收益形成的由中央政府集中的社会保障基金。

（三） 社会保险基金的投资营运

1. 社会保险基金投资的基本原则

社会保险基金投资的原则和一般资金运用的原则基本相同，即要求遵循安全性、收益性和流动性这“三性”原则。保险资金运用的“三性”原则是相辅相成的。一般来讲，流动性越高，安全性越高，收益性就越低；反之则相反。社会保险基金的投资应在保证安全性和流动性的前提下，争取实现最大的收益。

2. 社会保险基金投资的渠道

依据社保基金投资的“三性”原则和社会保险基金的特点，选择合适的投资渠道和投资对象是一项重要的工作。社会保险基金投资的渠道或对象主要有：

(1) 银行存款。这种投资方式较好地满足了社会保险基金的安全性和流动性要求，但它的收益是非常低的。

(2) 债券。包括政府债券、金融债券和企业债券。由于债券的种类较多，不同类型债券的风险和收益也是不同的，给社会保险基金的投资提供了多种选择，可以根据社会保险基金对收益性和流动性的不同要求，将其在不同的债券种类中进行搭配。

(3) 股票。股票投资具有高风险、高收益的特点，股票的流动性强，可以作为社会保险基金短期或长期投资的选择。

(4) 投资基金。这种投资方式的优势主要表现在：一是组合投资、分散风险。二是专业管理、专家操作。三是流动性强、变现性高。四是品种繁多，选择性强。但是，投资基金是一种间接投资工具，短期收益有可能比直接投资所获得的回报低，同时也存在投资风险。

(5) 不动产投资。不动产投资包括两种，一种是通过购买不动产的债券或股票来实现对不动产的间接投资；另一种是直接购买不动产。社保基金一般是直接进行不动产投资。不动产投资的周期比较长，安全性较好，但是投资的流动性较差。因此社会保险基金对不动产的投资也比较谨慎。

(6) 贷款。社会保险基金用于贷款是指向需要资金的单位或个人提供融资。由于信贷资产的变现能力不如有价证券，流动性和安全性较差。

(7) 金融衍生工具。金融衍生工具是随着金融市场发展而出现的新兴产品，主要包括期货、期权、互换等。金融衍生产品具有灵活性强、收益率高的特点，但如果使用不当，也可能会带来较大风险。

(四) 社会保险基金的监管

1. 社会保险基金监管的概念

社会保险基金监管是对社会保险基金管理行为的监管，即依据国家有关法律、法规，对社会保险基金的预决算、基金收支、基金运营管理的合法性、真实性、有效性依法实施的监督管理。

2. 社会保险基金监管的目的

(1) 维护国家社会保险基金管理政策的贯彻执行，保障社会保险基金的正常运行，预防社会保险基金管理的各种风险。2013 年我国社会保险基金预算首次列入预算报告接受最高权力机关监督。

(2) 及时分析、综合反映和评价社会保险基金管理、运行状态与预期标准的偏差，及时分析研究偏差产生的原因及可能带来的损害，为政府制定和实施社会保险基金管理政策提供可靠的信息和依据。

(3) 通过社会保险基金监管有效地制止和纠正违法、违规行为，增强社会保险基金管理运营机构的自我约束力。

3. 社会保险基金监管的方式

(1) 现场监管，即监管机构派人到被监管单位对基金管理水平、基金资产质量、基金收益水平、基金流动性等进行全面检查或专项检查。现场监管是监管机构实施有效监管的主要方法，也是社会保险基金监管过程至关重要的组成部分。

（2）非现场监管，即监管机构通过报表分析，对经办机构和有关机构管理运营基金的活动进行全面、动态的监控，了解基金管理的状况、存在问题和风险因素，发现异常情况及时采取防范和纠正措施。非现场监管是现场监管的基础，也是基金监管的重要方式之一。

4. 社会保险基金监管的主要内容

（1）基金征缴监管。主要是监管企业缴费行为，有无少报参保人数，少报工资总额、故意少缴或不缴费；经办机构征缴的保险费是否及时足额缴入收入户管理，有无不入账或被挤占挪用等。

（2）基金支出监管。主要是经办机构是否按规定的项目、范围和标准支出基金，有无多支、少支或不支，有无挪用支出户基金；受益人有无骗取保险金行为等。

（3）结余基金（财政专户基金）监管。主要是有无挤占挪用基金、动用基金的行为；结余基金收益状况，是否合理安排存期以追求收益最大化；是否按规定及时足额拨入支出户等。

第三节　我国的社会保险制度

一、我国社会保险制度的历史沿革

（一）我国社会保险制度的创建时期：1951—1958 年

1949 年 10 月，中华人民共和国成立。1951 年 2 月，政务院正式公布统一的《中华人民共和国劳动保险条例》（以下简称《劳动保险条例》），这是我国第一部社会保险法律，它标志着中国社会保险制度的建立。根据《劳动保险条例》，劳动保险的实施范围较窄，仅限于 100 人以上的国有、公私合营、私营和合作社（即集体经济组织）的工厂、矿场及其附属单位，以及铁路、航运、邮电三个产业的各企业单位及附属单位。保障水平也不高，职工退休后，根据其工龄按其本人标准工资的 35% ~60% 发放养老金；医疗保险待遇为：病休 6 个月以内的，发给本人标准工资的 50% ~ 100%；病休 6 个月以上的，发给本人标准工资的 30% ~50%。

随着国家经济的逐渐好转，政务院于 1953 年 1 月 2 日又通过了《关于中华人民共和国劳动保险条例若干修正的决定》，进一步扩大了社会保险的实施范围，将工厂、厂矿及交通事业的基本建设单位和国营建筑公司也纳入进来；1956 年又进一步扩大到商业、外贸、粮食、代销合作、金融、民航、石油、地质、水产、国营农牧场、造林等十多个产业和部门。同时，劳动保险的待遇标准也有所提高，如养老金的标准调整为：工龄满 10 年的，发给相当于职工退休时标准工资的 60% 的养老金；工龄满 15 年的，发给 70%；工龄在 20 年以上的，发给 75%。疾病、生育津贴和丧葬费等也有酌量增加。

同一时期，还通过颁布单项法规的形式建立了国家机关、事业单位的社会保险制度。如

1950 年 12 月内务部公布了《革命工作人员伤亡褒恤暂行条例》，规定了其伤残死亡待遇；1952 年 6 月，政务院颁布《关于全国各级人民政府、党派、团体及所属事业单位的国家机关工作人员实行公费医疗预防措施的指示》，同年 8 月又批准了《国家工作人员公费医疗预防实施办法》，9 月又颁发《各级人民政府工作人员在患病期间待遇暂行办法的规定》，从而建立起针对国家机关、事业单位的公费医疗保险制度。1955 年 12 月，国务院颁发了《国家机关工作人员退休处理暂行办法》和《国家机关工作人员退职处理暂行办法》，从而建立起国家机关、事业单位的退休和退职制度。

这一时期社会保险制度的突出特点：一是建立速度较快，保障较为全面。在短短几年时间里，建立起了除失业保险以外的生育、疾病、工伤、残障、老年和遗属社会保险制度。二是城镇职工的社会保险呈现二元特点：（1）保障企业职工的劳动保险制度；（2）保障国家机关、事业单位职工的由国家财政支持的保险制度。

（二）我国社会保险制度的调整完善时期：1958—1966 年

这个时期，为弥补社会保险制度存在的缺陷，适应国民经济发展的需要，我国在已有社会保险制度的基础上，进行了调整和补充。

1. 统一了企业职工和国家机关人员的老年社会保险制度和退休金给付标准

国务院于 1958 年 2 月公布了《关于工人、职员退休处理的暂行规定（草案）》，1958 年 3 月公布了《关于工人、职员退职处理的暂行规定》，放宽了退休、退职条件，提高了退休后的待遇标准，从而解决了企业和机关退休、退职办法不统一的矛盾。

2. 改进了医疗保险制度

1965 年 9 月 21 日，中共中央在批转卫生部《关于把卫生工作重点放到农村的报告》中指出：公费医疗和劳保医疗制度要作适当改革和整顿。根据中央批示，卫生部和财政部很快发出了《关于改进公费医疗管理问题的通知》；次年，劳动部和中华全国总工会联合发出了《关于改进企业职工劳保医疗制度几个问题的通知》，分别对国家工作人员和企业职工的医疗制度作了适当改革。

3. 建立了异地支付社会保险金的办法

1960 年 7 月，中华全国总工会制定了《关于享受长期劳动保险待遇的异地支付试行办法》，建立起异地支付社会保险金的办法。

4. 规定了职业病范围和职业病患者处理办法

1957 年 2 月，卫生部发布实施了《职业病范围和职业病患者处理办法的规定》，将当时危害职工健康和影响生产比较严重、且职业性较明显的 14 种疾病列入职业病范围。这一规定为我国职业伤害社会保险的建立和实施提供了依据。

此外，政府还调整了学徒工的社会保险待遇，确定了被精简职工的社会保险待遇等。在农村，农民自发举办的带有社会保险性质的合作医疗开始兴起，并于 20 世纪 60 年代后在全国普遍推行。

（三） 我国社会保险制度遭到严重破坏时期：1966—1976 年

1966 年 5 月，“文化大革命”开始，十年动乱，使中国经济濒临崩溃边缘，社会保险制度受到严重冲击：《劳动保险条例》被认为是腐蚀职工的修正主义条例，遭到根本否定；管理社会保险事业的机构，被停止活动或撤销编制，社会保险事业陷入无人管理的混乱局面。随后，向国有企业实行的统一征收社会保险费的举措被取消，国有企业统一的社会保险制度退化为“企业保险”。

（四） 我国社会保险制度的重建时期：1976—1984 年

1976 年，文化大革命结束，各项制度得以恢复重建。1978 年中国共产党第十一届三中全会召开后，中国进入以经济建设为中心的新的历史时期，中国社会保险制度开始进行改革，以适应经济改革和社会主义现代化的需要。

这一阶段，社会保险的主要工作围绕解决“十年动乱”造成的人民生活水平较低问题，改善人民的福利待遇，推出一系列的改革办法。1978 年 6 月国务院颁布《关于安置老弱病残干部的暂行办法》和《关于工人退休、退职的暂行办法》，经过试点后，于 1979 年全面实施，新办法对干部和工人的退休、退职待遇作了较大调整，适当提高了其退休待遇标准。1981 年 2 月，国务院发布《国家工作人员病假期间生活待遇的规定》，提高了此项待遇的标准。

（五） 我国社会保险制度的改革发展时期：1984 年至今

1984 年以来，伴随经济体制改革的不断深化，企业成为自主经营、自负盈亏的经济实体，企业之间养老负担不均衡的矛盾显露出来。新建企业由于年龄结构轻，退休人员少，人工成本费用低而在竞争中处于优势地位，而老企业由于退休人员多，负担沉重，而处于竞争劣势。养老保险制度改革随之推进，之后又相继进行了医疗、工伤保险制度的改革，并逐步建立起了失业保险制度。

在改革的过程中，由于历史等多方面的原因，形成的养老保险“双轨”和城乡“二元”结构等问题，进入 21 世纪以后引起了广泛的关注。2011 年我国《社会保险法》颁布实施，社会保险体系建设走上法制化轨道，社会保险覆盖面持续扩大，社会保险待遇得到提升，同时推进了制度的整合：统一城乡居民基本养老保险、基本医疗保险制度，改革机关事业单位工作人员养老保险，建立养老保险中央调剂制度，医疗保险跨省异地就医结算，流动人员、香港澳门台湾居民在内地（大陆）参加社会保险等具体问题作了相关部署和安排。我国社会保险制度朝着统筹层次更高，覆盖面更广，更加公平、统一、规范的新的阶段迈进。

二、我国目前主要的社会保险项目

（一） 基本养老保险

1. 城镇职工基本养老保险

（1）城镇职工基本养老保险制度的改革与完善。城镇职工基本养老保险制度的改革经历了四个阶段：

第一个阶段是 20 世纪 80 年代初期至 1991 年 6 月，以国务院 1991 年 6 月发布的《关于企业职工养老制度改革的决定》为标志，它确定了我国养老保险实行社会统筹，资金由“三方负担”的原则和基金筹集实行“部分积累”的模式。

第二个阶段是1991年6月至1995年3月，以国务院1995年3月发布的《关于深化企业职工养老保险制度改革的通知》为标志，它进一步确立了我国养老保险制度的改革目标和“社会统筹与个人账户相结合”的原则。

第三个阶段是1995年3月至1997年7月，以国务院1997年7月发布的《关于建立统一的企业职工基本养老保险制度的决定》为标志，这一阶段养老保险从分散化走上统一化的道路。

第四个阶段为1997年7月至2005年12月，以国务院2005年12月发布的《关于完善企业职工基本养老保险制度的决定》为标志，它从做实个人账户、改革计发办法、扩大覆盖范围等方面提出了完善基本养老保险制度的具体方法与思路。

（2）城镇职工基本养老保险制度的主要内容。

①参保对象：各类企业职工、个体工商户和灵活就业人员都要参加城镇职工基本养老保险。

②缴费办法：企业缴费的比例，一般不得超过企业工资总额的20%（包括划入个人账户的部分），具体比例由省、自治区、直辖市人民政府确定。少数省、自治区、直辖市因离退休人数较多、养老保险负担过重，确需超过企业工资总额20%的，应报相关部门审批。个人缴费的比例，1997年不得低于本人缴费工资的4%，1998年起每两年提高1个百分点，最终达到本人缴费工资的8%。城镇个体工商户和灵活就业人员参加基本养老保险的缴费基数为当地上年度在岗职工平均工资，缴费比例为20%。机关事业单位工作人员参加基本养老保险，单位缴费比例为单位工资总额的20%，个人缴费比例为本人缴费工资额的8%，由单位代扣。

③个人账户：2006年1月1日前，企业职工参加基本养老保险的按本人缴费工资11%的数额建立基本养老保险个人账户，个人缴费全部记入个人账户，其余部分从企业缴费中划入。从2006年1月1日起，个人账户的规模统一由本人缴费工资的11%调整为8%，全部由个人缴费形成，单位缴费不再划入个人账户。机关事业单位工作人员参加城镇职工基本养老保险以后，个人缴费的8%全部计入个人账户。城镇个体工商户和灵活就业人员按当地上年度在岗职工平均工资的8%计入个人账户，其余12%计入统筹账户。在参保人员死亡后，其个人账户的余额可由继承人依法继承。

④养老金给付：按“老、中、新”三种情况，分别设置不同的给付标准。

“新人”：《国务院关于建立统一的企业职工基本养老保险制度的决定》（国发〔1997〕26号）实施后参加工作、缴费年限（含视同缴费年限，下同）累计满15年的人员，退休后按月发给基本养老金。基本养老金由基础养老金和个人账户养老金组成。退休时的基础养老金月标准以当地上年度在岗职工月平均工资和本人指数化月平均缴费工资的平均值为基数，缴费每满1年发给1%。个人账户养老金月标准为个人账户储存额除以计发月数，计发月数根据职工退休时城镇人口平均预期寿命、本人退休年龄、利息等因素确定。

“中人”：国发〔1997〕26 号文件实施前参加工作，2005 年 12 月发布的《关于完善企业职工基本养老保险制度的决定》（以下简称“决定”）实施后退休且缴费年限累计满 15 年的人员，在发给基础养老金和个人账户养老金的基础上，再发给过渡性养老金。

“老人”：《决定》实施前已经离退休的人员，仍按国家原来的规定发给基本养老金，同时执行基本养老金调整办法。

按照《决定》，到达退休年龄但缴费年限累计不满 15 年的人员，不发给基础养老金；个人账户储存额一次性支付给本人，终止基本养老保险关系。这一制度不尽合理。2011 年，《社会保险法》对此作出了调整，“参加基本养老保险的个人，达到法定退休年龄时累计缴费不足 15 年的，可以缴费至 15 年，按月领取基本养老金；也可以转入新型农村社会养老保险或者城镇居民社会养老保险，按国务院规定享受相应的养老保险待遇”。

2. 机关事业单位工作人员基本养老保险

（1）机关事业单位工作人员基本养老保险改革。2014 年 5 月，国务院《事业单位人事管理条例》颁布，规定事业单位及其工作人员依法参加社会保险，工作人员依法享受社会保险待遇。2015 年 1 月，继而发布了《关于机关事业单位工作人员养老保险制度改革的决定》（国发〔2015〕2 号），决定从 2014 年 10 月 1 日起，机关事业单位与企业等城镇从业人员一样，统一实行社会统筹和个人账户相结合的基本养老保险制度，并建立待遇与缴费挂钩机制，多缴多得、长缴多得，以体现工作人员之间贡献大小差别。

（2）机关事业单位工作人员基本养老保险制度的主要内容。

①参保对象：按照公务员法管理的单位、参照公务员法管理的机关（单位）、事业单位及其编制内的工作人员。

②缴费办法：基本养老保险费由单位和个人共同负担。单位缴费的比例为本单位工资总额的 20%，个人缴费的比例为本人缴费工资的 8%，由单位代扣。个人工资超过当地上年度在岗职工平均工资 300% 以上的部分，不计入个人缴费工资基数；低于当地上年度在岗职工平均工资 60% 的，按当地在岗职工平均工资的 60% 计算个人缴费工资基数。

③个人账户：个人账户全部由个人缴费形成，按本人缴费工资 8% 的数额存入基本养老保险个人账户，个人账户储存额只用于工作人员养老，不得提前支取，每年按照国家统一公布的记账利率计算利息，免征利息税。参保人员死亡的，个人账户余额可以依法继承。

④养老金给付：以改革时间为基准，根据参加工作时间和退休时间是在改革之前还是在之后，机关事业单位工作人员基本养老金按照“老、中、新”三种情况，分别制定不同计发办法。

“新人”：国发〔2015〕2 号文件实施后参加工作、个人缴费年限累计满 15 年的人员，退休后按月发给基本养老金。基本养老金由基础养老金和个人账户养老金组成。退休时的基础养老金月标准以当地上年度在岗职工月平均工资和本人指数化月平均缴费工资的平均值为基数，缴费每满 1 年发给 1%。个人账户养老金月标准为个人账户储存额除以计发月数，计发月数根据本人退休时城镇人口平均预期寿命、本人退休年龄、利息等因素确定。

“中人”：国发〔2015〕2 号文件实施前参加工作、实施后退休且缴费年限（含视同缴费年限，下同）累计满 15 年的人员，按照合理衔接、平稳过渡的原则，在发给基础养老金和个人账户养老金的基础上，再依据视同缴费年限长短发给过渡性养老金；个人缴费年限累计不满 15 年的人员，其基本养老保险关系处理和基本养老金计发比照《实施〈中华人民共和国社会保险法〉若干规定》（人力资源社会保障部令 第 13 号）执行。

“老人”：国发〔2015〕2 号文件实施前已经退休的人员，继续按照国家规定的原待遇标准发放基本养老金，同时执行基本养老金调整办法。机关事业单位离休人员仍按照国家统一规定发给离休费，并调整相关待遇。

3. 城乡居民基本养老保险。

（1）城乡居民基本养老保险制度的建立。在总结城镇居民社会养老保险试点（以下简称城居保）和新型农村社会养老保险（以下简称新农保）经验的基础上，2014 年 2 月国务院颁布《关于建立统一的城乡居民基本养老保险制度的意见》，整合城乡居民基本养老保险制度，将城居保与新农保合并实施，这一制度使得城乡居民基本养老保险制度得以统一规范，对于调节城乡收入分配，促进城乡经济社会协调发展起到了重要的作用。意见指出城乡居民基本养老保险制度坚持和完善社会统筹与个人账户相结合的制度模式，资金筹集渠道为个人缴费、集体补助、政府补贴相结合，长缴多得、多缴多得，并与职工基本养老保险制度相衔接。2018 年 3 月 26 日，针对城乡居民基本养老保险中存在的保障水平较低、待遇确定和正常调整机制尚未健全、缴费激励约束机制不强等问题，人力资源社会保障、财政部下发了《关于建立城乡居民基本养老保险待遇确定和基础养老金正常调整机制的指导意见》，意见指出进一步完善城乡居民基本养老保险制度的主要任务包括：完善待遇确定机制、建立基础养老金正常调整机制、建立个人缴费档次标准调整机制、建立缴费补贴调整机制和实现个人账户基金保值增值五个方面。

（2）城乡居民基本养老保险制度的内容。

①参保对象：年满 16 周岁（不含在校学生），非国家机关和事业单位工作人员及不属于职工基本养老保险制度覆盖范围的城乡居民，可以在户籍地参加城乡居民养老保险。

②缴费办法：城乡居民基本养老保险基金由个人缴费、集体补助、政府补贴构成。个人缴费自主选择缴费档次，目前缴费的 12 个档次分别是每年 100 元、200 元、300 元、400 元、500 元、600 元、700 元、800 元、900 元、1000 元、1500 元、2000 元，省（区、市）人民政府可以根据实际情况增设缴费档次，最高缴费档次标准原则上不超过当地灵活就业人员参加职工基本养老保险的年缴费额，并报人力资源社会保障部备案。村集体补助标准由村民委员会召开村民会议民主确定，鼓励其他社会经济组织、公益慈善组织、个人为参保人缴费提供资助，补助、资助金额不超过当地设定的最高缴费档次标准。政府对符合领取城乡居民基本养老保险待遇条件的参保人全额支付基础养老金。其中，中央财政对中西部地区按中央确定的基础养老金标准给予全额补助，对东部地区给予 50% 的补助。地方人民政府根据参保人选

择的不同档次给予不同数额的补贴，具体标准和办法由省（区、市）人民政府确定。对重度残疾人等缴费困难群体，地方人民政府为其代缴部分或全部最低标准的养老保险费。

③个人账户：国家为每个参保人员建立终身记录的养老保险个人账户，个人缴费、地方人民政府对参保人的缴费补贴、集体补助及其他社会经济组织、公益慈善组织、个人对参保人的缴费资助，全部计入个人账户。个人账户储存额按国家规定计息。

④养老金给付：城乡居民养老保险待遇由基础养老金和个人账户养老金构成，支付终身。由中央确定基础养老金最低标准，地方人民政府可以根据实际情况适当提高基础养老金标准，具体办法由省（区、市）人民政府规定，并报人力资源社会保障部备案。个人账户养老金的月计发标准，为个人账户全部储存额除以139（与现行职工基本养老保险个人账户养老金计发系数相同）。参保人死亡，个人账户资金余额可以依法继承。

参保人年满60周岁、累计缴费满15年，是领取城乡居民基本养老保险的条件，缴费不足15年的，允许补缴。

（二）基本医疗保险

1. 城镇职工基本医疗保险

（1）城镇职工基本医疗保险制度的改革与发展。新中国成立初期所创建的公费医疗与劳保医疗制度在保障城镇职工的身体健康，维护社会稳定，促进经济建设方面，都曾发挥过非常积极的作用。但随着社会主义市场经济体制的建立和国有企业改革的不断深化，旧制度的弊端日益显露。主要表现为：国家和用人单位对职工医疗费包揽过多，财政和企业不堪重负；对医患双方缺乏有效的制约机制，医疗费用增长过快、浪费严重；覆盖范围过窄，只包括国家机关工作人员、事业单位职工和国有、集体所有制企业职工，不能适应多种所有制经济共同发展的实际情况；主要来自政府和用人单位，社会互济和社会化管理程度都很低。

为此，改革开放以后，党和政府开始对公费和劳保医疗制度实施改革，不断寻求符合市场经济要求的新的医疗保险模式。从1989年3月开始试点工作，逐步确立起“社会统筹与个人账户相结合”的新型医疗保险制度模式。1998年底，在总结各地试点经验和广泛征求意见的基础上，国务院出台了《关于建立城镇职工基本医疗保险制度的决定》。该决定为各地建立适合本地特点的具体实施方案规定了基本原则和运用框架。2003年劳动与社会保障部门发布了《关于城镇灵活就业人员参加基本医疗保险的指导意见》，进一步扩大了城镇职工基本医疗保险的覆盖范围。到目前为止，全国的城镇职工基本医疗保险制度已普遍建立。

（2）现行城镇职工基本医疗保险制度的内容。

①参保对象：城镇所有用人单位，包括企业（国有企业、集体企业、外商投资企业、私营企业等）、机关、事业单位、社会团体、民办非企业单位及其职工，都要参加基本医疗保险。乡镇企业及其职工、城镇个体经济组织业主及其从业人员是否参加基本医疗保险，由各省、自治区、直辖市人民政府决定。无雇工的个体工商户、未在用人单位参加职工基本医疗保险的非全日制从业人员以及其他灵活就业人员可以参加职工基本医疗保险。

②缴费办法：职工基本医疗保险费由用人单位和职工共同缴纳。用人单位缴费率应控制

在职工工资总额的6%左右，职工缴费率一般为本人工资收入的2%。随着经济发展，用人单位和职工缴费率可作相应调整。无雇工的个体工商户、未在用人单位参加职工基本医疗保险的非全日制从业人员以及其他灵活就业人员参加职工基本医疗保险的，按统筹地区用人单位费率的70%缴纳基本医疗保险。

③个人账户：职工个人缴纳的基本医疗保险费，全部计入个人账户。用人单位缴纳的基本医疗保险费分为两部分，一部分用于建立统筹基金，另一部分划入个人账户。划入个人账户的比例一般为用人单位缴费的30%左右，具体比例由统筹地区根据个人账户的支付范围和职工年龄等因素确定。个人账户存储额的利息收入归个人账户所有。

④医疗保险金的给付：确定统筹基金的起付标准和最高支付限额，起付标准原则上控制在当地职工年平均工资的10%左右，最高支付限额为当地职工年平均工资的6倍以上①。起付标准以下的医疗费用，从个人账户中支付或由个人自付。起付标准以上、最高支付限额以下的医疗费用，主要从统筹基金中支付，个人也要负担一定比例。超过最高支付限额的医疗费用，可以通过商业医疗保险等途径解决。

⑤医疗服务管理：劳动保障部会同卫生部、财政部等有关部门制定了基本医疗服务的范围、标准和医药费用结算办法，制定了国家基本医疗保险药品目录、诊疗项目、医疗服务设施标准及相应的管理办法，并实行定点医疗机构和定点药店的管理方式。

⑥特殊人员的医疗保险：离休人员、老红军、二等乙级以上革命伤残军人的医疗待遇不变；退休人员参加基本医疗保险，个人不缴纳基本医疗保险费；国家公务员在参加基本医疗保险的基础上，享受医疗补助政策；国有企业下岗职工的基本医疗保险费，包括单位缴费和个人缴费，均由再就业服务中心按照当地上年度职工平均工资的60%为基数缴纳。

2. 城乡居民基本医疗保险。

（1）城乡居民基本医疗保险制度的发展历程。我国城乡居民基本医疗保险制度是在总结新型农村合作医疗制度和城镇居民基本医疗保险制度运行情况以及地方探索实践经验的基础上整合建立的。

我国农村居民基本医疗保险在将近80年的发展历程中，先后经历了20世纪40年代的萌芽阶段、50年代的初创阶段、60～70年代的发展与鼎盛阶段、80年代的解体阶段和90年代以来的恢复和发展阶段。2002年10月，《中共中央、国务院关于进一步加强农村卫生工作的决定》明确提出了建立新农合制度的要求。2003年，国务院建立了部际联席会议，将浙江、湖北、云南和吉林四个省作为重点，试点工作在全国陆续展开。2006年卫生部等7部委局联合下发《关于加快推进新型农村合作医疗试点工作的通知》明确了扩大试点的目标和要求。截至2008年底，全国新农合覆盖所有含农业人口的县市区，参加新农合人口超过8.1亿人，参合率达到91.5%，并在此后一直保持在90%以上。城镇居民基本医疗保险是在城镇职工基本医疗保险和新型农村合作医疗制度的基础上，为满足城镇非从业居民基本医疗保障需求而

① 《医药卫生体制五项重点改革2010年度主要工作安排》（国办函〔2010〕67号）。

制定实施的，2007 年 7 月国务院发布《关于开展城镇居民基本医疗保险试点的指导意见》，决定开展城镇居民基本医疗保险试点，2008 年将大学生纳入试点范围，2009 年《关于全面开展城镇居民基本医疗保险工作的通知》发布，标志着覆盖我国城乡全体居民的医疗保障体系基本建立。城镇居民医保制度和新农合的覆盖范围不断扩大，保障水平也逐渐提高，为满足广大群众医疗保障需求，提高人民健康水平发挥了重要作用，但并行制度产生的重复参保、资源浪费等弊端也逐步显现。

2016 年，为推进医药卫生体制改革、实现城乡居民公平享有基本医疗保险权益，国务院印发了《关于整合城乡居民基本医疗保险制度的意见》，提出了六项整合基本制度政策：统一覆盖范围、统一筹资政策、统一保障待遇、统一医保目录、统一定点管理、统一基金管理。并于 2018 年、2019 年和 2020 年连续提出“关于做好城乡居民基本医疗保障工作的通知”，不断推进城乡居民医疗保险制度的改革与完善。

（2）城乡居民基本医疗保险制度的内容。

①参保范围。除职工基本医疗保险应参保人员以外的其他所有城乡居民。农民工和灵活就业人员依法参加职工基本医疗保险，有困难的可按照当地规定参加城乡居民医保。

②缴费与补助。实行个人缴费与政府补助相结合为主的多渠道筹资方式，鼓励集体、单位或其他社会经济组织给予扶持或资助。城镇居民医保和新农合合并实施以前，个人缴费标准和政府补贴存在一定差异的，经过 2－3 年时间的逐步过渡，已经基本统一，并且逐年同步提高。根据 2020 年 6 月国家医保局、财政部、国家税务总局共同下发的《关于做好 2020 年城乡居民基本医疗保障工作的通知》，2020 年城乡居民基本医疗保险人均财政补助标准达到每人每年不低于 550 元，个人缴费标准达到每人每年 280 元，中央财政按规定对地方实行分档补助。

③待遇给付。城乡居民医保基金主要用于支付参保人员发生的住院和门诊医药费用。根据整合实施相关要求，目前城乡居民医保待遇完善的主要任务包括：巩固提高政策范围内住院费用报销比例，达到 70%；建立健全城乡居民医保门诊费用统筹及支付机制，重点保障群众负担较重的多发病、慢性病，把高血压、糖尿病等门诊用药纳入医保报销。

④资金管理办法。城乡居民医保执行国家统一的基金财务制度、会计制度和基金预决算管理制度。城乡居民医保基金纳入财政专户，实行“收支两条线”管理。基金独立核算、专户管理，任何单位和个人不得挤占挪用。结合基金预算管理施行付费总额控制，其使用遵循以收定支、收支平衡、略有结余的原则，同时建立基金运行风险预警机制。

（三）失业保险

1. 失业保险制度的建立

长期以来，由于理论上不承认社会主义社会也存在失业问题，将新增劳动力不能就业的现象称之为“待业”。直到 1999 年 1 月，国务院颁布《失业保险条例》，才开始正视经济生活中客观存在的失业问题，认为失业是经济规律所决定的，并且是在社会主义市场经济中长期存在的客观经济现象，必须用完善的制度加以解决。新型的失业保险制度由此建立。

2. 失业保险制度的内容

（1）参保对象：城镇各类企业、事业单位及其职工。

（2）缴费办法：根据我国《失业保险条例》，城镇企业事业单位按照本单位工资总额的2%缴纳失业保险费。城镇企业事业单位职工按照本人工资的1%缴纳失业保险费。城镇企业事业单位招用的农民合同制工人本人不缴纳失业保险费。2015 年人力资源和社会保障部、财政部联合印发了《关于调整失业保险费率有关问题的通知》（人社部发〔2015〕24 号），从2015 年3 月1 日起，失业保险费率暂由3%降至2%，单位和个人的具体缴费比例由各省、各自治区、直辖市人民政府确定。

（3）失业保险基金的构成：城镇企业事业单位、城镇企业事业单位职工缴纳的失业保险费；失业保险基金的利息；财政津贴；依法纳入失业保险基金的其他资金。

（4）失业保险基金支出：失业保险金；领取失业保险金人员参加职工医保应缴纳的基本医疗保险费；领取失业保险金期间死亡的的失业人员的丧葬补助金和其供养的配偶、直系亲属的抚恤金；领取失业保险金期间接受职业培训、职业介绍的补贴；国务院规定或者批准的与失业保险有关的其他费用。

（5）领取失业保险金的条件：其一，按照规定参加失业保险，所在单位和本人已按照规定履行缴费义务满1 年的；其二，非因本人意愿中断就业的；其三，已办理失业登记，并有求职要求的。

（6）领取失业保险金的期限：失业人员失业前所在单位和本人按照规定累计缴费时间满1 年不足5 年的，领取失业保险金的期限最长为12 个月；累计缴费时间满5 年不足10 年的，领取失业保险金的期限最长为18 个月；累计缴费时间10 年以上的，领取失业保险金的期限最长为24 个月。重新就业后，再次失业的，缴费时间重新计算，领取失业保险金的期限可以与前次失业应领取而尚未领取的失业保险金的期限合并计算，但是最长不得超过24 个月。失业人员在领取失业保险金期间重新就业后不满一年再次失业的，可以继续申领其前次失业应领取而尚未领取的失业保险金。根据2020 年5 月人力资源和社会保障部与财政部联合印发《关于扩大失业保险保障范围的通知》，自2019 年12 月起，延长大龄失业人员领取失业保险金期限，对领取失业保险金期满仍未就业且距法定退休年龄不足1 年的失业人员，可继续发放失业保险金至法定退休年龄。

（7）失业保险金的标准：按照低于当地最低工资标准、高于城市居民最低生活保障标准的水平，由省、自治区、直辖市人民政府确定。2017 年人力资源和社会保障部、财政部发布《关于调整失业保险金标准的指导意见》，该意见指出各省要在确保基金可持续前提下，随着经济社会的发展，适当提高失业保障水平，逐渐将失业保险金标准提高到最低工资标准的90%。

（四）工伤保险

1. 工伤保险制度的改革与发展

我国工伤保险制度发展的历史轨迹与整个社会保险制度发展的历史轨迹相吻合，也经历了上述的四个重要时期。1989 年以来，在不断改革试点的基础上，劳动部于 1996 年颁发了《企业职工工伤保险试行办法》，并于同年 10 月 1 日起在全国试行。同年，还发布了中华人民共和国国家标准《职工工伤与职业病致残程度鉴定》（BG/T16180—1996）。至此，工伤保险制度的改革在全国铺开。2003 年 4 月，国务院颁布了《工伤保险条例》，自 2004 年 1 月 1 日起施行。之后，我国工伤保险的工作主要依据该条例展开。2010 年 12 月《国务院关于修改〈工伤保险条例〉的决定》对《工伤保险条例》部分内容做了调整和修订，主要包括工伤保险适用范、工伤认定范围，工伤认定、鉴定和争议处理程序，工伤待遇标准、单位支付的待遇项目、工伤保险基金支付的待遇项目等。

2. 工伤保险制度的主要内容

目前我国现行工商保险制度主要内容包括以下几个方面：

（1）参保对象：中华人民共和国境内的企业、事业单位、社会团体、民办非企业单位、基金会、律师事务所、会计师事务所等组织和有雇工的个体工商户。

（2）缴费办法：参照《国民经济行业分类》（GB/T 4754—2017），根据不同行业的工伤风险程度，将行业划分为八大类别，不同工伤风险类别的行业执行不同的工伤保险行业基准费率。各行业工伤风险类别对应的全国工伤保险行业基准费率为，一类至八类分别控制在该行业用人单位职工工资总额的 0.2%、0.4%、0.7%、0.9%、1.1%、1.3%、1.6%、1.9% 左右。通过费率浮动的办法具体确定每个行业内的费率档次，一类行业分为三个档次，即在基准费率的基础上，可向上浮动至 120%、150%，二类至八类行业分为五个档次，即在基准费率的基础上，可分别向上浮动至 120%、150% 或分别向下浮动至 80%、50%。

（3）工伤保险基金的构成：工伤保险基金由用人单位缴纳的工伤保险费、工伤保险基金的利息和依法纳入工伤保险基金的其他资金构成。

（4）工伤认定：职工有下列情形之一的，应当认定为工伤：①在工作时间和工作场所内，因工作原因受到事故伤害的；②工作时间前后在工作场所内，从事与工作有关的预备性或者收尾性工作受到事故伤害的；③在工作时间和工作场所内，因履行工作职责受到暴力等意外伤害的；④患职业病的；⑤因工外出期间，由于工作原因受到伤害或者发生事故下落不明的；⑥在上下班途中，受到非本人主要责任的交通事故或者城市轨道交通、客运轮渡、火车事故伤害的；⑦法律、行政法规规定应当认定为工伤的其他情形。职工有下列情形之一的，视同工伤：①在工作时间和工作岗位，突发疾病死亡或者在 48 小时之内经抢救无效死亡的；②在抢险救灾等维护国家利益、公共利益活动中受到伤害的；③职工原在军队服役，因战、因公负伤致残，已取得革命伤残军人证，到用人单位后旧伤复发的。下列情形的不得认定为工伤或者视同工伤：①故意犯罪的；②醉酒或者吸毒的；③自残或者自杀的。

（5）工伤保险待遇：根据新《工伤保险条例》，工伤保险待遇涉及医疗、伤残、康复、死亡这几个方面。职工因工作遭受事故伤害或者患职业病进行治疗或治疗之后又复发，享受工伤医疗待遇，工伤待遇主要有停工留薪（一般不超过 12 个月）、医疗费用补助、住院伙食补助费、交通食宿费、康复治疗费、辅助器具费、生活护理费等；职工因工致残，依据伤残等级不同享受不同一次性伤残补助金、保留工作（或重新安排工作）或按月领取伤残津贴，在符合条件的情况下，工伤致残职工与用人单位解除或者终止劳动关系，享受一次性工伤医疗补助金、一次性伤残就业补助金；职工因工死亡，其近亲属按照规定从工伤保险基金领取丧葬补助金、供养亲属抚恤金和一次性工亡补助金。

（五）生育保险

为了保障生育期妇女的健康和基本生活，分散生育风险，保障劳动力再生产，我国也有生育保险。为体现生育保险的福利性，1994 年劳动部颁发的《企业职工生育保险试行办法》规定，职工个人不缴费，而企业按最高不超过其工资总额 1% 的标准缴纳生育保险费。2011 年《社会保险法》确定，用人单位已经缴纳生育保险的，职工未就业配偶也享受生育医疗费用待遇。2012 年人力资源和社会保障部起草的《生育保险办法（征求意见稿）》提出，将生育保险的覆盖范围由原来仅适用于城镇企业及其职工，确定为国家机关、企业、事业单位、有雇工的个体经济组织以及其他社会组织等各类用人单位及其职工；同时根据近 20 年各地生育保险基金的收支情况及生育保险支出占工资总额的比例情况，规定用人单位按照本单位职工工资总额的一定比例缴纳生育保险费，缴费比例一般不超过 0.5%，具体缴费比例由各统筹地区根据当地实际情况测算后提出，报省、自治区、直辖市批准后实施。2019 年 3 月，为适应我国经济发展水平，优化保险管理资源，国务院办公厅在试点改革的基础上，发布了《全面推进生育保险和职工基本医疗保险合并实施意见》，在保留险种、保障待遇、统一管理、降低成本的总体思路下，推进生育保险与职工医疗保险全面合并实施，合并实施后生育保险险种和待遇均不变。

目前我国生育保险在待遇上，主要体现为三个方面：

1. 产假

是指职业妇女在分娩或流产期间，依据生育保险的法律、法规享有的法定带薪假期。目前我国法定女性正常产假为 98 天，其中产前休假 15 天，难产的增加 15 天，多胞胎生育的，每多生育一个婴儿，增加产假 15 天。女职工怀孕未满 4 个月流产的，享受 15 天产假；怀孕满 4 个月流产的，享受 42 天产假。在有的地区，为鼓励晚婚晚育，对晚婚晚育者会相应延长其产假。

2. 生育津贴

是指对职业妇女因生育或流产而离开工作岗位而中断收入时，按照生育保险的法律、法规给予定期支付现金的一项生育保险待遇，又称为现金津贴。我国《社会保险法》规定，职工在以下三种情况享受生育津贴：①女职工生育享受产假；②享受计划生育手术产假；③法律、法规规定的其他情形。生育津贴按照职工所在用人单位上年度职工月平均工资计发。

3. 生育医疗费用

包括生育的医疗费用、计划生育的医疗费用和法律、法规规定的应当由生育保险基金支付的其他项目费用。生育保险和职工医疗保险合并实施以后，生育津贴及生育医疗费用从职工基本医疗保险基金中支付。实行统一定点医疗服务管理，执行基本医疗保险、工伤保险、生育保险药品目录以及基本医疗保险诊疗项目和医疗服务设施范围。将生育医疗费用纳入医保支付方式改革范围，推动住院分娩等医疗费用按病种、产前价差按人头等方式付费。

本章小结

1. 社会保险是政府通过立法强制实施，运用保险方式处理劳动者面临的特定社会风险，并为其在暂时或永久丧失劳动能力，失去劳动收入时提供基本收入保障的法定保险制度。社会保险具有强制性、互助共济性、基本保障性等特点，主要发挥保障劳动者基本生活、促进社会安定、调整消费结构、促进社会经济发展、通过社会财富再分配刺激社会需求等功能。社会保险按照不同的分类标准可以分为不同的类型，其中最主要的分类的方式是按保障内容将其划分为老年、残障、遗属社会保险，疾病和生育社会保险，工伤社会保险，失业社会保险及家属津贴制度五种类型。社会保险发展经历了19世纪80年代至20世纪20年代末的产生阶段、20世纪20年代末至第二次世界大战的初步发展阶段、第二次世界大战后至20世纪70年代的充分发展阶段，以及20世纪70年代末至今的改革阶段。社会保险与商业保险既有共性，也存在较大的差别，两者在保障功能上存在互补性和一定程度的替代性，两者相互影响与相互补充，成为社会保障体系的重要构成部分。

2. 社会保险基金的筹集、管理与给付构成了社会保险制度的核心内容。社会保险的筹资模式一般包括现收现付制、完全积累制和部分积累制等三种形式。社会保险费一般由政府、企业、个人三方合理负担。社会保险的保障范围受经济、政治、社会、历史传统等诸多因素的制约。社会保险的给付结构是指通过特定的技术机制和给付方式，为劳动者提供某一水平的社会保险待遇，一般主要包括给付范围与条件、给付程度和给付模式等。社会保险基金是根据三方负担原则和在精算估计基础上，依法筹集的用于社会保险政策目标的基金项目的总称，是社会保险运行的经济基础，是实现社会保险各项政策目标的物质保证。社会保险基金管理是为实现社会保险的基本目标和制度的稳定运行，对社会保险基金的运行条件、管理模式、投资营运、监督管理进行全面规划和系统管理的总称，是社会保险基金制度运行的核心环节。

3. 我国社会保险制度自建立迄今走过了七十多年的历程，大体经历了1951—1958年的创建时期、1958—1966年的调整完善时期、1966—1976年的遭到严重破坏时期、1976—1984年的重建时期及1984年至今的改革发展时期。我国目前主要的社会保险包括基本养老保险、基本医疗保险、失业保险、工伤保险和生育保险。

本章关键词

社会保险　社会养老保险　社会医疗保险　工伤保险　失业保险　生育保险
社会保险基金　现收现付筹资模式　基金完全积累筹资模式　基金部分积累筹资模式
比例保费制　均等保费制

本章思考题

1. 简述社会保险的特点及其基本功能。
2. 社会保险与商业保险有哪些共性与区别？
3. 怎样看待社会保险与商业保险的关系？
4. 社会保险的发展经历了哪些阶段？每个阶段分别有何特点？
5. 比较社会保险的三种筹资模式。
6. 社会保险基金管理的模式和途径有哪些？
7. 社会保险基金投资营运应遵循哪些原则？投资的渠道有哪些？
8. 我国社会保险制度的发展经历了哪些阶段？
9. 我国现行的社会保险主要包含哪些项目？
10. 简述我国基本养老保险、基本医疗保险制度改革的主要内容？

附　录

表 1　中国人身保险业经验生命表（2010—2013）						
年龄	非养老类业务一表		非养老类业务二表		养老类业务表	
	男（CL1）	女（CL2）	男（CL3）	女（CL4）	男（CL5）	女（CL6）
0	0.000867	0.00062	0.00062	0.000455	0.000566	0.000453
1	0.000615	0.000456	0.000465	0.000324	0.000386	0.000289
2	0.000445	0.000337	0.000353	0.000236	0.000268	0.000184
3	0.000339	0.000256	0.000278	0.00018	0.000196	0.000124
4	0.00028	0.000203	0.000229	0.000149	0.000158	0.000095
5	0.000251	0.00017	0.0002	0.000131	0.000141	0.000084
6	0.000237	0.000149	0.000182	0.000119	0.000132	0.000078
7	0.000233	0.000137	0.000172	0.00011	0.000129	0.000074
8	0.000238	0.000133	0.000171	0.000105	0.000131	0.000072
9	0.00025	0.000136	0.000177	0.000103	0.000137	0.000072
10	0.000269	0.000145	0.000187	0.000103	0.000146	0.000074
11	0.000293	0.000157	0.000202	0.000105	0.000157	0.000077
12	0.000319	0.000172	0.00022	0.000109	0.00017	0.00008
13	0.000347	0.000189	0.00024	0.000115	0.000184	0.000085
14	0.000375	0.000206	0.000261	0.000121	0.000197	0.00009
15	0.000402	0.000221	0.00028	0.000128	0.000208	0.000095
16	0.000427	0.000234	0.000298	0.000135	0.000219	0.0001
17	0.000449	0.000245	0.000315	0.000141	0.000227	0.000105
18	0.000469	0.000255	0.000331	0.000149	0.000235	0.00011
19	0.000489	0.000262	0.000346	0.000156	0.000241	0.000115
20	0.000508	0.000269	0.000361	0.000163	0.000248	0.00012
21	0.000527	0.000274	0.000376	0.00017	0.000256	0.000125
22	0.000547	0.000279	0.000392	0.000178	0.000264	0.000129
23	0.000568	0.000284	0.000409	0.000185	0.000273	0.000134
24	0.000591	0.000289	0.000428	0.000192	0.000284	0.000139
25	0.000615	0.000294	0.000448	0.0002	0.000297	0.000144
26	0.000644	0.0003	0.000471	0.000208	0.000314	0.000149
27	0.000675	0.000307	0.000497	0.000216	0.000333	0.000154
28	0.000711	0.000316	0.000526	0.000225	0.000354	0.00016
29	0.000751	0.000327	0.000558	0.000235	0.000379	0.000167

续表

年龄	非养老类业务一表		非养老类业务二表		养老类业务表	
	男（CL1）	女（CL2）	男（CL3）	女（CL4）	男（CL5）	女（CL6）
30	0.000797	0.00034	0.000595	0.000247	0.000407	0.000175
31	0.000847	0.000356	0.000635	0.000261	0.000438	0.000186
32	0.000903	0.000374	0.000681	0.000277	0.000472	0.000198
33	0.000966	0.000397	0.000732	0.000297	0.000509	0.000213
34	0.001035	0.000423	0.000788	0.000319	0.000549	0.000231
35	0.001111	0.000454	0.00085	0.000346	0.000592	0.000253
36	0.001196	0.000489	0.000919	0.000376	0.000639	0.000277
37	0.00129	0.00053	0.000995	0.000411	0.00069	0.000305
38	0.001395	0.000577	0.001078	0.00045	0.000746	0.000337
39	0.001515	0.000631	0.00117	0.000494	0.000808	0.000372
40	0.001651	0.000692	0.00127	0.000542	0.000878	0.00041
41	0.001804	0.000762	0.00138	0.000595	0.000955	0.00045
42	0.001978	0.000841	0.0015	0.000653	0.001041	0.000494
43	0.002173	0.000929	0.001631	0.000715	0.001138	0.00054
44	0.002393	0.001028	0.001774	0.000783	0.001245	0.000589
45	0.002639	0.001137	0.001929	0.000857	0.001364	0.00064
46	0.002913	0.001259	0.002096	0.000935	0.001496	0.000693
47	0.003213	0.001392	0.002277	0.00102	0.001641	0.00075
48	0.003538	0.001537	0.002472	0.001112	0.001798	0.000811
49	0.003884	0.001692	0.002682	0.001212	0.001967	0.000877
50	0.004249	0.001859	0.002908	0.001321	0.002148	0.00095
51	0.004633	0.002037	0.00315	0.001439	0.00234	0.001031
52	0.005032	0.002226	0.003409	0.001568	0.002544	0.00112
53	0.005445	0.002424	0.003686	0.001709	0.002759	0.001219
54	0.005869	0.002634	0.003982	0.001861	0.002985	0.001329
55	0.006302	0.002853	0.004297	0.002027	0.003221	0.00145
56	0.006747	0.003085	0.004636	0.002208	0.003469	0.001585
57	0.007227	0.003342	0.004999	0.002403	0.003731	0.001736
58	0.00777	0.003638	0.005389	0.002613	0.004014	0.001905
59	0.008403	0.00399	0.005807	0.00284	0.004323	0.002097
60	0.009161	0.004414	0.006258	0.003088	0.00466	0.002315
61	0.010065	0.004923	0.006742	0.003366	0.005034	0.002561
62	0.011129	0.005529	0.007261	0.003684	0.005448	0.002836
63	0.01236	0.006244	0.007815	0.004055	0.005909	0.003137
64	0.013771	0.007078	0.008405	0.004495	0.006422	0.003468
65	0.015379	0.008045	0.009039	0.005016	0.006988	0.003835
66	0.017212	0.009165	0.009738	0.005626	0.00761	0.004254
67	0.019304	0.01046	0.010538	0.006326	0.008292	0.00474

续表

年龄	非养老类业务一表		非养老类业务二表		养老类业务表	
	男（CL1）	女（CL2）	男（CL3）	女（CL4）	男（CL5）	女（CL6）
68	0.021691	0.011955	0.011496	0.007115	0.009046	0.005302
69	0.024411	0.013674	0.012686	0.008	0.009897	0.005943
70	0.027495	0.015643	0.014192	0.009007	0.010888	0.00666
71	0.030965	0.017887	0.016106	0.010185	0.01208	0.00746
72	0.034832	0.020432	0.018517	0.011606	0.01355	0.008369
73	0.039105	0.023303	0.02151	0.013353	0.015387	0.009436
74	0.043796	0.026528	0.025151	0.015508	0.017686	0.01073
75	0.048921	0.030137	0.02949	0.018134	0.020539	0.012332
76	0.054506	0.034165	0.034545	0.021268	0.024017	0.014315
77	0.060586	0.038653	0.04031	0.024916	0.028162	0.016734
78	0.067202	0.043648	0.046747	0.029062	0.032978	0.019619
79	0.0744	0.049205	0.053801	0.033674	0.038437	0.022971
80	0.08222	0.055385	0.061403	0.038718	0.044492	0.02677
81	0.0907	0.062254	0.069485	0.04416	0.051086	0.030989
82	0.099868	0.06988	0.077987	0.049977	0.058173	0.035598
83	0.109754	0.07832	0.086872	0.056157	0.065722	0.040576
84	0.120388	0.087611	0.09613	0.062695	0.073729	0.045915
85	0.131817	0.097754	0.105786	0.069596	0.082223	0.051616
86	0.144105	0.108704	0.1159	0.076863	0.091239	0.057646
87	0.157334	0.120371	0.126569	0.084501	0.1009	0.064084
88	0.171609	0.132638	0.137917	0.092504	0.111321	0.070942
89	0.187046	0.145395	0.150089	0.100864	0.122608	0.078241
90	0.203765	0.158572	0.163239	0.109567	0.13487	0.086003
91	0.221873	0.172172	0.177519	0.118605	0.148212	0.094249
92	0.241451	0.186294	0.193067	0.127985	0.162742	0.103002
93	0.262539	0.201129	0.209999	0.137743	0.178566	0.112281
94	0.285129	0.21694	0.228394	0.147962	0.195793	0.122109
95	0.30916	0.234026	0.248299	0.158777	0.214499	0.13254
96	0.334529	0.252673	0.269718	0.17038	0.23465	0.143757
97	0.361101	0.273112	0.292621	0.18302	0.25618	0.155979
98	0.388727	0.295478	0.316951	0.196986	0.279025	0.169421
99	0.417257	0.319794	0.342628	0.212604	0.30312	0.184301
100	0.446544	0.345975	0.369561	0.230215	0.328401	0.200836
101	0.476447	0.373856	0.397652	0.250172	0.354803	0.219242
102	0.50683	0.403221	0.426801	0.272831	0.382261	0.239737
103	0.537558	0.433833	0.456906	0.298551	0.41071	0.262537
104	0.568497	0.465447	0.487867	0.327687	0.440086	0.287859
105	1	1	1	1	1	1

表2 中国人身保险业经验生命表（2010—2013）（换算函数表）

男性 非年金 CL1 I = 2%

Age	Dx	Nx	Cx	Mx	Sx	Rx
0	1000.000000	39362.843539	0.850000	228.179538	1170956.063823	16402.920719
1	979.542157	38362.843539	0.590606	227.329538	1131593.220284	16174.741180
2	959.744842	37383.301382	0.418712	226.738932	1093230.376745	15947.411642
3	940.507603	36423.556540	0.312580	226.320220	1055847.075364	15720.672709
4	921.753697	35483.048937	0.253030	226.007639	1019423.518824	15494.352490
5	903.427065	34561.295240	0.222314	225.754609	983940.469887	15268.344850
6	885.490495	33657.868175	0.205746	225.532295	949379.174647	15042.590241
7	867.922190	32772.377681	0.198261	225.326549	915721.306471	14817.057946
8	850.705847	31904.455491	0.198498	225.128288	882948.928791	14591.731397
9	833.826842	31053.749644	0.204369	224.929790	851044.473300	14366.603109
10	817.272927	30219.922802	0.215536	224.725421	819990.723656	14141.673319
11	801.032432	29402.649875	0.230100	224.509885	789770.800854	13916.947898
12	785.095813	28601.617444	0.245535	224.279785	760368.150978	13692.438013
13	769.456243	27816.521631	0.261766	224.034250	731766.533534	13468.158228
14	754.107099	27047.065388	0.277245	223.772484	703950.011903	13244.123978
15	739.043440	26292.958289	0.291270	223.495238	676902.946515	13020.351495
16	724.261122	25553.914849	0.303196	223.203968	650609.988226	12796.856256
17	709.756728	24829.653727	0.312432	222.900773	625056.073377	12573.652288
18	695.527498	24119.896998	0.319806	222.588341	600226.419650	12350.751515
19	681.569897	23424.369501	0.326753	222.268534	576106.522652	12128.163174
20	667.879029	22742.799604	0.332630	221.941782	552682.153151	11905.894640
21	654.450732	22074.920575	0.338133	221.609152	529939.353548	11683.952858
22	641.280232	21420.469843	0.343902	221.271019	507864.432973	11462.343706
23	628.362207	20779.189611	0.349912	220.927117	486443.963130	11241.072687
24	615.691468	20150.827404	0.356739	220.577205	465664.773519	11020.145570
25	603.262347	19535.135936	0.363732	220.220466	445513.946115	10799.568365
26	591.069942	18931.873589	0.373185	219.856735	425978.810179	10579.347899
27	579.107150	18340.803646	0.383233	219.483549	407046.936590	10359.491164
28	567.368875	17761.696496	0.395489	219.100317	388706.132944	10140.007615
29	555.848506	17194.327621	0.409257	218.704827	370944.436448	9920.907298
30	544.540259	16638.479115	0.425489	218.295570	353750.108827	9702.202471
31	533.437510	16093.938856	0.442962	217.870081	337111.629713	9483.906901
32	522.534988	15560.501346	0.462597	217.427119	321017.690857	9266.036820
33	511.826607	15037.966358	0.484730	216.964522	305457.189510	9048.609701
34	501.306062	14526.139751	0.508678	216.479792	290419.223152	8831.645179

续表

Age	Dx	Nx	Cx	Mx	Sx	Rx
35	490.967853	14024.833689	0.534770	215.971114	275893.083402	8615.165387
36	480.806262	13533.865836	0.563769	215.436344	261868.249713	8399.194273
37	470.814919	13053.059574	0.595442	214.872575	248334.383876	8183.757930
38	460.987812	12582.244655	0.630469	214.277132	235281.324302	7968.885355
39	451.318367	12121.256843	0.670341	213.646664	222699.079647	7754.608222
40	441.798646	11669.938476	0.715107	212.976323	210577.822805	7540.961558
41	432.420820	11228.139830	0.764791	212.261216	198907.884329	7327.985235
42	423.177189	10795.719009	0.820632	211.496425	187679.744499	7115.724019
43	414.058966	10372.541820	0.882108	210.675793	176884.025490	6904.227595
44	405.058054	9958.482854	0.950298	209.793685	166511.483670	6693.551802
45	396.165442	9553.424800	1.024981	208.843387	156553.000816	6483.758117
46	387.372511	9157.259358	1.106290	207.818406	146999.576016	6274.914730
47	378.670681	8769.886847	1.192813	206.712116	137842.316658	6067.096324
48	370.052953	8391.216166	1.283576	205.519303	129072.429811	5860.384209
49	361.513437	8021.163213	1.376586	204.235727	120681.213645	5654.864906
50	353.048352	7659.649776	1.470689	202.859141	112660.050432	5450.629179
51	344.655146	7306.601424	1.565478	201.388452	105000.400657	5247.770038
52	336.331725	6961.946277	1.659237	199.822974	97693.799233	5046.381586
53	328.077748	6625.614553	1.751356	198.163738	90731.852956	4846.558612
54	319.893495	6297.536804	1.840642	196.412381	84106.238403	4648.394875
55	311.780432	5977.643309	1.926314	194.571739	77808.701599	4451.982493
56	303.740776	5665.862877	2.009156	192.645425	71831.058290	4257.410754
57	295.775919	5362.122101	2.095659	190.636269	66165.195413	4064.765329
58	287.880731	5066.346183	2.192974	188.540610	60803.073311	3874.129059
59	280.043037	4778.465452	2.307060	186.347636	55736.727129	3685.588449
60	272.244937	4498.422414	2.445133	184.040576	50958.261677	3499.240813
61	264.461668	4226.177477	2.609614	181.595443	46459.839263	3315.200237
62	256.666530	3961.715810	2.800433	178.985828	42233.661785	3133.604794
63	248.833420	3705.049279	3.015276	176.185395	38271.945976	2954.618966
64	240.939058	3456.215859	3.252913	173.170120	34566.896697	2778.433571
65	232.961849	3215.276801	3.512471	169.917206	31110.680838	2605.263451
66	224.881499	2982.314952	3.794765	166.404735	27895.404036	2435.346245
67	216.677293	2757.433453	4.100724	162.609970	24913.089084	2268.941510
68	208.327994	2540.756160	4.430238	158.509246	22155.655631	2106.331540
69	199.812894	2332.428166	4.781993	154.079008	19614.899471	1947.822294
70	191.113001	2132.615272	5.151620	149.297016	17282.471305	1793.743286

续表

Age	Dx	Nx	Cx	Mx	Sx	Rx
71	182.214068	1941.502271	5.531626	144.145396	15149.856033	1644.446270
72	173.109617	1759.288203	5.911524	138.613770	13208.353763	1500.300874
73	163.803787	1586.178585	6.279948	132.702246	11449.065560	1361.687104
74	154.312000	1422.374798	6.625734	126.422298	9862.886975	1228.984858
75	144.660541	1268.062798	6.938175	119.796564	8440.512176	1102.562559
76	134.885885	1123.402257	7.207931	112.858390	7172.449378	982.765995
77	125.033132	988.516372	7.426723	105.650458	6049.047121	869.907605
78	115.154779	863.483240	7.586894	98.223735	5060.530748	764.257147
79	105.309949	748.328461	7.681432	90.636842	4197.047508	666.033412
80	95.563616	643.018512	7.703177	82.955410	3448.719047	575.396570
81	85.986643	547.454896	7.646067	75.252233	2805.700535	492.441160
82	76.654563	461.468253	7.505233	67.606166	2258.245639	417.188927
83	67.646299	384.813690	7.278874	60.100933	1796.777386	349.582761
84	59.041027	317.167391	6.968462	52.822058	1411.963696	289.481828
85	50.914898	258.126364	6.579852	45.853596	1094.796305	236.659770
86	43.336714	207.211466	6.122586	39.273744	836.669941	190.806173
87	36.364389	163.874752	5.609171	33.151159	629.458475	151.532429
88	30.042191	127.510363	5.054422	27.541987	465.583723	118.381270
89	24.398706	97.468172	4.474196	22.487566	338.073361	90.839282
90	19.446104	73.069466	3.884741	18.013369	240.605189	68.351717
91	15.180067	53.623362	3.302007	14.128629	167.535723	50.338348
92	11.580412	38.443295	2.741276	10.826622	113.912361	36.209719
93	8.612068	26.862883	2.216670	8.085345	75.469067	25.383097
94	6.226534	18.250814	1.740554	5.868675	48.606184	17.297752
95	4.363891	12.024281	1.322687	4.128121	30.355369	11.429077
96	2.955638	7.660390	0.969359	2.805434	18.331089	7.300957
97	1.928325	4.704752	0.682667	1.836075	10.670699	4.495523
98	1.207848	2.776428	0.460317	1.153408	5.965947	2.659448
99	0.723848	1.568580	0.296108	0.693091	3.189519	1.506040
100	0.413546	0.844732	0.181046	0.396983	1.620939	0.812949
101	0.224392	0.431186	0.104815	0.215937	0.776206	0.415966
102	0.115177	0.206794	0.057231	0.111123	0.345020	0.200029
103	0.055688	0.091617	0.029349	0.053892	0.138226	0.088906
104	0.025248	0.035928	0.014072	0.024543	0.046609	0.035015
105	0.010681	0.010681	0.010471	0.010471	0.010681	0.010471

表3　中国人身保险业经验生命表（2010—2013）（换算函数表）

女性　非年金 CL2　　i = 2%

Age	Dx	Nx	Cx	Mx	Sx	Rx
0	1000.000000	40618.038902	0.607843	203.567865	1259961.807585	15912.905420
1	979.784314	39618.038902	0.438021	202.960022	1219343.768684	15709.337555
2	960.134835	38638.254588	0.317221	202.522000	1179725.729782	15506.377533
3	940.991441	37678.119752	0.236170	202.204779	1141087.475194	15303.855533
4	922.304458	36737.128311	0.183557	201.968609	1103409.355442	15101.650754
5	904.036500	35814.823853	0.150673	201.785052	1066672.227131	14899.682145
6	886.159622	34910.787353	0.129449	201.634379	1030857.403277	14697.897093
7	868.654494	34024.627731	0.116672	201.504931	995946.615925	14496.262713
8	851.505381	33155.973237	0.111030	201.388258	961921.988193	14294.757782
9	834.698167	32304.467856	0.111293	201.277229	928766.014956	14093.369524
10	818.220243	31469.769689	0.116316	201.165936	896461.547100	13892.092295
11	802.060394	30651.549446	0.123454	201.049620	864991.777410	13690.926359
12	786.210265	29849.489052	0.132577	200.926166	834340.227964	13489.876739
13	770.661801	29063.278788	0.142799	200.793589	804490.738912	13288.950574
14	755.407986	28292.616987	0.152563	200.650790	775427.460125	13088.156985
15	740.443502	27537.209001	0.160429	200.498227	747134.843138	12887.506195
16	725.764572	26796.765499	0.166499	200.337798	719597.634136	12687.007967
17	711.367395	26071.000927	0.170868	200.171299	692800.868637	12486.670170
18	697.248147	25359.633532	0.174312	200.000431	666729.867710	12286.498871
19	683.402303	24662.385384	0.175541	199.826119	641370.234178	12086.498440
20	669.826717	23978.983081	0.176650	199.650579	616707.848794	11886.672320
21	656.516210	23309.156364	0.176358	199.473928	592728.865713	11687.021742
22	643.466985	22652.640154	0.176007	199.297570	569419.709349	11487.547814
23	630.673978	22009.173169	0.175599	199.121563	546767.069195	11288.250244
24	618.132222	21378.499191	0.175137	198.945963	524757.896026	11089.128681
25	605.836845	20760.366969	0.174624	198.770826	503379.396835	10890.182718
26	593.783067	20154.530124	0.174642	198.596202	482619.029865	10691.411892
27	581.965620	19560.747057	0.175160	198.421560	462464.499741	10492.815690
28	570.379369	18978.781437	0.176706	198.246400	442903.752684	10294.394129
29	559.018754	18408.402068	0.179215	198.069694	423924.971247	10096.147729
30	547.878387	17849.383313	0.182626	197.890479	405516.569180	9898.078035
31	536.953048	17301.504926	0.187407	197.707853	387667.185866	9700.187556
32	526.237150	16764.551878	0.192954	197.520446	370365.680941	9502.479702
33	515.725820	16238.314728	0.200729	197.327492	353601.129063	9304.959256
34	505.412821	15722.588908	0.209598	197.126764	337362.814335	9107.631764

续表

Age	Dx	Nx	Cx	Mx	Sx	Rx
35	495.293168	15217.176087	0.220454	196.917166	321640.225427	8910.505000
36	485.361083	14721.882919	0.232688	196.696712	306423.049340	8713.587834
37	475.611511	14236.521836	0.247131	196.464024	291701.166422	8516.891121
38	466.038664	13760.910324	0.263632	196.216893	277464.644586	8320.427097
39	456.637019	13294.871660	0.282488	195.953261	263703.734262	8124.210204
40	447.400864	12838.234641	0.303531	195.670773	250408.862602	7928.256943
41	438.324767	12390.833777	0.327454	195.367242	237570.627961	7732.586170
42	429.402710	11952.509010	0.354047	195.039788	225179.794184	7537.218928
43	420.629002	11523.106300	0.383102	194.685741	213227.285174	7342.179140
44	411.998272	11102.477298	0.415230	194.302639	201704.178874	7147.493398
45	403.504645	10690.479026	0.449789	193.887409	190601.701576	6953.190760
46	395.143000	10286.974381	0.487730	193.437620	179911.222551	6759.303350
47	386.907368	9891.831381	0.528015	192.949890	169624.248170	6565.865730
48	378.792934	9504.924013	0.570789	192.421875	159732.416789	6372.915840
49	370.794833	9126.131079	0.615083	191.851086	150227.492777	6180.493965
50	362.909263	8755.336246	0.661420	191.236003	141101.361698	5988.642879
51	355.131975	8392.426983	0.709219	190.574583	132346.025452	5797.406876
52	347.459383	8037.295008	0.758279	189.865364	123953.598469	5606.832293
53	339.888175	7689.835625	0.807734	189.107085	115916.303461	5416.966930
54	332.415967	7349.947450	0.858415	188.299350	108226.467835	5227.859845
55	325.039591	7017.531483	0.909155	187.440935	100876.520385	5039.560495
56	317.757111	6692.491892	0.961059	186.531780	93858.988902	4852.119560
57	310.565520	6374.734780	1.017559	185.570721	87166.497011	4665.587780
58	303.458441	6064.169260	1.082335	184.553162	80791.762231	4480.017060
59	296.425941	5760.710819	1.159549	183.470827	74727.592970	4295.463898
60	289.454119	5464.284878	1.252599	182.311278	68966.882152	4111.993071
61	282.525949	5174.830759	1.363603	181.058680	63502.597274	3929.681793
62	275.622622	4892.304810	1.494037	179.695076	58327.766514	3748.623113
63	268.724220	4616.682188	1.645014	178.201040	53435.461705	3568.928037
64	261.810104	4347.957968	1.816757	176.556026	48818.779517	3390.726997
65	254.859816	4086.147864	2.010144	174.739269	44470.821548	3214.170971
66	247.852420	3831.288049	2.227027	172.729125	40384.673684	3039.431702
67	240.765542	3583.435629	2.469027	170.502098	36553.385635	2866.702577
68	233.575622	3342.670087	2.737644	168.033071	32969.950006	2696.200479
69	226.258064	3109.094466	3.033189	165.295427	29627.279919	2528.167409
70	218.788442	2882.836402	3.355400	162.262238	26518.185453	2362.871981

续表

Age	Dx	Nx	Cx	Mx	Sx	Rx
71	211.143073	2664.047960	3.702663	158.906839	23635.349051	2200.609743
72	203.300350	2452.904887	4.072385	155.204176	20971.301091	2041.702904
73	195.241684	2249.604537	4.460507	151.131791	18518.396205	1886.498729
74	186.952908	2054.362853	4.862242	146.671284	16268.791668	1735.366938
75	178.424923	1867.409945	5.271757	141.809042	14214.428815	1588.695654
76	169.654639	1688.985021	5.682599	136.537285	12347.018870	1446.886612
77	160.645478	1519.330383	6.087676	130.854686	10658.033849	1310.349327
78	151.407891	1358.684905	6.479070	124.767010	9138.703466	1179.494641
79	141.960038	1207.277014	6.848180	118.287940	7780.018562	1054.727630
80	132.328328	1065.316975	7.185298	111.439760	6572.741548	936.439690
81	122.548357	932.988647	7.479535	104.254462	5507.424572	824.999930
82	112.665913	810.440291	7.718720	96.774927	4574.435925	720.745469
83	102.738058	697.774378	7.888671	89.056207	3763.995634	623.970542
84	92.834915	595.036320	7.973882	81.167536	3066.221256	534.914335
85	83.040740	502.201405	7.958397	73.193654	2471.184936	453.746799
86	73.454094	419.160665	7.828190	65.235257	1968.983531	380.553145
87	64.185627	345.706571	7.574596	57.407067	1549.822866	315.317888
88	55.352490	281.520944	7.197886	49.832471	1204.116295	257.910820
89	47.069261	226.168454	6.709446	42.634585	922.595351	208.078349
90	39.436888	179.099193	6.130967	35.925139	696.426897	165.443764
91	32.532649	139.662306	5.491384	29.794172	517.327703	129.518625
92	26.403370	107.129657	4.822343	24.302789	377.665398	99.724453
93	21.063314	80.726287	4.153376	19.480446	270.535741	75.421664
94	16.496932	59.662972	3.508671	15.327070	189.809454	55.941218
95	12.664792	43.166040	2.905775	11.818399	130.146482	40.614148
96	9.510688	30.501248	2.355974	8.912624	86.980442	28.795749
97	6.968229	20.990560	1.865791	6.556649	56.479194	19.883125
98	4.965806	14.022331	1.438516	4.690858	35.488634	13.326476
99	3.429921	9.056525	1.075361	3.252342	21.466303	8.635617
100	2.287307	5.626604	0.775834	2.176981	12.409777	5.383275
101	1.466623	3.339297	0.537555	1.401147	6.783174	3.206294
102	0.900311	1.872674	0.355906	0.863592	3.443876	1.805147
103	0.526752	0.972363	0.224041	0.507686	1.571202	0.941555
104	0.292382	0.445611	0.133420	0.283644	0.598840	0.433869
105	0.153229	0.153229	0.150225	0.150225	0.153229	0.150225
106	0.000000	0.000000	0.000000	0.000000	0.000000	0.000000

表4 中国人身保险业经验生命表（2010—2013）（换算函数表）

男性 非年金 CL3　　I＝2%

Age	Dx	Nx	Cx	Mx	Sx	Rx
0	1000.000000	40260.393049	0.607843	210.580528	1236592.219640	16013.486782
1	979.784314	39260.393049	0.446666	209.972685	1196331.826591	15802.906253
2	960.126190	38280.608735	0.332279	209.526019	1157071.433542	15592.933568
3	940.967908	37320.482545	0.256460	209.193740	1118790.824807	15383.407549
4	922.261097	36379.514638	0.207057	208.937280	1081470.342262	15174.213809
5	903.970489	35457.253541	0.177249	208.730223	1045090.827624	14965.276529
6	886.068328	34553.283052	0.158102	208.552974	1009633.574083	14756.546305
7	868.536337	33667.214724	0.146459	208.394872	975080.291031	14547.993331
8	851.359754	32798.678387	0.142728	208.248413	941413.076307	14339.598459
9	834.523697	31947.318633	0.144814	208.105685	908614.397920	14131.350046
10	818.015673	31112.794936	0.149970	207.960870	876667.079287	13923.244361
11	801.826181	30294.779263	0.158793	207.810901	845554.284352	13715.283491
12	785.945306	29492.953082	0.169518	207.652108	815259.505089	13507.472590
13	770.365096	28707.007776	0.181262	207.482590	785766.552007	13299.820482
14	755.078635	27936.642681	0.193211	207.301328	757059.544231	13092.337892
15	740.079961	27181.564045	0.203159	207.108117	729122.901550	12885.036564
16	725.365430	26441.484085	0.211920	206.904957	701941.337505	12677.928447
17	710.930658	25716.118655	0.219552	206.693037	675499.853421	12471.023490
18	696.771289	25005.187997	0.226109	206.473485	649783.734766	12264.330453
19	682.882997	24308.416709	0.231645	206.247376	624778.546769	12057.856968
20	669.261490	23625.533711	0.236866	206.015731	600470.130060	11851.609592
21	655.901850	22956.272221	0.241783	205.778865	576844.596349	11645.593861
22	642.799246	22300.370371	0.247037	205.537082	553888.324128	11439.814996
23	629.948302	21657.571125	0.252597	205.290045	531587.953757	11234.277915
24	617.343778	21027.622823	0.259042	205.037448	509930.382631	11028.987870
25	604.979956	20410.279045	0.265717	204.778406	488902.759808	10823.950421
26	592.851887	19805.299089	0.273758	204.512689	468492.480763	10619.172016
27	580.953582	19212.447202	0.283072	204.238931	448687.181674	10414.659327
28	569.279263	18631.493620	0.293570	203.955859	429474.734471	10210.420395
29	557.823355	18062.214358	0.305162	203.662289	410843.240851	10006.464537
30	546.580480	17504.391003	0.318839	203.357127	392781.026493	9802.802248
31	535.544377	16957.810523	0.333403	203.038288	375276.635491	9599.445121
32	524.710104	16422.266146	0.350321	202.704886	358318.824968	9396.406833
33	514.071350	15897.556042	0.368922	202.354564	341896.558822	9193.701947
34	503.622597	15383.484692	0.389073	201.985643	325999.002780	8991.347383

续表

Age	Dx	Nx	Cx	Mx	Sx	Rx
35	493.358571	14879.862095	0.411132	201.596570	310615.518088	8789.361740
36	483.273742	14386.503523	0.435420	201.185437	295735.655994	8587.765170
37	473.362366	13903.229781	0.461760	200.750017	281349.152471	8386.579733
38	463.618991	13429.867416	0.489982	200.288257	267445.922689	8185.829716
39	454.038440	12966.248425	0.520809	199.798275	254016.055274	7985.541459
40	444.614917	12512.209985	0.553589	199.277466	241049.806848	7785.743184
41	435.343388	12067.595067	0.588994	198.723877	228537.596864	7586.465717
42	426.218250	11632.251679	0.626792	198.134883	216470.001796	7387.741840
43	417.234237	11206.033430	0.667166	197.508092	204837.750117	7189.606957
44	408.386008	10788.799192	0.710271	196.840926	193631.716688	6992.098865
45	399.668168	10380.413184	0.755843	196.130655	182842.917496	6795.257939
46	391.075694	9980.745016	0.803622	195.374812	172462.504312	6599.127284
47	382.603921	9589.669322	0.854107	194.571189	162481.759296	6403.752473
48	374.247777	9207.065400	0.907000	193.717082	152892.089974	6209.181283
49	366.002584	8832.817624	0.962372	192.810082	143685.024574	6015.464201
50	357.863692	8466.815039	1.020262	191.847710	134852.206950	5822.654119
51	349.826494	8108.951348	1.080347	190.827448	126385.391911	5630.806408
52	341.886805	7759.124854	1.142639	189.747102	118276.440563	5439.978960
53	334.040502	7417.238049	1.207131	188.604462	110517.315709	5250.231859
54	326.283558	7083.197547	1.273785	187.397332	103100.077660	5061.627397
55	318.612056	6756.913989	1.342231	186.123546	96016.880113	4874.230065
56	311.022529	6438.301933	1.413628	184.781315	89259.966124	4688.106519
57	303.510420	6127.279404	1.487499	183.367687	82821.664191	4503.325204
58	296.071737	5823.768984	1.564246	181.880188	76694.384787	4319.957517
59	288.702163	5527.697247	1.643621	180.315943	70870.615803	4138.077329
60	281.397715	5238.995084	1.726458	178.672322	65342.918557	3957.761387
61	274.153655	4957.597368	1.812102	176.945864	60103.923473	3779.089065
62	266.965992	4683.443713	1.900431	175.133762	55146.326104	3602.143201
63	259.830933	4416.477722	1.990763	173.233330	50462.882391	3427.009439
64	252.745445	4156.646789	2.082672	171.242567	46046.404670	3253.776109
65	245.706980	3903.901344	2.177397	169.159895	41889.757881	3082.533542
66	238.711799	3658.194364	2.278996	166.982497	37985.856537	2913.373647
67	231.752180	3419.482565	2.394318	164.703502	34327.662174	2746.391150
68	224.813701	3187.730385	2.533783	162.309184	30908.179609	2581.687648
69	217.871807	2962.916684	2.709727	159.775401	27720.449224	2419.378464
70	210.890083	2745.044877	2.934267	157.065674	24757.532540	2259.603063

续表

Age	Dx	Nx	Cx	Mx	Sx	Rx
71	203.820717	2534.154794	3.218369	154.131407	22012.487662	2102.537389
72	196.605863	2330.334077	3.569167	150.913038	19478.332868	1948.405982
73	189.181679	2133.728214	3.989508	147.343871	17147.998791	1797.492944
74	181.482726	1944.546535	4.474973	143.354363	15014.270577	1650.149073
75	173.449269	1763.063809	5.014724	138.879390	13069.724042	1506.794710
76	165.033578	1589.614540	5.589299	133.864666	11306.660233	1367.915320
77	156.208327	1424.580961	6.173292	128.275367	9717.045694	1234.050654
78	146.972127	1268.372634	6.735790	122.102075	8292.464732	1105.775287
79	137.354530	1121.400508	7.244913	115.366285	7024.092098	983.673212
80	127.416391	984.045978	7.670342	108.121372	5902.691590	868.306927
81	117.247689	856.629586	7.987211	100.451030	4918.645613	760.185555
82	106.961503	739.381898	8.178046	92.463819	4062.016026	659.734524
83	96.686173	632.420394	8.234629	84.285773	3322.634129	567.270706
84	86.555737	535.734222	8.157454	76.051144	2690.213734	482.984933
85	76.701112	449.178485	7.954808	67.893690	2154.479513	406.933788
86	67.242361	372.477373	7.640578	59.938883	1705.301028	339.040098
87	58.283305	305.235012	7.232215	52.298305	1332.823655	279.101215
88	49.908280	246.951707	6.748236	45.066089	1027.588643	226.802910
89	42.181451	197.043428	6.206835	38.317854	780.636936	181.736821
90	35.147528	154.861977	5.624948	32.111019	583.593508	143.418967
91	28.833413	119.714449	5.018116	26.486070	428.731531	111.307948
92	23.249935	90.881036	4.400780	21.467954	309.017082	84.821878
93	18.393275	67.631101	3.786833	17.067175	218.136046	63.353923
94	14.245790	49.237826	3.189856	13.280342	150.504946	46.286749
95	10.776605	34.992037	2.623353	10.090486	101.267119	33.006407
96	7.941946	24.215432	2.100084	7.467133	66.275083	22.915921
97	5.686137	16.273487	1.631258	5.367049	42.059651	15.448788
98	3.943386	10.587349	1.225353	3.735791	25.786164	10.081738
99	2.640712	6.643963	0.887041	2.510438	15.198814	6.345947
100	1.701892	4.003251	0.616621	1.623397	8.554851	3.835509
101	1.051901	2.301359	0.410089	1.006776	4.551600	2.212112
102	0.621187	1.249458	0.259925	0.596688	2.250241	1.205336
103	0.349082	0.628271	0.156370	0.336763	1.000783	0.608648
104	0.185867	0.279189	0.088900	0.180393	0.372511	0.271885
105	0.093322	0.093322	0.091492	0.091492	0.093322	0.091492
106	0.000000	0.000000	0.000000	0.000000	0.000000	0.000000

表5　中国人身保险业经验生命表（2010—2013）（换算函数表）

女性　非年金 CL4　　I=2%

Age	Dx	Nx	Cx	Mx	Sx	Rx
0	1000.000000	41370.406188	0.446078	188.815565	1319635.414248	15495.201987
1	979.946078	40370.406188	0.311277	188.369487	1278265.008060	15306.386422
2	960.420172	39390.460109	0.222215	188.058210	1237894.601873	15118.016935
3	941.366190	38430.039937	0.166123	187.835995	1198504.141763	14929.958726
4	922.741905	37488.673747	0.134793	187.669871	1160074.101826	14742.122731
5	904.514134	36565.931842	0.116168	187.535079	1122585.428079	14554.452860
6	886.662395	35661.417708	0.103444	187.418911	1086019.496237	14366.917781
7	869.173414	34774.755313	0.093734	187.315467	1050358.078530	14179.498871
8	852.037064	33905.581899	0.087710	187.221732	1015583.323217	13992.183404
9	835.242745	33053.544835	0.084343	187.134023	981677.741318	13804.961672
10	818.781093	32218.302090	0.082681	187.049679	948624.196483	13617.827650
11	802.643881	31399.520998	0.082625	186.966999	916405.894393	13430.777970
12	786.823140	30596.877117	0.084082	186.884373	885006.373395	13243.810972
13	771.311154	29810.053976	0.086962	186.800291	854409.496278	13056.926598
14	756.100444	29038.742823	0.089694	186.713330	824599.442302	12870.126307
15	741.185251	28282.642379	0.093011	186.623636	795560.699480	12683.412977
16	726.559195	27541.457128	0.096162	186.530624	767278.057101	12496.789342
17	712.216774	26814.897933	0.098453	186.434462	739736.599973	12310.258718
18	698.153286	26102.681159	0.101985	186.336008	712921.702040	12123.824256
19	684.362021	25404.527873	0.104667	186.234023	686819.020882	11937.488247
20	670.838490	24720.165852	0.107203	186.129356	661414.493009	11751.254224
21	657.577592	24049.327362	0.109596	186.022153	636694.327157	11565.124868
22	644.574317	23391.749770	0.112485	185.912557	612644.999796	11379.102715
23	631.823121	22747.175452	0.114595	185.800073	589253.250026	11193.190158
24	619.319837	22115.352332	0.116578	185.685477	566506.074574	11007.390085
25	607.059733	21496.032495	0.119031	185.568899	544390.722242	10821.704608
26	595.037569	20888.972762	0.121341	185.449868	522894.689747	10636.135709
27	583.248825	20293.935193	0.123512	185.328527	502005.716985	10450.685840
28	571.689062	19710.686368	0.126108	185.205016	481711.781792	10265.357313
29	560.353365	19138.997306	0.129101	185.078908	462001.095423	10080.152298
30	549.236943	18578.643941	0.133001	184.949807	442862.098117	9895.073390
31	538.334589	18029.406999	0.137750	184.816805	424283.454176	9710.123584
32	527.641259	17491.072409	0.143291	184.679055	406254.047177	9525.306778
33	517.152061	16963.431150	0.150583	184.535764	388762.974768	9340.627724
34	506.861242	16446.279089	0.158518	184.385182	371799.543618	9156.091959

续表

Age	Dx	Nx	Cx	Mx	Sx	Rx
35	496.764268	15939.417847	0.168510	184.226663	355353.264528	8971.706778
36	486.855282	15442.653579	0.179468	184.058153	339413.846681	8787.480115
37	477.129632	14955.798297	0.192255	183.878685	323971.193102	8603.421962
38	467.581894	14478.668666	0.206286	183.686430	309015.394805	8419.543277
39	458.207335	14011.086772	0.221916	183.480143	294536.726139	8235.856848
40	449.000961	13552.879437	0.238587	183.258227	280525.639367	8052.376704
41	439.958434	13103.878476	0.256642	183.019640	266972.759930	7869.118477
42	431.075156	12663.920042	0.275973	182.762998	253868.881454	7686.098837
43	422.346729	12232.844886	0.296057	182.487025	241204.961413	7503.335839
44	413.769364	11810.498157	0.317629	182.190969	228972.116527	7320.848813
45	405.338610	11396.728793	0.340564	181.873340	217161.618370	7138.657844
46	397.050230	10991.390183	0.363963	181.532776	205764.889577	6956.784505
47	388.900969	10594.339952	0.388901	181.168813	194773.499395	6775.251729
48	380.886559	10205.438983	0.415241	180.779912	184179.159443	6594.082915
49	373.002954	9824.552424	0.443215	180.364671	173973.720460	6413.303003
50	365.245955	9451.549470	0.473029	179.921456	164149.168036	6232.938332
51	357.611241	9086.303515	0.504512	179.448427	154697.618566	6053.016876
52	350.094743	8728.692274	0.538185	178.943914	145611.315052	5873.568449
53	342.691956	8378.597531	0.574177	178.405729	136882.622778	5694.624535
54	335.398328	8035.905575	0.611938	177.831552	128504.025247	5516.218806
55	328.209953	7700.507247	0.652237	177.219615	120468.119672	5338.387253
56	321.122227	7372.297294	0.695135	176.567378	112767.612425	5161.167638
57	314.130578	7051.175067	0.740055	175.872243	105395.315131	4984.600260
58	307.231100	6737.044489	0.787054	175.132188	98344.140064	4808.728017
59	300.419907	6429.813390	0.836463	174.345134	91607.095575	4633.595829
60	293.692857	6129.393483	0.889141	173.508671	85177.282186	4459.250695
61	287.045033	5835.700626	0.947249	172.619530	79047.888703	4285.742024
62	280.469450	5548.655593	1.012990	171.672282	73212.188077	4113.122493
63	273.957060	5268.186143	1.089114	170.659292	67663.532484	3941.450212
64	267.496239	4994.229083	1.178819	169.570179	62395.346342	3770.790919
65	261.072395	4726.732844	1.283862	168.391359	57401.117259	3601.220741
66	254.669467	4465.660449	1.404677	167.107497	52674.384415	3432.829382
67	248.271271	4210.990982	1.539769	165.702821	48208.723966	3265.721884
68	241.863438	3962.719710	1.687116	164.163052	43997.732985	3100.019064
69	235.433902	3720.856272	1.846540	162.475936	40035.013274	2935.856012
70	228.971010	3485.422370	2.021904	160.629395	36314.157002	2773.380076

续表

Age	Dx	Nx	Cx	Mx	Sx	Rx
71	222.459479	3256.451360	2.221323	158.607492	32828.734632	2612.750681
72	215.876205	3033.991881	2.456333	156.386168	29572.283272	2454.143189
73	209.187006	2818.115675	2.738504	153.929836	26538.291392	2297.757021
74	202.346796	2608.928670	3.076465	151.191332	23720.175716	2143.827185
75	195.302747	2406.581874	3.472176	148.114867	21111.247047	1992.635853
76	188.001105	2211.279127	3.920007	144.642690	18704.665173	1844.520987
77	180.394801	2023.278023	4.406585	140.722683	16493.386046	1699.878296
78	172.451063	1842.883221	4.913503	136.316098	14470.108023	1559.155613
79	164.156167	1670.432158	5.419407	131.402595	12627.224802	1422.839515
80	155.518012	1506.275992	5.903281	125.983188	10956.792643	1291.436920
81	146.565358	1350.757980	6.345418	120.079908	9450.516652	1165.453732
82	137.346110	1204.192621	6.729555	113.734490	8099.758672	1045.373824
83	127.923493	1066.846512	7.042941	107.004934	6895.566050	931.639334
84	118.372249	938.923018	7.275832	99.961994	5828.719539	824.634400
85	108.775393	820.550769	7.421894	92.686162	4889.796521	724.672406
86	99.220648	711.775376	7.476859	85.264268	4069.245752	631.986244
87	89.798285	612.554729	7.439260	77.787408	3357.470375	546.721976
88	80.598275	522.756443	7.309473	70.348149	2744.915647	468.934568
89	71.708443	442.158168	7.090981	63.038675	2222.159203	398.586419
90	63.211415	370.449725	6.790083	55.947694	1780.001035	335.547744
91	55.181892	307.238311	6.416518	49.157611	1409.551310	279.600050
92	47.683376	252.056419	5.983095	42.741093	1102.312999	230.442439
93	40.765313	204.373043	5.505036	36.757998	850.256580	187.701345
94	34.460957	163.607730	4.998933	31.252962	645.883537	150.943347
95	28.786319	129.146773	4.480986	26.254029	482.275807	119.690385
96	23.740895	100.360455	3.965661	21.773043	353.129034	93.436356
97	19.309727	76.619559	3.464771	17.807383	252.768579	71.663313
98	15.466334	57.309832	2.986913	14.342612	176.149020	53.855930
99	12.176160	41.843498	2.537941	11.355699	118.839188	39.513318
100	9.399470	29.667338	2.121470	8.817758	76.995690	28.157619
101	7.093697	20.267868	1.739847	6.696288	47.328352	19.339861
102	5.214758	13.174171	1.394851	4.956440	27.060484	12.643573
103	3.717657	7.959414	1.088147	3.561590	13.886313	7.687133
104	2.556614	4.241757	0.821342	2.473443	5.926899	4.125543
105	1.685142	1.685142	1.652100	1.652100	1.685142	1.652100

表6 中国人身保险业经验生命表（2010—2013）（换算函数表）

男性 年金 CL5 I=4%

Age	Dx	Nx	Cx	Mx	Sx	Rx
0	1000.000000	24809.919634	0.544231	45.772322	560454.428238	3253.980086
1	960.994231	23809.919634	0.356677	45.228091	535644.508604	3208.207765
2	923.676237	22848.925403	0.238024	44.871414	511834.588970	3162.979674
3	887.912204	21925.249166	0.167337	44.633390	488985.663567	3118.108259
4	853.594397	21037.336962	0.129681	44.466053	467060.414401	3073.474869
5	820.634163	20183.742564	0.111259	44.336372	446023.077440	3029.008816
6	788.960052	19363.108401	0.100137	44.225113	425839.334876	2984.672444
7	758.515297	18574.148350	0.094085	44.124976	406476.226474	2940.447331
8	729.247547	17815.633053	0.091857	44.030891	387902.078125	2896.322356
9	701.107707	17086.385506	0.092357	43.939034	370086.445072	2852.291465
10	674.049668	16385.277799	0.094626	43.846676	353000.059566	2808.352431
11	648.030055	15711.228131	0.097828	43.752050	336614.781766	2764.505755
12	623.007994	15063.198076	0.101838	43.654222	320903.553635	2720.753705
13	598.944311	14440.190082	0.105967	43.552384	305840.355559	2677.099483
14	575.802024	13841.245771	0.109070	43.446417	291400.165478	2633.547099
15	553.546722	13265.443747	0.110709	43.337347	277558.919707	2590.100681
16	532.145754	12711.897025	0.112058	43.226638	264293.475960	2546.763334
17	511.566552	12179.751271	0.111659	43.114580	251581.578935	2503.536696
18	491.779256	11668.184719	0.111123	43.002921	239401.827664	2460.422116
19	472.753546	11176.405462	0.109552	42.891798	227733.642945	2417.419195
20	454.461166	10703.651916	0.108372	42.782246	216557.237483	2374.527398
21	436.873519	10249.190750	0.107538	42.673875	205853.585567	2331.745151
22	419.963153	9812.317231	0.106606	42.566337	195604.394817	2289.071277
23	403.704118	9392.354078	0.105972	42.459731	185792.077586	2246.504940
24	388.071064	8988.649960	0.105973	42.353758	176399.723508	2204.045209
25	373.039281	8600.578895	0.106531	42.247785	167411.073548	2161.691451
26	358.585085	8227.539614	0.108265	42.141254	158810.494653	2119.443666
27	344.685086	7868.954529	0.110366	42.032988	150582.955039	2077.302412
28	331.317602	7524.269444	0.112775	41.922623	142714.000509	2035.269424
29	318.461841	7192.951842	0.116055	41.809848	135189.731066	1993.346801
30	306.097254	6874.490001	0.119790	41.693793	127996.779224	1951.536953
31	294.204493	6568.392746	0.123905	41.574003	121122.289223	1909.843161
32	282.765030	6274.188253	0.128332	41.450097	114553.896477	1868.269158
33	271.761120	5991.423223	0.133006	41.321766	108279.708223	1826.819061
34	261.175763	5719.662103	0.137871	41.188759	102288.285000	1785.497295

续表

Age	Dx	Nx	Cx	Mx	Sx	Rx
35	250.992671	5458.486339	0.142873	41.050889	96568.622897	1744.308536
36	241.196234	5207.493668	0.148197	40.908016	91110.136558	1703.257647
37	231.771259	4966.297434	0.153771	40.759819	85902.642890	1662.349631
38	222.703209	4734.526175	0.159747	40.606048	80936.345455	1621.589812
39	213.977954	4511.822967	0.166244	40.446301	76201.819280	1580.983763
40	205.581788	4297.845013	0.173558	40.280057	71689.996313	1540.537462
41	197.501238	4092.263224	0.181359	40.106499	67392.151301	1500.257405
42	189.723677	3894.761986	0.189906	39.925139	63299.888076	1460.150907
43	182.236707	3705.038309	0.199409	39.735233	59405.126090	1420.225767
44	175.028193	3522.801603	0.209529	39.535824	55700.087780	1380.490534
45	168.086811	3347.773409	0.220452	39.326295	52177.286178	1340.954710
46	161.401481	3179.686598	0.232170	39.105843	48829.512768	1301.628415
47	154.961562	3018.285117	0.244511	38.873673	45649.826170	1262.522572
48	148.756991	2863.323555	0.257178	38.629162	42631.541053	1223.648899
49	142.778390	2714.566565	0.270043	38.371984	39768.217498	1185.019738
50	137.016870	2571.788175	0.282993	38.101940	37053.650933	1146.647754
51	131.463998	2434.771305	0.295794	37.818948	34481.862758	1108.545814
52	126.111896	2303.307307	0.308489	37.523154	32047.091454	1070.726866
53	120.952950	2177.195410	0.320874	37.214665	29743.784147	1033.203712
54	115.980039	2056.242461	0.332885	36.893790	27566.588737	995.989048
55	111.186383	1940.262422	0.344357	36.560905	25510.346276	959.095257
56	106.565627	1829.076039	0.355458	36.216548	23570.083854	922.534352
57	102.111491	1722.510412	0.366325	35.861090	21741.007815	886.317804
58	97.817801	1620.398921	0.377539	35.494765	20018.497403	850.456713
59	93.678039	1522.581120	0.389394	35.117226	18398.098482	814.961948
60	89.685643	1428.903082	0.401861	34.727832	16875.517362	779.844721
61	85.834334	1339.217439	0.415471	34.325971	15446.614280	745.116889
62	82.117543	1253.383104	0.430170	33.910500	14107.396842	710.790918
63	78.529006	1171.265562	0.446181	33.480331	12854.013737	676.880418
64	75.062479	1092.736556	0.463511	33.034150	11682.748176	643.400087
65	71.711950	1017.674077	0.481849	32.570639	10590.011620	610.365937
66	68.471949	945.962127	0.501030	32.088790	9572.337543	577.795298
67	65.337382	877.490178	0.520940	31.587760	8626.375416	545.706508
68	62.303466	812.152796	0.541920	31.066820	7748.885238	514.118749
69	59.365258	749.849331	0.564940	30.524899	6936.732442	483.051929
70	56.517039	690.484073	0.591690	29.959959	6186.883111	452.527030

续表

Age	Dx	Nx	Cx	Mx	Sx	Rx
71	53.751617	633.967034	0.624346	29.368269	5496.399038	422.567071
72	51.059901	580.215417	0.665252	28.743923	4862.432004	393.198802
73	48.430807	529.155516	0.716543	28.078672	4282.216587	364.454878
74	45.851541	480.724709	0.779741	27.362129	3753.061071	336.376207
75	43.308279	434.873169	0.855297	26.582388	3272.336361	309.014078
76	40.787279	391.564890	0.941912	25.727091	2837.463193	282.431690
77	38.276626	350.777611	1.036487	24.785179	2445.898303	256.704599
78	35.767961	312.500985	1.134188	23.748693	2095.120692	231.919420
79	33.258082	276.733023	1.229174	22.614504	1782.619708	208.170727
80	30.749751	243.474941	1.315498	21.385330	1505.886684	185.556223
81	28.251570	212.725190	1.387750	20.069832	1262.411743	164.170892
82	25.777222	184.473620	1.441864	18.682083	1049.686553	144.101060
83	23.343926	158.696398	1.475201	17.240219	865.212933	125.418977
84	20.970882	135.352471	1.486694	15.765017	706.516535	108.178759
85	18.677615	114.381590	1.476663	14.278323	571.164064	92.413741
86	16.482582	95.703975	1.446014	12.801660	456.782474	78.135418
87	14.402623	79.221393	1.397331	11.355646	361.078499	65.333758
88	12.451344	64.818770	1.332785	9.958315	281.857106	53.978112
89	10.639662	52.367425	1.254334	8.625530	217.038336	44.019797
90	8.976110	41.727764	1.164046	7.371196	164.670911	35.394267
91	7.466829	32.751654	1.064109	6.207150	122.943147	28.023071
92	6.115534	25.284825	0.956975	5.143040	90.191494	21.815921
93	4.923346	19.169291	0.845329	4.186065	64.906669	16.672881
94	3.888657	14.245946	0.732088	3.340736	45.737377	12.486816
95	3.007005	10.357288	0.620192	2.608648	31.491432	9.146079
96	2.271159	7.350283	0.512430	1.988456	21.134143	6.537431
97	1.671377	5.079124	0.411705	1.476026	13.783860	4.548975
98	1.195388	3.407747	0.320715	1.064321	8.704737	3.072950
99	0.828697	2.212359	0.241533	0.743606	5.296989	2.008629
100	0.555291	1.383662	0.175344	0.502073	3.084630	1.265023
101	0.358589	0.828372	0.122335	0.326729	1.700968	0.762950
102	0.222462	0.469783	0.081768	0.204394	0.872596	0.436221
103	0.132138	0.247321	0.052183	0.122626	0.402813	0.231828
104	0.074873	0.115183	0.031683	0.070443	0.155492	0.109202
105	0.040310	0.040310	0.038759	0.038759	0.040310	0.038759
106	0.000000	0.000000	0.000000	0.000000	0.000000	0.000000

表7　中国人身保险业经验生命表（2010—2013）（换算函数表）

女性　年金 CL6　　I = 4%

Age	Dx	Nx	Cx	Mx	Sx	Rx
0	1000.000000	25052.795891	0.435577	36.430927	577556.885108	2839.069541
1	961.102885	24052.795891	0.267076	35.995350	552504.089217	2802.638613
2	923.870313	23091.693006	0.163454	35.728275	528451.293326	2766.643263
3	888.173386	22167.822693	0.105898	35.564821	505359.600320	2730.914988
4	853.906973	21279.649307	0.078001	35.458923	483191.777626	2695.350168
5	820.986396	20425.742334	0.066310	35.380922	461912.128319	2659.891245
6	789.343686	19604.755938	0.059201	35.314612	441486.385985	2624.510323
7	758.925113	18815.412252	0.054000	35.255411	421881.630048	2589.195711
8	729.681685	18056.487139	0.050516	35.201410	403066.217796	2553.940301
9	701.566488	17326.805454	0.048570	35.150894	385009.730657	2518.738890
10	674.534592	16625.238966	0.047996	35.102324	367682.925203	2483.587996
11	648.542958	15950.704374	0.048017	35.054328	351057.686237	2448.485673
12	623.550981	15302.161416	0.047965	35.006311	335106.981863	2413.431344
13	599.520285	14678.610435	0.048999	34.958346	319804.820447	2378.425033
14	576.412814	14079.090150	0.049882	34.909346	305126.210012	2343.466688
15	554.193208	13502.677336	0.050623	34.859464	291047.119862	2308.557342
16	532.827461	12948.484128	0.051233	34.808841	277544.442526	2273.697877
17	512.282864	12415.656667	0.051721	34.757608	264595.958398	2238.889036
18	492.527956	11903.373803	0.052094	34.705887	252180.301731	2204.131428
19	473.532479	11410.845847	0.052362	34.653792	240276.927928	2169.425542
20	455.267329	10937.313368	0.052531	34.601431	228866.082082	2134.771749
21	437.704517	10482.046038	0.052609	34.548900	217928.768714	2100.170319
22	420.817119	10044.341522	0.052198	34.496291	207446.722676	2065.621419
23	404.579648	9623.524403	0.052129	34.444094	197402.381154	2031.125128
24	388.966763	9218.944755	0.051987	34.391965	187778.856751	1996.681034
25	373.954516	8829.977992	0.051778	34.339978	178559.911996	1962.289069
26	359.519872	8456.023476	0.051508	34.288200	169729.934004	1927.949091
27	345.640676	8096.503604	0.051181	34.236692	161273.910528	1893.660891
28	332.295623	7750.862927	0.051122	34.185510	153177.406925	1859.424199
29	319.463900	7418.567304	0.051299	34.134388	145426.543997	1825.238689
30	307.125528	7099.103405	0.051680	34.083089	138007.976693	1791.104301
31	295.261328	6791.977877	0.052806	34.031410	130908.873288	1757.021212
32	283.852317	6496.716549	0.054041	33.978603	124116.895412	1722.989802
33	272.880879	6212.864232	0.055888	33.924562	117620.178863	1689.011199
34	262.329572	5939.983353	0.058267	33.868674	111407.314631	1655.086637

续表

Age	Dx	Nx	Cx	Mx	Sx	Rx
35	252. 181706	5677. 653781	0. 061348	33. 810407	105467. 331278	1621. 217963
36	242. 421061	5425. 472075	0. 064568	33. 749059	99789. 677497	1587. 407556
37	233. 032607	5183. 051014	0. 068341	33. 684491	94364. 205421	1553. 658498
38	224. 001473	4950. 018407	0. 072585	33. 616149	89181. 154408	1519. 974007
39	215. 313446	4726. 016935	0. 077016	33. 543564	84231. 136000	1486. 357858
40	206. 955144	4510. 703488	0. 081588	33. 466548	79505. 119066	1452. 814293
41	198. 913743	4303. 748344	0. 086068	33. 384960	74994. 415577	1419. 347745
42	191. 177146	4104. 834602	0. 090809	33. 298892	70690. 667233	1385. 962785
43	183. 733369	3913. 657456	0. 095400	33. 208083	66585. 832632	1352. 663893
44	176. 571301	3729. 924087	0. 100000	33. 112683	62672. 175176	1319. 455811
45	169. 680097	3553. 352785	0. 104419	33. 012682	58942. 251089	1286. 343128
46	163. 049521	3383. 672688	0. 108647	32. 908264	55388. 898304	1253. 330446
47	156. 669738	3220. 623168	0. 112983	32. 799616	52005. 225615	1220. 422182
48	150. 530996	3063. 953430	0. 117385	32. 686633	48784. 602448	1187. 622566
49	144. 623957	2913. 422434	0. 121957	32. 569248	45720. 649018	1154. 935933
50	138. 939540	2768. 798477	0. 126916	32. 447291	42807. 226585	1122. 366685
51	133. 468796	2629. 858937	0. 132314	32. 320375	40038. 428108	1089. 919394
52	128. 203067	2496. 390141	0. 138065	32. 188061	37408. 569171	1057. 599019
53	123. 134115	2368. 187074	0. 144327	32. 049996	34912. 179030	1025. 410958
54	118. 253860	2245. 052959	0. 151115	31. 905669	32543. 991956	993. 360961
55	113. 554520	2126. 799100	0. 158321	31. 754554	30298. 938997	961. 455292
56	109. 028717	2013. 244580	0. 166164	31. 596233	28172. 139897	929. 700738
57	104. 669141	1904. 215863	0. 174717	31. 430069	26158. 895317	898. 104505
58	100. 468688	1799. 546722	0. 184032	31. 255352	24254. 679454	866. 674436
59	96. 420476	1699. 078035	0. 194417	31. 071321	22455. 132732	835. 419083
60	92. 517579	1602. 657559	0. 205941	30. 876904	20756. 054697	804. 347763
61	88. 753270	1510. 139980	0. 218555	30. 670963	19153. 397138	773. 470859
62	85. 121128	1421. 386710	0. 232119	30. 452408	17643. 257158	742. 799896
63	81. 615119	1336. 265582	0. 246179	30. 220289	16221. 870448	712. 347488
64	78. 229897	1254. 650463	0. 260867	29. 974110	14885. 604866	682. 127199
65	74. 960188	1176. 420566	0. 276416	29. 713243	13630. 954403	652. 153089
66	71. 800688	1101. 460378	0. 293692	29. 436828	12454. 533836	622. 439846
67	68. 745431	1029. 659690	0. 313321	29. 143135	11353. 073458	593. 003018
68	65. 788055	960. 914259	0. 335393	28. 829815	10323. 413768	563. 859883
69	62. 922353	895. 126204	0. 359565	28. 494422	9362. 499509	535. 030069
70	60. 142697	832. 203851	0. 385145	28. 134857	8467. 373305	506. 535647

续表

Age	Dx	Nx	Cx	Mx	Sx	Rx
71	57.444372	772.061153	0.412053	27.749712	7635.169454	478.400790
72	54.822920	714.616781	0.441166	27.337660	6863.108301	450.651077
73	52.273180	659.793861	0.474279	26.896493	6148.491520	423.313418
74	49.788395	607.520681	0.513682	26.422215	5488.697659	396.416925
75	47.359774	557.732286	0.561578	25.908532	4881.176978	369.994710
76	44.976667	510.372512	0.619078	25.346955	4323.444692	344.086178
77	42.627717	465.395845	0.685896	24.727877	3813.072180	318.739223
78	40.302293	422.768128	0.760280	24.041981	3347.676335	294.011346
79	37.991925	382.465835	0.839147	23.281701	2924.908207	269.969365
80	35.691551	344.473909	0.918714	22.442554	2542.442372	246.687664
81	33.400085	308.782358	0.995226	21.523840	2197.968463	224.245110
82	31.120240	275.382274	1.065210	20.528614	1889.186104	202.721270
83	28.858098	244.262034	1.125910	19.463404	1613.803831	182.192656
84	26.622261	215.403936	1.175347	18.337494	1369.541797	162.729252
85	24.422981	188.781675	1.212131	17.162147	1154.137861	144.391757
86	22.271504	164.358694	1.234484	15.950016	965.356186	127.229610
87	20.180424	142.087190	1.243502	14.715532	800.997491	111.279595
88	18.160752	121.906766	1.238808	13.472030	658.910301	96.564063
89	16.223453	103.746015	1.220518	12.233222	537.003534	83.092033
90	14.378956	87.522562	1.189071	11.012704	433.257519	70.858811
91	12.636849	73.143606	1.145202	9.823633	345.734958	59.846107
92	11.005614	60.506757	1.090000	8.678431	272.591352	50.022474
93	9.492321	49.501143	1.024815	7.588431	212.084595	41.344043
94	8.102417	40.008823	0.951325	6.563616	162.583452	33.755613
95	6.839460	31.906406	0.871637	5.612291	122.574630	27.191997
96	5.704768	25.066945	0.788558	4.740654	90.668224	21.579706
97	4.696795	19.362178	0.704424	3.952096	65.601278	16.839052
98	3.811725	14.665382	0.620948	3.247672	46.239100	12.886955
99	3.044172	10.853657	0.539465	2.626724	31.573718	9.639284
100	2.387623	7.809486	0.461078	2.087258	20.720061	7.012560
101	1.834714	5.421862	0.386775	1.626181	12.910575	4.925302
102	1.377373	3.587149	0.317507	1.239405	7.488713	3.299121
103	1.006890	2.209776	0.254179	0.921898	3.901564	2.059716
104	0.713985	1.202886	0.197622	0.667720	1.691788	1.137817
105	0.488902	0.488902	0.470098	0.470098	0.488902	0.470098
106	0.000000	0.000000	0.000000	0.000000	0.000000	0.000000

本次修订的主要参考文献

[1] 魏华林，林宝清．保险学［M］．北京：高等教育出版社，2017.

[2] 孙祁祥．保险学［M］．北京：北京大学出版社，2013.

[3] 王绪谨．保险学［M］．北京：经济管理出版社，2017.

[4] 魏巧琴．新编人身保险学［M］．上海：同济大学出版社，2018.

[5] 粟芳．保险营销学［M］．上海：上海财经大学出版社，2018.

[6] 朱进元，刘勇，魏丽．保险科技［M］．北京：中信出版集团，2018.

[7] 众安金融科技研究院．新保险时代：金融科技重新定义保险新未来［M］．机械工业出版社，2018.

[8] 王和．大数据时代保险变革研究［M］．中国金融出版社，2014.

[9] 王晓军，孟生旺．保险精算原理与实务［M］．北京：中国人民大学出版．2018.

[10] 李秀芳，傅安平，王静．保险精算［M］．北京：中国人民大学出版．2020.

[11] 戴稳胜．保险精算学［M］．北京：中国人民大学出版．2020.

[12] 孟生旺，张连增，刘乐平．精算学基础［M］．北京：中国人民大学出版．2014.

[13] 滕帆，方倩．保险精算基础［M］．北京：北京交通大学出版．2010.

[14] 熊福生，沈治中．寿险精算学［M］．武汉：武汉大学出版．2020.

[15] 王燕．寿险精算学［M］．北京：中国人民大学出版．2014.

[16] 张薏．寿险精算学［M］．上海：立信会计出版．2018.

[17] 陈文辉．保险资金运用的市场化改革［J］．中国金融，2017，68（3）：9－11.

[18] 段国圣，马得原．保险资金股权投资新机遇［J］．保险研究，2021，42（6）：49－56.

[19] 高慧．保险资金运用法律合规与风险控制［M］．北京：中国法制出版社，2020.

[20] 江生忠，祝向军．保险经营管理学［M］．北京：中国金融出版社，2017.

[21] 孙悦民．中国职业年金制度体系建构研究［M］．北京：中国经济出版社，2018.

[22] 黄诚．职业年金破解养老双轨制［M］．北京：北京理工大学出版社，2016.

[23] 邵文娟，奚伟东．社会保险理论与实务［M］．北京：清华大学出版社，2016.

[24] 李丽．社会保险理论与实务［M］．北京：中国财政经济出版社，2019.

[25] 法律出版社法规中心．中华人民共和国社会保险法注释本［M］．第4版．北京：法律出版社，2019.

[26] 中国保险监督管理委员会．中国保险年鉴［M］．北京：中国保险年鉴社，（2010—2020）.

21 世纪高等学校金融学系列教材

一、货币银行学子系列

★货币金融学（第五版）　朱新蓉　主编　69.00 元　2021.05 出版
（普通高等教育“十一五”国家级规划教材/国家精品课程教材·2008）
货币金融学　张　强　乔海曙　主编　32.00 元　2007.05 出版
（国家精品课程教材·2006）
货币金融学（附课件）　吴少新　主编　43.00 元　2011.08 出版
货币金融学（第二版）　殷孟波　主编　48.00 元　2014.07 出版
（普通高等教育“十五”国家级规划教材）
现代金融学　张成思　编著　58.00 元　2019.10 出版
——货币银行、金融市场与金融定价
货币银行学（第二版）　夏德仁　李念斋　主编　27.50 元　2005.05 出版
货币银行学（第三版）　周　骏　王学青　主编　42.00 元　2011.02 出版
（普通高等教育“十一五”国家级规划教材）
货币银行学原理（第六版）　郑道平　张贵乐　主编　39.00 元　2009.07 出版
金融理论教程　孔祥毅　主编　39.00 元　2003.02 出版
西方货币金融理论　伍海华　编著　38.80 元　2002.06 出版
现代货币金融学　汪祖杰　主编　30.00 元　2003.08 出版
行为金融学教程　苏同华　主编　25.50 元　2006.06 出版
中央银行通论（第三版）　孔祥毅　主编　40.00 元　2009.02 出版
中央银行通论学习指导（修订版）　孔祥毅　主编　38.00 元　2009.02 出版
商业银行经营管理（第二版修订版）　宋清华　主编　50.00 元　2021.08 出版
商业银行管理学（第五版）　彭建刚　主编　53.00 元　2019.04 出版
（普通高等教育“十一五”国家级规划教材/国家精品课程教材·2007/国家精品资源共享课配套教材）
商业银行管理学（第三版）　李志辉　主编　48.00 元　2015.10 出版
（普通高等教育“十一五”国家级规划教材/国家精品课程教材·2009）
商业银行管理学习题集　李志辉　主编　20.00 元　2006.12 出版
（普通高等教育“十一五”国家级规划教材辅助教材）
商业银行管理　刘惠好　主编　27.00 元　2009.10 出版
现代商业银行管理学基础　王先玉　主编　41.00 元　2006.07 出版
金融市场学（第三版）　杜金富　主编　55.00 元　2018.07 出版
现代金融市场学（第四版）　张亦春　主编　50.00 元　2019.02 出版
中国金融简史（第二版）　袁远福　主编　25.00 元　2005.09 出版
（普通高等教育“十一五”国家级规划教材）

货币与金融统计学（第四版）	杜金富	主编	48.00 元	2018.07 出版
（普通高等教育“十一五”国家级规划教材/国家统计局优秀教材）				
金融信托与租赁（第五版）	王淑敏　齐佩金	主编	45.00 元	2020.06 出版
（普通高等教育“十一五”国家级规划教材）				
金融信托与租赁案例与习题	王淑敏　齐佩金	主编	25.00 元	2006.09 出版
（普通高等教育“十一五”国家级规划教材辅助教材）				
金融营销学	万后芬	主编	31.00 元	2003.03 出版
金融风险管理	马昕田	主编	40.00 元	2021.06 出版
金融风险管理	宋清华　李志辉	主编	33.50 元	2003.01 出版
网络银行（第二版）	孙　森	主编	36.00 元	2010.02 出版
（普通高等教育“十一五”国家级规划教材）				
银行会计学	于希文　王允平	主编	30.00 元	2003.04 出版
互联网金融	万光彩　曹　强	主编	50.00 元	2022.01 出版

二、国际金融子系列

国际金融学	潘英丽　马君潞	主编	31.50 元	2002.05 出版
★国际金融概论（第五版）	孟　昊　王爱俭	主编	45.00 元	2020.01 出版
（普通高等教育“十二五”国家级规划教材/国家精品课程教材·2009）				
国际金融（第三版）	刘惠好	主编	48.00 元	2017.10 出版
国际金融概论（第三版）（附课件）	徐荣贞	主编	40.00 元	2016.08 出版
★国际结算（第七版）（附课件）	苏宗祥　徐　捷	著	70.00 元	2020.08 出版
（普通高等教育“十二五”国家级规划教材/2012—2013 年度全行业优秀畅销书）				
各国金融体制比较（第五版）	白钦先	等编著	78.00 元	2021.09 出版
国际金融（第二版）	周　文　漆腊应	主编	43.00 元	2021.04 出版
国际金融管理	鞠国华	主编	43.00 元	2020.01 出版

三、投资学子系列

投资学（第三版）	张元萍	主编	56.00 元	2018.02 出版
证券投资学	吴晓求　季冬生	主编	24.00 元	2004.03 出版
证券投资学（第二版）	金　丹	主编	49.50 元	2016.09 出版
证券投资学	王玉宝	主编	38.00 元	2018.06 出版
现代证券投资学	李国义	主编	39.00 元	2009.03 出版
证券投资分析（第二版）	赵锡军　李向科	主编	35.00 元	2015.08 出版
组合投资与投资基金管理	陈伟忠	主编	15.50 元	2004.07 出版
投资项目评估（第三版）	李桂君　宋砚秋　王瑶琪	主编	60.00 元	2021.06 出版
项目融资（第三版）	蒋先玲	编著	36.00 元	2008.10 出版

四、金融工程子系列

金融经济学教程（第三版）	陈伟忠　陆珩瑱	主编	56.00 元	2021.11 出版

衍生金融工具（第三版）	叶永刚　张　培	主编	59.00 元	2021.08 出版
衍生金融工具	王德河　杨　阳	编著	38.00 元	2016.12 出版
现代公司金融学（第三版）	马亚明	主编	59.00 元	2021.08 出版
金融计量学	张宗新	主编	42.50 元	2008.09 出版
数理金融	张元萍	编著	29.80 元	2004.08 出版
金融工程学	沈沛龙	主编	46.00 元	2017.08 出版
金融工程	陆珩瑱	主编	39.50 元	2018.01 出版

五、金融英语子系列

金融英语阅读教程（第四版） （北京高等教育精品教材）	沈素萍	主编	48.00 元	2015.12 出版
金融英语阅读教程导读（第四版） （北京高等学校市级精品课程辅助教材）	沈素萍	主编	23.00 元	2016.01 出版
保险专业英语	张栓林	编著	22.00 元	2004.02 出版
保险应用口语	张栓林	编著	25.00 元	2008.04 出版

注：加★的书为“十二五”普通高等教育本科国家级规划教材。

21 世纪高等学校保险学系列教材

书名	作者		方式	定价	出版时间
保险学概论	许飞琼		主编	49.80 元	2019.01 出版
保险学概论学习手册	许飞琼		主编	39.00 元	2019.04 出版
经典保险案例分析 100 例	许飞琼		主编	36.00 元	2020.01 出版
保险学（第二版）	胡炳志	何小伟	主编	29.00 元	2013.05 出版
风险管理与保险	孔月红	高　俊	主编	39.50 元	2019.10 出版
保险精算（第三版）	李秀芳	曾庆五	主编	36.00 元	2011.06 出版
（普通高等教育“十一五”国家级规划教材）					
★人身保险（第三版）	刘冬姣		主编	70.00 元	2022.01 出版
（普通高等教育“十一五”国家级规划教材）					
人身保险（第二版）	陈朝先	陶存文	主编	20.00 元	2002.09 出版
财产保险（第六版）	许飞琼	郑功成	主编	56.00 元	2020.12 出版
（普通高等教育“十一五”国家级规划教材/普通高等教育精品教材奖）					
财产保险案例分析	许飞琼		编著	32.50 元	2004.08 出版
海上保险学	郭颂平	袁建华	编著	34.00 元	2009.10 出版
责任保险	许飞琼		编著	40.00 元	2007.11 出版
再保险（第二版）	胡炳志	陈之楚	主编	30.50 元	2006.02 出版
（普通高等教育“十一五”国家级规划教材）					
保险经营管理学（第二版）	江生忠	祝向军	主编	49.00 元	2017.12 出版
保险经营管理学（第二版）	邓大松	向运华	主编	42.00 元	2011.08 出版
（普通高等教育“十一五”国家级规划教材）					
保险营销学（第四版）	郭颂平	赵春梅	主编	42.00 元	2018.08 出版
（教育部经济类专业主干课程推荐教材）					
保险营销学（第二版）	刘子操	郭颂平	主编	25.00 元	2003.01 出版
★风险管理（第五版修订本）	许谨良		主编	50.00 元	2022.01 出版
（普通高等教育“十一五”国家级规划教材）					
保险产品设计原理与实务	石　兴		著	24.50 元	2006.09 出版
社会保险（第四版）	林　义		主编	39.00 元	2016.07 出版
（普通高等教育“十一五”国家级规划教材）					
保险学教程（第二版）	张　虹	陈迪红	主编	36.00 元	2012.07 出版
利息理论与应用（第二版）	刘明亮		主编	32.00 元	2014.04 出版
保险法学	李玉泉		主编	53.50 元	2020.08 出版

注：加★的书为“十二五”普通高等教育本科国家级规划教材。